부의 완성

THE HOLY GRAIL OF INVESTING
: The World's Greatest Investors Reveal Their Ultimate Strategies for Financial Freedom
by Tony Robbins with Christopher Zook

Copyright © 2024 by Tony Robbins
All Rights Reserved.
This Korean edition was published by RH Korea Co., Ltd. in 2025
by arrangement with the original publisher, Simon & Schuster, LLC.

이 책의 한국어판 저작권은 저작권자 Simon & Schuster, LLC.와의
독점 계약으로 ㈜알에이치코리아가 소유합니다.
저작권법에 의하여 한국 내에서 보호를 받는 저작물이므로 무단 전재와 복제를 금합니다.

토니 로빈스
부의 완성

세계 최고 0.001% 자산가들이
밝히는 궁극의 투자법

THE HOLY GRAIL OF INVESTING

토니 로빈스 외 지음
백우진 옮김

토니 로빈스 '투자 3부작'에 쏟아진 찬사

"토니 로빈스는 마음의 열쇠를 만드는 장인이다. 그는 우리가 더 큰 가능성을 향해 마음을 열도록 이끈다. 토니는 인간 본성에 대한 자신만의 독특한 통찰을 바탕으로 위대한 투자자들이 즐겨 사용한 전략을 단순화하여 경제적 자유를 갈망하는 사람이라면 누구나 사용할 수 있는 명쾌한 7단계 시스템을 창안했다."

— 폴 튜더 존스Paul Tudor Jones, 억만장자 헤지펀드 매니저, 튜더 인베스트먼트 창업자

"토니는 수백만 명의 삶에 영향을 미쳤다. 나도 그중 한 명에 속한다. 세계 최고 투자자들의 혜안과 전략으로 가득한 이 책은 우리 삶을 송두리째 바꿀 귀중한 가치를 전해준다. 부디 기회를 놓치지 말기를 바란다." — 카일 배스Kyle Bass, 헤이먼 캐피털 매니지먼트 창업자

"토니는 복잡한 개념을 단순하게 만드는 특별한 재능을 발휘하여 세계 최고 투자자들의 전략을 누구나 실천할 수 있는 실용적인 교훈으로 풀어냈다. 일반인과 전문가 모두 이 책에서 큰 도움을 얻을 것이다." — 레이 달리오Ray Dalio, 브리지워터 창업자, 『원칙』 저자

"이 책은 투자자에게 값을 매기기 어려운 귀한 가치를 전해줄 것이다. 원래 그가 내 사무실에 들러 40분간 진행하기로 했던 인터뷰는 어느덧 4시간이나 이어졌다. 내 오랜 투자 인생을 돌아보게 만드는 굉장히 흥분되는 인터뷰였다. 이 책에 등장하는 다른 대가들도 나와 같은 생각일 것이다. 이 책은 투자자가 머니 게임에서 이기는 방법을 터득하고 경제적 자유라는 원대한 목표에 다가갈 수 있도록 도와준다."

— 존 보글John Bogle, 뱅가드 그룹 창업자이자 뱅가드 인덱스 펀드 창업자

"이 책은 여타의 책과는 확실히 다르다. 당신의 삶을 풍요롭게 해줄 지혜와 철학으로 가득 채워져 있다. 시중에 나와 있는 많은 책은 소문만 요란하고 실속은 없다. 하지만 토니의 책은 다르다. 이 책이 당신의 인생을 바꿀 것이다."

— 데이비드 바벨David Babbel, 펜실베이니아 대학 와튼스쿨 재무학 교수

"이 책을 읽다 보면, 당신은 어느샌가 금융과 재무 지식으로 무장하고 더욱 성공적으로 미래를 준비하고 있을 것이다."

— 메리 캘러핸 어도스Mary Callahan Erdoes, JP모건자산운용 최고경영자CEO

"토니는 따로 소개가 필요 없다. 그는 모든 투자자가 더 나은 삶을 만들어 나가도록 돕는 사명에 헌신하고 있다. 어떤 투자자든 이 책에서 재미와 지식 둘 다 얻을 수 있다."

— 칼 아이컨Carl Icahn, 억만장자 행동주의 투자자

"수익을 내는 정보로 꽉 채워진 금광." — 스티브 포브스Steve Forbes, 《포브스》 발행인이자 CEO

"토니를 만난 사람치고 그의 말에 귀 기울이지 않거나 행동할 마음을 먹지 않은 사람은 없다. 이 책은 당신과 가족을 위한 경제적 자유를 창출하는 전략을 알려준다."

— T. 분 피컨스T. Boone Pickens, BP 캐피털과 TBP의 창업자이자 회장 겸 CEO

"슈퍼리치의 혜안을 평범한 투자자에게 전해주려는 토니의 열정은 모두에게 큰 영감을 불러일으킨다. 이 책은 당신의 삶을 진정으로 바꿀 것이다."

— 데이비드 포트럭David Pottruck, 전 찰스 슈와브 CEO, 『이기기 위한 준비Stacking the Deck』 저자

"자신과 가족을 위한 경제적 자유를 얻고 싶다면, 이 책이 답이다. 이 책을 집어 든 순간, 당신의 인생이 바뀔 것이다."

— 파누시 토라비Farnoosh Torabi, 『벌이가 늘어난 여자의 10계명When She Makes More』 저자

"20여 년 전, 나는 뒷자리에서 토니의 '파이낸셜 데스티니Financial Destiny' 강연을 듣는 수강생이었다. 내게는 100만 명의 여성들이 더 똑똑해지고 부유해지도록 가르쳐주고 힘을 길러주고 싶다는 꿈이 있었다. 토니 덕분에 나는 1년 후 그의 세미나 연단에 설 기회를 얻었고, 《뉴욕타임스》 베스트셀러를 썼으며, 전 세계 100만 명의 여성들을 만날 수 있는 프로그램을 만들었다. 내 인생의 전환점을 마련해 준 토니의 새 책을 나는 한 페이지도 빼놓지 않고 다 읽고 다른 사람에게 소개할 것이다."

— 데이비드 바흐David Bach, 피니시 리치 닷컴 창업자, 『똑똑한 여자의 똑소리 나는 자산관리법』 저자

"우리 회사는 《포브스》가 선정한 세계 최고 혁신 기업에 4년 연속 이름을 올렸으며, 현재 연 매출은 50억 달러가 넘는다. 토니의 조언이 없었다면, 세일즈포스는 존재하지 못했을 것이다."

— 마크 베니오프Marc Benioff, 세일즈포스 창업자이자 회장 겸 CEO

"토니는 초인적인 힘을 가졌다. 그는 변화의 촉매제다. 나는 자신 있게 말할 수 있다. 중요한 것은 동기부여가 아니라 이미 존재하는 것을 최대한 활용할 수 있어야 한다는 점이다."
— 오프라 윈프리 Oprah Winfrey, 방송인

"토니의 코칭은 코트 안팎에서 내 삶에 커다란 차이를 만들어냈다. 그는 내 안에 깃든 진정한 잠재력을 발견하도록 도와주었고, 그 덕분에 나는 게임과 삶에서 새로운 차원에 도달했다."
— 세레나 윌리엄스 Serena Williams, 테니스 그랜드슬램 18회 챔피언이자 올림픽 금메달리스트

"나는 내 성공이 가족의 희생을 불러올까 봐 두려웠다. 토니는 그런 불안을 떨쳐내고 내가 수백만 명의 사람들을 도와줄 수 있다는 사실을 말해주었다. 이전에는 한 번도 느껴보지 못한 격렬하고 짜릿한 감정이 밀려왔다."
— 멜리사 에서리지 Melissa Etheridge, 싱어송라이터, 그래미상 2회 수상자

"당신이 누구이든, 얼마나 성공했든, 얼마나 행복하든 토니의 말을 귀담아들어야 한다."
— 휴 잭맨 Hugh Jackman, 영화배우

"지금의 상태와 결과를 바꾸고 싶다면, 이 책을 읽어야 한다. 해결책이 담겨 있다."
— 어셔 Usher, 싱어송라이터, 그래미상 수상자

"토니와 함께 일을 시작하는 순간, 나는 멈출 수가 없었다. 그 순간부터 내 마음속에서 내가 무엇을 원하고 그것을 어떻게 성취해야 하는지에 대한 의심이 모두 사라졌다. 목표가 명확했기 때문에 그것을 실현하기 위해 노력할 수 있었다. 나는 월드 챔피언이 되었다." — 데릭 허프 Derek Hough, 댄서이자 안무가, ABC〈댄싱 위드 더 스타즈〉5회 우승자

"토니를 만난 후 나는 더는 겁먹지 않기로 했다. 그것은 내 인생의 모든 것이 결정적으로 바뀌는 경험이었다. 그가 내게 준 놀라운 선물에 감사를 표한다."
— 마리아 메누노스 Maria Menounos, 배우이자 기자, TV 진행자

"베니스 해변에서 티셔츠를 파는 애송이였던 내게 토니가 준 선물은 위험을 받아들이고 행동에 돌입하고 진정 어린 무언가가 되라는 것이었다. 나는 25년 동안 그 전략을 충실히 지키며 살아왔다. 나는 언제라도 또다시 돌아올 것이다."

— 마크 버넷Mark Burnett, TV 프로듀서, 에미상 5회 수상자

"이 남자는 모두가 원하는 무언가를 가지고 있다. 2미터에 이르는 그의 거구는 경이로움으로 똘똘 뭉쳐 있다."

— 다이앤 소여Diane Sawyer, 전 ABC 뉴스 앵커

"토니는 진정한 변화를 위한 첫발을 내딛도록 우리를 이끈다. 우리 삶에는 누구나 개선하고 싶은 부분이 있기 마련이다. 그 부분을 개선하면 삶 전체가 진정으로 좋아진다."

— 저스틴 턱Justin Tuck, 미식축구 선수

"토니는 성공의 리듬을 잘 안다. 그는 끝없이 영감을 불어넣어 주는 사람이며, 그가 제시한 방법은 내 삶의 질을 높여주었다. 나는 늘 최고와 작업을 한다. 토니는 단연 최고다."

— 퀸시 존스Quincy Jones, 뮤지션이자 프로듀서, 그래미상 수상자

"토니는 우리가 삶을 돌아보고, 소명에 대한 청사진을 그리고, 무엇이 자신을 가로막고, 언제 전진해야 하는지 깨닫도록 해주는 놀라운 도구를 제시한다."

— 도나 캐런Donna Karan, DKNY 창업자

"가장 놀라운 점은 토니가 초보 투자자는 물론이고, 수십억 달러의 자산을 관리하는 최정예 큰손들에게도 어필하는 책을 내놓았다는 것이다. 투자서 부문에 퓰리처상이 있다면, 틀림없이 이 책이 수상할 것이다."

— 스티브 포브스, 《포브스》 발행인이자 CEO

"토니는 내가 함께한 경제계 중재자 중 단연 최고다. 세계에서 가장 위대한 투자 전문가들로부터 통찰력을 끌어내 일반 투자자들에게 전하는 그의 사명은 정말 많은 영감을 불러일으킨다."

— 앨런 그린스펀Alan Greenspan, 전 미국 연방준비제도Feb 의장

토니 로빈스가 또 다른 금융 필독서를 들고 돌아왔다.
그는 이 책에서 세계 최상급 투자자들의 전략을 공개한다.

— 레이 달리오, 브리지워터 창업자, 『원칙』 저자

차례

PART 1 부의 기회는 가려져 있다
: 대체투자 전략

1장	투자의 성배를 찾아서	15
2장	사모펀드 운용사(GP)의 지분: 행동의 한 조각	45
3장	프로 스포츠 팀: 담장을 향해 휘두르기	58
4장	사모신용: 대출의 리더	75
5장	에너지 1: 우리 삶의 힘	89
6장	에너지 2: 획기적인 친환경 기술	118
7장	벤처캐피털: 파괴적 기술	140
8장	부동산: 세계에서 가장 큰 자산	157
9장	2차 거래: 모두 세일을 좋아한다	181

PART 2 타이탄의 식탁에서 만난 13명의 억만장자들

10장	1천 억 달러를 운용하는, 로버트 스미스	195
11장	정부 투자유치의 달인, 램지 무살람	219

12장	실리콘밸리의 투자 귀재, 비노드 코슬라	**241**
13장	아시아 사모펀드의 대부, 마이클 김	**257**
14장	에너지로의 전환, 월 반로	**279**
15장	스포츠 비즈니스의 큰손, 이언 찰스	**309**
16장	페이팔 마피아의 원년 멤버, 데이비드 색스	**333**
17장	소수 지분 투자의 대가, 마이클 리스	**353**
18장	성장주에 베팅하는 월가의 거인, 빌 포드	**373**
19장	기술과 헬스케어 투자자, 토니 플로렌스	**389**
20장	독립 에너지 기업에 투자하는, 밥 조리치	**407**
21장	틈새를 파고든 사모신용대출, 데이비드 골럽	**425**
22장	부동산의 거물, 배리 스턴리히트	**445**

마치며 진정한 성배	**463**
감사의 말	**468**
주	**473**

THE HOLY GRAIL OF
INVESTING

PART 1

부의 기회는 가려져 있다
: 대체투자 전략

일러두기

『부의 완성』은 저자와 그의 인터뷰에 응한 이들이 다루는 주제에 대해 정확하다고 믿는 정보를 제공한다는 취지에서 기획되었다. 그러나 몇 가지 양해를 전제로 출간됨을 밝힌다. 저자와 인터뷰이 출판사는 특정한 포트폴리오나 개인적으로 특정한 필요에 맞춘 개별적인 조언을 제공하지 않는다. 투자 조언이나 법적·회계적 자문과 같은 전문적인 서비스도 제공하지 않는다. 만약 투자나 법적·회계적 자문이 포함된 영역에서 전문적인 도움이 필요하다면, 해당 분야에 대한 역량을 갖춘 전문가의 서비스를 받아야 한다.

이 책은 다년간에 걸쳐 수집된 실적 데이터를 인용한다. 과거 실적은 미래 성과를 보장하지 않는다. 아울러 실적 데이터는, 법률과 규제가 그러하듯, 시일이 지남에 따라 변경된다. 그에 따라 이 책에 담긴 정보의 위상이 바뀔 수 있다. 이 책이 과거 데이터를 제공하는 것은 오로지 기본적인 원리를 논의하고 설명하기 위함이다.

아울러 이 책은 어떤 재무적 의사결정에도 근거로 활용될 수 없다. 특정한 투자를 권고하는 근거나 특정한 증권을 매도하거나 매입하는 제안으로도 쓰일 수 없다. 증권 매도나 매입 제안에는 오로지 투자제안서나 사모투자제안서, 유한책임투자계약서 등이 활용되어야 한다. 이 경우에도 투자나 자금을 집행하는 주체는 법적 기록을 꼼꼼히 검토해야 한다. 이 책에 포함된 정보의 정확도나 완결성과 관련해 어떤 보장도 이루어지지 않고, 저자나 인터뷰이, 출판사는 이 책에 수록된 어떤 내용을 활용하거나 적용한 결과 직간접적으로 발생한 책임이나 손실, 위험, 개인적이거나 다른 결과에 대해 어떤 책임도 지지 않는다.

법적 고지: 토니 로빈스는 CAZ 인베스트먼트$^{CAZ\ Investments}$에 소극적으로 참여하는 소액 주주이고, CAZ 인베스트먼트는 미국 증권거래위원회^{SEC}에 등록된 투자자문회사다. 토니 로빈스는 이 회사에서 적극적인 역할을 하는 직책을 수행하지 않는다. 그러나 토니 로빈스와 크리스토퍼 주크는 주주로서 CAZ 인베스트먼트를 발전시키고 이 회사에 투자를 유도하고자 하는 유인은 갖고 있다.

1. 단행본은 『 』, 논문은 「 」, 신문이나 정기간행물은 《 》, 방송이나 영화, 그림 등은 〈 〉로 표시했다.
2. 외래어 표기는 국립국어원 외래어 표기법을 따랐으며, 일부 관례로 굳어진 것은 예외를 두었다.
3. 기업명, 인명 등의 원어는 최초 1회만 병기했으며, 고유 명사화된 경우에는 가독성을 높이기 위해 병기를 생략했다.

1
투자의 성배를 찾아서

나는 지난 10년 동안 개인 재무설계 분야에서《뉴욕타임스》베스트셀러 목록에 두 권의 저서를 올리는 영예를 누렸다. 한 권은 『MONEY 머니』(2016)이고, 다른 한 권은 『흔들리지 않는 돈의 법칙』(2018)이다. 두 책이 큰 호응을 얻은 것은 내가 이 분야 전문가이어서가 아니라 중요한 무언가를 지닌 덕분이었다. 그것은 바로 만남을 통해 형성한 인맥이었다.

인생 및 비즈니스 전략가로서 나는 지난 40년 동안 세계에서 재무적으로 가장 명석한 인물들을 만나왔다. 그들 중 다수는 내 책의 팬이기도 했다. 앨런 그린스펀Alan Greenspan을 비롯해 레이 달리오Ray Dalio, 잭 보글Jack Bogle, 폴 튜더 존스Paul Tudor Jones, 그 외 많은 투자의 거인들과 마주 앉아 경제적 자유를 추구하는 과정에서 나는 누구나, 어느 단계에서나 적용할 수 있고 또 적용해야 하는 도구와 전략, 마음가짐을 추출해내는 시간을 즐겼다. 그들은 기꺼이 자신의 시간과 원칙을 제공해 주었고, 덕분에 나는 이 책을 추가해 투자 실행서 3부작을 완성하게 되었다. 아직 읽지 않았다면 앞서 나온 두 권의 일독을 권한다.

내가 투자에 통달하기 위해 깊이 파고들기 시작한 것은 2008년 글로벌 금융위기 이후였다. 당시 세계 경제는 몇몇 투자자들의 무분별한 행동과 탐욕으로 벼랑 끝에 몰려 있었다. 그 누구도 경제적 고통을 피하지 못했고, 나 역시 예외가 아니었다. 실직을 하거나 집을 잃거나 은퇴 계획이 망가진 친구들과 가족을 상담하고 코칭하는 동안 내 전화는 쉴 새 없이 울려 댔다. 이발사에서 억만장자까지, 그 정도는 달랐지만 파괴적인 충격의 폭풍우는 모든 사람의 삶을 할퀴고 지나갔다.

나는 이런 상황에 마냥 당하고 있기보다 해법의 일부가 되기 위해 당장 행동에 나서기로 했다. 건강한 냉소주의를 지니고 재무적 문맹인 사회가 맞닥뜨린 최고로 중요한 질문에 대한 정답을 찾아나섰다. 그 질문은 바로 "이 게임은 여전히 승산이 있는가?"였다. 금융위기 이후 세계에서 일반 투자자가 투자 게임에서 이길 수 있을까? 사업체를 매각하지 않고도, 저축된 돈을 상속받지 않고도, 또는 복권에 당첨되지 않고도 평균적인 사람이 경제적 자유를 얻을 수 있을까?

세계 최고 금융 전문가를 50명 넘게 인터뷰하여 얻은 수백 시간 분량의 녹음 파일을 정리한 결과, 이 질문에 대한 정답은 "그렇다"였다. 인터뷰에 응한 거물들은 저마다 다른 접근법을 들려주었지만, 투자자가 게임에서 승리하기 위해 취해야 할(그리고 피해야 할) 불변의 법칙과 단계에 대해서는 모두 의견이 일치했다.

이들 위대한 투자자가 언급한 여러 원칙 중 가장 보편적인 네 가지를 꼽아보면 다음과 같다.

첫째, 잃지 않는다. 워런 버핏Warren Buffet이 간명하게 말했듯이, "원칙 1은 돈을 잃지 말라. 원칙 2는 원칙 1을 절대 잊지 마라." 나쁜 투자로 50%의 손실을 본 경우, 본전을 찾으려면 100%의 수익이 필요하다. 탁월한 투자자들의 공통점 중 하나는 때로 손실을 볼 수 있다는 사실을 알고 있다는 점이다(버핏도 마찬가지다). 그런 충격을 완화하기 위해 그들은 한 번의 투자에서 너무 많은 위험을 감수하지 않는다. 이는 두 번째 원칙으로 이어진다.

둘째, 자산 배분의 핵심 원칙, 즉 다양한 위험 보상 비율을 가진 여러 유형의 투자에 자산을 분산한다. 예일 대학 100년 전통의 기금 운영을 맡아 10억 달러에서 310억 달러로 성장시킨 고 데이비드 스웬슨David Swensen과 마주 앉았을 때, 그는 자산 배분이 투자 수익의 90%를 결정한다고 말했다. 당신도 곧 알게 되겠지만, 초고액 순자산가와 대형 기관 투자자는 자산 배분에 대한 접근법이 일반 투자자와는 확연히 다르다.

셋째, 가능하면 보상과 위험이 '비대칭적인' 투자 기회를 찾는다. 간단히 말해, 이들은 잠재적 보상이 하방 위험을 훨씬 초과하는 투자를 물색한다. 나의 좋은 친구이자 전설적인 트레이

더인 폴 튜더 존스는 보상 대 위험의 비율이 5 대 1인 경우에만 거래한다. 그는 5달러를 벌기 위해 1달러의 위험을 기꺼이 감수한다. 이 경우 빗나간 사례가 적중한 사례보다 더 많더라도 여전히 성공할 수 있다.

마지막으로, 분산투자다. 여러 자산군, 지역, 기간 등에 걸쳐 다양한 투자 유형(주식, 채권, 부동산, 사모펀드, 사모신용 등)을 소유하는 것이다.

이 책을 읽고 있는 당신은 아마 평범한 투자자는 아닐 것이다. 당신(또는 당신의 고객)은 이와 같은 핵심 원칙을 넘어 투자에 불을 붙일 수 있는 충분한 재정적 기반을 축적했을 가능성이 크다. 뒤에서 자세히 살펴보겠지만, 대체투자는 세계 최고의 현명한 투자자들에게 어마어마한 수익을 창출해 왔다. 예를 들어 1986년부터 2023년까지 사모펀드 수익률은 연평균 14.3%를 기록해 스탠더드 앤드 푸어스 500$^{S\&P}$ ^{500} 지수 수익률 9.2%보다 연간 5% 포인트 이상 높았다(3월 말 기준). 채권의 대안으로 떠오른 사모신용$^{Private\ Credit}$(은행을 거치지 않고 기업에 직접 자금을 대출하는 투자 방식 – 옮긴이)은 채권 수익률에 비해 두세 배 높은 수익을 창출했다.[1]

스마트 머니(고수익 단기 차익을 노리는 기관 투자자나 개인 투자자가 장세 변화에 따라 투자하는 자금 – 옮긴이)가 고품질 대체투자를 고도의 다각화와 성장 가속화를 위한 엔진으로 활용한다는 점은 부인할 수 없는 사실이다. 이것이 바로 금융계 거물들이 개인 자본으로 하는 투자라고 나는 그들에게 들었다. 나는 수십 년간 금융계 거물들과 지속적인 관계를 맺어왔다. 이 책을 쓰기 위해 대부분의 평범한 사람들은 실현하지 못한, 놀라운 복리 수익을 창출한 대체투자 매니저 13명을 인터뷰했다. 그들 중 몇몇은 다음과 같다.

- **로버트 스미스**Robert Smith — 비스타 에쿼티 파트너스Vista Equity Partners 창업자. 지난 20여 년 동안 1천억 달러 이상을 관리하며 동종 업계 대비 뛰어난 수익을 창출했다. 기업용 소프트웨어 분야에서 가장 성공한 투자자로 꼽힌다. 비스타 에쿼티 파트너스의 포트폴리오는 80개 이상 기업으로 구성되어 있고, 이들 기업의 임직원은 약 9만 명에 달한다. 2023년 3월 기준 비스타 에쿼티 파트너스가 소유하고 있는 포트폴리오 회사의 연간 매출은 250억 달러가 넘는다.
- **빌 포드**Bill Ford — 사모펀드 업계의 선구자. 제너럴 애틀랜틱General Atlantic의 운용 자산을 120억 달러에서 800억 달러 이상으로 키우며 글로벌 입지를 확장했다. 제너럴 애틀랜틱은 그동안 기술과 금융 서비스, 의료·생명과학 분야 500여 개 기업에 550억 달러 이상을 투자했다.
- **비노드 코슬라**Vinod Khosla — 코슬라 벤처스Khosla Ventures 창업자로 벤처캐피털 업계의 전설적인 인물. 초기 단계의 파괴적인 기술 기업에 투자하여 가진 것 없는 이민자에서 자수성가한 억만장자로 변신했다. 주니퍼 네트웍스Juniper Networks 투자자들에게 400만 달러를 70억 달러의 횡재로 돌려준 것으로 유명하다.
- **마이클 김**Michael B. Kim — 아시아 사모펀드 대부. 중국과 일본, 한

국을 중심으로 한 독립 사모펀드를 아시아 최대 규모로 키워냈다. 놀라운 성공을 거둔 투자자 중 한 명인 그는 한국에서 가장 부유한 사람이 되었다.

- **데이비드 색스**David Sacks — 크래프트 벤처스Craft Ventures의 창업자이자 팟캐스트 〈올인All In〉의 공동 진행자. 일론 머스크Elon Musk, 피터 틸Peter Thiel과 함께 페이팔 '마피아'의 원년 멤버다. 어펌Affirm과 에어비앤비, 이벤트브라이트Eventbrite, 페이스북, 후즈Houzz, 리프트Lyft, 팔란티어Palantir, 포스트메이츠Postmates, 슬랙Slack, 스페이스엑스, 엑스, 우버 등 20개 이상의 유니콘 기업에 투자했다.

이 외에도 다수가 있다.

이들은 가능한 한 최고 수준의 머니 게임을 한다. 하지만 이들은 우위를 차지한 가운데 게임을 하는데, 바로 접근의 우위다. 이들은 자신의 지위와 전문적 네트워크를 활용해 99.9%의 사람들이 접근하지 못하는 특별한 투자에 대한 특별한 접근권을 얻는다. 더 매력적인 점은 시장이 좋은 때나 나쁜 때나 좋은 성과를 내는 경향이 있다는 것이다. 이들 투자자는 경기 부침으로부터 자유로운 것은 아니지만, 불황에도 생존을 넘어 번영하는 방법을 알고 있음을 여러 차례 보여주었다. 이들은 폭풍우를 견뎌내는 데 만족하지 않고 가격이 하락할 때 자산을 사들인다. 이들에게 폭풍우는 곧 기회다. 시장이 상승할 때 돈 버는 것은 만조 때 모든 배가 항구로 들어오는 것과 같다. 하지만 시장 변동성이 클 때 수익을 창출한다면? 이것이 바로 좋은 투자자와 위대한 투자자를 가르는 기준이다.

스마트 머니 게임에서 '명예의 전당'에 오른 시장 참여자 중 한 명은 내 친구 레이 달리오다. 레이는 '매크로' 헤지펀드 매니저의 톰 브래디Tom Brady(전설적인 미식축구 선수-옮긴이), 또는 역대 최고의 선수 'GOAT(Greates of All Time)'라 할 수 있다.

잘 모르는 이들을 위해 간단히 설명하면, 레이는 1,960억 달러[2]의 운용 자산을 보유한 세계 최대 헤지펀드 브리지워터Bridgewater의 창업자로 호황과 불황을 가리지 않고 놀라운 실적을 거두었다. 그는 글로벌 금융위기로 인한 대침체를 가장 먼저 예측하고 수익을 거둔 사람 중 한 명이다. 시장이 37% 폭락한 2008년, 브리지워터는 시장의 흐름을 거스르고 투자자들에게 9.4%의 수익을 안겨주었다. 이 회사의 퓨어 알파Pure Alpha 펀드는 1991년 설립 이래 연평균 11% 이상의 수익률을 기록했다(S&P 500 지수는 약 7% 상승하는 데 그쳤다).[3] 30년 이상 꾸준히 시장을 큰 폭으로 상회하는 수익률을 기록하면 세계 부호들이 가장 많이 찾는 헤지펀드 중 하나가 되는 것은 두말할 나위 없다. 지구상에서 가장 부유한 국가의 국부펀드부터 가장 영향력 있는 억만장자까지, 레이는 세계에서 가장 영향력 있는 인물 다수와 단축 번호로 연결되어 있다.

10여 년 전, 나와 알게 된 지 얼마 되지 않은 시기에 나눈 대화에서 그는 성공적인 투자의 핵심 원칙을 들려주었다. 그것은 바로 보상을 극대화하고 위험을 최소화하는 분산투자 원칙이다. 이 원칙은 내 개인 투자 전략을 이끌어온 것은 물론 투자 실행서 3부작의 마지막 세 번째 책인 이 책에 영감을 제공한, 레이가 투자의 '성배Holy Grail'라 부르는 것이다. 이는 간단하지만 심오한 전략인데도 실행에 옮기는 투자자가 매우 드물다. 내가 어떻게 작동하는지 알려주겠다.

먼저 전통적인 포트폴리오는 대부분 분산투자라는 핵심 원칙을 적용하여 위험을 최소화하고 상승 여력을 극대화하고자 한다는 점을 이해하는 것이 중요하다. 모든 달걀을 한 바구니에 담지 말라는 것이다. 안타깝게도 이 원칙이 항상 예상대로 실현되지는 않는다. 오늘날 전통적인 투자 중 다수는 '상관관계'가 있기 때문이다. 간단히 말하면, 함께 오르거나 내린다는 의미다.

상관관계는 투자한 자산이 같은 방향으로 함께 움직이는 정도를 측정한 지표다(양의 상관관계는 같이 오르내린다는 의미이고, 음의 상관관계는 그 반대를 뜻한다). 상관관계의 정도는 다양한데, 이는 두 자산이 함께 움직이지만 완전히 맞물려 등락하지는 않음을 의미한다. 일반적으로 주식과 채권은 상관관계가 없다. 주식이 하락할 때 채권이 상승하면 두 자산을 함께 보유한 투자자는 어느 정도 보호를 받을 수 있다. 그러나 상관관계는 항상 변하기 때문에 종종 예상치 못한 커브볼을 던질 수 있다.

2022년에는 주식과 채권이 동시에 하락했다. 이는 다소 드문 경우였으나 향후에는 예외가 아닐 수 있다. 세계에서 가장 성공적인 알고리즘 기반 헤지펀드 중 하나인 AQR은 "인플레이션 불확실성 증대와 같은 거시경제적 변화에 따라 1970년대, 1980년대, 1990년대에 나타난 주식과 채권 간 양의 상관관계가 재현될 수 있다"고 본다. 2023년 8월, 내 단말기에는 "상관관계가 급등하면서 채권은 더 이상 주식 손실에 대한 헤지 수단으로 쓸모가 없어졌다"라는《블룸버그》

기사 제목이 가로질렀다. 이 기사는 국채와 주식 사이 양의 상관관계가 1996년 이후 최고치를 기록했다고 언급했다.

최근 양의 상관관계를 보이는 것은 주식과 채권만이 아니다. 상장리츠REITs(부동산 포트폴리오를 소유하고 관리하는 회사)는 서로 다른 자산군인데도 주식과 높은 상관관계를 보이고 있다. 리츠와 S&P 500 지수는 2010년부터 2020년까지 80%의 양의 상관관계를 보였다.[4] 리츠를 활용하여 포트폴리오에 부동산을 추가하는 것이 현명한 분산투자 방법처럼 보일 수 있지만, 실제로는 리츠와 주식이 함께 움직일 가능성이 더 크다. 엄밀히 말하면, 리츠는 2010년부터 2020년까지 꽤 좋은 성과를 냈다. 하지만 핵심은 2022년 주식이 폭락하면서 리츠도 함께 하락했다는 점이다. 달걀의 일부를 안전하게 보관하는 방법으로 분산투자는 이제 더 이상 성공을 보장하지 않는다.

마찬가지로 지지자들로부터 종종 '디지털 금'이자 시장 변동성에 대한 헤지 수단으로 칭송을 받는 암호화폐는 최근 몇 년 동안 주식과 보조를 맞추어 움직이고 있다. 비트코인은 2022년 시세가 1개당 약 4만 7천 달러에서 1만 6천 달러로 떨어지며 65% 급락했다. 같은 해 주식도 약세장에 진입했고 인플레이션이 시작되었다. 조지타운 대학에 따르면, "코로나19 팬데믹과 러시아의 우크라이나 침공 사태가 발생해 시장 변동성이 큰 시기에는 암호화폐 자산이 시장의 흐름을 더욱 밀접하게 따라갔다."[5] 향후 흐름은 아무도 알 수 없지만, 최근 암호화폐는 확실히 헤지 수단으로서 제 역할을 다하지 못하고 있다.

문제는 오늘날 전통적인 분산투자 전략은 대부분 상관관계가 높은 투자를 점점 더 많이 추가하는 경향이 있다는 것이다. 일부 투자자들은 의식하든 그렇지 않든, 큰 변동성을 관리하기 위해 상관관계가 없는 투자 찾기를 포기한 것 같다. 최근 내 뉴스피드에 무서운 기사 제목이 하나 올라왔다. 은퇴를 앞두고 있거나 은퇴가 임박한 미국인들이 자산을 안전하게 보호할 수 있는 채권을 포기하고 미래의 대부분 또는 전부를 주식에 투자하고 있다는 것이다. 이는 도박에 가까운 행위다. 《월스트리트저널》은 자산운용회사 뱅가드Vanguard 고객 가운데 "85세 이상 투자자의 5분의 1이 거의 모든 자산을 주식에 투자하고 있는데, 이는 2012년의 16%에서 증가한 수치"라고 보도했다. 이어 "75세에서 84세 사이 투자자는 이 비율이 25% 가까이 된다"고 덧붙였다.[6] 이처럼 분산투자를 포기하는 것은 위험 부담이 큰 주사위를 던지는 일과 같지만, 안타깝게도 많은 미국인은 '다각화된' 포트폴리오가 제 역할을 다하지 못할 때 선택의 여지가 없다고 생각한다.

그렇다면 투자의 '성배'는 무엇일까?

레이에 따르면, 성배는 서로 상관관계가 없는 8~12가지 투자로 구성된 포트폴리오다. 이 포트폴리오를 활용하면 수익률 저하 없이 위험을 획기적으로 줄일 수 있다. 레이는 이런 방식으로 구성된 포트폴리오가 리스크를 80%까지 줄이면서도 상승 잠재력은 동일하거나 유사하게 유지할 수 있음을 보여준다. 그는 이렇게 설명한다.

"나는 이전에 저지른 실패에서 특정한 투자에 대해 강하게 확신하더라도 결국 틀릴 수 있음을 깨달았다. 적정한 포트폴리오 다각화는 수익을 줄이지 않고 위험을 낮추는 관건임도 배웠다. 포트폴리오를 다각화할 수 있다면(수익 흐름이 우량하고 구성 자산의 변동성이 서로 상쇄된다면), 나는 고객에게 전반적인 포트폴리오 수익을 다른 투자처보다 훨씬 더 일관되고 안정적으로 제공할 수 있다."

꽤 간단해 보이지 않는가? 하지만 여기에는 한 가지 큰 과제가 있다. 상관관계가 없고 수익 흐름이 우량한 다수의 투자 대상에 대한 정보를 어디에서 얻을 것인가 하는 문제다. 알고 보니 접근성은 까다로운 주제였다. 이것이 바로 내가 이 책을 쓴 이유다.

억만장자의 실행서

성배 철학을 받아들인 이후 나는 상장 주식과 다양한 대체투자 상품을 결합한 포트폴리오를 개발했다. 내가 선호하는 대체투자 대상으로는, 예를 들면 꾸준한 수익과 세금 혜택(이를테면 감가상각)을 제공하는 사모부동산펀드가 있다. 나는 사모펀드의 팬이기도 하다. 거의 모든 위대한 민간 기업이 성장하기 위해서는 자본이 필요하고, 사모펀드 수익률은 꾸준히 주식 수익률을 능가해 왔기 때문이다. 아울러 사모신용은 올바르게 관리한다면, 특히 금리가 급등하는 시기에 채권의 훌륭한 대안이 될 수 있음이 입증되었다. 이밖에 벤처캐피털에도 일부 투자하고 있는데, 리스크는 높지만 항상 혁신과 파괴를 추구한다는 점에서 내 내면에 자리한 기업가적 성향을 충족시켜 준다.

알다시피, 순자산 등이 일정 규모에 도달하면 미국 증권거래위원회

SEC의 특별 클럽에 초대된다. 연간 소득 20만 달러 또는 주택을 제외한 순자산 100만 달러 이상을 보유하면, '공인 투자자Accredited Investor' 자격이 부여되어 다수는 아니더라도 일부 대체투자에 접근할 수 있다. 좋은 소식이 있다. 이 글을 쓰는 지금, 순자산 규모에 관계없이 누구나 공인 투자자 자격 시험에 응시할 수 있도록 허용하는 법안이 미 의회에 계류 중이다(자세한 내용은 이 장의 뒷부분에서 설명한다).

투자 자산이 500만 달러 이상인 사람에게는 SEC에서 대체투자의 모든 영역에 투자할 수 있는 자격을 부여한다. 이들을 '자격 매수자Qualified Purchaser'라고 부른다. 그러나 여기에는 관문이 있다. 자격을 갖추었다고 해서 누구나 이 관문을 통과할 수 있는 것은 아니다. 사실 최고의 대체투자 상품 중 상당수는 신규 투자자에게 공개되지 않거나, 한정판 슈퍼카처럼 시장에 공개되기도 전에 완판되는 경우가 많다.

투자 경력 초기에 나는 이런 좌절감을 여러 번 맛보았다. 대체투자 수요가 너무 많은 것 같았다. 대체투자 대상을 찾는 돈이 너무 많은 것처럼 보였다. 이 경우 누가 최우선 순위에 있을까? 현금 동원 능력이 가장 큰 기관들이다. 국부펀드와 대학 기금, 대형 패밀리 오피스Family Office(거액 자산가가 자기 자산을 운용하기 위해 설립한 자산운용회사-옮긴이)가 개인 투자자를 밀어내고 있다.

이 책의 공저자인 크리스토퍼 주크가 투자 경력 초기에 겪은 재미난 일화를 들려주었다.

나는 아침 내내 팩스를 기다리고 있었다. 지금으로부터 25년 전, 구식 팩스 기계를 쓰던 시절이었다. 전날 고객들과 내가 어떤 대표적인 사모펀드에 투자할 수 있게 되었다는 희소식을 알리는 전화를 받았다. 우리는 그 사모펀드에 투자하기 위해 수년 동안 노력해 왔지만 아무 소용이 없었다. 모든 펀드가 '청약 초과'였기 때문이다.

이제 우리에게 얼마나 많은 할당액이 배정될지 밝혀질 때가 왔다. 드디어 멋진 어린이 클럽에 가입할 수 있게 된 것이다. 고객들과 나는 약 500만 달러를 모았다. 팩스 기계가 특유의 소리를 내며 얇은 종이 두루마리를 바닥에 뱉어내기 시작했다. 총 할당액이 무려 25만 달러라는 문구를 읽으며 나는 가슴이 미어졌다. 마치 뉴욕 최고의 피자집에 예약을 해서 친구들과 함께 둘러앉았는데, 피자 한 조각이 나온 것 같았다.

충족되지 않는 식욕

사모펀드와 사모부동산펀드, 사모신용을 향한 대체투자 욕구는 충족될 줄 모르는 듯하다. 시장조사회사 프레킨Preqin에 따르면, 2016년 사모펀드의 운용 자금 규모는 1조 달러에 달했다. 이 금액은 2023년 8월 현재 6조 달러로 증가했고, 2025년에는 14조 달러로 성장할 것으로 전망된다. 스마트 머니가 재분배되고 있음이 분명해지면서 대체투자로의 자산 '대이동'은 멈출 수 없는 흐름처럼 보인다. 상장 주식은 줄어들고, 사모펀드는 늘어난다. 공공신용(채권)은 감소하고, 사모신용은 증가한다. 공공리츠는 적어지고, 사모부동산펀드는 많아진다.

이런 내 추측을 친한 친구이자 자산관리사인 아제이 굽타^Ajay Gupta가 확인해 주었다. 아제이는 15년 넘게 내 가족의 자산관리를 도와주었다. 그의 이력을 간단히 설명하면, 아제이는 미국 최대 독립 투자자문회사의 수석 투자 전략가로 약 2천억 달러를 관리했다. 그는 이 투자자문회사를 대형 사모펀드 중 한 곳에 매각한 후 현재 나와 함께 패밀리 오피스 로빈스 굽타 홀딩스^Robbins Gupta Holdings를 운영하고 있다.

어느 날, 아제이가 세계 최대 사모펀드 중 하나인 콜버그 크래비스 로버츠^KKR의 보고서를 건네주었다. 최근 세계에서 가장 부유한 패밀리 오피스와 연기금의 내부를 엿볼 수 있는 설문조사 결과를 담고 있었다. 나는 설문조사 참여자들이 현재의 자산 배분 전략을 기꺼이 공유하는 것을 보고 깜짝 놀랐다. 거듭 말하지만 자산 배분, 즉 얼마나 투자하고 어떤 자산군에 투자할지 결정하는 것이 투자 성공의 가장 큰 동인이다. 이는 지난 20년 동안 내가 인터뷰한 투자자 모두에게서 공통적으로 나타난 보편적 진리다.

KKR 보고서를 훑어보면서 나는 충격적인 통계를 접했다. 자산 규모 3천만 달러 이상 초고액 순자산가는 대체투자에 자산의 약 *46%*를 배분하고, 상장 주식 비중은 *29%*에 불과하다는 것이다(표 1-1 참조).[7] 과거에는 대체투자가 포트폴리오의 곁들임 요리에 불과했지만 이제는 고기 및 감자와 비슷한 지위로 격상되었다. 초고액 순자산가 그룹은 대체투자 자금 중 절반 이상(52%)을 사모펀드에 투자했고, 다음으로 부동산(25%)과 헤지펀드(23%)에 거의 균등하게 배분했다.

이처럼 대체투자로 자산이 대거 이동한 이유가 무엇일까? 이 질문에 대한 정답을 찾는 데에는 오랜 시간이 걸리지 않는다. 전 세계적으

표 1-1 총자산 대비 대체투자 비중

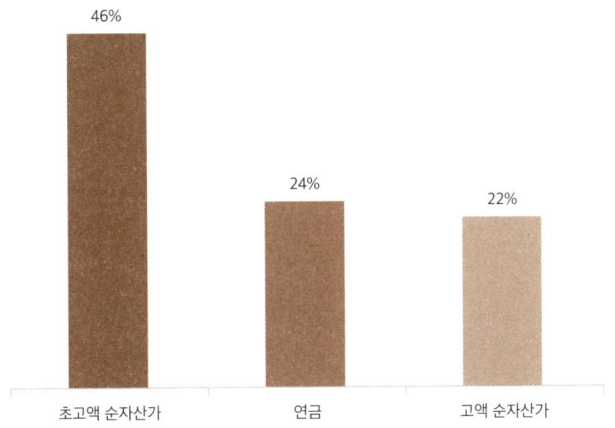

주: 2017년 3월 기준
자료: 윌리스 타워스 왓슨(Willis Towers Watson) 2017년 글로벌 연금 자산 연구. 공개적으로 이용 가능한 개인 자산관리자 데이터. KKR 2017 HNW 설문조사

로 1986년부터 2020년까지 35년 중 35년 모두 사모펀드가 주식 시장을 앞질렀다.[8]

표 1-2에서 볼 수 있듯이, 1986년부터 2022년까지 37년간 사모펀드[9]는 전체적으로 14.28%, S&P 500 지수는 9.24%의 연평균 수익률을 기록했다. 사모펀드가 S&P 500 지수보다 연평균 수익률이 5% 포인트 이상 높으며, 이는 복리이기 때문에 격차가 점점 더 크게 벌어진다. 100만 달러를 투자했다면 S&P 500 지수는 2,631만 105달러로 증가해 지나치게 저조하지는 않다. 반면 사모펀드에 투자했다면 놀랍게도 1억 3,960만 4,229달러로 불어났을 것이다. 유념할 점은, 여기서 사모펀드 수익률은 전체 평균으로 이보다 더 높은 수익률을

표 1-2 사모펀드와 공모펀드의 수익률 시뮬레이션 결과

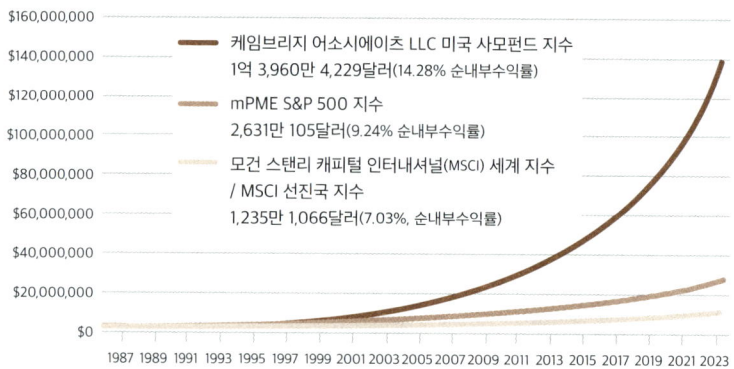

주: ① 2023년 3월 31일 기준
② 미국 사모펀드 지수는 1986년부터 2022년까지 결성된 사모펀드 1,505개(청산된 파트너십 포함)의 데이터를 바탕으로 작성되었으며, 수수료와 경비 등을 제외하고 계산한 내부수익률(IRR)을 보여준다.
③ mPME(Modified Public Market Equivalent)는 사모펀드 매매를 주식 시장 상황에서 재현했을 경우를 가리킨다.
④ 과거 실적은 현재나 미래의 투자 성과를 보장하지 않는다. 제시한 역사적 사례는 미래에 비슷한 결과를 약속하지 않으며, 그럴 의도도 내포하고 있지 않다. 역사적 사례를 소개한 목적은 단지 정보 제공이지, 특정한 투자 제안은 아니다. 여기에 포함된 정보와 통계 데이터는 신뢰할 만한 출처에서 가져왔으며 CAZ인베스트먼트는 자체적으로 검증하지 않았다.
자료: 케임브리지 어소시에이츠 LLC(Cambridge Associates LLC), 모건 스탠리 캐피털 인터내셔널, 스탠더드 앤드 푸어스

기록한 펀드도 많다는 것이다.

위의 그래프에서 볼 수 있듯이, 사모펀드는 강세장 때 좋은 실적을 거두지만 많은 침체기를 견뎌내기도 했다. 가장 최근에 시장이 부진했던(그리고 이후 회복한) 시기가 세 차례 있었다. 2001년 인터넷 버블 붕괴와 2008년 글로벌 금융위기로 인한 대침체, 그리고 2020년 코로나19 팬데믹이다. 세 차례 공히 '정상에서 골짜기'의 낙차를 비교하면 S&P 500 지수가 사모펀드보다 훨씬 가팔랐다.[10] 월가의 대형 자산운용회사 노이베르거 베르만Neuberger Berman은 "사모펀드는 공모펀드보다 세 차례 침체기 모두 충격을 덜 받았고 더 빠르게 회복했다"고 분

석했다. 대표적인 시기가 팬데믹 와중에 글로벌 공급망 위기가 더해진 2021년이다. 사모펀드 수익률은 27%였는데[11], 2020년 기록한 놀라운 성과인 33%에 비해 약간 낮은 수준일 뿐이었다.[12]

사모펀드의 헤비급 선수 베인 캐피털 Bain Capital은 이에 대해 "팬데믹과 관련해 수조 달러의 부양책이 집행되면서 딜 메이킹과 엑시트가 역사적인 규모로 불어났고, 그 과정에서 사모펀드가 2021년 두각을 나타냈다"고 전했다.[13]

이는 사모펀드로의 대규모 자금 이동을 설명해 준다. 사모펀드는 더 큰 기회를 제공한다. 물고기가 있는 곳에서 낚시를 해야 한다. 예전처럼 상장할 필요가 없는 상황이 되고 있다. 기업들은 상장에 수반되는 까다로운 법규와 절차 없이도 자본에 접근할 수 있다. 실제로 《파이낸셜타임스》에 따르면 미국 상장 기업 수는 1996년 정점을 찍은 후 2023년 현재 약 4,400개로 절반 가까이 감소했다.[14] 이처럼 투자자들이 검토할 대상이 많지 않은 데다, 알다시피 이 중 상당수는 수익성과 성장성이 평범하다. 실제로 2009년에는 상장 기업 중 81%가 수익을 낸 반면 2021년에는 그 비율이 28%로 줄었다(기업공개IPO 이후).[15]

이와 대조적으로, 비공개 기업은 수만 개가 성장하고 혁신하며 파괴하고 있다. 전 세계 모든 상장 기업의 시가총액을 살펴보면 깜짝 놀랄 만한 사실을 접하게 된다. 사모펀드가 보유한 모든 비공개 기업의 가치가 상장 기업 시가총액의 네 배에 달한다.[16]

그렇다고 우리 포트폴리오에서 상장 기업 주식의 역할이 없다는 말은 아니다. 상장 기업 주식은 분명 역할이 있고, 성배 포트폴리오^{Holy Grail Portfolios}(내 것 포함) 중 다수에서 중요한 구성 요소다. 주식은 우리 모두가 소비자에 머물기보다는 기업의 소유자가 될 수 있게 해준다. 당신은 아이폰뿐 아니라 애플^{Apple}도 소유할 수 있다. 상장 시장은 우리로 하여금 세계 곳곳에서 활동하는 수천 개 기업의 주식을 클릭만으로도 매매할 수 있게 해준다. 상장 주식 시장과 사모펀드는 상호 경쟁이 아니라 보완 관계다.

여러 연구에서 전형적인 주식과 채권 포트폴리오에 사모펀드를 추가하면 변동성을 줄일 뿐 아니라 수익성도 향상된다는 점을 보여준다.[17] 바로 이 점, 즉 수익을 늘리면서 위험(변동성)을 줄이는 것이 중요하다.

민주화

사모 시장에 이미 수조 달러가 유입된 가운데 규제가 느슨해지고 있다.[18] 바라건대, 조만간 일반 투자자도 연금제도(401k 플랜)를 활용해 사모펀드에 투자할 수 있기를. 그렇게 되면 이미 솟아오르는 사모 산업에 로켓 연료가 추가될 것이다. 가장 좋은 소식은….

앞서 언급한 것처럼, 나는 충분한 순자산을 보유한 사람들만 고품질 대체투자에 참여 가능한 조치가 불공정하다고 생각했다. 고액 자산가 중 상당수가 사업체 매각으로 부자가 되었다. 그들이 꼭 투자를 고도로 잘해서 부자가 된 것이 아니라는 말이다. 반면 자산 규모는 작지만 사모 시장에서 활동하기에 충분한 열망과 지능을 갖춘 사람들도 많다. 시장 위험을 이해할 만큼 충분히 영리한 사람이라면 사모 시장에 참여할 수 있어야 한다. 다행히 미 의회가 나와 같은 견해를 보이고 있다. 이 글을 쓰는 동안 하원에서 민주·공화 양당이 제출한 법안을 통과시켰다. 재산 요건이 미달하더라도 시험을 통과한 사람에게 공인 투자자 자격을 부여한다는 내용을 담은 법안이다. 모쪼록 당신이 이 책을 읽는 시점에는 법안이 통과되어 누구나 큰 기회를 접할 수 있기를 바란다.

대체투자의 밝은 미래가 내 마음속에서 구체화하는 가운데 본능적인 질문이 떠올랐다. 우리는 대체투자 기회를 찾는 수조 달러의 큰 흐름에 어떻게 동참할 수 있나? 우리는 단지 몇몇 기회를 활용하는 데에서 더 나아가 이 파도, 이 쓰나미에 어떻게 올라탈 것인가? 가장 뛰어나고 가장 영리한 금융의 귀재 중 상당수는 이미 방법을 찾아냈을 것이다. 그 방법은 일반 투자자 대다수가 한 번도 들어본 적이 없는 종류일 것임이 분명하다.

큰 돌파구

알다시피, 나는 20년 넘게 친구 폴 튜더 존스를 코칭해 왔다. 폴은 역사상 최고의 10대 헤지펀드 매니저 중 한 명이자 놀라운 자선가다. 그는 뉴욕시의 빈곤 퇴치를 위해 로빈후드 재단Robin Hood Foundation에 30억 달러 이상을 기부했다.

10여 년 전, 나는 폴의 파트너 중 한 명(이후 자신만의 성공적인 펀드를 설립했다)과 대체투자에 대해 대화를 나누고 있었다. 나는 훌륭한 투자 기회에 참여할 수 없다는 모두의 공통된 어려움을 토로하고 있었다. 부유층에게 인기 있는 사모펀드에서 '할당'을 받는 것은 핫한 나이트클럽의 벨벳 로프를 통과하는 것과 같다. 사람들은 대개 현금을 손에 쥔 채 추위에 떨고 있다.

친구 대 친구로 그는 자신의 개인 돈으로 무엇을 하는지 공개하겠다고 밝혔다. 나는 순간 귀가 쫑긋해졌다. 최상급 펀드 매니저가 자신의 보물 같은 돈으로 무엇을 하는지 알려주려던 참이었으니까. 마치 타이거 우즈가 골프 클럽을 어디서 구입하는지 알려주는 것 같았다. 잘 들어보시라. 그는 일반적인 투자회사와 약간 다른 접근법을 취하는, 텍사스주 휴스턴 소재 회사를 개인적으로 이용한다고 밝혔다. 텍사스? 나는 그가 코네티컷주 그리니치 출신이니 월가나 런던, 싱가포르의 엘리트 회사를 이용하리라 생각했다. 하지만 희귀한 공기를 마시는 뛰어난 금융 전문가 대다수처럼, 그는 사람들 발걸음이 뜸한 길로 다니고 있었다.

그는 이후 한 시간 동안, 다음과 같은 내 질문에 대한 정답처럼 들리는 한 가지 접근법을 가르쳐주었다.

"대체투자에 대한 이 급격한 변화에 어떻게 참여할 수 있을까?"

내가 최대한 빨리 받아 적는 동안 그는 펀드에 유한책임투자자$^{\text{Limited Partner}}$(LP, 투자자)로 참여하는 대신 무한책임투자자$^{\text{General Partner}}$(GP, 운용회사)로 알려진 법인의 소유주가 되는 방법이 있다고 설명했다. GP는 펀드를 관리하고 투자 결정을 내리는 운용회사로 일반적으로 창업자와 최고경영진이 소유한다. "실제로 GP의 지분을 살 수 있다고요?" 나는 다소 당황해하며 물었다. 그는 오랜 경력을 자랑하는 베테랑의 미소를 지으며 고개를 끄덕였다. 내 투자의 패러다임이 바뀌는 순간이었다. 알고 보니 내가 인터뷰한 금융계 거물 중 상당수가 자신의 자산관리회사를 소유함으로써(따라서 GP가 됨으로써) 억만장자가 되었다.

《포브스》400대 억만장자 중 최다 그룹은 대기업이나 석유·가스 업계 출신이 아니라 사모펀드, 사모부동산펀드, 사모신용 분야 거물들이라는 사실은 널리 알려져 있다. 그들 금융계 지휘자는 고객LP과 자기 자신GP을 위해 막대한 부를 창출한다. 그들은 머니 게임을 마스터하고 수백수천억 달러의 자산을 관리한다. 내게 기회가 주어진다면 파트너로서 어깨를 나란히 하고 싶은 사람들이기도 하다. 수조 달러가 대체투자로 흘러들어가는 상황에서 내가 이들의 자금관리 사업의 일부를 소유하는 것이 정말 가능할까? 정답은 "그렇다"이다. 이른바 'GP 지분'으로 알려진 이 세계는 지난 10년 동안 대형 기관 투자자들 사이에서 점점 인기를 얻고 있었지만 이제야 주류 언론에 보도되기 시작했다. "사모펀드뿐 아니라 사모투자회사의 지분을 매입하면 큰 수익을 올릴 수 있다"는 제목의《월스트리트저널》의 기사는 이를 잘 요약하고 있다.[19]

왜 큰 수익을 낼까?

사모투자회사 고객인 LP는 GP에게 최소 두 가지 수수료를 지불한다. 첫째, 일반적으로 연간 투자 금액의 약 2%가 부과되는 관리 수수료다. 둘째, 투자 펀드의 성과가 좋으면 회사는 대개 수익의 20%를 챙긴다. 따라서 투자자를 행복하게 만드는 상위권 사모투자회사의 경우 회사 자체가 창업자와 소유주에게 부를 창출해 주는 기계가 된다.

방금 배운 내용을 머릿속에서 정리하며 나는 스무고개를 시작했다. 질문 세례를 받은 그는 나를 위해 GP의 소수이자 소극적 소유주가 되면 세 가지 뚜렷한 이점이 있다며 요약해 주었다.

1. **현금흐름** — 예측 가능한 수입은 멋진 일이다. 사업체를 운영해 본 사람이라면, 수년 동안 안정적이고 예측 가능한 수익을 미리 확보할 수 있다는 것이 얼마나 드물고 멋진 일인지 잘 알 것이다. 사모자산운용 업계에 온 것을 환영한다. 일반적인 GP는 LP를 대신해 수많은 펀드를 관리한다. 투자자들은 종종 큰 수익을 기대하는 대가로 자신의 투자를 장기간(일반적으로 5년에서 10년 사이) '록업 lock up'(주식 상장 전 지분을 소유한 투자자나 기관들이 상장 직후 일정 기간 지분 매도를 못하도록 거래를 제한해 놓은 장치-옮긴이)하는 데 동의한다. 이런 조치를 통해 자산운용 담당자는 장기적인 안목으로 최선의 결정을 내릴 수 있는 충분한 시간을 확보하게 된다. 투자자의 자금을 운용하는 동안 GP는 관리 수수료(일반적으로 연간 투자 금액의 2%)를 받을 수 있다. 투자자가 특정한 록업 조항에 동의하면, GP는 해당 기간 동안 예측 가능하고 계약상 보장된 관리 수수료 수익을 창출할 수 있음을 안다. 이는 곧 회사 소유주(이 경우 우리가 포함된다)에게 배정되는 안정적인

현금흐름으로 이어진다. 더 좋은 점은 회사가 관리하는 자금의 규모가 커짐에 따라 이 꾸준한 수입 흐름도 증가한다는 것이다.

2. **수익의 일부** — 앞서 언급했듯이, 투자자에게 돈을 벌어주는 대가로 GP는 관리하는 모든 자본에 대해 수익의 일정 비율(일반적으로 20%)을 받는다. 이를 이월 이자 또는 성과 수수료라 한다. 다른 사람의 돈으로 돈을 버는 동시에 투자자에게 큰 혜택을 주는 것은 GP(우리)에게도 큰 수익을 창출할 수 있는 윈윈 기회다.

3. **다각화** — 1990년 노벨경제학상 수상자인 해리 마코위츠[Harry Markowit]의 현명한 말처럼 "다각화는 유일한 공짜 점심"이다. 자산운용회사의 일부를 소유하면 고도의 다각화 효과를 얻을 수 있다. 왜 그럴까? 일반적으로 자산운용회사는 수많은 펀드를 관리하기 때문이다. 각 펀드는 고유한 개시일 또는 '빈티지'를 가지고 있으며, 이는 자금이 다양한 시장 및 경제 주기에 걸쳐 분산되어 있음을 뜻한다. 또한 각 펀드에는 다양한 산업과 섹터, 지역, 성장 단계에 걸쳐 분산된 기업 및 투자 포트폴리오가 포함되어 있다. 이는 가장 높은 수준의 다각화다.

마지막 네 번째 이점이 중요하다. 가끔 사모자산운용회사는 기업공개 절차를 밟거나 더 큰 회사에 매각된다. 이 경우 우리를 포함한 회사 소유자들은 지분 매각 차익을 거둘 수 있다. 이 책을 계속 읽으면 알게 될 추가 혜택이 많지만, 이 시점에서 나는 의자에서 몸을 앞으로 기울이고 있었음은 두말할 필요가 없다. 모든 것이 정말 매력적으로 들렸다(그리고 사실이라 하기에는 너무 좋았다). 나는 궁금해하지 않을 수 없었다.

그렇다면 도대체 왜 사모자산운용회사 주주가 자신의 지분을 매각할까? 그의 대답은 "크리스토퍼 주크를 만날 필요가 있다"였다.

휴스턴, 우리에겐 기회가 있다

크리스토퍼를 처음 만났을 때, 내가 깜짝 놀랐던 것은 그가 30년 전 내 오디오 교육 시스템 〈개인의 무한한 힘Personal Power〉을 듣고 영감을 받아 CAZ 인베스트먼트를 시작하게 되었다는 이야기를 들려주었기 때문이다. (그렇다. 그 오래된 카세트다.) 1991년이었고, 그는 월가의 주요 은행에서 일하고 있었다. 그는 앞으로 언제까지 회사에 다닐지 기한을 정했다. 그런 다음 부인에게 10년 안에 자신의 회사를 설립하겠다고 말했다. 그가 약속대로 CAZ 인베스트먼트를 설립한 2001년, 금융 시장은 9·11 테러 직후 약세장을 맞이했다.

차차 설명하겠지만, 크리스토퍼는 쉽게 좌절하지 않는다. 시장 상황에 관계없이 믿을 수 없을 정도로 효과적으로 기회를 사냥한다. 그는 대체투자 업계에서 매우 존경받고 있기도 하다. 2019년 텍사스주 주지사로부터 주 연금심의위원회 위원으로 임명되었으며, 현재 투자위원회 위원장을 맡고 있다.

CAZ 인베스트먼트는 일반적인 투자회사가 아니다. 활기찬 솔직함과 직접 발로 뛰는 업무 윤리는 텍사스주 휴스턴의 깊은 뿌리를 반영한다. 이 회사 사람들은 크리스토퍼의 리더십 아래 지난 20여 년 동안 자신들만의 고유한 길을 개척해 왔다. 크리스토퍼는 대형 기관과 경쟁하기 위해서는 낡고 오래된 모델을 재고해야 함을 잘 알고 있었고, 그들은 그 전략을 따랐다.

크리스토퍼와 그의 팀은 그동안 거액을 운용하는 패밀리 오피스들과 긴밀한 네트워크를 구축했다. 그들은 이를 '인스티비듀얼insti-vidual'이라는 조어로 표현했다. 이 네트워크는 집단 구매력을 활용해 특별한 투자 기회에 대한 접근 권한을 협상했다. 다시 한번 강조하건대, 대체투자에서는 접근성이 관건이다.

크리스토퍼는 이렇게 설명했다. "우리 역할은 매일 일어나서 투자자 네트워크가 검토할 독점적인 기회를 기획해내는 것이에요. 그들은 투자하든 패스하든 늘 선택할 수 있죠. 네트워크 구성원들은 그런 기회를 제공받는 대신 연대해서 단일한 주체로 행동하기로 합의했어요. 새로운 기회에 투자할 자금을 모은 뒤 수표 한 장에 쓰는 것이죠. 이렇게 하면 여느 대형 기관 못지않게 상황을 주도할 수 있어요."

현재 전 세계 고액 자산가 3천 명 이상과 많은 투자자문회사가 CAZ 인베스트먼트가 기획한 투자 기회에 참여하고 있다. 이 회사는 전 세계 사모펀드 투자 업계의 상위 200대 배분자 중 하나로 성장했다.[20] 그 규모는 컬럼비아 대학, 듀크 대학, 매사추세츠 공과대학MIT의 기금을 앞질렀다.

저녁 식사를 하면서 크리스토퍼는 20년간 자신의 네트워크를 통해 자금을 조달하고 투자한 여러 기회에 대해 브리핑했다. 나는 이 회사가 네트워크에 제공하는 시의적절한 주제의 다양한 기회에 깊은 인상을 받았다. 주택 위기 시기의 서브프라임 모기지 공매도부터 석유 가격 붕괴 시기의 에너지 기회, 미국프로농구^{NBA} · 북미아이스하키리그^{NHL} · 메이저리그 야구^{MLB} 팀의 일부 지분 매입까지. 이 목록은 계속 이어진다.

하지만 CAZ 인베스트먼트가 내로라하는 회사로 성장한 것은 'GP 지분'을 통해서였다. 이 회사는 현재 전 세계에 걸쳐 60개 이상의 저명한 사모펀드와 사모신용, 사모부동산펀드 회사의 지분을 소유하고 있다.

광범위한 실사 끝에 나는 그의 고객이 되었다. 내 패밀리 오피스 파트너 아제이는 CAZ 인베스트먼트 이사회에 합류했다. 우리는 수년에 걸쳐 크리스토퍼와 그의 팀과 함께 시간을 보내면서, 매년 1,500개 이상의 기회를 검토해 가장 적시에 가장 좋은 소수의 대상에 투자하는 방식을 점점 더 잘 이해할 수 있었다. CAZ 인베스트먼트 팀은 나만의 성배 포트폴리오를 구성하는 데 큰 도움을 주었다. 나는 크리스토퍼의 메시지와 지혜를 내 네트워크에도 전파하고 싶었고, 크리스토퍼는 우리가 수십 명에 이르는 CAZ 인베스트먼트 소액 주주 대열에 합류할 수 있는 기회를 제공했다. 나는 이 사업에 적극적으로 참여하고 있지는 않지만 이와 같은 투자의 트렌드, 스마트 머니의 이동 방향과 양상, 시의적절한 기회 활용 방법에 대한 지식으로 무장하는 데에는 열심이다.

소문을 퍼뜨리자

2022년 중반, 세계는 제로 금리 시대가 갑작스럽게 끝나면서 큰 변화를 겪고 있었다. 지속적인 인플레이션, 공급망 위기, 우크라이나-러시아 전쟁과 다른 여러 요인이 시장에 파문을 일으키고 있었다. 금융계의 거물들에게 연락했더니(그중 상당수는 이 책을 위해 인터뷰를 해주었다) 그 누구도 두려워하지 않았다. 오히려 그들은 흥분했다. 그들은 기회를 감지했다. 예를 들어 채권이 폭락하는 동안 금리 인상으로 사모신용(그중 일부는 내가 GP 지분을 소유하고 있다)이 부과하는 금리가 상향 조정되어 수익률이 상당히 높아졌다. 금리 인상 전에는 많은 기업이 사모신용에 5~6% 이자를 지불했지만, 금리 인상 후에는 시장 금리에 맞춰 대출 금리가 조정되면서 같은 기업이 11%가 넘는 이자를 치러야 했다. 동일한 차입자에 동일한 대출이지만 대출 기관의 수익성은 크게 상승했다.

나는 뒤뜰에 앉아 바다를 바라보며 레이 달리오와 다른 여러 사람이 내 투자의 여정에서 가르쳐준 원칙에 감사를 표했다. 구체적으로 나는 성배 포트폴리오에 적용하고 있던 전략에 감사했다. 내가 인맥을 통해 배운 모든 통찰을 공유할 수 있는 플랫폼에 감사했다. 그 순간 나는 크리스토퍼와 함께 이 책을 써야겠다고 생각했다. 우리가 책에 공유할, 중요하고 힘을 실어주는 자료가 너무 많았다. 공개하고 탐구해야 할 흥미로운 전략도 너무 많았다. 노련하고 성공한 베테랑들의 풍부한 조언을 들어야 할 사람들이 너무 많았다. 나는 전화기를 들고 크리스토퍼에게 두 가지 이유로 이 책을 써야 한다고 밝혔다.

1. 우리 두 사람은 대체투자 분야에서 최고로 훌륭하고 성공적인 인재들을 만날 수 있는 특별한 기회를 가졌다. 예를 들면 스타우드 캐피털Starwood Capital의 창업자 배리 스턴리히트Barry Sternlicht 같은 사람들이다. 스턴리히트는 30개국에 걸쳐 부동산 자산을 1,150억 달러 이상 관리하는 글로벌 부동산 투자 제국을 건설했다. 윌 반로Wil VanLoh는 굴지의 민간 에너지 투자회사인 퀀텀 에너지 파트너스Quantum Energy Partners의 창업자로 놀라운 실적을 자랑한다(변동성이 큰 자산군에 투자했는데도). 특히 재생에너지에 대한 전 세계의 관심과 기회를 고려할 때, 그와의 대화는 참으로 흥미로웠다. 놀랍도록 매력적인 이 대화는 '지식은 학습뿐만 아니라 적용을 통해 힘을 발휘한다'는 시대를 초월한 진리를 보여준다.

2. 고액 자산가들과 그들을 대변하는 자문가들 사이에서도 대체투자가 가진 폭넓은 가능성에 대한 인식이 전반적으로 부족하다. 나도 한때 그러했고, 내 주변에서 성공한 많은 사람도 마찬가지였다. 선의의 투자자문회사와 함께 일하는 개인은 종종 자문회사의 모회사에서 미리 선정한 제한된 기회만 접하게 되는 경우가 많다. 우리는 투자자와 자문회사를 포함한 모든 사람이 세계 최고의 투자자들이 자신만의 성배 포트폴리오를 위해 사용하고 있는 도구와 인식, 기회를 얻기를 바란다.

일곱 가지 고유한 전략

자, 그럼 시작해 보겠다. 이 책은 두 부분으로 나뉜다.

1부는 장^{章}별로 특정한 대체투자 전략(또는 카테고리)을 다룬다. 오랜 기간 탁월한 수익을 창출한 일곱 가지 고유한 전략을 선정했다. 일곱 가지 전략은 각각 서로 상관관계가 전혀 없는 투자 기회다. 우주처럼 방대한 잠재적인 선택지 속에서 그것들을 선정한 이유가 여기에 있다.

먼저 GP 지분을 자세히 다루면서 이 로켓을 발사하려 한다. 그런 다음 투자자들이 북미에서 유일하게 합법적으로 독점하는 프로 스포츠 소유권 경쟁에 참여할 수 있는 방법을 공개한다. 비교적 최근에 규칙이 변경되면서 투자자들이 MLB, 메이저리그 축구^{MLS}, NBA, NHL의 여러 팀 포트폴리오를 소유할 수 있는 길이 열렸다. 이들 팀은 마치 강력한 순풍이 뒤에서 밀어주는 것처럼 믿기 어려울 정도로 튼튼한 수익 모델을 가지고 있다. 이들은 경기장 좌석에서 맥주와 담배 꽁초로 돈을 버는 데에서 시작해 스트리밍 권리와 도박·호텔·레스토랑 등의 업체로부터 받는 합법적인 광고 수입 등을 합쳐 수십억 달러에 이르는 매출을 긁어모으는 다각적인 글로벌 제국으로 발전했다. 이는 앞으로 펼쳐질 내용의 맛보기에 불과하다. 우리가 소개하는 전략들은 저마다 이와 동급으로 흥미롭다.

2부에서는 전문 자산관리자들로 구성된 올스타 라인업을 만난다. 이들은 총 5조 달러 이상의 자산을 관리하고 있다. 전문 자산관리자들은 너그럽게도 시간을 내어 사업을 시작한 이야기와 상상할 수 없는 성공으로 이끈 본능과 기법, 원칙, 전략을 공유했다. 우리는 이들에게 저마다 투자의 성배라고 생각하는 것이 무엇인지 공유해 달라고 요청했다. 그들의 대답은 다양하고 놀랍고 심오한 지혜를 담고 있었다.

이제 페이지를 넘겨 GP 지분에서 시작해, 수백억 달러의 스마트머니가 이 전략을 좇는 이유를 알아보자.

나와 크리스토퍼는 이 책을 위해 함께 인터뷰를 진행했고 함께 집필했으며 최고의 정보를 제공하기 위해 협력했다. 우리는 이 책의 나머지 부분에서 장이나 단락마다 번갈아 쓰는 대신 하나의 명확하고 통일된 목소리로 글을 쓰기로 결정했다.

2
사모펀드 운용사GP의 지분
행동의 한 조각

> 부자가 되는 가장 좋은 길은? 금융과 투자다. 미국 최상급 부자 4분의 1 이상이 헤지펀드, 사모펀드, 자산관리 등을 포함하는 이 산업에서 돈을 벌었다. —《포브스》[1]

> 경주마에 베팅을 하겠는가, 경마장 전체의 일부를 소유하겠는가?

CAZ 인베스트먼트는 10여 년 전 GP 지분에 투자하기 시작한 이래 사모펀드, 사모신용, 사모부동산펀드 분야에서 이름난 기업 60여 개사의 소수 지분을 인수했다. 우리는 총 수십억 달러를 GP 지분에 배정했으며, 우리 회사는 이 분야에서 세계적인 투자자가 되었다. 자랑하려는 것이 아니라, 회사가 투자자에게 소수의 소극적 지분을 기꺼이 매각하는 여러 가지 좋은 이유, 특히 전략적 투자자의 경우 그 이유를 잘 알고 있기 때문에 말하는 것이다. 그 이유를 설명하기에 앞서 이런 자산관리 비즈니스가 매력적인 이유부터 살펴보자.

수익 엔진

비즈니스 지분을 매입할 때에는 어떤 유형의 비즈니스든 그 수익 엔진을 이해해야 한다. 비즈니스는 어떻게 수익을 창출할까? 잠시 시간을 내 비즈니스 이면의 비즈니스를 이해해 보자.

사모자산운용회사는 대부분 같은 방식으로 설립된다. 이들이 운용하는 펀드는 수많은 투자자로부터 모은 자본이다. 투자 펀드를 설정할 때 회사는 종종 유한책임회사라는 법인을 활용하므로 투자자는 펀드의 유한책임투자자[LP]로 간주된다. 아울러 자금 관리를 담당하는 자산관리자가 있는데, 이들이 바로 무한책임투자자[GP]다. GP는 여러 펀드의 조성과 마케팅, 관리를 담당하는 자산관리회사 또는 단체다.

요약하면, GP는 일반적으로 자산관리 서비스에 대해 최소 두 가지의 수익원을 보유하게 된다.

1. **관리 수수료** — 관리하는 총자본의 1%에서 3% 범위에서 연간 단위로 부과되며(이 글을 쓰는 지금은 2%가 표준), 펀드 성과에 관계없이 지급된다.
2. **성과 수수료** — 이월 이자 또는 인센티브 수수료라고도 불린다. 펀드 투자 수익의 일정 비율이 지급되며, 표준 인센티브 수수료는 수익의 20%다.

수익 측면에서 이런 자산관리 비즈니스가 얼마나 매력적인지 간단한 예를 들어보겠다. 10억 달러 규모의 펀드를 운용하는 가상의 회사 ABC 사모펀드를 상상해 보자. 이 회사는 일반적으로 최소 5년 동안 매년 2%(또는 2천만 달러)의 관리 수수료를 받는다. 이로써 총 1억 달러의 수익을 계약에 따라 거의 보장받을 수 있다. 이 관리 수수료 수익은 일반 파트너(GP 지분 소유자도 포함)에게 일정한 현금흐름 지불을 창출한다(저자는 GP 지분을 소유한 투자자를 'General Partners'라고 서술하는데 이를 '일반 파트너'로 번역한다 – 옮긴이). 일반적으로 GP 지분에서 투자 첫날부터 매년 5%에서 10% 범위의 연간 현금 배당금이 나온다. 따라서 당신이 GP 지분에 100만 달러를 투자한다면 관리 수수료로 연간 5만 달러에서 10만 달러를 벌 수 있다. (우리 같은 투자 전문가들 사이에서는 J커브를 효과적으로 제거한다고 표현된다.[2])

다음으로 펀드가 상당히 좋은 성과를 내면서 5년 동안 포트폴리오 가치가 10억 달러에서 20억 달러로 두 배가 되었다고 가정해 보자. 투자자LP는 만족하고 운용회사GP는 10억 달러의 수익 중 20%를 받을 자격을 얻게 된다. 2억 달러면 그리 나쁘지 않다.

그럼 GP의 잠재적 총수익을 요약해 보자.

> 관리 수수료 1억 달러 + 성과 수수료 2억 달러
> 총수익 3억 달러(운용 자산 10억 달러당)

이는 세계 어떤 비즈니스에서도 찾아보기 어려운 놀라운 경제성이며, 우리가 이런 자산관리회사의 일반 파트너가 되고 싶어 하는 이유다. 이 사례는 비교적 보수적인 수치라는 점을 유념하라. 많은 상위권

운용회사들은 훨씬 더 높은 수익을 창출해 일반 파트너에게 엄청난 수익을 안겨주었다.

이 비즈니스는 매우 매력적인 수익 모델 외에도 규모의 경제 측면에서 대단히 효율적이고 수익성이 높다. 직원 20명이 10억 달러를 운용하는 회사는 직원 수를 두 배로 늘리지 않고도 운용하는 펀드 규모를 두 배로 늘릴 수 있다. 내가 아는 한 회사는 75명 남짓의 임직원이 470억 달러를 운용한다. 앞서 10억 달러당 잠재 수익이 3억 달러인 사례를 기억하는가. 수십억 달러를 운용하는 회사가 왜 일반 파트너에게(그리고 GP 지분을 소유한 우리에게) 부를 창출하는 기계가 될 수 있는지 금세 가늠할 수 있다.

규모의 경제를 활용하기 위해 성공적인 운용회사는 대부분 1~3년마다 새 펀드를 출시한다. 새로운 펀드는 저마다 회사에 추가적인 수익원을 가져다준다. 수십 년 동안 운영되어왔고 여러 비즈니스 라인을 보유한 회사의 경우 관리하는 펀드 수가 20개 이상일 수 있다. 여기서 숫자는 기하급수로 늘어나고, 우리는 이런 유형의 회사 창업자들이 《포브스》 400대 기업을 어떻게 지배하는지 이해하기 시작한다.

부드러운 승차감

프랑스 남서부 가론강 근처에는 세계 최상급 유명 와인 메이커가 있다. 바로 샤토 라피트 로쉴드^{Château Lafite Rothschild}다. 이곳에서는 가장 비싼 보르도 와인을 빚는다. 보르도 와인 애호가로서 나도 어느 연도 또는 빈티지가 다른 연도보다 훨씬 좋은지 말할 수 있다. 사모투자 펀드도 마찬가지다.

회사는 일반적으로 몇 년마다 새로운 펀드를 조성한다. 새로운 '빈티지'라고 할 수 있다. 새 펀드 각각은 다양한 투자 대상을 매입한다. 예를 들어 각 사모펀드는 5개에서 15개 정도의 회사를 인수할 수 있다. 각 펀드가 출범한 시기의 경제 상황·시장 사이클과 그 안에 편입된 개별 회사·자산의 성과에 따라 각 빈티지의 성과는 크게 달라질 수 있다.

하지만 와인 애호가와 달리 투자자는 돈을 다 써버리고 나서야 어떤 빈티지가 좋은지 알 수 있다. 먼저 투자한 다음 '수확'의 결과가 나오기까지 기다려야 한다. 이것이 바로 대다수 기관 투자자가 많은 자산관리자가 관리하는 여러 빈티지에 투자하는 이유다. 이 전략은 더 큰 다각화를 제공하고 가능한 한 많은 빈티지에 노출되도록 보장한다. 물론 개인 투자자에게는 어려운 일이다. 아주 부유한 개인 투자자라도 여러 매니저의 많은 빈티지에 투자할 정도로 자금이 넉넉하지는 않다. 이런 이유로 그들은 대개 몇몇 펀드에 집중 투자하고 그 결과 더 많은 위험에 노출된다.

이와 대조적으로 GP를 소유함으로써 일반 파트너의 지위로 올라가면 '빈티지 다각화'가 가능해진다. 전체 와이너리의 일부를 구입할 수 있는데 굳이 샤토 라피트 로쉴드에서 출시한 한 해의 빈티지만 살 이유가 없다. 대표적인 사모펀드 회사는 다양한 펀드와 빈티지를 보유하고 있으므로 이 회사의 GP 지분을 보유하면 전체 펀드 라인업(과거, 현재, 미래)에서 발생한 수익에 비례해 수익을 얻게 된다. 특정 빈티지 또는 펀드의 성과가 기대만큼 좋지 않더라도, 일반적으로 회사는 다양한 빈티지의 펀드를 다수 보유하고 있기 때문에 GP 지분에 미치는 영향은 작다.

한 걸음 더 나아가, 자산운용회사마다 다른 산업과 지역에 집중한다. 이들은 소비자 기술부터 부동산, 의료, 항공우주, 기업용 소프트웨어, 서비스업 등 다양한 산업에 투자한다. 이들 산업에 속한 회사 중 다수는 미국에 소재하지만, 일부는 전 세계 곳곳에 위치하거나 지사를 두고 있다. 이들은 기회를 찾기 위해 전 세계를 누빈다. 일부 경제는 어려움을 겪는 동안 다른 경제는 번창하기에 지리적 제약을 받지 않는다는 것도 큰 장점이다.

이제 다양한 시장 부문에 걸쳐 세계에서 가장 효과적이며 검증된 자산운용 전문가들이 일하는 GP 수십 곳의 지분을 보유한 포트폴리오를 상상해 보라. 이것이 우리 회사가 취하는 접근법으로 다음과 같은 다양한 이점을 제공한다.

- 소유하는 회사 유형별 다각화(사모펀드, 사모신용, 사모부동산 등)
- GP 지분을 소유한 펀드의 고유한 전문 분야(항공우주, 헬스케어, 소프트웨어, 소매, 핀테크 등)에 따른 다각화
- GP 지분을 소유한 기업의 지리적 초점(미국, 유럽, 아시아 등)에 따른 다각화
- GP 지분을 소유한 회사가 관리하는 빈티지·펀드(과거, 현재, 미래)에 따른 다각화
- GP 지분을 소유한 회사가 관리하는 개별 펀드·빈티지 내의 회

사(또는 자산) 포트폴리오 간 다각화

따라서 다수의 우량 GP 지분으로 구성된 포트폴리오는 투자자에게 '비대칭적' 위험 및 보상과 함께 일관된 현금흐름을 제공할 수 있다. 하락 폭은 제한적이고 상승 폭은 큰 멋진 포트폴리오다. 이처럼 상관관계가 없는 다각화는 레이의 성배 철학을 따르고자 하는 사람들에게 금융 천국이나 다름없다. 실제로 미국 최고의 투자자문회사 중 상당수가 고객 포트폴리오에 GP 지분을 활용하기 시작했다. 《배런스Barron's》와 CNBC에서 미국 최고 투자자문회사로 여러 차례 선정된 크리에이티브 플래닝Creative Planning(2천억 달러 이상의 자산을 관리한다)은 대체투자와 GP 지분에 큰 비중을 두고 있다. 이 회사의 사장 피터 맬럭Peter Mallouk은 "GP 지분은 고객이 완전히 다른 각도에서 최고 수준의 사모펀드에 접근하고 소유권의 이점을 경험할 수 있는 매우 독특한 방법이다"고 말한다.

기업 가치

GP 지분 매입의 마지막 이점은 회사 자체의 기업 가치 성장에서 비롯된다. 회사의 '운용 자산'과 거기서 파생되는 수익이 증가함에 따라 GP 지분의 가치도 증가할 것이다. 컨설팅회사 맥킨지 앤드 컴퍼니McKinsey and Company는 "2021년 6월 30일 기준 사모 시장의 총 운용 자산이 전년 동기 7조 4천억 달러에서 9조 8천억 달러로 증가하며 사상 최고치를 기록했다"고 밝혔다. 업계 전문가 중 대다수는 이런 추세가 계속되리라 전망한다.

사모펀드와 사모신용, 사모부동산펀드가 관리 목적으로 새로운 자본을 조달하면 관리 수수료(일반적으로 연간 2%)로 인한 현금흐름이 증가하고 성과 수수료에 따른 수익 배분 가능성이 커진다. 지난 몇 년 동안 우리가 지분을 매입한 GP 중 일부는 체계적으로 성장한 반면, 다수는 기하급수적으로 성장했다. 우리가 지분을 소유하고 있는 사모펀드 중 한 곳은 매입 당시 130억 달러를 운용했는데, 지금은 운용자산이 1천억 달러 이상에 달한다. 관리 수수료와 성과 수수료에서 나오는 기하급수적인 수익 덕분에 이 회사는 엄청난 사업체로 거듭났다.

그렇다면 GP 지분의 가치 상승은 어떻게 실현할 수 있을까? 이는 자연스럽게 "만약 내가 빠져나가야 한다면 어떻게 해야 할까?" "앞으로 어떻게 유동성을 확보할 수 있을까?"라는 질문으로 이어진다. 투자자에게 지급되는 수익 흐름을 제외하면 일반적으로 GP 지분은 유동성이 없는 것으로 간주되는 것이 사실이다. 그렇긴 하지만 포지션을 매도하고 싶을 때 유동성을 확보할 수 있는 몇 가지 방법이 있다.

1. 어떤 회사들은 주기적으로 내 소유 포지션에 대해 '공개 매수'를 제안한다. 이는 간단히 말해, 포지션의 현재 순자산가치NAV로 매수하겠다는 뜻이다.
2. 자산의 품질에 따라 '2차 거래'로 포지션을 매도할 수 있다. 즉 상호 합의한 가격에 포지션을 제3자에게 매도할 수 있다. 이는 대

체투자 영역에서 흔히 발생하는 일이다(9장 후반부에서 자세히 다룬다).
3. 많은 기업이 결국 다른 업계 플레이어에 인수되는데, 이 경우 모든 일반 파트너들에게 수익을 안겨주는 이벤트가 발생한다. 이는 종종 비즈니스 수익의 몇 배가 된다.
4. 일부 기업은 상장을 선택해 GP 지분 소유자에게 상장 주식을 제공한다.

지지로 이끈다

여기까지는 모두 그럴듯하게 들릴 것이다. 하지만 나 같은 사람이라면 방 안의 코끼리가 궁금할 것이다.

> 도대체 왜 성공적인 사모펀드나 사모신용, 또는 어떤 형태이든 사모자산운용회사가 자신의 사업 일부를 매각할까?

이 질문에 대한 정답을 찾으려면 시계를 2013년으로 돌려야 한다. 그해 세계 최대 사모펀드 중 하나인 베인 캐피털은 2008년 금융위기 이후 처음으로 40억 달러 이상의 신규 펀드를 조성한다고 발표했다. 평범한 것처럼 보이는 이 발표는 사모자산운용 업계에 큰 충격을 던졌다. 베인 캐피털은 이 펀드에 8억 달러의 자체 자본을 투입하겠다고 과감하게 선언했다. 이 자본은 매일 엘리베이터를 함께 타는 베인 캐피털의 임원 및 파트너로 구성된 그룹인 베인 캐피털 일반 파트너들이 소유한 것이었다. 그들은 전 세계에 자신들의 돈을 기꺼이 투자하겠다는 신호를 보냈다. 그들이 따면 당신도 벌고, 그들이 잃으면 당신도 날린다.

이 대담한 발표의 배경에는 미국 경제를 붕괴 직전까지 몰고 간 월가 기업들의 무모한 행동으로 인해 붕괴 직전까지 내몰렸던 금융 산업이 있었다. 책임감 없는 시대에 베인 캐피털은 개인 자본을 진지하게 투자하는 조치가 먼저 나서기를 꺼리는 투자자들의 미래를 위한 길이라고 선언했다. 그들은 사적인 이익을 다중의 이익과 나란히 함으로써 시장을 이끌고자 했다.

베인 캐피털은 많은 사람에게 새로운 시대를 열었다. 오늘날에는 베인 캐피털의 사례를 따라 기업(GP)이 관리하는 모든 펀드에 개인 자본을 상당한 규모로 투자하는 방식이 관례가 되었다. 그 규모는 각 펀드 및 빈티지에 따라 수천만 달러 또는 수억 달러에 달할 수 있다.

실제로 이 접근법은 기업에 매우 많은 현금을 요구하게 된다. XYZ 사모펀드가 출시하는 모든 펀드에 자체 GP 자본의 5%를 투자하겠다고 약속한다고 가정해 보자. 투자자로부터 10억 달러를 모을 때마다 XYZ 사모펀드는 자체 현금 5천만 달러를 투자해야 한다. 2~3년마다 새로운 펀드를 출시하고 각 펀드의 규모를 이전 펀드보다 키울 경우 회사는 현금 경색에 처하기 쉽다. 각 펀드가 완전히 청산되어 투자자(회사 GP 포함)에게 수익을 돌려주기까지 5~10년이 걸리기 때문이다. 아이러니하게도 이들은 자신이 거둔 성공의 희생자가 된다. 회사가 더 잘할수록, 즉 더 많은 자금을 모을수록 자신도 더 많은 자본을 마련해야 한다. GP 지분을 위해.

  회사가 소수 지분을 보유한 GP 지분을 매각할 때는 '판매 대금 사용처'가 명확히 정해져 있다. 바꿔 말하면, 회사는 GP 지분을 매각하여 얻은 판매 대금으로 특정한 일을 하기로 약속한다. 대개 판매 대금은 GP가 관리하는 펀드에 대한 관례적인 'GP 약정'에 자금을 지원하는 데 사용된다.

  따라서 GP 지분에 투자하는 것은 결코 현금을 인출해 해변에 앉아 피냐 콜라다를 마시는 상황이 아니다. 이런 투자는 이미 궤도에 진입한 로켓에 연료를 추가하는 방식으로 구조화된다. GP 지분 투자자는 우수한 운영 비즈니스의 일부를 소유함으로써 이익을 얻고, 회사는 기업 가치의 성장을 가속화하는 데 필요한 자본을 유치함으로써 이익을 얻는다.

  자산운용회사가 지분을 매각하는 데에는 여러 가지 이유가 있지만, GP 지분의 세계는 상대적으로 작다. 전체 지분 중 매도하려는 소수 지분의 비중은 평균 18%로 추정된다.[3] 《포브스》의 2022년 기사 중 다음 대목이 이를 잘 설명한다.[4]

> 기관 내에서도 (GP 지분을 살 수 있는) 기회는 드물다. 개인 투자자에게는 최대로 봐도 극히 드물다. 그러나 그런 기회는 상관관계가 없을 뿐만 아니라 절대적인 위험 조정 성과를 창출하는 금융 수단으로서 매우 귀중할 수 있다. 다른 어떤 것도 이에 근접하지 못한다.

필자의 말이 옳다. GP 지분은 실제로 매우 드물고 항상 그 규모가 한정되어 있다. 게다가 경영진은 소수 파트너로 누구를 원하는지에 대해 신중을 기하기 때문에, GP 지분에 대한 접근권은 대체로 그 회사와 오랜 관계를 맺어온 투자자로 제한된다. 한 가지 확실한 것은 사모자산관리의 세계가 계속 성장함에 따라 소수 지분을 매각할 우량 회사가 더 많아지리라는 점이다.

GP 지분 포트폴리오에 접근하고자 하는 개인이 이용할 수 있는 수단은 몇 가지에 불과하다. (GP 지분에 대한 자세한 정보를 원하면 www.WhyGPStakes.com을 방문해 우리 팀과 연락하기를 바란다.)

누구보다 더 많은 가치를 더하다

나는 개인적으로나 직업적으로나 한 가지 핵심 원칙을 가지고 살아왔다. 그것은 '다른 사람이 기대하는 것보다 더 많은 일을 하라'는 원칙이다. 다른 사람이 상상할 수 있는 것보다 더 많은 가치를 제공하면 만족스러운 고객뿐 아니라 열렬한 팬을 확보할 수 있다. 하루에 열두 시간 이상 몰입하는 내 라이브 이벤트에 참석한 적이 있다면, 이 말이 사실임을 알 것이다.

세계에서 가장 성공한 투자자들을 인터뷰하다 보면, 트레이더와 사모펀드 종사자 사이에는 중요한 차이가 있다는 점을 발견하게 된다. 트레이더는 차익거래를 추구한다. 그들은 적절한 타이밍에 자산을 사고팔아 '알파', 즉 추가 수익을 창출한다. 반면 사모펀드 사람들은 내 삶의 철학과 더 일치하는, 다른 접근법을 취한다. 그들의 목표는 좋은 기업을 사서 더 나은 기업으로 만드는 것이다. 일단 기업을 인수한 후에는 모든 방법을 강구하여 회사에 가치를 더한다. 규모의 경제를 활용하고, 새로운 리더십을 영입하고, 공급망을 개선하고, 더 강력한 모범 사례를 구현하는 등이다.

사모펀드 초창기 부실 기업을 무자비하게 인수하는 행태가 있었던 것은 부인할 수 없는 사실이지만, 이후 수십 년간 업계는 발전해 왔다. 오늘날 세계 최고의 투자자들은 좋은 기업을 키우고 싶어 한다. 이는 10장에 실린 로버트 스미스 비스타 에쿼티 파트너스 창업자와의 인터뷰에 잘 드러난다. 그의 회사는 20여 년간 인수하는 모든 기업을 위한 실행서를 만들었다. 검증된 시스템과 도구의 집합인 이 실행서는 운 좋게 비스타 에쿼티 파트너스 생태계의 일원이 된 모든 기업에 가치를 더할 것이다.

이 책을 위해 인터뷰에 응해 준 놀라운 영혼들과 내가 친밀감을 느끼는 이유도 바로 여기에 있다. 그들은 자신과 파트너 관계를 맺고 있는 기업과 직원들을 진심으로 아낀다. 그들은 부가가치를 창출하는 데 탁월하며, 투자자와 마찬가지로 어마어마한 보상을 받는다.

이제 흥미진진한 프로 스포츠 팀 소유의 세계로 뛰어들 때다. 이 대기업들은 지난 10년간 S&P 500 지수보다 높은 수익률을 기록했으며, 경제가 어려운 시기에도 놀라운 회복력을 보여주었다. 하지만 최근 규정이 바뀌기 전까지 프로 스포츠 팀 소유권은 억만장자들로 투자가 제한되었다. 이제 게임의 규칙이 바뀌었다. 상관관계가 없는 또 다른 투자로서 프로 스포츠 팀 소유권의 힘을 발견해 보라.

3

프로 스포츠 팀

담장을 향해 휘두르기

> 스포츠에는 세상을 바꿀 힘이 있다. 스포츠에는 영감을 주는 힘, 다른 어떤 것도 할 수 없는 방식으로 사람들을 하나로 묶는 힘이 있다.
>
> ―넬슨 만델라

　로스앤젤레스^{LA} 다저스는 2012년 3월, 눈이 휘둥그레질 만큼 기록적인 금액인 20억 달러에 매각되어 화제를 모았다. 가장 가까운 시기의 비교할 만한 거래는 '고작' 8억 5천만 달러에 거래가 이루어져 이슈가 된 시카고 컵스 매각이었다. 다저스의 새로운 구단주 그룹에는 내 친한 친구이자 파트너이며 골든 스테이트 워리어스^{Golden State Warriors}와 로스앤젤레스 축구클럽^{LAFC}의 공동 구단주인 피터 구버^{Peter Gubber}와 금융계 거물 구겐하임 파트너스^{Guggenheim Partners}의 최고경영자^{CEO} 마크 월터^{Mark Walter}, NBA 명예의 전당에 오른 매직 존슨^{Magic}

Johnson이 포함되었다.

대부분의 경제학자는 다저스의 매각 대금이 10억 달러에 가까울 것으로 예상했다. 표면적으로 20억 달러는 현실과 동떨어진 금액으로 보였고, 전문가들은 이에 대해 즉각 이의를 제기했다. 저명한 스포츠 경제학자 앤드루 짐벌리스트 Andrew Zimbalist는 이렇게 비웃었다. "매각 대금 외에도 새 소유주 그룹은 다저스타디움의 개보수를 위해 약 3억 달러를 투자해야 하며, 여기에는 주변 부동산 매입 대금 1억 5천만 달러가 포함되지 않았다. 결국 이 거래는 의아하다고 볼 수밖에 없다."

미시간 대학 스포츠 경영학 교수 마크 로젠트라우브 Mark Rosentraub 도 혹독한 비판을 아끼지 않았다. "역대 가장 미친 거래이자 말이 안 되는 거래다. (이 매각 대금은) 야구팀에 대한 수익성 있는 투자에 비해 8억 달러 이상 높다. 돈을 버는 것이 중요하지 않다면 대단한 결정이지만."

지난 30년 동안 피터가 사업에서 일군 뛰어난 성과를 가까이에서 지켜본 사람으로서 나는 이 이야기에 추가할 내용을 많이 알고 있다. 먼저 몇 가지 배경 지식을 공유한다. 피터는 전 소니 픽처스 CEO이자 만달레이 엔터테인먼트 Mandalay Entertainment 창업자다. 그의 대표작으로는 영화 〈미드나잇 익스프레스〉, 〈레인맨〉, 〈배트맨〉, 〈컬러 퍼플〉, 〈안개 속의 고릴라〉, 〈터미네이터 2〉, 〈사랑의 블랙홀 Groundhog Day〉, 〈시티 슬리커스 City Slickers〉, 〈어 퓨 굿맨〉 등이 있다. 그의 영화들은 아카데미상 누적 50개 부문에 노미네이트된 영화계의 고전일 뿐만 아니라 전 세계에서 30억 달러 이상 수익을 올렸다.

나는 피터에게 연락을 취해 그가 무엇을 준비 중인지, 왜 그런 천

문학적 대가를 기꺼이 지불하려 하는지 물어보았다. 그는 "토니, 놀라움을 망치고 싶지 않으니 뉴스에서 새로운 발표가 나올 때까지 기다렸다가 전화해 주게"라고 말했다. 당연한 답변이었다. 나는 전혀 예상할 수 없었다. 전설적인 영화 제작자인 그는 나를 벼랑 끝으로 내몰았다.

스포츠 경제학자와 여러 호사가들은 다음과 같은 보도자료를 읽으면서 실수를 인정했다.

"LA 다저스와 타임워너, 70억 달러가 넘는 TV 계약에 합의."[1]

스포츠계 역사상 최대 규모의 TV 계약이었다. 지역 TV 판권과 새로운 지역 다저스 네트워크 설립을 위한 계약이었다는 점에 주목하면, 이는 더욱 눈이 휘둥그레지는 금액이었다. 20억 달러에 인수한 후 1년도 채 지나지 않아 70억 달러의 매출을 앞두게 되었다. 스포츠계는 발칵 뒤집혔다. 이후 10년 동안 다저스는 야구의 강자로 거듭났고, 2020년에는 처음으로 월드시리즈 우승을 연고지에 안겨주었다.

허영 또는 가치

지난 세기 대부분 동안 스포츠 프랜차이즈는 최고의 허영 구매였다. 억만장자라면 누구나 비행기나 요트를 살 수 있지만, NBA부터 MLB, 미국프로미식축구리그[NFL], NHL, MLS까지 각 메이저리그에는 서른 개(또는 서른두 개)의 스포츠 팀만 존재한다. 그러나 비교적 최근

(2019년 말 기준)에 규정이 변경되면서 특정 유형의 투자 펀드가 한 팀뿐 아니라 여러 팀의 소수 지분을 매입할 수 있는 길이 열렸다. 스포츠 팬이든 아니든, 이런 글로벌 비즈니스는 성배 전략의 일환이 되기에 매우 매력적인 몇 가지 고유한 특성을 지닌다. 바꿔 말하면, 스포츠 팀은 단순한 트로피 이상의 자산으로 훨씬 더 깊고 의미 있는 무언가를 가지고 있다.

스포츠 팀을 소유한다는 것은 우리 문화에서 한 자리를 차지함을 의미한다. 스포츠는 피부색이나 신념을 초월한다. 국경이나 사회경제적 지위도 초월한다. 스포츠는 우리를 친구나 가족으로 하나로 묶어준다. 스포츠는 경기장에서 '전투'를 벌이는 부족을 응원할 수 있게 해준다. 스포츠는 일상의 고단함에서 벗어나게 해준다. 아무리 힘든 하루를 보냈다 하더라도 승리할 수 있는 기회가 주어진다. 승자와 패자, 승리와 패배가 공존하는 스포츠는 인류의 심장 박동에서 부인할 수 없는 부분이다. 또한 스포츠는 어마어마한 수익을 창출한다.

20세기 대부분 동안 스포츠는 거의 전적으로 대면 라이브 이벤트 비즈니스였다. 관람권 판매와 경기장 내 매장에서 얻는 영업권료 수익이 주요 가치를 창출했다. 그래도 미디어 수익은 초기부터 항상 중요했다. 1897년, 최초의 중계권 '판매'가 이루어졌다. 야구팀들은 전신회사 웨스턴 유니언Western Union이 자신들의 경기를 술집에 전보로 중계하도록 허용하는 대가로 여행 중인 선수들에게 무료 전보를 제공해 줄 것을 요구했다. 결국 웨스턴 유니언은 야구팀들에게 전보 중계권료를 지불하기 시작했다. 전국의 술집 고객들은 이닝 중반마다 업데이트되는 점수를 보기 위해 숨을 죽이고 기다렸다. 전보 중계로 티켓 판매가 줄어들까 봐 걱정한 구단주가 많았지만, 실제로는 미디어의 도움으로 야구의 인기가 폭발적으로 상승했다. 스포츠와 미디어의 영원한 결합이 굳어졌다.

전보 이후 라디오 방송과 신문 보도는 스포츠와 그 열광적인 팬들에게 필수 불가결한 요소로 자리 잡았다. 각계각층의 사람들이 라디오 주변에 모여 지직대는 잡음 속에 자신이 좋아하는 팀이 전투를 벌이는 실황을 들었다. 그리고 1939년 8월 26일, 최초로 야구 경기가 텔레비전으로 전해진다. 아나운서 레드 바버Red Barber가 신시내티 레즈와 브루클린 다저스 간의 경기를 중계한다. 당시는 뉴욕 전체를 통틀어 TV가 400여 대밖에 없던 시절이었다. 불과 7년 후인 1946년, 뉴욕 양키스는 사상 처음으로 TV 중계권료를 판매한다. 대금은 7만 5천달러, 현재 가치로는 114만 달러에 달했다. 이 무렵 미국 가정의 TV 대수는 8천 대로 늘었고, 1960년에는 4,500만 가구에 TV가 보급되었다.

1979년에는 스포츠 전용 채널이 출범했다. 실패를 예상한 사람들이 많았지만, ESPN은 곧바로 인기를 끌었다. 24시간 일주일 내내 중계되면서 스포츠에 새 지평이 열렸다. 시계를 빨리 돌려 2002년에 이르면 야구 중계권료가 역사상 처음으로 '게이트 수익'을 넘어섰다.[2]

지난 20년 동안 기술이 폭발적으로 발전하면서 스포츠 비즈니스에 불을 지폈다. 초고속 인터넷과 소셜미디어, 스마트폰, 스트리밍 서비스는 세계를 하나로 연결해 어디서나 거의 모든 경기에 접근할 수 있는 환경을 조성했다. 스포츠는 핫도그와 티켓을 파는 허접한 비즈니스에서 글로벌 콘텐츠를 제작하고 배포하는 기계로 진화했다.

머니볼

'자산군'으로서 스포츠는 비교적 새로운 개념이다. 2000년대 초반에 이르러서야 리그와 소속 팀이 고도의 글로벌 비즈니스로 성장하기 시작했다. 이 다면적인 제국의 속살을 들여다보기 전에 투자자의 관점에서 성과를 살펴보자.

S&P 500 지수의 수익률은 2012년부터 2022년까지 연평균 약 11%였다. 소형주로 구성된 지수인 러셀 2000 Russell 2000은 같은 기간 연평균 8%의 수익률을 기록했다. NBA, MLB, NFL, NHL 4대 프로 스포츠 리그의 합산 수익률은 같은 기간 무려 18%에 달했다(표 3-1 참조). 게다가 (리그 정책에 따라) 레버리지가 거의 사용되지 않았기 때문에 이 수익률은 어떤 식으로든 키워진 것이 아니다.

더욱 흥미로운 점은 스포츠 프랜차이즈의 성과가 상장 주식 시장과 상관관계가 거의 없는 듯하다는 사실이다. (투자 전문가들의 경우 2000년과 2022년 사이 상관관계는 0.14였다.) 낮은 레버리지와 낮은 상관관계는 모든 성배 포트폴리오에 매우 매력적인 원투 펀치다.

좀 더 깊이 들어가보자. NBA를 살펴보면 구단의 평균 가치는 2002년에서 2021년 사이 1,057% 증가했고 S&P 500 지수는 같은 기간 458%의 수익률을 기록했다(연평균 성장률로는 NBA는 13.8%, S&P 500 지수는 9.5%다-옮긴이). 게다가 2023년에는 NBA에서 초대형 거래가 성사되었다.

표 3-1 연평균 수익률 비교

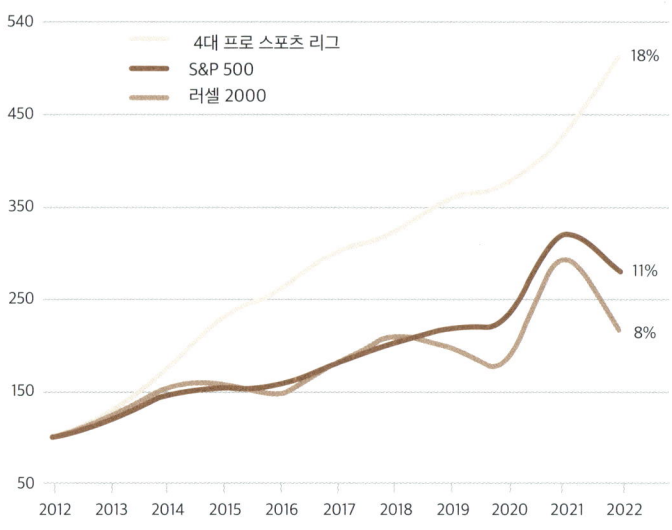

자료: 《포브스》, 캐피털 IQ(Capital IQ)

- 피닉스 선스는 기록적인 금액인 40억 달러에 주택담보대출 업계의 거물인 내 친구 매트 이시비아 Mat Ishbia한테 팔렸다.
- 밀워키 벅스 구단주 마크 레서리 Marc Lasry는 구단의 소수 지분을 매각했는데, 구단 가치는 35억 달러로 평가되었다.
- 마이클 조던 Michael Jordan은 샬럿 호넷츠의 대주주 지분을 30억 달러를 받고 넘겼다(소수 지분은 유지하면서). 이는 그가 2010년 최초로 투자한 금액인 2억 7,500만 달러의 열 배가 넘었다.

다른 리그들 역시 엄청난 수익을 안겨주었다. 두 시점의 매매 대금을 기준으로 계산하면, 메이저리그 야구팀 전체는 같은 기간 669%, NHL은 467%의 수익률을 기록했다.

제5의 메이저리그로 여겨지는 북미 메이저리그 축구도 2023년 중요한 이정표를 세웠다. 로스앤젤레스 축구클럽이 처음으로 기업 가치 10억 달러를 달성한 것이다.³ [전체 공개(부동산 등을 거래할 때 관련 정보를 모두 제공한다는 의미 – 옮긴이): 나는 피터 구버와 함께 로스앤젤레스 축구클럽의 창단 초기 투자자로 2022년 MLS 컵에서 승부차기 끝에 우승한 팀이 정말 자랑스럽다.]

높은 인플레이션 시대에 접어들면서 부의 보존과 구매력이 최대 관심사가 되었다. 이런 점에서 스포츠 프랜차이즈는 매우 방어적인 투자로 보인다. (그렇다. 이 장에서는 스포츠 비유를 가급적 자주 쓰려 한다.) 역사적으로 1970년대와 1980년대 초 같은 서로 다른 인플레이션 시기에 스포츠 비즈니스가 번창했음을 알 수 있다. S&P 500 지수는 1968년부터 1982년까지 연평균 7%의 수익률을 기록한 반면, 4대 프로 스포츠 리그의 기업 가치는 연평균 16% 성장했다. 대표적인 예로, 덴버 브롱코스는 미국 역사상 가장 급격한 금리 인상기인 2022년 8월, 북미 스포츠 프랜차이즈 사상 최고가인 46억 5천만 달러에 매각되었다.

결론적으로 지난 100년 동안 이들 리그는 팬데믹과 봉쇄, 세계대전, 선수 파업, 불황, 경기 침체 등 그 어떤 악조건에서도 살아남았다. 프로 스포츠 리그는 믿기 어려울 정도로 탄탄한 자산이다. 리그와 그 팀들은 우리 눈앞에서 진화하고 있으며, 마침내 우리 투자자들에게도 참여할 수 있는 기회가 열렸다.

5년 후에 어떤 서비스형 소프트웨어 SaaS 회사가 존재할지 모르겠지만, 50년 후에도 10월에 월드 시리즈가 열릴 것이라는 사실은 안다.

— 이언 찰스 Ian Charles, 악토스 스포츠 파트너스 Arctos Sports Partners 창업자

다양한 수입원

스포츠 팀을 투자 대상으로 볼 때, 수익 범주에는 크게 리그 수익과 팀 수익 두 가지가 있다. 이를 분석하여 대단한 경제적 탄력성을 가지고 있는 스포츠 팀이 성배 포트폴리오에 보유하기 좋은 자산인 이유를 살펴보자. (접근법은 그다음에 설명하니 걱정하지 마시라.)

1. **리그 수익의 일부를 받는다** — 리그는 항상 국내외 중계권 및 스폰서십 협상을 담당해 왔다(예를 들어 "포드 F-150은 NFL의 공식 트럭이다"고 말하는 깊은 목소리). 리그 수익은 모든 팀에 균등하게 분배되기 때문에 팀들은 중계권과 스폰서십에 대해 최대한 높은 가격을 끌어내기 위해 함께 노력한다.

   리그 수익이 급증하는 첫째 원동력은 최근 소비자 행동이 변하면서 리그가 협상력을 더 키울 수 있게 되었다는 사실이다. 케이블 TV 시청자 수가 감소하고 있는 것이다. 이에 따라 케이블 TV를 통해 타깃 고객에게 도달할 수 있는 능력이 떨어지면서 네트워크 회사들과 광고주들은 점점 더 절박해지고 있다. 이런 추세를 거스르는 유일한 프로그램이 라이브 스포츠다. 스포츠는

모든 네트워크에서 시청률이 가장 높다. 광고주들이 많은 시청자가 기꺼이 광고를 시청하는 거의 유일한 대상인 스포츠 프로그램을 탐내는 이유가 여기에 있다. 2019년 최고 시청률을 기록한 상위 100개 TV 프로그램 중 92개가 스포츠 경기였다.[4] 이 사실을 잘 알고 있는 프로 스포츠 리그는 이와 같은 역동성을 활용해 수익을 창출할 수 있는 대규모 미디어 판권 계약을 체결했다.

리그 수익이 급증하는 둘째 원동력은 유럽에서 중국에 이르기까지 전 세계에서 북미 스포츠의 인기가 높아지고 있다는 사실이다. NFL은 2023 시즌 동안 유럽에서 정규 시즌 다섯 경기를 개최할 예정이다. 현재 NBA 일정에는 멕시코시티, 일본, 파리 경기가 포함되어 있다. 북미 스포츠는 소셜미디어에서도 전 세계적으로 입소문을 타고 있다. NBA는 최근 인스타그램에서 팔로워 7,500만 명을 돌파했고, 그중 70%가 미국 외 지역에 거주하고 있다.

리그 수익이 급증하는 셋째 원동력은 스트리밍 전쟁이다. 애플과 아마존, 넷플릭스, 유튜브가 스트리밍의 선두주자가 되기 위해 치열한 경쟁을 벌이고 있으며, 이들 모두 라이브 스포츠 중계권을 탐내고 있다. 스포츠는 시청자를 끌어당길 뿐 아니라 몰아서 볼 만한 새 TV 시리즈에 비해 제작 비용이 훨씬 적게 든다. 배우도 값비싼 세트도 필요 없으며 카메라만 설치하면 된다. 2014년 빅 5 리그의 연간 누적 중계권료는 총 76억 달러에 달했으며, 2024년에는 166억 달러에 이를 것으로 예상된다. 갈수록 치열해지는 스트리밍 전쟁에서 스포츠는 가장 큰 수혜자가 될 것이다.

2. **팀 자체 수익을 창출한다** — 각 팀은 리그에서 얻는 상당한 규모의 연간 수익 분배금 외에도 자체적으로 확보하는 수많은 부대 수익원을 가지고 있다. 알다시피, 좌석의 음료와 스낵은 이 수익성 있는 파이의 일부분에 불과하다.

지역 미디어 — 지역 TV는 시청률 문제가 있다. 스트리밍과 유튜브, 소셜미디어 등 다방면에서 들어오는 공격에 당하고 있다. 솔직히 말해, 스포츠는 그런 낙후된 지역 네트워크의 생명줄이다. 일반 프로그램에 비해 스포츠는 두 배에서 네 배의 시청률을 기록한다. 이런 상황에서 모든 팀이 지역 미디어에 판권을 판매하여 창출하는 수익은 상당히 두둑하다. (LA 다저스의 70억 달러짜리 계약을 떠올려 보라.) 많은 팀이 다저스의 선례를 따라 자체 지역 네트워크를 만들거나 지역 TV 네트워크와 공동 소유권 계약을 체결하고 있다.

부동산 — 많은 스포츠 팀이 자체 경기장을 소유하고 콘서트와 이벤트, e스포츠 등에서 추가 수익을 거둔다. 그들은 영리하게도 경기장 주변의 부동산을 매입하기도 한다. 매년 수백 개의 이벤트가 열리는 경기장이나 야구장 주변은 가처분 소득이 있는 젊은 직장인들에게 즐겁고 활기찬 환경이다. 스포츠 팀들은 가외 수익을 가능한 한 많이 확보하기 위해 주차장부터 호텔, 아파트, 소매점에 이르기까지 빠르게 수직 통합하고 있다.

라이선스 · 스폰서십 — 휴스턴에서 애스트로스 야구장을 돌아다니다 보면 지역 스폰서십 수에 놀라게 된다(크리스토퍼). 경기장 이름인 '미닛 메이드 파크Minute Maid Park'를 비롯해 곳곳에 지역 업체들의 간판이 붙어 있다. 지역 레스토랑과 양조장, 커피숍이 경기장 여기저기에 노출되어 있다. 이들 업체는 지역 팀을 위한 공식 '빈칸 채우기'를 담당함으로써 큰 신뢰를 얻는다. 지역 스포츠 팀과의 이런 연계는 측정 가능한 브랜드 충성도로 이어진다.

티켓 · 영업권료 ― 지난번에 경기를 보러 갔을 때 사람들이 핫도그 한 개에 12달러를 내는 광경을 봤다. 20명이 줄을 섰는데도 아무도 가격에 대해 불평하지 않았다. 경기장의 고정 관객들은 비싼 가격에 개의치 않거나 적어도 기꺼이 받아들일 의향이 있었고, 스포츠 팀들은 이들을 대상으로 판매의 과학을 완성했다. 2008년, 뉴욕 양키스와 댈러스 카우보이스의 구단주 제리 존스Jerry Jones는 레전드 호스피탤러티Legends Hospitality라는 합작회사를 설립했다. 이들은 자신들의 팀이 식음료와 상품 판매를 극대화하는 데 탁월하다는 사실을 깨닫고, 팀의 전략과 운영 서비스를 전 세계의 다른 경기장과 팀에 제공하기로 했다. 이들은 규모의 경제, 정교한 물류 도구, 소비자 행동 데이터 분석을 활용해 팀과 경기장을 21세기로 이끌고 있다. 요점은 이 팀들이 최고 수준의 소매 판매 전문성을 갖추고 있으며, 오렌지에서 주스를 마지막 한 방울까지 추출하는 방법을 정확히 알고 있다는 사실이다. 현재 이 회사는 NFL, MLB, NBA에 속한 스포츠 팀들을 고객으로 보유하고 있으며, 종합격투기UFC와 윔블던, 프리미어리그 축구 경기장에도 진출했다.

럭셔리 박스 및 스위트 — 수십 년 동안 럭셔리 박스(일반 관람석과 별도로 설치된 고급 관람 시설을 가리킨다. 냉난방이 되는 공간에서 식음료 등이 호텔식으로 서비스된다. 스카이 박스나 프레스티지 박스라고도 불린다 – 옮긴이)는 스포츠 팀에게 높은 이윤의 기본 수입원을 제공해 왔다. NBA 팀 골든 스테이트 워리어스의 구단주 조 레이콥(Joe Lacob)과 내 친구 피터 구버, 그리고 우리 파트너들은 최근 개장한 최첨단 스포츠 및 엔터테인먼트 경기장인 체이스 센터를 통해 기존의 틀을 깼다. 미션 베이 오른편에 들어선 14억 달러짜리 예술 작품은 4만 4,500제곱미터 면적에 소매점과 음식점, 술집을 거느리고 있다. 약 2만 제곱미터 넓이의 워터프론트 파크도 갖추고 있다. 이곳은 5성급 호텔 못지않은 현대적인 시설을 자랑하며 고급스러운 경험을 선사한다. 연간 200건이 넘는 라이브 이벤트와 경기를 개최하는 캐시카우다. 럭셔리 스위트룸은 이용료가 연간 250만 달러에 달하며 계약기간은 10년 이상이 요구된다. 실리콘밸리의 기술 기업과 벤처캐피털은 한정된 수의 스위트룸을 확보하기 위해 치열한 경쟁을 벌였고, 그 결과 체이스센터의 스위트룸은 최고로 인기 있는 티켓이 되었다. 발레파킹부터 샴페인과 스시 뷔페가 제공되는 스위트룸까지, 많은 팀이 훨씬 더 높은 티켓 가격을 받을 수 있는 고급 VIP 경험을 추구하고 있다.

도박 — 미 대법원은 2018년 스포츠 도박 산업의 확장을 금했다. 스포츠 도박은 한때 라스베이거스의 스포츠북(다양한 스포츠에 돈을 걸 수 있는 도박장 – 옮긴이)에 국한되었으나 2023년 8월 현재 35개 주에서 합법화되었다. 스포츠 도박은 모든 측면에서 현대판 골드러시라 할 수 있다. 2021년 한 해 동안 두 배 증가해 570억 달러가 넘는 금액이 베팅되었다.[5] 스포츠 베팅 회사가 TV 광고 등에서 벌어들이는 수입을 비롯해 리그와 팀에 상당한 수익이 추가되고 있다. 개인적으로는 합법화된 도박의 사회적 영향에 대해 우려하지만, 배는 이미 떠났고 도박은 프로 스포츠에서 점점 더 떼려야 뗄 수 없는 부분이 될 것이다.

소유주의 자리

프로 스포츠 팀의 소유주가 되는 것은 결코 쉬운 일이 아니다. 무엇보다도 리그가 모든 측면에서 당신을 검증한다. 도덕적 리스크가 있나? 사회적 평판 리스크가 있나? 재정적 위험은 없나? 수년 동안 리그는 구단주가 개인이어야 한다고 요구했다. 한때 기관이나 미디어 회사(예를 들어 디즈니가 애너하임 마이티덕스를 소유한 경우)의 소유를 허용하기도 했지만, 기업은 주요 사업의 문제와 경영진의 잦은 이직으로 소유주로서 신뢰할 수 없음이 드러났다. 이런 이유로 오랫동안 스포츠 팀 소유주는 스티브 발머^{Steve Balmer}(마이크로소프트), 댄 길버트^{Dan Gilbert}(로켓 모기지^{Rocket Mortgage}), 조 레이콥(클라이너 퍼킨스^{Kleiner Perkins}), 찰스 존슨^{Charles Johnson}(프랭클린 템플턴) 같은 거대 자산가로 제한되었다.

그러다 메이저리그는 2019년 정책을 변경했다. 그들은 영리하게도 자신들의 팀, 즉 플랫폼이 고도로 정교한 사업체로 진화했고, 기업 가치가 최고 부자가 기꺼이 지불하고자 하는 한도를 넘어섰음을 깨달았다. 또한 대다수 팀에는 한 명의 지배 주주가 있었지만, 운영권을 갖지 않은 다수의 소규모 개인 소유주 또는 투자자가 있었다. 대부분 고령인 이들은 사업 다각화나 유산 계획 등의 이유로 유동성을 확보할 수 있는 경로가 필요했다.

MLB는 새로운 규칙을 통과시켜, 여러 가지 기준을 충족하고 무엇보다도 이해관계가 상충되지 않아야 한다는 조건하에서 특정 유형의 투자 펀드가 팀의 소수 지분을 매입할 수 있도록 허용했다. 많은 사람은 처음에 (이 장에서 설명한 이유로 인해) 이 규정 변경에 따라 메이저리그 투자 기회를 원하는 사모펀드에 문호가 열리리라 기대했다. 그러나 여러 장애물로 인해 많은 회사가 자격을 갖추지 못했다. 예를 들어 그들은 스포츠 도박이나 스포츠 에이전시 등 이해관계가 상충되는 다른 사업체를 소유하는 것이 금지되었다. 사모펀드의 거물 중 상당수는 이미 팀에 개인 지분을 보유하고 있었기 때문에 즉시 자격이 박탈되었다. 사태가 진정되었을 때는 소수의 사모펀드 회사만이 자격을 유지했다. 이후 이들 회사는 수십억 달러의 자본을 조달해 주요 스포츠 리그 전부에 대해 소수 지분을 매입했다(마지막으로 투자자들에게 문을 열어준 리그는 NFL이다).

이제 자격을 갖춘 개인 투자자가 프로 스포츠 팀을 소유할 수 있는 길이 열렸다. 스포츠 팀 공동 투자 상품 중 일부는 단일 팀에 투자하는 대신 가능한 모든 메이저리그(MLB, NBA, NHL, MLS, 프리미어리그)의 여러 팀에 분산 투자한다. 《블룸버그》에 따르면, 펜웨이 스포츠 그룹 Fenway Sports Group 은 보스턴 레드삭스와 피츠버그 펭귄스, 리버풀을 소유하고 있다. 사모펀드 투자자를 영입한 팀으로는 새크라멘토 킹스와 골든 스테이트 워리어스, 그리고 NHL의 탬파베이 라이트닝 등이 있다.[6] 피치북 PitchBook(사모펀드와 벤처캐피털, 기업 인수합병 M&A 데이터베이스를 제공하는 회사-옮긴이)에 따르면, 현재 유럽의 빅 5 축구 리그 중 3분의 1 이상이 사모펀드의 투자를 받았다.[7]

여러 리그와 지역에 걸쳐 수많은 팀을 보유하면 서로 상관관계가 없는 다각화 효과를 얻을 수 있다. 팀 지분을 소유하면 감가상각 또는 상각이 펀드 투자자에게도 적용되어 세금 혜택도 받을 수 있다. 이제 우리는 세계 최고 부자가 스포츠 팀을 소유하는 이유를 더 잘 이해할 수 있게 되었다. 단순한 트로피 투자가 아니다. 사실 수십 년 동안 대체투자 분야에서 일해 온 나는 프로 스포츠 팀 소유권을 믿기 어려운 실적을 기록한 절대적인 올스타라 생각한다. 이 소유권은 전 세계에 걸쳐 다각화되고 상관관계가 없으며 한 세기 동안 지속성이 입증되었다. (이 기회를 활용하는 방법에 대한 자세한 정보는 www.WhyProSports.com를 참고하기를 바란다.)

대출 분야의 리더

사모신용의 세계로 기어를 옮기면서 당신은 다시금 번개가 치는 듯한 느낌을 받을 것이다. 대다수 투자자는 포트폴리오의 고정 수입 부분에서 전통적인 채권만 활용한다. 그러나 당신은 대다수 투자자가 아니다. 영화 〈매트릭스〉의 네오처럼 당신은 이제 다른 현실을 보고 있다. 스마트 머니는 지난 수십 년 동안 두 자릿수 소득 수익을 창출하기 위해 더 안전하고 변동성이 적은 방법으로 사모신용을 활용해왔다.

금리가 상승하고 은행이 대출 규제를 강화함에 따라 사모신용이 크게 성장할 것이다. 이 변화 속으로 깊이 들어가보자.

4

사모신용

대출의 리더

> 최근 몇 년 동안 상장 기업 수가 줄어들고 그만큼 비공개 기업 수가 늘었으며, 자본에 접근하고자 하는 비공개 기업의 규모가 더 커졌다. ― CNBC, 2023년 6월 21일[1]

2022년, 채권 가치가 붕괴하면서 수조 달러의 가치가 사라졌다. 수천만 명의 미국인처럼 당신도 포트폴리오에 타격을 입었을 것이다. 전통적인 투자자들이 상장 채권을 들고 잠 못 이루는 동안, 스마트 머니 투자자들은 또 다른 현실을 살고 있었다. 그들은 포트폴리오의 '채권' 부분에서 손실을 최소화하거나 전혀 입지 않으면서 건전한 수익을 거두고 있었다. 사모신용의 세계에 온 것을 환영한다.

생소한 사람들을 위해 약간의 설명을 덧붙이면, 사모신용은 기존 기업이 은행을 이용하지 않고 돈을 빌릴 수 있는 방법이다. 우리처럼 자본을 빌려주는 투자자는 이를 통해 기존 채권보다 두세 배 높은 수익률을 창출할 수 있다. 사모신용은 성배 포트폴리오에서 상관관계가 없는 또 다른 수익 전략이 될 수 있다. 안정적인 소득 흐름을 만드는 것은 왜 그렇게 중요할까?

초부유층은 자산 가치가 변동한다는 사실을 잘 알고 있다. 그렇다고 자산을 '소비'할 수는 없다. 소비하는 것은 현금이다. 시장이 하락하면 많은 사람은 순식간에 자산이 많지만 현금은 부족해진다. 약세장에서 자산을 매도하는 것은 내키지 않지만, 소득이나 유동성이 충분하지 않아 어쩔 수 없을 때가 있다. 내가 "소득이 결과다"는 말을 생활신조로 삼는 이유가 여기에 있다. 고정적인 수입원이 되는 자산을 많이 쌓아두면 경제의 겨울을 견뎌내는 데 필요한 중요한 안정성을 확보할 수 있다.

이후 몇 페이지에 걸쳐 우리는 2000년 운용 자산이 420억 달러에 불과했던 사모신용이 어떻게 오늘날 1조 5천억 달러 이상으로 성장했는지 살펴본다.[2] 은행들이 계속해서 대출의 끈을 조이고 있는 상황에서 2027년까지 이 산업은 2조 3천억 달러 이상으로 성장할 것으로 예상된다. 앞으로 투자자가 어떻게 사모신용을 활용할 수 있는지 설명하겠지만, 그에 앞서 시간을 거슬러 올라가 왜 사모신용이 스마트 머니 전략으로 각광받게 되었는지 알아보자.

변화의 바람

60대 40 포트폴리오는 한 세기 만에 최악의 수익을 내고 있다.
—《월스트리트저널》, 2022년 10월 14일

60대 40 포트폴리오(주식 60%, 채권 40%)는 수십 년 동안 대다수 일반 투자자에게 검증된 전략이었다. 채권은 현금흐름을 제공하는 것 외에 역사적으로 주식이 하락할 때 포트폴리오를 완충하는 역할을 해왔다. 그러나 2022년에는 그 쿠션이 사라졌고, 투자자들은 바닥으로 떨어졌다. 금리가 상승하고 경제가 둔화하기 시작하면서 주식과 채권 모두 급락했다. 주식과 채권의 동조화, 즉 상관관계는 약세장에서 투자자가 결코 원치 않는 현상이다. 2022년은 역사상 처음으로 주식과 채권이 같은 폭으로 동반 하락한 해였다(2022년 10월 31일까지 연율 기준 22% 하락했다).[3] S&P 500 지수에서 가장 큰 7개 종목은 평균 46% 하락했다.

이 모든 것을 종합하면, 60대 40 전략은 거의 100년 만에 최악의 성과를 기록했다.[4] 이후 주식과 채권의 상관관계는 낮아지기는커녕 더욱 높아졌다. 《블룸버그》는 "상관관계가 급격히 증가하면서 채권은 주식 손실에 대한 쓸모없는 헤지 수단이 되었다"고 보도했다.

코로나19 팬데믹 이전에는 수익률을 추구하는 투자자들이 더 깊고 위험한 물속으로 뛰어들면서 더 큰 위험을 감수해야 했다. 저금리와 기존 채권의 낮은 수익률로 인해 많은 투자자는 '하이일드' 채권으

"고객님은 균형 잡힌 투자 포트폴리오를 보유하고 있습니다.
소유한 모든 자산이 똑같은 정도로 손실을 보고 있어요."

로 교묘하게 이름을 바꾼 더 위험하고 수익률이 높은 정크본드의 유혹에 빠졌다. 하지만 이름에 현혹되서는 안 된다. 이른바 하이일드 채권의 2021년 수익률은 3.97%에 불과했다. 이는 같은 해 9%의 수익률을 기록한 사모신용과 대조된다.[5]

정교한 투자를 추구하는 자산가들은 수익률이 낮은 정크본드가 일반 투자자들의 포트폴리오로 확산되는 현상에 대해 불안감을 느꼈다. 지진이 일어나기 몇 분 전에 지진을 감지한 개처럼 이 현상에 대해 주의를 기울인 사람들은 무언가가 잘못되었음을 직감했다. 하지만 그 시점에서는 금리가 상승 외에 다른 방향으로 움직일 수 없었고, 저품질 정크본드 가격은 폭락할 수밖에 없었다. 위험 대비 보상 비율이 기준에서 크게 벗어났기 때문에 우리는 결국 바람의 방향이 바뀌리라 봤다. 실제로 바람의 방향은 바뀌었다.

《블룸버그》는 2021년 11월 9일, 이렇게 보도했다.

"미국 정크본드, 4,320억 달러 기록 경신"[6]

같은 매체는 1년 후인 2022년 10월 22일, 다음과 같이 전했다.

"글로벌 정크본드 판매 사상 최대폭 하락, 회복 조짐 없어"[7]

금리 상승으로 채권 가치가 폭락하는 동안 많은 대형 기관은 사모신용의 혜택을 누렸다. 손실을 보기는커녕 사모신용으로 인한 수익이 금리와 함께 꾸준히 증가했다.

대안적 현실이 다시 닥치다

은행은 맑은 날 우산을 빌려주고 비가 오기 시작하면 다시 돌려달라고 하는 곳이다.
— 로버트 프로스트 Robert Frost

가장 큰돈을 가진 사람들은 수십 년 동안 기존 채권보다 훨씬 더 높은 수익을 창출하는 '비은행' 대출 기관에 막대한 금액을 투자해 왔다. 이것이 바로 사모신용의 세계다. 사모신용과 채권의 관계는 사모

"우량 정크본드에 투자하고 싶나요?"

펀드와 상장 주식의 관계와 유사하다.

　아마존과 구글, 테슬라 같은 대기업은 대형 은행에서 대출을 받거나 상장 채권을 팔아 자본을 조달하는 데 아무런 문제가 없다. 그러나 수많은 중견기업은 다른 곳을 찾아야 한다. 동네 철물점이나 꽃집이 직원 급여를 지급하기 위해 돈을 빌려야 하는 상황을 이야기하는 것이 아니다. 기업금융연구소Corporate Finance Institute에 따르면, 미국 중견기업의 매출은 1억 달러에서 30억 달러, 직원 수는 1천 명에서 2,500명 사이다. 믿거나 말거나, 미국에는 이 범주에 해당하는 기업이 20만 개가 넘는다.

　우리 모두가 대출에 관해 은행이 심하게 까다롭다는 사실을 잘 안다. 집을 구입해 본 적이 있다면 거쳐야 하는 '금융 전립선 검사'를 너무 잘 알고 있을 것이다. 하지만 대출은 성공적인 비즈니스를 위해 필수적인 요소다. 많은 기업이 운영 자금을 대출에 크게 의존한다. 임대료와 급여, 재고 등 각종 청구서를 먼저 지불하고 판매 대금이 들어올 때까지 기다려야 하기 때문이다. 은행 대출은 안타깝게도 항상 가능하거나 충분하지는 않다. 2008년 글로벌 금융위기 이후 은행이 당국의 규제로 인해 대출 여력이 크게 줄어들면서 현금 유동성을 유지해야 하는 많은 기업은 한 가지 선택지가 남았다. 바로 사모신용이다.

최근 사모펀드의 호황은 사모신용 분야를 활성화하는 자극이 되었다. 사모펀드가 기업을 인수할 때는 개인이 새집을 담보로 대출을 받는 것처럼 어떤 형태의 레버리지를 사용하는 경우가 많다. 이때 레버리지는 어디에서 올까? 지금쯤이면 인수합병의 상당 부분은 사모신용회사에서 자금을 조달한다는 사실에 놀라지 않을 것이다.

사모신용의 세 가지 기둥

불과 23년 전만 해도 사모신용 업계의 총대출액이 420억 달러였다는 사실을 다시 한번 떠올릴 필요가 있다. 인터넷 버블과 대규모 금융위기를 견뎌낸 후, 은행 대출 여력이 감소하면서 사모신용 붐이 일어났다. 2022년 말, 전 세계 사모신용 시장 규모는 1조 5천억 달러를 넘어섰다. 시장조사회사 프레킨은 전통적인 은행이 더욱 축소되면서 2027년까지 이 산업이 2조 3천억 달러 이상으로 성장하리라 예상한다.

이런 추세에는 더욱 속도가 붙을 것으로 보인다. 2023년 초, 실리콘밸리 은행SVB은 거의 하룻밤 사이에 무너졌다. 다른 여러 지역 은행도 그 뒤를 따랐다. 금리가 빠르게 오르자 채권 포트폴리오가 붕괴되었기 때문이다. 앞서 설명한 바와 같이, 사모신용회사는 동일한 위험에 노출되지 않는다. 이런 이유로 많은 기업은 은행 실패에 비추어 이 분야를 '골든 모멘트Golden Moment'로 보고 있다.[8] 게다가 지역 은행은 상업용 부동산 대출의 80% 가까이 차지하고 있으며, 오피스 빌딩 공실이 쌓이고 있는 상황에서 향후 몇 년 이내 대출 만기가 도래하고 채무 불이행이 도미노처럼 번지면 큰 재앙이 발생할 수 있다. 이 모든 것은 기존 은행이 가진 여러 제약에 얽매이지 않는 사모신용회사를 계속 이용해야 함을 시사한다.

한 가지 분명한 사실은, 사모신용회사들이 중견기업의 대출 수요를 충족하는 주요한 세력으로 입지를 굳히고 있다는 점이다. 이들은 극도로 신중하지만 위험 대비 보상이 합리적이라면 기꺼이 대출해 준다. 이들은 언제, 어디서, 어떻게 대출할지 빠르고 유연하며 창의적으로 결정한다. 그 결과 당신과 나처럼 자본을 투자하는 투자자에게 훨씬 더 나은 위험 대비 보상을 제공하는 경우가 많다. 사모신용의 세 가지 축을 살펴보고, 투자자의 관점에서 이 자산이 인기를 얻으며 성장한 이유를 알아보자.

1. **높은 수익률** — 사모신용은 다른 부채 상품보다 훨씬 더 높은 수익률을 제공하며, 저금리 환경과 고금리 환경 모두에서 그 능력이 입증되었다. 2015년부터 2021년까지 금리가 사상 최저치를 기록한 시기에도 사모신용은 두 자릿수 수익률을 보였다. 표

표 4-1 직접 대출: 역사적으로 더 높은 수익률

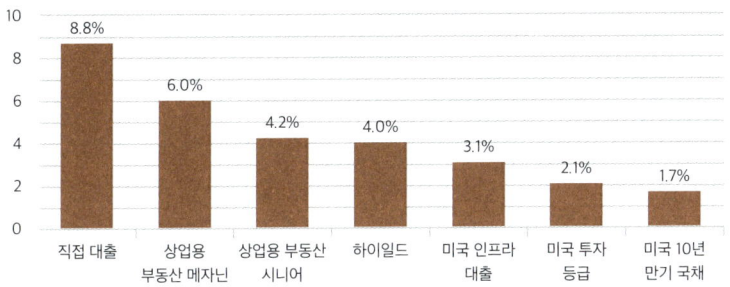

자료: 뱅크 오브 아메리카 증권, 블룸버그 파이낸스, 클락슨, 클리프워터, 드루리 해양 컨설턴트(Drewry Maritime Consultants), 연방준비제도, FTSE, MSCI, NCREIF, 팩트셋, 웰스파고, JP모건 자산운용

4-1에서 볼 수 있듯이, 2021년부터 2022년 사모신용대출(일명 직접 대출)은 정크본드 수익률의 두 배 이상을 돌려주었고, 종종 더 나은 보호 기능도 제공했다.

2. 사모신용은 대개 이자율 위험이 적다 — 일반적으로 개인 기업에 대한 대출에는 시장 금리에 따라 움직이는 이자율을 적용한다. 따라서 이자율이 상승하면 차입자가 지불하는 금액도 증가한다. 대개 사모신용은 차입자가 낮은 고정 금리를 장기간 유지하기 어렵게 만들기 때문에 대출자·투자자는 더 높은 수익률로 보상을 받으면서도 보호받을 수 있다. 이런 설계는 인플레이션이 높은 시기에 큰 의미가 있다. 극심한 인플레이션 역풍이 부는 상황에서 수천억 달러가 사모신용에 쏟아지는 이유가 여기에 있다.

3. 사모신용은 어려운 시장에서도 안정성을 제공할 수 있고, 채무불이행률이 낮다 — 사모신용 포트폴리오는 폭풍우를 잘 견뎌낼 수

있음이 입증되었다. 글로벌 금융위기와 코로나19 팬데믹이 포함된 2004년 6월부터 2022년 6월까지 18년 동안 사모신용대출 연체율은 연평균 약 1%로, 대다수 은행이 부러워할 만한 수준이다. 1998년부터 2018년까지 20년 동안을 분석한 연구에 따르면, 사모신용이 최악인 5년 동안에도 투자자에게는 여전히 플러스 수익이 발생했다. 왜 그럴까? 여기에는 크게 두 가지 이유가 있다.

첫째, 사모신용대출 업체는 대출을 제3자에게 매각하지 않고 자체 보유하는 경우가 많다. 자신의 돈을 실제 위험에 노출하고 있는 것이다. 이는 엄격한 신용 조사 및 대출 기준을 준수하는 동기가 된다. 이들은 실제로 그렇게 하고 있다. 이런 사모신용대출 업체들은 대출 대상에 대해 매우 깐깐할 수 있으며, 종종 가장 우량한 차입자만 선택한다. 어떤 유형의 기업에 대출을 제공하는지도 까다롭다. 예컨대 필수 소비재와 의료, 인프라 등 불황에 강한 산업에 속한 기업에만 대출을 제공할 수 있다.

둘째, 이 대출의 매력은 대출 기관이 구축할 수 있는 보호 장치에 있다. 사모신용회사가 기업에 대출을 제공하는 경우, 일반적으로 '선순위 담보 대출'로 거래가 구조화된다. 이는 기업에 문제가 발생했을 때 가장 먼저 상환받을 수 있다는 뜻이다. 사모신용회사는 또한 매우 창의적이어서 대출에 종종 특정 약정과 보호 장치, 담보 요건을 포함함으로써 돈을 떼이지 않도록 확실하게 대비하는 데 만전을 기한다.

1장에서 언급한 버핏의 첫 번째 투자 원칙을 기억하는가? 돈을 잃

표 4-2 역사적으로 일관된 성과

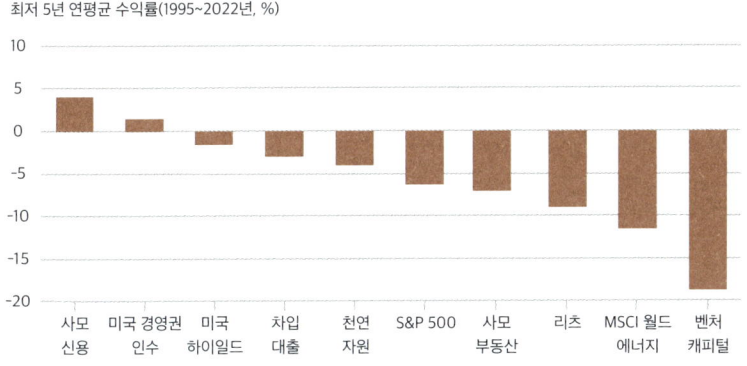

자료: 버기스(Burgiss)

지 말라. 표 4-2는 최악의 5년 동안에도 사모신용은 여전히 돈을 벌었음을 보여준다. 다른 종류 자산과 비교할 때 상당히 인상적인 결과다.

개념에서 실행까지

> 집중적이고 끈질기며 지능적인 연습을 통하지 않고는 어떤 기술도 통달할 수 없다.
> —노먼 빈센트 필 Norman Vincent Peale

지금쯤이면 대형 기관 투자자들이 사모신용 투자에서 위안을 얻는 이유를 알 수 있을 것이다. 그들은 수익이 곧 결과임을 잘 알고 있다. 정리하면, 스마트 머니가 꾸준한 수익을 위해 사모신용으로 다각화한 이유는 세 가지로 요약할 수 있다.

1. 상장 주식 시장과의 낮은 상관관계(성배를 생각하라)
2. 금리 상승기에 변동금리라는 보호 장치를 통해 올리는 매력적인 위험 조정 수익률
3. 채무 불이행에 대비한 강력한 대출자 보호 장치(선순위 우선 상환 등)

이제 우리는 사모신용을 개념적으로 이해했다. 그럼 포트폴리오의 일부를 사모신용에 할당하고자 하는 투자자에게 가장 좋은 전략은 무엇일까? 만능은 없지만, 수십 년 동안 사모신용에 투자해 온 우리의 관점을 공유할 수 있다.

무엇보다 우수한 사모신용 매니저를 선택하는 것이 중요하다. 왜 그럴까? 각 매니저는 잠재적인 투자자를 위해 다변화된 바구니를 구성하려면 수백 건의 대출을 소싱하고 인수하며 실행하는 데 있어 고도의 전문성을 갖춰야 하기 때문이다. 이런 종류의 대출이 성공할지 여부는 최고의 회사들이 수십 년에 걸쳐 육성해 온 채권 인수자의 종합적인 기술에 크게 좌우된다. 우리는 이 책의 2부에서 골럽 캐피털Golub Capital의 데이비드 골럽David Golub을 인터뷰한다. 데이비드는 600억 달러 이상의 자산을 관리하면서 뛰어난 실적을 꾸준히 거두고 있는 세계 최상급 사모신용 매니저다.

사모신용에는 여러 유형과 하위 카테고리가 있지만 여기서 자세히 설명할 필요는 없다. 표 4-3은 여러 지역에 걸쳐 운영되는 다양한 사모신용 전략의 인상적인 업계 전체 평균 수익률(연평균 성장률)을 보여준다.

표 4-3 **사모신용의 실적**

	연평균 성장률(2015~2021년)
사모신용	9.4%
사모신용-직접 대출	6.8%
사모신용-부실채권	9.2%
사모신용-기타	11.7%
북미 사모신용	8.9%
유럽 사모신용	9.9%
아시아·태평양 사모신용	10.1%
여타 지역 사모신용	13.4%
여러 지역 다변화 사모신용	14.3%

자료: 프레킨

우리 회사의 철학은 한 경주에서 한 마리의 말에만 베팅하지 않는다는 것이다. 우리가 선호하는 방식은 여러 사모신용 전략에 걸쳐 매니저들과 파트너십을 구축함으로써 다양한 부문과 지역에서 다양한 리스크 프로필을 가진 많은 유형의 대출을 활용해 고도의 다각화를 창출하는 것이다. 요컨대 우리는 특정 전략의 부도율이 정상보다 높은 경우의 혼란을 원하지 않는다. 여러 파트너와 여러 대출 전략이 있으면 안정적이고 예측 가능한 수익을 창출하는 데 유리하다.

사모신용에는 단점이 없을까? 유동성이 부족하다. 월별 또는 분기별 수익은 계속 받지만, 투자금을 완전히 회수하는 데는 보통 3~5년이 걸린다. 이는 버튼 클릭 한 번으로 매도할 수 있는 채권에 비해 상대적으로 긴 시일이다. 그 이유는 일반적으로 사모신용 대출 기관이 대출을 만기까지 보유하기 때문이다. 하지만 바로 여기에서 이 자산군의 장점으로 꼽히는 예측 가능성이 나온다. (사모신용에 대한 자세한 내용은 www.WhyPrivateCredit.com에서 확인할 수 있다.)

이후에서 우리는 이 행성에서 생존하고 번성하는 능력의 가장 중요한 측면 중 하나에 대해 알아본다. 바로 에너지다. 우리는 에너지 혁명의 한가운데 있으며, 기존의 화석 연료 연소로 발생하는 탄소를 줄이거나 없앨 수 있는 풍력, 태양광 등 재생에너지와 새로운 혁신 기술을 결합하는 방향으로 전환하고 있다. 대형 기관과 세계 각국 정부가 이 분야에 힘을 쏟는 만큼 투자자에게 엄청난 기회가 열리고 있다.

5
에너지 1
우리 삶의 힘

> 에너지는 인류 발전의 열쇠다.
> — 존 F. 케네디

이번 장을 시작하기에 앞서 한 가지 고지하고자 한다. 에너지는 한 장에 언급하기에는 너무 강력한 주제이기에 우리는 이 책에서 이를 두 장에 걸쳐 적절하게 다루었다. 5장에서는 현재 전 세계 에너지 상황을 이해하고 배경을 살펴본다. 6장에서는 전 세계가 수조 달러 규모의 에너지 혁명을 시작하면서 펼쳐지고 있는 몇 가지 투자 기회를 소개한다.

공동 번영

인류 발전의 역사는 곧 에너지의 역사다. 에너지를 효율적으로 활용할 수 있게 되기 전까지 인류는 잔인할 정도로 짧은 삶을 살았다. 사냥하고 채집하고 불을 피워 몸을 따뜻하게 유지하고 음식을 조리하는 데 대부분의 시간을 보냈다. 이것이 수천 년 동안 인류가 살아온 방식이었다. 소수의 엘리트를 제외한 대다수는 가난했고, 문맹이었으며, 교육을 받지 못했고, 질병과 영양실조에 시달렸다. 예나 지금이나 이와 같은 문제는 에너지가 없는 인구가 겪는 고질병이다.

에너지를 활용하는 방법을 알아낸 후 이 행성에서의 삶은 발전을 향한 꾸준한 행진을 시작했다. 우리는 비록 완벽에는 이르지 못했지만 계속 발전해 왔다. 새로운 난방과 조명, 교통수단을 발명하면서 삶은 훨씬 더 편리해졌다. 목재에서 석탄으로의 전환은 산업혁명을 일으켰다. 증기기관은 여행과 무역을 단숨에 바꾸어놓았다. 니콜라 테슬라 Nikola Tesla는 교류 발전을 개발해 1893년 시카고박람회에서 10만 개의 조명을 켜는 데 사용함으로써 세상을 놀라게 했다. 그로부터 40년이 채 지나지 않아 미국 가정에는 우리 조상들은 꿈만 꾸었을 법한 전기 가전제품이 가득했다.

1990년에는 전 세계 19억 명에 가까운 사람들, 전체 인구의 35%가 극빈층에 속했다. 그들은 하루 2달러 미만으로 생활했다. 불과 수십 년이 지난 오늘날, 이 인원은 7억 8,200만 명(전 세계 인구의 10%)으로 감소했다. 김용 Jim Y. Kim 전 세계은행 World Bank 총재는 "지난 25년 동안 10억 명 이상의 사람들이 극심한 빈곤에서 벗어났고, 세계 빈곤율은 기록된 역사상 그 어느 때보다 낮아졌다"면서 "이는 우리 시대의 가장 위대한 인류의 업적 중 하나"라고 평가한 바 있다. 에너지가 없었다면 이 위대한 발전은 불가능했을 것이다. 에너지는 가난한 사람들이 붙잡고 스스로를 끌어올릴 수 있는 밧줄이며, 선진국에서는 아래로 내려주어야 할 밧줄이다. 에너지는 고용과 교육, 식량 안보, 깨끗한 물, 기본적인 의료 서비스, 인터넷 접속, 기업가정신, 글로벌 무역, 공동 번영의 토대다. 에너지는 산업의 전구체다. 우리 몸에 산소가 필요한 것처럼 산업에는 에너지가 필요하다.

오늘날 우리는 두 가지 중요한 현실에 직면해 있다.

첫째, 우리는 재생 가능한 청정에너지원이 덜 청정한 에너지원의 시장 점유율을 점령해 나가는 에너지 혁명을 경험하고 있다. 이런 추세는 앞으로 계속될 것이지만, 우리가 인터뷰한 많은 전문가에 따르면 기존 화석 연료가 완전히 대체되기는 어려울 것으로 보인다. 이 관점은 단기에 재생에너지로 전환될 것처럼 보도하는 언론 매체들의 전망과 차이가 크다. 그런 보도에 익숙한 나머지 마치 사회가 스위치를 켜듯이 화석 연료에서 벗어날 것으로 생각하는 사람들에게는 이 관점이 충격으로 여겨질 수 있다. 그보다는 기술 혁신이 기존의 화석 연료를 훨씬 더 깨끗하고 친환경적으로 만들 가능성이 더 크다. 실제로 이를 실현할 수 있는 기술은 이미 존재하며 이를 상용화하는 데 시간이 걸릴 뿐이다. 이런 내용은 이 장의 뒷부분에서 자세히 다룬다.

둘째, 세계 인구가 증가하고 중국과 인도 같은 신흥 경제국의 수십억 인구의 수요가 늘어나면서 모든 형태의 에너지에 대한 수요가 지

표 5-1 중국의 연료 유형별 순발전량(2000~2020년)

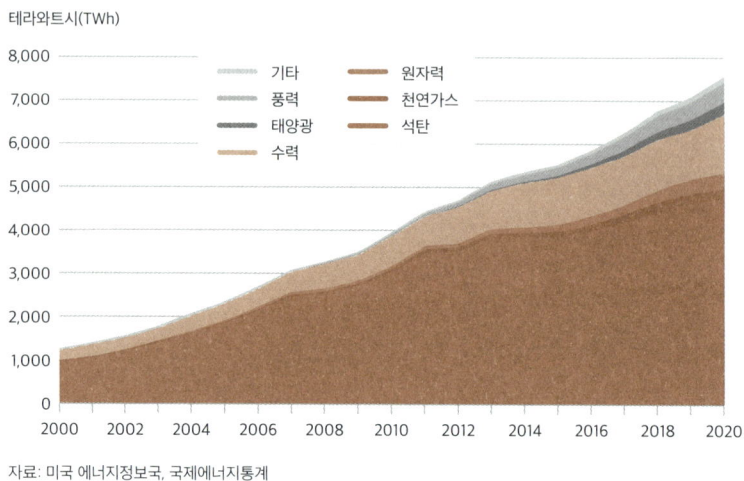

자료: 미국 에너지정보부, 국제에너지통계

속될 것이다. 예를 들어 중국은 현재 전력의 63%를 석탄에서 생산하고 있다. 이는 2000년의 77%에서 비중이 줄어든 것이지만,[1] 중국의 석탄은 가까운 시일 내에 사라지지 않을 것이다.

주요국 정부의 기후 변화 대응 정책을 분석하는 단체인 기후행동 추적 Climate Action Tracker에 따르면, 2022년 중국의 석탄 생산량은 2021년에 이어 2년 연속 사상 최대치를 기록했다. 전 세계가 2017년부터 2022년까지 187기가와트GW의 석탄 발전소를 폐쇄하는 동안 중국은 지난 2년 동안 113기가와트의 석탄 발전소를 신설했다.[2] 중국은 파리기후협정에도 아랑곳하지 않고 최근 180개의 신규 석탄 광산 채굴을 허가했다. 이 글을 쓰는 지금도 매주 2개의 신규 발전소 건설을 허가하고 있다.[3] 에너지 및 청정대기 연구센터Centre for Research on

Energy and Clean Air는 2023년 2월, "중국에서 건설을 시작한 석탄 발전 용량은 전 세계 석탄 발전 용량을 모두 합친 것보다 6배나 많다"고 보고했다.

사실 두 나라를 합쳐 인구가 30억 명에 육박하는 인도와 중국은 속도를 늦출 생각 없이 자체적인 산업혁명을 진행하고 있다. 이들은 에너지가 산업을 주도하고 산업이 수억 명을 빈곤에서 중산층으로 이끌 것이라는 사실을 잘 알고 있다. 시진핑習近平 주석은 기후 목표는 "현실과 분리될 수 없으며" 중국의 에너지와 식량 안보를 희생해서도 안 된다고 말한다.

사실과 감정의 분리

'에너지 전환'이라는 문구를 들으면 자연스럽게 화석 연료에서 재생에너지로 전환하는 것이라고 생각할 수 있다. 하지만 이는 사실과 다르다. 현대인은 항상 다른 형태의 에너지로 '전환'해 왔기 때문에 '전환'은 안타깝게도 잘못된 용어다. 이 책의 2부에서 소개하는 에너지 전문가 윌 반로는 에너지 '추가'가 더 적절한 용어라고 주장한다. 왜 그럴까? 그는 역사적으로 새로운 에너지원이 채택되기까지 매우 오랜 시일이 걸리며, 이전에 지배적이었던 에너지 형태를 완전히 대체한 적이 없다고 밝힌다. 그는 현재 우리가 현대사에서 다섯 번째 에너지 추가 또는 전환을 겪고 있음을 보여주는 데이터를 제시했다. 한 번 살펴보자.

1. 우리는 1800년대 중반 목재에서 석탄으로 전환하기 시작했다. 석탄이 세계 에너지 시장 점유율 35%에 도달하는 데 50년이 걸렸다. 석탄은 다른 에너지원에 비해 시장 점유율(비율 기준)이 낮았지만, 우리는 2022년 역사상 그 어느 때보다 많은 석탄을 활용했다. 석탄은 여전히 가장 큰 전기 에너지원이자 콘크리트와 철강, 제지 등의 생산에 필수적인 에너지원이다.

2. 1900년대 초 헨리 포드Henry Ford의 첫 번째 자동차 모델 T가 생산된 후 우리는 석탄에서 석유로 에너지를 전환하기 시작했다. 석유가 세계 에너지 시장 점유율 25%에 도달하는 데 50년이 걸렸다. 2023년에는 역사상 그 어느 때보다 많은 석유를 활용할 것이며 2024년 소비량은 더욱 증가할 것으로 전망된다.[4]

미국은 1938년 석유에서 천연가스로 에너지 전환을 유도하는 「천연가스법」을 통과시켰다. 천연가스가 세계 에너지 시장 점유율 25%에 도달하는 데 50년이 걸렸다. 석유와 마찬가지로 천연가스도 2023년에 기록적인 수요를 기록할 것이며 2024년 소비량은 더욱 증가할 것으로 예상된다.[5]

1960년대에는 원자력 발전이 새로운 에너지원으로 확산되기 시작했다. 원자력은 1977년 세계 에너지 시장 점유율 약 5%를 차지하며 정점을 찍었지만, 다시금 재도약할 조짐을 보이고 있다(자세한 내용은 뒤에서 설명한다).

2010년 무렵, 사회는 풍력과 태양광 등 재생에너지로 전환하기 시작했다. 재생에너지원은 이후 13년 동안 1조 달러를 투자받았는데,

현재 전 세계 에너지 수요의 단 3%를 차지한다.

선택의 여지가 있다면 우리는 모두 더 깨끗한 에너지를 원하며, 혁신을 통해 반드시 그 목표를 달성할 수 있다. 하지만 새로운 에너지원이 실질적인 시장 점유율을 확보하기까지 얼마나 오랜 시일이 걸리는지도 이해해야 한다. 그리고 여기에 엄청난 투자 기회가 있다.

기하급수적인 수요

전문가들은 미래를 전망할 때 에너지 수요에 영향을 미칠 불가피한 변수로 다음의 두 가지를 꼽는다.

1. **인구 증가** — 전 세계 인구는 1950년 25억 명에서 2023년 현재 80억 명 이상으로 증가했다. 국제통화기금 IMF은 전 세계 인구가 계속 급증해 2050년 97억 명에 달할 것으로 예측한다.[6]
2. **중산층 성장** — 전 세계가 앞으로 나아감에 따라 기술과 의료 서비스 발전, 에너지 접근성이 결합되면서 수십억 명이 상대적 빈곤층에서 중산층으로 진입할 것이다. 더 많이 버는 사람들은 더 많이 소비한다. 그리고 그들은 의심할 여지 없이 더 많은 에너지를 사용한다.

중요한 것은 에너지 사용량이 고정되지 않고 계속 증가하는 수요를 감당해야 한다는 점이다. 현재 전 세계 인구는 하루에 약 1억 배럴의 석유를 사용하고 있으며, 그 용량은 계속 증가할 것으로 예상된다. 대다수 전문가는 2050년까지 전 세계 총에너지 수요가 약 50% 증가할 것으로 내다본다. 1990년부터 2020년까지 에너지 수요가 50% 증가했음에 비추어보면, 이는 합리적인 전망이다.

사우디아라비아 국영 석유회사 아람코 Aramco는 이 같은 에너지 수요 증가의 큰 수혜자 중 하나다. 아람코는 2022년 매출 6,040억 달러로 《포천》 글로벌 500대 기업 2위에 올랐는데,[7] 이는 아마존(4위)과 애플(8위)을 압도하는 매출 규모다. 아람코가 현재 속도로 계속 성장한다면 2024년에는 월마트를 제치고 1위에 오를 것으로 보인다.

작가 마크 트웨인의 말처럼 "역사는 반복되지 않지만 각운은 맞춘다." 미래를 내다볼 때 대다수 전문가는 전 세계 에너지 공급에서 재생에너지가 차지하는 비중이 증가할 것으로 확신한다. 새로운 에너지원이 추가되는 시기에는 늘 그랬듯이, 재생에너지는 시장 점유율이 높아지겠지만 기존의 화석 연료 에너지원을 대체하지는 못할 것이다. 사실 정반대다. 미국 에너지관리청 EIA에 따르면, 2050년까지 천연가스, 석탄, 석유, 원자력, 재생에너지는 모두 수요를 충족하기 위해 사용이 확대될 것으로 예상된다(표 5-2 참조).

매년 나(토니)는 재단의 최대 기부자들을 위해 친밀한 금융 행사를 주최한다. 우리는 금융 전문가나 전직 대통령, 정책 입안자 등 유명 인사들의 이야기를 듣기 위해 모인다. 이 책과 마찬가지로 우리는 거물들과 마주 앉아 미래에 대한 지혜와 자본화 방법을 얻는다.

제이미 다이먼 Jamie Dimon은 세계 최대 은행이자 2050년까지 탄소 순배출 제로를 약속한 금융회사 JP모건 J.P. Morgan의 CEO이다. 그는 우

표 5-2 세계 에너지원별 1차 에너지 소비량(2010~2050년)

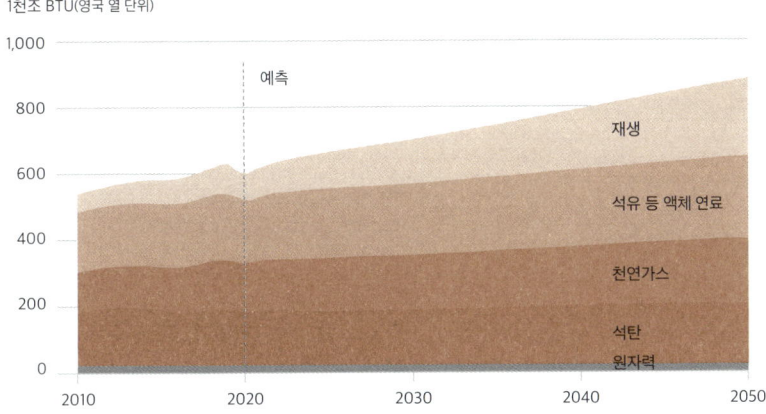

주: 석유 등 액체 연료에는 바이오 연료가 포함된다.
자료: 미국 에너지관리청, 〈2021 국제 에너지 전망 참고 사례〉

리 금융 행사에 연사로 서달라는 내 초대에 기꺼이 응했다. 우리는 대화의 대부분을 에너지의 미래에 할애했다. 그는 친환경 에너지 운동의 지지자라 해도 과언이 아니다. 그는 JP모건이 2030년까지 청정에너지 프로젝트에 1조 1천억 달러 규모의 자금을 지원하는 청정에너지 할당 계획을 어떻게 수립했는지 들려주었다. 다이먼은 미 의회에 친환경 에너지 기술의 허가를 신속히 처리하도록 압력을 가하고 있기도 하다.

하지만 그는 청중에게 에너지 전환에 대한 자신의 열망은 너무 이른 감이 있다고 밝혔다. 그는 "우크라이나 사태에서 얻은 교훈은 값싸고 안정적이며 안전한 에너지가 필요하며, 그중 80%는 석유와 (천연)가스에서 나온다는 것"이라면서 "그 수치는 향후 10년 또는 20년 동안 매우 높아질 것"으로 내다봤다. 석유와 천연가스 가격 인상은 각국에 석탄 발전소를 재가동하도록 강요함으로써 상황을 더욱 악화시키는 징벌적 조치다. 다이먼은 JP모건 주주들에게 보낸 편지에서 이렇게 말했다. "석탄 소비를 줄이기 위해 (천연) 가스를 사용하는 것은 이산화탄소 배출을 신속하게 줄일 수 있는 실행 가능한 방법입니다."

그 사이 화석 연료가 더 많이 사용된다는 생각에 움찔할 수도 있지만, 크게 걱정할 일은 아니다. 화석 연료 사용을 훨씬 더 친환경적으로 만들 수 있는 탄소 포집(및 저장) 기술에 수십억 달러가 투입되고 있다. 이 기술은 아직 전적으로 확장 가능한 단계는 아니다. 6장에서 이와 관련해 몇 가지 흥미로운 기술을 소개한다.

태양과 바람에 대한 예상

재생에너지 발전의 핵심 기술인 풍력과 태양광은 상당한 역풍을 맞고 있다. 무엇보다도 지리적 관점에서 승자와 패자가 있다. 풍력 발전을 사용하려면 바람이 강하게 불어야 한다. 태양광을 사용하려면 태양이 강렬하게 비춰야 한다. 부분적으로 흐린 하늘에 산들바람이 부는 정도로는 충분하지 않다. 엄밀히 말하면, 나는 가정용 태양광 패널이 아니라 전력망에 전력을 공급할 수 있는 산업용 태양광 발전소에 대해 이야기하고 있다.

미국에는 울부짖는 바람(중부)과 이글거리는 햇살(남서부)이 풍부한 땅이 광활하게 펼쳐져 있다. 그러나 전 세계 대부분은 그렇지 않아,

산업 수준의 풍력이나 태양광, 또는 두 가지 모두에 적합하지 않다고 간주된다. 인구 100만 명이 넘는 전 세계 도시 중 대부분은 산업 수준의 재생 가능한 발전에 적합하지 않다. 따라서 전력을 공급하는 태양광 발전소나 풍력 발전소는 도시에서 멀리 떨어진 곳에 들어서야 하고, 송전선을 건설해야 한다. 이는 다른 에너지원과 비교할 때 이상적이지 않고 엄청나게 많은 비용이 든다. 누군가의 돛에서 바람을 빼려는 것은 아니지만, 결국 태양열과 풍력은 규모 면에서 매우 현실적인 한계가 있다는 데 전문가들 사이 공감대가 형성되어 있다. 중국과 인도가 원자력 발전을 두 배로 늘리고 있는 이유도 바로 여기에 있다.

원자력

지난 30년 동안 미국에서 가동된 원자로는 단 3기에 불과하다. 이는 펜실베이니아주 스리마일섬과 우크라이나 체르노빌, 일본 후쿠시마 사고가 한 세대에게 남긴 지울 수 없는 공포가 부분적으로 작용한 결과다. 원자력 재해는 결코 용인되어서는 안 된다. 다만 재해의 기억 및 교훈과 새롭고 안전한 원자력 기술 및 다른 모든 유형의 에너지가 환경에 미치는 영향 사이에서 균형을 잡는 일 또한 중요하다. 석탄 연소부터 전기자동차EV를 위한 핵심 광물 채굴에 이르기까지 거의 모든 형태의 에너지에는 더러운 단점이 있다. 현명한 경제학자 토머스 소웰Thomas Sowell이 말한 것처럼 "해결책은 없고 절충안만 있을 뿐이다." 이 말은 확실히 이 사안에 적용된다. 원자력은 여전히 인류에게 알려진 가장 깨끗하고 밀도가 높은 에너지 형태이기 때문이다. 기술적인 측면에서 보면, 현재 사용 중인 많은 원자로는 수십 년 동안 검증된 기술을 사용하고 있으며, 발생한 사고는 모두 이전 역사의 유물이다. 엄밀히 말하면, 오늘날의 기술과 안전 기준에 따라 원전을 판단해야 한다. 바로 여기서 소형 모듈형 원자로^{SMR}가 등장한다.

전문가들은 수십 년 동안의 혁신 끝에 탄생한 SMR이 무궁한 잠재력을 보유하고 있다고 믿는다. 이 원자로는 소형 상용 비행기만 한 크기로, '원자력'이라는 단어를 들었을 때 떠올리는 거대한 기존 원자로에 비해 크기가 매우 작다. 재앙을 피하기 위한 여러 안전 장치가 마련되어 있어 훨씬 더 안전하기도 하다. 건설에 10년이 걸리는 기존 원자로와 달리 SMR은 공장에서 신속하게 제작·조립해 트럭으로 최종 목적지까지 배송할 수 있다. 따라서 용수가 제한된 고립 지역이나 현장에 설치할 수 있다(기존 원전은 냉각수 등 대량의 발전 용수가 필요해 주로 해안에 설치되는 데 비해 SMR은 상대적으로 발전 용수 필요량이 적어 내륙에 건설할 수 있다-옮긴이). 이 같은 장치가 보편화되면 전 세계 인구의 상당수가 값싸고 친환경적인 에너지를 사용할 수 있게 된다.

미국 최초의 SMR은 2022년 아이다호주에서 규제 당국의 건설 승인을 받았다. 현재 여러 회사가 훨씬 더 규모가 크고 구형 원자로만큼 많은 전기를 생산할 수 있는 놀랍도록 효율적인 SMR을 개발하고 있다. SMR이 동일한 전력을 생산하기 위해 필요한 토지는 풍력, 태양광, 수력 등 다른 재생에너지원의 1%에 불과하다.

많은 기업이 SMR을 비롯한 차세대 원자력 기술 개발 경쟁에 뛰어들었다. 이는 글로벌 사회에서 우리가 이 경쟁에 뒤처졌기 때문에 중요하고 심각하게 인식해야 할 상황이다. 대다수 전문가는 우리가 '탄소중립'을 달성하려면 원자력이 해결책의 주요 부분이 되어야 한다고 생각한다. 그러나 원자력은 잠재적 위험과 우리가 생산할 수 있는 가장 친환경적인 에너지라는 사실 사이에서 분열을 일으키는 경향이 있다. 단적인 예로, 수년 동안 환경 단체들은 뉴욕시 전력의 25% 가까이 공급하던 인디언 포인트 Indian Point 원자로를 폐쇄하라고 요구했다. 그들은 원전을 풍력이나 태양열과 같은 재생에너지로 대체할 수 있다고 주장했다. 결국 인디언 포인트 원자력 발전소는 2021년 폐쇄되었는데, 의도하지 않은 결과가 쌓이기 시작했다. 주 정부는 원전 폐쇄 이후 전력의 89%가 천연가스와 석유에서 생산된다고 보고했는데, 이는 인디언 포인트의 두 원자로가 가동 중이던 전년도의 77%에 비해 증가한 수치였다.[8] 물론 환경운동가들이 염두에 둔 결과는 아니었다.

이런 반핵 입장은 독일에서도 역효과를 낳았다. 독일은 2022년까지 모든 원전을 폐기하기로 결정했다. 우크라이나와의 전쟁으로 인한 러시아의 천연가스 공급 중단으로 상황이 악화되자 독일은 석탄 발전소를 재가동하고 친환경 원자력 에너지를 더러운 에너지로 대체해야 했다. 또 다른 절박한 조치로 석탄 채굴 사업을 확장하기 위해 대규모 풍력 발전소도 해체했다.[9]

많은 원자력 지지자는 독일이 에너지의 70%를 원자력에서 얻는 이웃 프랑스를 참고했어야 한다고 주장했다. 프랑스는 원전을 폐쇄하는 대신 2050년까지 6기의 원자로를 새로 가동할 계획이다. 그들은 또한 핵 폐기물을 재활용하고 수명을 극대화하기 위한 놀라운 전략을 개척하기도 했다.

표 5-3 건설 중인 원자로 용량별 상위 10개국

- 중국은 세계 최초 SMR을 포함해 21기의 신규 원자로를 건설 중이다.
- 영국은 건설 중인 원자로 수는 러시아보다 한 기 적지만, 러시아보다 원자료 용량이 더 커서 더 많은 전력을 생산할 수 있다.
- UAE는 건설 중인 원자로 두 기가 가동되면 바라카 원자력 발전소가 국가 전력의 25%를 공급하게 된다.
- 미국은 조지아주에 건설 중인 원자로 두 기가 2023년 이전에 가동될 것으로 예상되었다.

자료: 세계원자력협회(World Nuclear Association)

핀란드는 2023년 4월, 새로운 원자력 발전소를 가동하기 시작했다. 저렴한 친환경 에너지를 풍부하게 생산하는 데 무척 효과적인 이 발전소는 덕분에 전력 가격이 단기간 마이너스로 떨어지기도 했다. 이제 핀란드는 원하는 만큼 에너지를 사용할 수 있고, 원전이 거의 100% 친환경적이라는 점을 안다.

중국과 인도 역시 원자력이 자국의 친환경 미래를 위한 필수 요소라는 점을 잘 알고 있다. 두 나라는 에너지 수요 증가 외에도 심각한 대기질 오염 문제에 직면해 있다는 사실을 인정한다. 전 세계가 환경

·사회·지배구조 ESG 약속을 이행하는 가운데, 중국과 인도는 환경 문제와 경제 성장의 균형을 맞춰야 한다는 뜻을 분명히 했다. 두 나라는 원자력 발전으로 이를 달성하겠다고 밝혔고, 현재까지 중국이 이 경쟁에서 크게 앞서고 있다. 중국은 반대 세력이 없는 가운데 정부에서 막대한 재정을 투입해 21기의 원자력 발전소를 건설하고 있다. 또한 향후 15년 동안 5조 달러를 투자해 150기의 원자로를 건설할 계획이다.[10] 이는 전 세계적으로 유례를 찾아볼 수 없는 속도다.

인도도 현재 8기의 원전을 건설하는 등 빠른 속도로 움직이고 있다. 심지어 석유 부국 사우디아라비아조차 향후 20년 동안 16기의 원자로를 건설할 계획이다. 이런 움직임은 건설 중인 원전이 2기에 불과한 미국과 대조를 이룬다. 미국은 원자력 기술 혁명을 주도하려면 규제 당국이 신속하게 움직여야 한다. 대다수 전문가는 환경운동가와 정치인이 현대적인 시각으로 이 기술을 바라볼 필요가 있다고 주장한다. 우리는 자동차의 안전성을 1950년대에 만들어진 모델을 기준으로 판단하지 않는다. 원자력도 마찬가지여야 한다.

친환경 기계와 광물 확보 경쟁

전기차가 각광을 받고 있다. 테슬라를 필두로 모든 자동차 제조업체가 전기차 혁명에 뛰어들었다. 하지만 전기차가 도로 위를 달리는 순간은 친환경적이지만, 전기차를 생산하는 과정은 환경에 어마어마한 부담을 준다는 것은 부인할 수 없는 사실이다. 풍력 터빈과 태양광

"당연히 특출나게 뛰어난 연비에는 상쇄되는 결과가 있죠."

패널도 마찬가지다. 현실적으로 '친환경 기계' 또한 전통적인 에너지 원을 사용해 제조해야 한다. 필요한 콘크리트와 강철, 플라스틱을 생산하려면 석유와 천연가스, 석탄을 투입해야 한다. 예를 들어 석유 1배럴에 해당하는 에너지를 저장할 수 있는 전기차 배터리 한 개를 제조하려면 석유 100배럴에 해당하는 에너지가 들어간다. 배터리와 태양광 패널, 변압기, 발전기 등 친환경 기계가 작동하려면 대량의 핵심 광물이 필요하다. 그런 광물을 발굴하고, 채굴하고, 정제하고, 운송하는 과정은 전혀 친환경적이지 않다. 다음과 같은 사실을 고려해야 한다.

- 1천 파운드(약 454킬로그램)짜리 전기차 배터리 한 개를 만들기 위해서는 50만 파운드(약 227톤)의 흙을 파내고 가공한다. 이 채

굴 과정에는 종종 디젤 내연기관이 장착된 중장비가 투입된다.
- 표준 전기차 배터리에는 리튬 11킬로그램과 코발트 14킬로그램, 니켈 27킬로그램, 흑연 50킬로그램, 구리 41킬로그램이 함유되어 있다.
- 전기차 배터리에는 스마트폰보다 1천 배 더 많은 코발트가 함유되어 있다.
- 2030년까지 매년 1천만 톤 이상의 배터리가 버려질 것이다.

분명한 것은 전기차와 풍력 발전소, 태양광 패널은 재생에너지의 중요한 부분이라는 사실이다. 그러나 우리가 지적으로 정직해지려면 전체 공급망의 탈탄소화가 이루어져야 한다. 중국은 세계 최다 전기차 보유국이지만, 대부분 석탄으로 전기를 충전하고 있다. 과연 석탄 동력 자동차를 '친환경'이라 할 수 있을까?

내가 말하고자 하는 바는 사실과 허구, 마케팅과 현실을 구분해야 한다는 것이다. 우리는 모두 청정에너지를 원하고 지구를 보호하고자 한다. 하지만 우리는 몇 가지 어려운 현실을 받아들여야 하는데, 그중 하나는 종종 적대적인 국가들이 주요 광물을 통제하는 것이다.

전체 통제

중국은 2000년대 초 일종의 계시를 받았다. 그들은 전 세계가 친환경 기술에 전념하고 있음을 보았고, 친환경 기계에는 모두 핵심 광물이 필요하다는 사실을 깨달았다. 자국 내 핵심 광물 매장량이 많지 않은 중국은 수천억 달러를 들여 세계 곳곳의 채굴 사업장을 장악했다. 특히 천연자원이 풍부한 아프리카 대륙의 부패한 정부를 상대로 힘과 지갑을 과시했다. 중국의 첫 번째 정복지는 콩고였다.

코발트는 거의 모든 스마트폰과 태블릿PC, 노트북, 전기차에 사용되어 배터리의 안정성을 높이고 과열을 방지하는 역할을 한다. 콩고민주공화국에는 전 세계 다른 지역 매장량을 모두 합친 것보다 더 많은 코발트가 매장되어 있다. 실제로 전 세계적으로 알려진 코발트 공급량의 거의 70%가 콩고의 얕은 적토층에 묻혀 있어 쉽게 채굴할 수 있다. (세계은행에 따르면 콩고 인구의 19%만이 전기를 사용할 수 있는데, 이를 고려하면 다소 아이러니한 결과다.[11])

콩고의 19개 주요 광산 중 15개는 중국이 직간접적으로 지배하고 있는 것으로 추정된다. 그중 일부는 유럽 도시만큼 넓다. 가장 우려되는 점은 인권 침해가 벌어지고 있다는 사실이다. 콩고는 1800년대 후반으로 거슬러 올라가는 착취와 노예제도로 점철된 슬픈 역사를 가지고 있다. 1890년 무렵, 전 세계 수백만 명이 자전거를 타기 시작하면서 자전거 열풍이 불었다. 믿기 어렵겠지만, 초기 자전거 바퀴의 소재는 강철 또는 나무였다. 그래서 발명가 존 던롭 John Dunlop이 1888년, 새로운 형태의 공기압 고무 타이어에 대한 특허를 출원한 것은 굉장한 사건이었다. 공기압 고무 타이어의 발명은 자동차가 등장하면서 본격적으로 빛을 발했다. 고무에 대한 수요가 폭발적으로 증가하면서 콩고는 눈에 보이는 곳에는 모두 고무나무를 재배했다. 벨기에 국왕 레오폴트 2세 Leopold II의 식민지 억압 아래 수많은 콩고 국민이 삼림 벌채로 인해 황폐해진 땅에서 노예로 전락했다. 콩고는 세계 최대 고무 수출국이 되었지만 국민들은 여전히 가난에 시달렸다. 1899년 출간된 조지프 콘래드^{Joseph Conrad}의 유명한 소설 『암흑의 핵심』은 자유를 박탈당한 국민과 상업적 목적으로 삼켜진 땅의 끔찍한 비극을 담았다.

오늘날 콩고는 고무가 아닌 코발트 때문에 다시 한번 유린되고 있다. 전 세계에서 코발트를 구매하는 기술 기업들은 종종 도매업자로부터 공급망이 깨끗하다는 말을 듣는다. 하지만 이는 대부분의 채굴 작업에서 사실이 아닌 것으로 밝혀졌다. 싯다르트 카라^{Siddharth Kara} 같은 탐사 저널리스트의 용기 있는 작업 덕분에 이제 우리는 공급망의 밑바닥이 실제로 어떤 모습인지 알 수 있게 되었다. (카라는 『코발트 레드』를 썼다.) 많은 광산이 현대판 노예의 등 위에서 운영되고 있다. 무장 대원이 지켜보는 가운데 남성과 여성, 어린이들이 코발트를 찾기 위해 끝없이 땅을 판다. 이들은 막대기와 곡괭이, 삽, 철근으로 땅을 파내면서 발암 물질에 노출된다. 간신히 생존을 연명하는 데 필요한 돈인 1~2달러를 벌기 위해 콩고 국민 수십만 명이 하루 열두 시간 동안 더위 속에서 고된 노동에 허덕인다.

따라서 모든 것의 전기화를 지지하는 사람들은 ESG의 진정한 의미인 환경과 사회, 지배구조에 대해서도 고민해야 한다. 각 단어가 동일한 가치를 지니고 있을까? 콩고와 다른 지역에서 환경이 파괴되고 원주민 수십만 명이 노예로 전락한다면, 과연 목적이 수단을 정당화한다고 주장할 수 있을까? 궁극적으로 대기업들은 각성하고 이 문제를 함께 해결해야 한다. 대기업들은 구매력을 바탕으로 노동자들이 공정한 임금과 대우를 받을 수 있도록 개혁을 요구할 수 있다. 우리는 핵심 광물 중 일부가 없어도 되는 새로운 기술에 대한 연구도 계속해야 한다. 예를 들어 전고체 배터리 및 기타 코발트가 없는 배터리가 구현되고 있다. 테슬라는 현재 자사 자동차의 50%에 무無 코발트 배터리를 사용하며, 장차 제품에서 코발트를 완전히 제거할 계획이라 밝혔다. 일론에게 경의를 표하지만, 다른 문제가 남아 있다.

러시아-중국 블록

핵심 광물을 비롯해 천연자원이 풍부한 러시아는 중국과 상호 호혜적인 관계를 맺고 있다. 예를 들어 중국이 아프리카에 수천억 달러를 지원하는 동안 러시아는 유료 용병을 투입했다. 아프리카 각국 정부는 자국 국민을 통제하기 위해 러시아 용병을 고용했다.

중국과 러시아가 광물 공급을 철권으로 통제하고 있다는 사실을 발견한 세계 지도자들은 이 두 나라의 관계에 대해 우려했다. 한편 그다지 우호적이지 않은 다른 나라 정권들도 핵심 광물을 어느 정도 통제하고 있다. 이란과 카자흐스탄, 북한, 베네수엘라를 떠올려 보라. 이들 6개국 전체주의 정권은 휴대전화와 태블릿PC, 전기차 배터리, 태양광 패널, 풍력 발전기 등에 필요한 광물을 지배하고 장악하고 있다(표 5-4 참조). 이는 여러 가지 의문을 불러일으킨다. 안전하고 신뢰할 수 있는 공급망을 어떻게 확보할 수 있을까? 인권의 우선순위를 어떻게 보장할 수 있을까? 환경 정책으로 인해 자국에서 채굴이 금지된다

표 5-4 핵심 광물 공급 지역

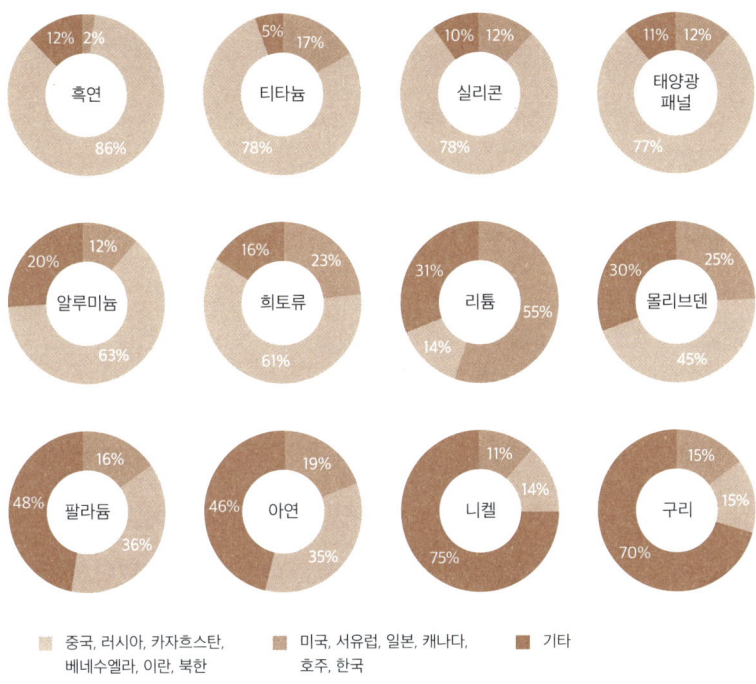

- 중국, 러시아, 카자흐스탄, 베네수엘라, 이란, 북한
- 미국, 서유럽, 일본, 캐나다, 호주, 한국
- 기타

자료: 미국 지질조사국(USGS), 세계원자력협회, 스태티스타(Statista)

면, 증가하는 핵심 광물 수요를 어떻게 충족할 수 있을까? 이는 아직 신통한 답변이 나오지 않은 문제이지만, 어떻게든 해법을 찾아내야 한다.

전기로 움직이는 세상

2022년, 캘리포니아주 정부는 2035년까지 주에서 판매되는 모든 신차(전기, 수소 등)에 대해 탄소 배출 제로를 의무화하는 정책을 발표했다.[12] 아이러니하게도 이 정책을 발표한 후 얼마 지나지 않아 폭염이 덮쳤고, 주 정부는 노후 전력망에 과부하가 걸릴 것을 우려해 전기차 충전을 자제해달라고 호소했다. 이쯤 되면 솔직히 의문이 들 수밖에 없다. 캘리포니아주 전력망이 전기차가 15~30배 증가한 상황을 감당할 수 있을까? 캘리포니아주는 이에 대비해 향후 10년 동안 전력 생산량을 세 배로 늘려야 할 것으로 추정된다. 넓은 시각에서 보면, 현재 캘리포니아의 발전량은 13년 전 수준에 머물러 있다.[13] 발전량을 조금 늘리는 것도 매우 어려운 일이다. 이 때문에 에너지 위원회는 이 기념비적인 작업을 어떻게 진행할지 계획을 발표하지 않은 것으로 보인다.

세계 최대 전기차 제조업체인 테슬라의 창업자 일론 머스크는 미국의 목표에 비해 "에너지가 부족하다"며 향후 2년 안에 에너지 부족에 도달할 수 있다고 우려를 표명해 왔다. 그는 2045년까지 미국의 전력 수요가 세 배 증가하리라 예측하며 가장 최근 열린 미국 최대 전력회사와의 콘퍼런스에서 우려를 표명했다. 역사적으로 전력 수요가 매년 2~3% 증가하는 데 그쳤다는 점을 고려하면, 전력회사들이 다가올 전력 수요 급증에 대비하지 못하는 이유를 쉽게 이해할 수 있다.

표 5-5 새로운 전기차 생산 목표

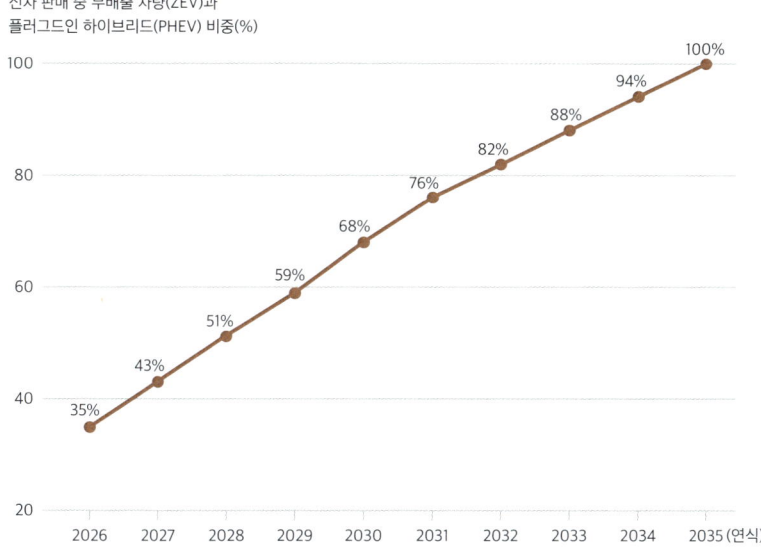

 미국의 캘리포니아주와 다른 12개 주가 전기차 의무화 법안을 입법화하는 가운데 다른 나라들도 비슷한 목표를 달성하기 위해 노력하고 있는 것으로 보인다. 2050 넷제로 Net-zero 목표로 알려진 2050년 이산화탄소 순배출 제로 목표에 따르면 "순배출 제로 시나리오는 2030년 3억 대 이상의 전기차가 운행되고 전기차가 신차 판매량의 60%를 차지할 것으로 보고 있다." 모든 자동차 제조업체는 포드의 전기 픽업트럭 F-150 라이트닝 F-150 Lightning 부터 쉐보레 전기 스포츠카 콜벳 Corvette 에 이르기까지, 기존 모델의 전기차 버전을 빠르게 개발하고 있다.
 현재 미국에서 운행되고 있는 자동차 총 2억 9천만 대 가운데 전

기차 및 하이브리드차는 250만 대로 약 1% 미만을 차지한다. 전 세계 전기차 대수는 전체 자동차 14억 4천만 대 가운데 1,680만 대로 역시 약 1%를 기록한다. 따라서 2030년까지 무공해 자동차 3억 대를 목표로 한다면, 필요한 핵심 광물에 대한 수요는 전례 없는 규모로 증가하게 된다. 이것이 과연 가능할까? 아무리 고귀한 목표일지라도 그것을 달성하기 위한 도전은 매우 현실적일 수밖에 없다.

역사를 잠시 살펴보자. 석유와 가스, 금, 철광석 등 어떤 채굴 산업도 단 10년 만에 글로벌 공급량이 100% 증가한 사례는 없다. 채굴은 많은 비용과 노동력, 시간이 소요되고 규제의 악몽과도 같다. 특히 인권과 환경 영향 조사를 우선시하는 선진국에서 이런 현상이 두드러진다. 새로 발견된 광산에서 실제로 필요한 원자재를 생산하기 시작하기까지 수년이 걸리는 경우가 허다하다.

환경 전문가들은 무공해 자동차 3억 대 생산에 필요한 핵심 광물을 채굴하는 데 소요되는 수조 달러의 투자는 제쳐두더라도, 지구에 엄청난 부담을 줄 수 있다고 지적한다. 거기에 대규모 풍력 발전 단지와 산업용 축전지, 수십 제곱킬로미터에 달하는 태양광 패널까지 더하면, '2030년 순배출 제로' 목표를 달성하기 위해 필요한 광물의 양은 어마어마하다.

표 5-6은 청정에너지 사용을 위해 필요한 다양한 광물에 대한 수요가 기하급수적으로 증가함을 보여준다. 예를 들어 리튬을 보자. 2030년, 현재 채굴되는 리튬의 양보다 18배 더 많은 리튬이 필요할 것으로 예상된다. 하지만 친환경 기술을 구축하는 데 필요한 광물에 리튬만 있는 것은 아니다. 구리는 현재 생산량보다 2배, 흑연은 17배, 니켈은

표 5-6 청정에너지 사용을 위해 필요한 광물의 수요

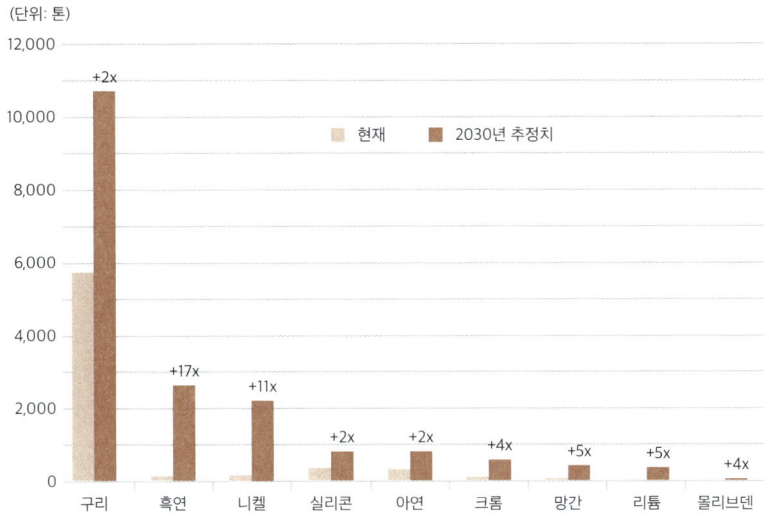

자료: 국제에너지기구, 〈글로벌 핵심 광물 전망(Global Critical Minerals Outlook)〉

11배 더 많은 양이 필요할 것으로 보인다.[14] 다시 말하지만, 역사상 10년 안에 채굴 광물의 공급량이 2배 증가한 적은 없었다. '더 빨리 채굴하기'는 실행 가능한 계획이 아닌 듯하다.

에너지 전문가들과 이 '역사상 전례 없는' 시나리오를 논의해 보면, 결과는 거의 만장일치로 불가능에 이른다. 고귀한 목표인가? 그렇다. 정치인들에게 좋은 어젠다인가? 물론이다. 그러나 우리는 지구가 우리에게 무엇을 제공할지, 그리고 인적 비용과 환경 비용 등 다른 어떤 비용이 발생할지 현실을 고려해야 한다.

당신이 갖고 있는 전제에 따라 지금까지 내가 제시한 많은 사실을 소화하기 어려울 수도 있다. 나는 우리 모두가 친환경 스위치를 켜고 지구를 탈탄소화하기를 원한다고 생각한다. 많은 전문가와 나는 실제로 장기적으로 새로운 혁신을 통해 이 목표를 달성할 수 있다고 믿는다. 그러나 그 사이 당분간 수요 증가가 불가피한 자산군에서 여러 가지 투자 기회가 있을 것이다.

누가 우유를 다 마셨나

아들과 함께 살던 시절, 냉장고 문을 열어보면 거의 다 비어 있는 우유팩을 발견하곤 했다. 아무리 우유를 많이 사놓아도 항상 채워넣는 속도보다 더 빨리 줄어드는 것 같았다. 십 대 남자 아이가 있는 집 우유 상황은 현재 우리의 에너지 상황과 비슷하다.

우유팩에 담긴 우유처럼 에너지는 유한하며 반드시 새로 채워넣어야 한다. 이제 유전 또는 천연가스전을 생각해 보자. 일단 상단을 터뜨리면 고갈되기 전까지 추출할 수 있는 일정량이 들어 있다. 에너지 회사와 투자자들은 현재 세계의 에너지 갈증을 해소하기 위해 수천억 달러를 미리 투자해 새로운 프로젝트를 탐색하고 가동해야 한다.

그러나 새로운 생산을 창출하는 데 투입하는 지출을 급격하게 중단하면 어떻게 될까? 현재 수요는 물론 향후 증가하는 수요에 대한 공급을 대체하지 못하면 어떻게 될까? 우리 모두 조만간 그 답을 알게 될 것이다.

국제 유가는 2014년 6월, 1배럴당 107달러까지 치솟았다가 극적인 반전을 맞아 불과 6개월 만에 44달러로 폭락했다. 이로 인해 큰 타격을 받은 대형 에너지 기업들은 상처를 치유하기 위해 지출의 고삐를 조였다. 같은 시기에 ESG 운동이 본격화되기 시작했다. 에너지 기업들은 고귀한 목표를 표방했지만, 안타깝게도 믿을 수 없을 정도로 비현실적인 일정을 제시했다. 그들은 석유·가스·석탄을 더 깨끗하게 만드는 혁신적인 기술을 찾는 대신 화석 연료의 종식에 초점을 맞추었다. 당시 미국 대통령 후보 조 바이든은 "내가 보장합니다. 우리는 화석 연료를 종식시킬 것입니다"고 약속했다.

에너지 기업들은 진퇴양난에 빠졌다. 그동안 새로운 대체 에너지원 탐사에 자금을 지원했던 기관 투자자들은 화석 연료 투자를 피하라는 압박을 받았다. 대형 에너지 기업 CEO들도 굉장한 압력을 받았다. 이사회 멤버와 대주주들은 새로운 대체 에너지 프로젝트에 많은 비용을 지출하지 말라는 명시적·암묵적 지시를 받았다. 대신 배당금이나 자사주 매입을 통해 투자자들에게 잉여 현금을 돌려주라는 권유를 받았다. 그 결과 이후 몇 년 동안 그들은 새로운 에너지 공급원을 발굴하고 추출하는 데 집행된 투자가 50% 가까이 감소했다. 세계 주요 석유회사들의 대체 에너지 투자 금액은 2014년 이전 연간 약 7천억 달러에서 2014년 이후 연간 3천억~3천500억 달러로 줄었다.

원유를 탐사하고 생산하는 '업스트림upstream' 프로젝트에 대한 신규 투자가 줄어드는 것은 친환경적 측면에서 좋은 일이라 주장하는 비평가들도 있다. 그러나 실제로는 에너지 가격 상승과 식량 가격 상승, 국가 안보 약화라는 연쇄 반응에 직면할 수 있다고 전문가들은 우려한다. 이것이 바로 제이미 다이먼이 앞서 언급한, 단기적인 움직임이 장기적인 탄소중립 목표를 저해할 수 있는 의도치 않은 결과다.

7개의 사우디아라비아

앞서 언급했듯이, 전 세계 에너지 사용량은 하루에 약 1억 배럴(또는 배럴에 상응하는 양)에 달한다. 손에 잡히게 비교해 보자. 축구 경기장 1개에 약 200만 배럴이 담긴다. 따라서 세계 에너지 사용량은 매일 축구 경기장 50개 분량에 해당한다. 연간으로는 세계 경제 엔진을 계속 가동하려면 약 365억 배럴의 에너지가 필요하다는 이야기다. 인구 증가와 경제 성장에 따라 석유 수요는 매년 1~2%, 즉 3억 6,700만 배럴 증가할 것으로 예상된다.

하지만 매년 기존 공급이 얼마나 소진되고 있을까? 앞서 예로 든 우유팩은 얼마나 줄어들까? 이것은 1조 달러짜리 질문이다.

전 세계 에너지 '공급 감소율'은 연간 7~8%이다. 이는 기존 화석 연료 매장지와 매장량이 매년 총 유한 용량의 7~8%를 잃고 있음을 뜻한다. 물량으로 설명하면, 미래의 수요 증가에 대응하는 일은 말할 것도 없고 현재 수요를 맞추기 위해 매년 700만~800만 배럴의 공급을 대체해야 한다는 뜻이다. 세계 최대 민간 에너지 투자자 중 하나인 퀀텀 에너지 파트너스의 창업자 윌 반로는 현재 상황을 가장 잘 설명했다. "이는 향후 20년 동안 7개의 '사우디아라비아'에 맞먹는 새로운 에너지 생산지를 찾아야 하는 의미다." 간단히 말해, 지난 10년 동안 대체 에너지 투자를 늦춤으로써 우리는 어려운 상황을 자처했다. 반로는 또한 지난 몇 년 동안 발생한 대체 에너지 투자 부족이 이제 막 가격에 나타나기 시작했다고 진단한다.

결론은 이렇다. 자원이 한정된 가운데 대체 에너지 투자가 충분하지 않으면 공급 제한과 에너지 가격 상승, 식품 가격 상승, 소비자 물가 상승으로 이어진다.

베팅할 시간

이제 허구와 사실을 구분해 보았으니, 향후 몇 년 동안 엄청난 기회가 있을 것임을 알 수 있다. 실제로 나와 대화를 나눈 많은 전문가는 우리가 에너지 투자의 황금기에 접어들고 있다고 진단한다. 화석 연료의 경우 공급은 줄어들고 수요는 증가하면서 가격이 상승할 가능성이 높다. 풍력과 태양광, 원자력의 경우 도입이 빨라지면서 혁신 기업에 수조 달러가 투자될 것이다. 마지막으로 친환경 기술 분야에서는 화석 연료를 훨씬 더 친환경적인 방식으로 계속 사용할 수 있게 해주는 다수의 탈탄소화 혁신이 등장할 것이다.

6장에서 이러한 기회에 대해 자세히 알아본다.

6
에너지 2
획기적인 친환경 기술

> 에너지는 생성되거나 파괴될 수 없으며, 단지 한 형태에서 다른 형태로 바뀔 뿐이다. ─ 앨버트 아인슈타인

모두를 위한 에너지

우리가 공유하는 이 아름다운 지구를 위해 오염은 적을수록 더 좋다는 주장에는 논쟁의 여지가 없다. 우리는 모두 재생에너지에 대한 집중적인 투자와 기존 화석 연료의 혁신(예를 들어 탄소 포집)을 통해 친환경적인 해법을 향해 나아가야 한다. 그러나 5장에서 설명한 바와 같이, 전문가들은 우리가 부인할 수 없는 두 가지 현실의 긴장 속에서 살아가고 있다는 데 의견을 일치한다.

1. 화석 연료를 포함한 모든 형태의 에너지에 대한 수요가 계속 증가할 것이다.
2. 석탄과 천연가스, 석유를 연소하면 대기 중에 상당한 양의 이산화탄소가 발생하므로 가능한 한 최선의 수단을 사용해 이를 줄여야 한다.

여기서 '가능한 최선의 수단'은 전문가들 사이에 이견이 큰 부분이다. 유엔 사무총장은 2023년 3월, "신규 석유·가스에 대한 모든 인허가 또는 자금 지원을 중단"하고 "기존 석유·가스 매장량의 확장을 멈출" 것을 촉구했다.

우리는 모두 100% 친환경 에너지를 원하지만, 세계는 하나의 거대한 이웃과 같다. 모든 국가가 협력하고 함께 노력해야 한다. 하지만 모두가 같은 악보를 보고 같은 노래를 부르지는 않는다. 탄소중립을 달성하는 데 걸리는 시간도 저마다 다르다. 환경을 해치지 않으면서도 생계 유지와 음식 조리, 교통수단 확보 등 인간 활동에 해를 끼치지 않으려면 세심한 균형이 필요하다.

중국과 인도, 기타 많은 개발도상국은 화석 연료의 스위치를 끄는 것이 완전히 불가능하다는 사실을 알고 있다. 전문가들은 그처럼 과감한 조치를 취할 경우, 전 세계는 수억 명이 굶어 죽을 수 있는 재앙적인 대공황에 빠질 수 있다고 경고한다. JP모건의 CEO 제이미 다이먼은 미 의회 청문회에서 "석유와 가스 채굴 사업에 대한 자금 지원 중단은 미국에 지옥으로 가는 길이 될 것"이라 거듭 강조했다. 글로벌 경제 시스템을 계속 가동하려면 연간 약 360억 배럴의 석유가 필요하므로 갑자기 플러그를 뽑을 수 없다는 점을 기억하라.

그렇다면 이것이 정말 인류의 이분법적 선택일까? '기후 변화 시한폭탄'이라는 유엔의 예언대로 멸망할 것인가, 아니면 모든 화석 연료 사용을 즉각 중단하고 녹색 빈곤의 삶으로 전락할 것인가. 대다수 전문가는 이에 대해 균형 잡힌 관점이 필요하다고 말한다. 우리는 전 세계가 현재의 인구 증가와 극심한 빈곤 퇴치의 길을 계속 갈 수 있는 혁신적인 해결책을 찾기 위해 노력해야 한다. 우리는 가능한 한 많은 사람에게 가장 깨끗한 에너지를 공급해 세계 경제 성장과 식량 안보를 견인해야 한다. 그리고 이를 비용 효율적인 방식으로 달성해야 한다. 혁신은 항상 이러한 유형의 문제에 대한 정답이 되어왔고 앞으로도 그럴 것이다. 돌이 부족해 석기 시대가 끝난 것은 아니다.

세계 최초의 탄소 배출 제로 천연가스 플랜트

화학 엔지니어 로드니 앨럼 Rodney Allam은 여든두 살의 젊은 나이에도 연필과 일반 계산기로 모눈종이에 계산하기를 즐긴다. 에이트 리버스 8 Rivers의 수석 발명가인 앨럼은 에너지 문제를 완전히 다른 방식으로 접근하려 한다. 그는 독특한 접근법으로 다수의 특허를 획득했고, 2012년에는 저명한 글로벌 에너지상을 수상하기도 했다.

다른 연구자들이 대부분 이산화탄소를 포집하고 격리하는 방법을 궁리하는 동안 앨럼은 어떻게 하면 이산화탄소를 우리에게 유리하게 사용할 수 없을지 고민했다. 마침내 그는 2013년, 천연가스 연소로 발생하는 이산화탄소를 97% 가까이 포집하는 혁신적인 방법에 대한 특허를 획득했다. 작동 방식은 이렇다.

현재 표준 방식은 천연가스를 연소해 열을 발생시킨다. 이 열이 증기를 생성해 터빈을 돌리면 전기가 만들어진다. 이렇게 생산되는 전력이 미국 발전량의 약 40%를 차지한다. 문제는 천연가스를 태울 때 발생하는 부산물인 이산화탄소가 대기 중으로 배출된다는 데 있다. 석탄도 마찬가지다. 석탄은 천연가스보다 훨씬 더 많은 양의 이산화탄소를 배출한다.

앨럼은 터빈을 돌리는 데 증기 대신 포집하고 압축한 이산화탄소를 사용할 수 있는지 궁금해했다. 대부분의 이산화탄소가 폐쇄 루프를 돌면서 대기로 배출되지 않는 시스템을 만들 수 있다면 어떨까? 이 방법이 성공한다면 거의 무공해 천연가스를 생산할 수 있을 것이다. 시간이 지나면서 그는 계산을 다듬었고 결국 이 놀라운 혁신에 대한 특허를 획득했다. 이제 종이에서 공장으로 옮겨야 할 때였다. 앨럼은 탄소 포집 전문 업체 넷파워Net Power와 협력해 개념 증명을 마치고 최초의 무공해 천연가스 발전소를 건설하기 시작했다. 2018년 시험 시설을 가동했고, 몇 년 동안의 테스트와 개선 끝에 텍사스 전력망에 성공적으로 연결했다. 이제 그들은 서부 텍사스에서 본격적으로 첫 번째 발전소 건설에 나섰다. (분명히 말하지만, 이 글을 쓰는 지금 우리는 넷파워의 투자자가 아니다.)

현재 넷파워가 선두를 달리고 있지만, 이러한 유형의 혁신은 전 세계에서 일어나고 있다. 탄소 포집(및 저장)을 실현할 수 있는 잠재력이 있거나 검증된 솔루션을 보유한 혁신적인 기업이 수백 개에 이른다.

공기 중의 이산화탄소를 직접 빨아들이는 거대한 팬부터 잉여 탄소를 지하 암석을 활용해 퍼 올려 저장하는 기업까지 그들은 다양한 개발 단계(및 실현 가능성)에 있다. 다만 전문가들은 화석 연료의 완전한 제거가 아니라 혁신을 통해 탄소중립을 달성할 수 있다고 본다. 전 세계가 현실과 수사修辭를 놓고 실랑이하는 동안 여러 투자 기회가 나타날 것이다. 그 속을 들여다보자.

"석유, 곧 블랙 골드, 텍사스 차茶!"

지나가는 사람 100명을 붙들고 세계 최대 에너지 생산국이 어디냐고 묻는다면, 다수가 사우디아라비아를 꼽을 것이다. 이는 오답이다. 세계 최대 석유·가스 생산국은 미국으로 전 세계 공급량의 약 22%를 생산하고, 러시아(15%)와 사우디아라비아(9%)가 그 뒤를 잇고 있다.[1] 미국이 가장 많을 뿐만 아니라 (상대적으로) 가장 깨끗하기도 하다. 예를 들어 미국산 천연가스는 러시아산 천연가스보다 약 30% 더 깨끗하다.[2] 석유도 마찬가지다. 석유 굴착 장치 꼭대기에서 끊임없이 타오르는 불꽃을 본 적이 있는가. 옛날 텍사스 사람들에게는 흔한 광경이었다. 이 타오르는 불꽃은 석유를 시추할 때 과도하게 발생하는 메탄 가스를 태우는 관행인 '플레어링flaring'의 결과다. 메탄은 이산화탄소보다 훨씬 더 강력한 온실가스이기 때문에 플레어링은 심한 오염을 일으킨다. 미국은 이러한 관행을 종식시키기 위해 앞장서 왔고, 플레어링 강도를 46%까지 줄이면서도 생산량을 늘리고 있다.[3] 안타

갑게도 환경 규제가 덜한 국가들은 오히려 지난 10년 동안 플레어링을 늘렸다. 예를 들어 베네수엘라의 플레어링 배출량은 미국에 비해 열여덟 배 많다. 중요한 점은 모든 에너지가 동일하게 만들어지는 것은 아니라는 사실이다. 미국의 규제와 환경영향법은 세계에서 가장 엄격하다.

미국은 가장 깨끗한 화석 연료를 생산하기 위한 노력 외에 에너지 자립과 세계 최대 생산국 지위가 경제 안보와 식량 안보, 국가 안보 측면에서 막대한 이점을 제공한다. 지난 수십 년 동안 세계는 점점 더 상호 의존적으로 되었다. 서방은 이윤을 위해 종종 더 저렴한 제품을 제공하는 대가로 일자리를 수출해 왔다. 우리는 배출 가스도 수출해 왔다. 값싼 노동력을 보유한 개발도상국이 우리가 구매하는 제품을 만드는 동안 자국의 공기와 물을 오염시키는 것을 허용했다. 기후 변화는 전 세계적 문제이기에 다른 나라의 공기와 물을 오염시키는 방식으로는 문제가 해결되지 않는데, 우리는 이를 잊고 사는 경향이 있다. 우리는 모두 전 지구적인 '막다른 골목'에 몰려 있고 오염에는 국경이 없다.

그러던 중 코로나19가 찾아왔다. 코로나19는 무엇보다 글로벌 경제 시스템의 취약성을 드러냈다. 우리는 공급망의 거의 대부분이 국외에 있어 직접 통제할 수 없다는 사실을 금세 깨달았다. 지난 몇 년 동안 자동차를 구입한 경험이 있는 사람이라면 내가 무슨 말을 하는지 정확히 알 것이다. 텅 빈 자동차 매장은 우리 모두에게 기이한 느낌을 안겨주었다. 우리는 당연히 재입고가 될 것으로 생각했다. 그런데 그것이 아니었다.

이런 깨달음 이후, 각국은 공급망의 핵심 요소를 구성하는 식품에서 마이크로칩, 장비 제조에 이르기까지 여러 산업을 자국 내로 가져오기 시작했다. 이런 탈세계화에는 국내 에너지가 필요하다. 에너지 자립도를 갖춘 국가는 번영할 수 있는 위치에 있다. 국내 수요를 초과하는 에너지 보유국은 동맹국에 '순 수출국'으로 등극할 능력을 갖춘 지배적인 세력이 될 것이다.

최근 미국 에너지 산업은 5장에서 설명한 이유로 기피되어 왔지만, 향후 수십 년 동안 미국의 번영에 매우 중요한 역할을 할 것이다. 미국은 재생에너지와 친환경 화석 연료에 대한 혁신적인 솔루션 구현을 선도하면서 놀라운 이점을 얻게 될 것이다.

전문가들이 기회가 될 것으로 예상하는 몇 가지 테마를 살펴보자. 이 중 상당수는 공개 시장과 사모 시장(자격을 갖춘 경우) 모두에서 접근할 수 있다는 점에 유의하기 바란다. 에너지는 변동성이 큰 것으로 악명이 높으므로 신중하게 접근해야 한다. 예를 들어 CAZ 인베스트먼트는 현장에서 발로 뛰며 수십 년의 경험과 검증된 실적을 보유한 전략적 파트너가 없으면 에너지에 직접 투자하지 않는다.

향후 발생할 에너지 투자 기회

1. **사모펀드** — 10여 년 전만 해도 미국에서 운영 중인 석유회사 중 사모펀드가 투자한 곳의 비중은 15%에 불과했고, 나머지는 대형 상장 기업이 소유하고 있었다. 지금은 미국에서 운영 중인 석

유회사의 50% 이상이 사모펀드의 투자를 받고 있다. 석유회사는 비교적 예측 가능한 현금흐름을 창출하며, 보수적인 기업들은 가격 하락에 대비해 헤지함으로써 수익을 효과적으로 유지한다. 사모펀드에 투자한 기관 투자자들은 여전히 석유 분야를 꺼리지만, 이는 오히려 포지션이 좋은 투자자라면 그 어느 때보다 좋은 기회를 얻을 수 있음을 뜻한다. 이 책의 2부에서는 세계에서 가장 성공적인 에너지 투자자 두 명의 지혜를 들려준다. 바로 인캡 인베스트먼트EnCap Investment의 공동 창업자 밥 조리치Bob Zorich와 퀀텀 에너지 파트너스의 윌 반로다. 두 회사 모두 수십 년에 걸쳐 뛰어난 실적을 기록해 왔다.

2. **석유·가스 분야 저평가된 상장 기업** — 2016년 S&P 종합 1500 석유·가스 탐사 기업들은 EBITDA(이자·세금·감가상각비·무형자산상각비 차감 전 이익)의 열세 배에 거래되고 있었다. 당시 이 수치는 금융·산업·의료 분야보다 높았다. 석유·가스 분야의 실적 반등에도 불구하고 앞서 설명한 이유로 선호도가 하락해 현재는 EBITDA의 4.7배에 불과한 수준에서 거래되고 있다. 이 책에 제시된 현실을 바탕으로 많은 에너지 전문가는 이 분야가 오늘날 세계에서 크게 저평가되었다고 생각한다.

3. **정유회사** — 2022년 6월, 내 메일함에 기사 하나가 떴다.《블룸버그》와 인터뷰 중이던 셰브론의 CEO 마이크 워스Mike Wirth가 폭탄을 터뜨린 것이었다.[4] 워스는 1970년대 이후 미국에 정유 공장이 신설된 적이 없다는 사실을 지적한 뒤 "개인적으로 나는 미국에 새로운 정유 공장이 들어서지 않으리라 생각한다"며 암

울한 전망을 내놓았다.

수요 확대와 인구 증가에 비추어볼 때, 이런 상황은 소비자 물가에 재앙이 될 수 있지만 투자자에게는 더없이 좋은 기회다. 정유회사는 원유를 휘발유와 경유, 항공유 같은 제품으로 정제하는 중요한 역할을 한다. 매일 400만 대 이상의 디젤 화물트럭이 아마존 매장의 재고를 채우고 아마존 패키지를 배송한다. 엄청난 양의 항공유가 필요한 항공편은 매년 2,200만 건 이상 운항된다. 항공사가 연료에 더 많은 비용을 치르면 당신도 더 많은 비용을 내고 항공기를 이용하게 된다. 트럭 운전사가 더 많이 지불하고 탱크를 채우면 당신도 더 많은 비용을 지불하게 된다.

캘리포니아의 일부 정유소가 2022년 4월, 계절적 유지보수를 위해 가동을 중단하자 유가가 사상 최고 수준으로 치솟았다. 이런 가동 중단이 영구화되면 어떻게 될까?《로이터통신》의 선임기자 로라 사니콜라Laura Sanicola은 "전 세계적 팬데믹이 시작된 이후 미국은 하루 100만 배럴에 가까운 정제 능력을 잃었으며, 향후 몇 년 안에 더 많은 정유 시설이 폐쇄될 예정"이라 전했다.《워싱턴포스트》는 "지난 2년 동안 5개의 정유 공장이 문을 닫아 미국의 정제 능력이 5% 감소했다"고 보도했다. 5%는 적은 수치로 보일 수 있지만, 시스템에 공급 충격을 일으키기에는 충분했다. 유가가 치솟자 절망에 빠진 미국 정부는 정유회사에 공급 확대를 요청했다. 그러나 이미 정유 공장은 거의 최대 용량으로 가동되고 있었다.

이 시점에서 당연한 질문이 제기된다. 도대체 왜 수요가 증가하는데도 정유 공장을 폐쇄해야 할까?

역사적으로 정유 산업은 호황과 불황을 반복해 왔다. 유가가 급등하면 막대한 수익을 올리고, 유가가 폭락하면 거액의 손실을 입었다. 이제 수십 년이 된 장비로 인해 정유 산업은 두 가지 위협에 처해 있다. 첫째, 노후화된 정유 시설을 현대화하려면 수십억 달러가 필요하며, 개보수를 완료하는 데 10년이 걸릴 수 있다. 둘째, 현재 환경에서 이런 리노베이션에 필요한 자본 조달에 어려움을 겪고 있는 정유회사 중 일부는 시설을 폐기하고 귀중한 부동산을 개발업체에 매각하는 방법을 선택했다. 정제 능력은 감소하는데 수요는 증가함에 따라 가격이 크게 상승할 수 있다.

4. **액화** ― 저렴하고 안정적이며 상대적으로 깨끗한 천연가스는 탈탄소화를 위한 강력한 도구가 될 수 있다. 미국은 2009년부터 2015년까지 이산화탄소 배출량을 다음 순위 8개국을 합친 것보다 더 많이 감축했는데, 이는 모두 천연가스 덕분이다. 천연가스는 운송이 까다롭다. 일반 천연가스는 파이프라인을 활용해 보낼 수 있지만, 파이프라인은 건설하는 데 시간이 오래 걸리고 가는 곳마다 지리적 제약이 있다. 차선책으로 액화천연가스^{LNG}를 도입한다. 천연가스는 섭씨 영하 162도까지 냉각하면 액화될 수 있다. 일단 액화되면 극저온 저장 장치를 갖춘 화물선과 트럭으로 운송 가능하다. 그런 다음 최종 목적지에 도착하면 다시 기체 형태로 전환된다. 가만히 생각해 보면, 이는 정말 놀라운 혁신이다. 하지만 가까운 시일 내에 새로운 액화 설비가 가동될 예

정이 없다는 문제가 있다. 이 복잡한 작업을 수행할 수 있는 시설이 수요를 따라잡을 만큼 충분하지 않은 것이다. 미 연방에너지규제위원회 FERC는 2023년 초, "빠듯한 LNG 공급으로 인해 국제 가격이 올랐고, 기록적인 수준에 도달했다"고 보고했다. 여기서 주제를 눈치챈 독자가 있으리라. 현실과 잘못된 정책에 대한 희망적인 생각이 충돌하면 가격이 급등하는 경향이 있다.

이 대목을 쓰는 시점에 천연가스의 40%를 러시아에서 수입하던 유럽은 1년 전보다 6~10배 높은 가스 가격을 지불하고 있다. 러시아 가스관은 서방의 제재와 러시아와 독일을 잇는 천연가스 파이프라인인 노드 스트림 Nord Stream 의 손상으로 사실상 거의 막혀 있다. 《로이터통신》에 따르면, 미국은 2023년 호주를 제치고 세계 최대 LNG 생산국에 오를 전망이다.[5] 미국은 압도적인 우위를 차지하겠지만, 액화 능력 문제는 여전히 남아 있다.

5. 에너지 산업에 대한 사모신용 — 앞서 살펴본 바와 같이, 사모신용은 은행이 돈을 빌려줄 수 없거나 빌려주지 않을 때 기업에 자금을 대여한다. 사모신용 대상 기업 중 일부는 석유·가스회사다. 많은 은행이 화석 연료 기업 대상 대출을 제한하는 자체 선언인 '탄소중립 서약'에 서명했다. 일부 은행은 여전히 차별적으로나마 대출하고 있지만, 필요한 자본 수십억 달러에는 턱없이 부족하다. 재차 말하지만, 이는 자본 집약적 산업에서 현명한 투자자들에게 기회를 창출한다.

청정 탄소 기술로 넷제로 세상 만들기

최고의 세상을 상상해 보라. 현재 풍부한 석유, 석탄, 천연가스 자원을 100% 탄소중립 녹색 에너지로 전환할 수 있다면, 지구를 더 깨끗하게 바꾸고 수십억 명의 세계 시민에게 필요한 에너지를 공급할 수 있을 것이다. 선진국 시민뿐만 아니라 경제 발전과 빈곤 탈출을 위해 저렴하고 풍부한 에너지를 필요로 하는 신흥국 시민에게도 도움을 줄 수 있다.

내(토니)가 개인적으로 관여하는 회사 중 하나가 옴니젠 글로벌Omnigen Global이다. 이 회사는 수소를 비롯한 경이로운 기술을 활용해 업계의 판도를 바꾸려 시도한다. 옴니젠 글로벌은 현재 상장 기업이나 투자 가능한 기업은 아니지만, 이들을 통해 우리는 세계 곳곳에서 획기적인 혁신을 추구하는 많은 기업이 인류를 깨끗하고 저렴한 에너지로 인도하기 위해 노력하고 있음을 깨닫게 된다.

친환경 에너지와 관련해 수소를 '성배'로 여기는 전문가가 많다. 수소가 연소하면서 나오는 부산물은 수증기뿐이기 때문이다. 그러나 수소는 생산하고 저장하며 운송하는 데 많은 비용이 들며, 현재 시장 가격은 1톤당 1만 달러에 이른다. 이는 현재 석탄 가격이 1톤당 약 100달러인 것과 대조를 이룬다.

수소는 현재 철강에서 반도체, 비료에 이르기까지 다양한 제조 공정에 두루 사용되며, 1783년부터 상업적으로 생산되기 시작했다. 수소 제조 방법은 크게 세 가지가 있으며, 모든 수소가 동등하게 대접받는 것은 아니다.

- **증기 개질** — 천연가스를 증기와 반응시켜 수소를 생산한다. 가장 저렴한 방법이지만 상당한 양의 온실가스를 배출한다.
- **물 가수분해** — 전기를 사용해 물을 수소와 산소로 분리한다. 그러나 전기 에너지원은 더럽고 때로는 생성되는 수소의 가치보다 최대 2.5배까지 비쌀 수 있다.
- **열분해** — 화석 연료(또는 바이오매스)를 화씨 1500~1800도의 고온으로 가열해 수소를 생산한다. 이 기술은 이전 버전의 경우 너무 비싸서 상업적으로 실용화하기 어려웠고, 여전히 상당한 양의 탄소 폐기물과 온실가스를 배출한다.

친환경에는 다양한 수준이 있고, 수소 제조 방법에 따라 세계 공통으로 지칭하는 색이 있다. '블루' 및 '그레이' 수소는 천연가스로 만들지만 생산 시 상당한 양의 이산화탄소가 배출된다. 가장 친환경적인 것으로 간주되는 '녹색' 수소는 재생 가능한 에너지원으로 만들어지만 진정한 의미의 친환경은 아니다. 예를 들어 태양광으로 전기를 생산할 경우, 태양광 패널을 제조하는 과정에서 상당한 규모의 탄소 발자국이 생긴다. 태양광 패널 제조 공정에는 핵심 광물의 채굴·운송(중국이 주도), 위험한 부식성 화학물질의 사용·폐기, 더러운 산업용 용광로가 필요하다. 태양광 패널은 시간이 지나면 고장이 나고 결국에는 매립지에 버려질 수 있다. 《하버드비즈니스리뷰》에 따르면, 태양광 패널 재활용은 아직까지 비용 효율적이지 않아 2050년까지 폐

기되는 태양광 패널은 총 7,800만 톤에 달할 것으로 예상된다.[6]

앞서 언급했듯이, 수소 운송은 많은 비용이 드는 복잡한 작업이다. 석탄은 기차나 배에 실어나를 수 있지만, 수소는 온도를 섭씨 영하 253도까지, 즉 모든 물질이 본질적으로 움직이지 않는 절대 온도보다 20도 높은 수준까지 냉각해야 한다. 그런 다음 1만 프사이 PSI 이상의 고압을 가해야 한다. 이 모든 과정을 거친 후에도 일반적으로 운송 도중 누출로 인해 10% 이상 손실된다. 처음부터 끝까지 높은 수준의 정교함과 고비용으로 인해 이 공정은 세계 에너지 수요를 충당할 목적으로 수소를 대량으로 생산하는 데 활용되기에는 미흡하다. 하지만 몇몇 뛰어난 재료공학자들이 더 나은 질문을 던지기 시작했다. 더 나은 질문은 더 나은 답을 낳을 수 있다.

- 기존 발전소를 이용해 깨끗한 수소를 풍부하게 생산할 수 있다면 어떨까? 발전소는 이미 전력망에 연결되어 있기 때문에 냉각과 가압, 복잡한 운송을 위한 막대한 비용이 들지 않는다.
- 석탄·석유·천연가스 등 화석 연료를 활용해 완전히 친환경적 방식으로, 즉 이산화탄소를 전혀 배출하지 않은 방법으로 수소를 생산해 세계가 절실히 필요로 하고 요구하는 풍부한 청정에너지를 공급할 수 있다면 어떨까?
- 발명가들이 '양자 수소'라고 부르는 진정한 친환경 수소를 전통적인 에너지원과 동일한 가격으로 공급할 수 있다면 어떨까?

이전의 모든 위대한 선구자들과 마찬가지로 이 재료공학자들은

'불가능'을 다른 각도에서 바라보고 있다. 이들은 반드시 해결책이 있다는 믿음에서 출발했지만, '전문가들'은 회의주의에서 한 걸음도 떼지 않은 채 팔짱을 끼고 방관하고 있다.

사실 나도 펜실베이니아주의 대형 석탄 유통 공장 한 곳을 방문하기 전까지는 회의적이었다. 그곳에서는 수년 동안 불가능해 보인 일을 향한 도전이 진행되고 있었다. 나를 현장에 초대한 옴니젠 글로벌의 창업자 사이먼 호드슨Simon Hodson은 이 기술이 실제로 작동하는 모습을 직접 목격할 기회를 주었다. 재료공학자인 사이먼은 무려 140개의 특허를 보유하고 있다.[7] 예컨대 그가 세계에서 가장 강한 콘크리트를 개발해 특허를 취득한 기술이 뉴욕 프리덤타워 건설에 사용되었다. 그는 수평 시추의 선도적인 발전에도 중요한 역할을 했다. 수평 시추 기술 덕분에 미국은 셰일 혁명을 일으켜 세계 에너지 분야에서 지배적인 위치에 오를 수 있었다.

사이먼은 내게 자신의 파트너이자 에너지 분야의 또 다른 뛰어난 과학자인 난센 살레리Nansen Saleri 박사를 소개했다. 살레리 박사는 거의 10년 동안 역사상 가장 높은 수익성을 기록한 아람코의 저류층(지하에 기름 등 유체가 쌓여 있는 층-옮긴이) 관리 책임자였다. 그곳에서 그는 세계 최대 유전인 가와르 유전Ghawar Field의 생산량 최적화 수석 설계자로 근무했고, 이 분야에서 인공지능AI 기반 스마트 기술을 개척하기도 했다. 사이먼과 살레리 박사는 힘을 모아 이 기술을 실현하기 위해 노력해 왔다.

나는 줌을 통해 사이먼 및 살레리 박사와 여러 차례 이야기를 나눴지만, 직접 보니 믿음이 갔다. 그들과 함께 별다른 특징이 없는 금속 건물에 들어갔다.[8] 옴니젠 글로벌이 지난 4년 동안 새로운 기술을 테스트하고 개선해 온 현장이었다. (옴니젠 글로벌은 콘솔 에너지 Consol Energy 와 손잡고 이 공정을 진행한다. 콘솔 에너지는 미국에서 사용되는 전기의 약 3분의 1에 해당하는 석탄과 천연가스를 생산한다.)

건물 안으로 들어가기 전 귀마개를 착용했는데도 소리가 너무 커서 귀가 먹먹했다. 문이 열리자 '퀀텀 리포머 Quantum Reformers'라는 장비가 서 있었다. 3층 높이의 이 시스템은 섭씨 3천 도(산소가 전혀 없는 상태에서)에서 석탄, 석유 또는 천연가스를 분해할 수 있다. 이는 태양 표면 온도의 약 절반 수준이다. 엔지니어라면 누구나 알 수 있듯이, 이런 초고온에서 시스템 자체가 붕괴되지 않도록 막는 방법을 찾아내기란 결코 쉬운 일이 아니다. 이것이 바로 '펄스 열분해'라는 독자적인 공정의 일부다. 다른 펄스 열분해 시스템도 존재하지만, 이 온도에서 작동하고 탄소 폐기물을 생성하지 않으며 비용 효율적으로 작동하는 시스템은 없었다.

퀀텀 리포머에 화석 연료를 넣으면 극한의 열에 의해 즉시 기화되어 화석 연료가 개별 원소인 탄소와 수소로 나뉜다. 그런 다음 양자 수소가 거의 순수한 형태로 포집되어 친환경 발전을 위해 곧바로 발전소로 보내진다. 운송할 필요가 없다. 가장 놀라운 점은, 옴니젠 글로벌에 따르면 일단 발전소가 개조된 뒤에는 전력 생산 비용이 기존보다 늘어나지 않는다는 것이다. 달리 설명하면, 이 장비는 기존 방법보다 약 90% 저렴하게 수소를 생산할 수 있다.

탄소는 어떻게 될까? 탄소는 포집 또는 격리되어 고품질 흑연으로 바뀐다. 장비가 냉각되면서 수천 파운드의 흑연 조각이 장비의 다른 한쪽 끝에서 나온다. 이를테면 공정의 '부산물'이 값진 핵심 광물인 것이다.

흑연은 솔리드 스테이트 드라이브^{SSD}(반도체를 이용해 정보를 저장하는 장치-옮긴이)부터 배터리, 원자로에까지 두루 들어간다. 전기차의 인기가 높아지면서 흑연 가격은 2020년 이후 50% 이상 급등했다. 앞 장에서 살펴본 것처럼, 중국은 전 세계 흑연의 86%를 통제하고 있다. 공급망 문제와 전 세계의 전기화 목표 달성에는 다른 나라들의 저렴한 흑연을 대량 생산할 수 있는 능력의 확보가 중요하다. 예를 들어 테슬라를 비롯한 전기차 제조업체들은 중국 이외의 흑연 공급처를 확보하기 위해 필사적으로 노력하고 있다.[9] 자신들은 공급망을 다각화하고, 구매자는 미국 세금 공제(제조업체가 중국을 포함한 '우려되는 외국 기관'에서 광물을 확보할 경우 자격이 박탈된다) 혜택을 받기 위한 조치다.

퀀텀 리포머에서 생성되는 고급 흑연은 높은 비율의 그래핀으로 구성되어 있다. 그래핀은 원자 한 개 두께에 강철보다 이백 배 강하고 종이처럼 가벼우며 구리보다 전기가 잘 통하는 놀라운 소재다. MIT의 과학자들은 최근 그래핀 층을 실험하던 중 그래핀을 '마법의 각도'로 쌓으면 에너지 손실과 발열 없이 전기를 전도할 수 있는 희귀한 물질인 초전도체로 변한다는 사실을 발견했다.[10]

이전에 그래핀은 가격이 1톤당 20만 달러에 달할 정도로 비싸서 활용할 엄두를 내지 못하는 곳이 많았다. 뛰어난 특성을 지닌 그래핀은 가격이 더 저렴해진다면 어디에나 사용될 수 있을 것이다. 그러나 고급 흑연이 부산물인 옴니젠 글로벌 공정은 그래핀 조달 비용을 획기적으로 낮출 수 있다. 그래핀이 풍부하게 공급되면, 옴니젠 글로벌은 새로운 혁신의 물결이 일어날 것이다.

이 글을 쓰는 시점에 옴니젠 글로벌은 웨스트버지니아주 소재 대형 석탄 발전소를 매입해 개조할 예정이다. 이 외에도 옴니젠 글로벌은 여러 기업과 계약을 맺고 있다. 참고로 미국에는 약 225개의 석탄 화력 발전소가 있고, 중국에는 1,100개 이상의 석탄 발전소가 있다(매주 2개의 신규 발전소가 허가되고 있다). 미국의 많은 석탄 발전소는 잠재적인 폐쇄가 다가오면서 생존을 위해 고군분투하고 있다(가정과 기업에 전력을 공급하기 위해서는 이 전기가 필요하다는 불편한 진실과 별개로). 옴니젠 글로벌이 인수한 석탄 화력 발전소에서는 수천 개의 일자리가 지켜질 것이다. 그곳 근로자와 그 가족들에게는 진정한 신의 선물이다.

미국은 규제 환경과 자본 투자 부족으로 현재 전체 전력의 25%를 생산하고 있는 석탄 발전소의 폐쇄가 빨라지고 있다. 수천 개의 일자리와 이들의 부양 가족이 위험에 처해 있다. 하지만 이미 전력망에 연결되어 있는 이 중요한 에너지원을 탄소중립 친환경 발전소로 전환할 수 있다면 굳이 폐쇄할 이유가 있을까? 전 세계 수천 개의 석탄 발전소, 특히 문을 닫을 의사가 없는 개발도상국의 석탄 발전소는 어떨까? 나는 이 특별한 회사의 일원이 되어 무척 기쁘고, 이 기술은 지구의 탄소중립을 위해 필요한 다수의 획기적인 혁신 중 하나가 될 것이다. 당연히 우리는 판도를 바꿀 수 있다는 점에서 옴니젠 글로벌이 가능하다고 보는 모든 것을 성취하기를 기원한다. 이 과학 기술이 널리 활용될 수 있을지는 시간이 지나면 판명되겠지만, 우리는 그들을 응원할 것이다.

풍요를 이끄는 기술

나는 1973년, 열세 살로 초등학교 8학년이었다. 몇 년만 지나면 운전면허증을 따고 처음으로 자유를 맛볼 수 있었다. 그러던 중 아랍 석유 수입 금지 조치가 내려졌다. 연료 부족으로 번호판의 마지막 번호에 해당하는 날에만 주유할 수 있는 배급제가 시행되었다. 주유소에는 수 킬로미터에 걸쳐 길게 줄이 늘어서 있었고, 사람들 사이에는 긴장감이 팽팽했다. 나와 친구들은 곧 암흑 세계가 도래할 것이라는 전문가들의 예언을 들으며, 과연 우리가 자동차를 운전할 수 있을지 궁금해했다. 나는 아직도 그 끔찍한 불안을 기억한다.

당시 기술 선생님은 60대 중반의 남성으로 약간 괴팍하다고 표현할 수 있는 분이었다. 어느 날, 그는 우리가 알고 있는 세상의 종말에 관한 저명한 과학자 토머스 헉슬리 Thomas Huxley의 암울한 연설을 읽어주었다. 헉슬리는 "기름 공급이 줄어들고 있으며, 머지않은 미래에 기름이 완전히 고갈될 날이 올 것"이라 말했다. 속이 울렁거렸다. '나는 자동차를 운전하지 못하겠군. 말을 사기 위해 저축을 시작해야겠다'고 생각했다.

곧이어 선생님은 학생 한 명을 교실 앞으로 부르더니 그 글이 쓰인 시점을 큰 소리로 읽어보라 했다. 그 학생은 페이지를 앞으로 넘겨 작은 글씨로 적힌 연도를 의아하다는 표정으로 읽었다. "1868년이요?" 그 연설은 이전 세기에 고래 기름의 공급 감소를 걱정하는 내용이었다.

기술 선생님은 극적인 방식으로 학생들에게 필요가 발명의 어머니라는 사실을 상기시켜 주었다. 인류는 장애물에 부딪히면 앞으로 나아갈 방법을 찾아낸다. 우리는 항상 그래왔고 앞으로도 그럴 것이다. 사람들이 충분히 관심을 기울이면 언제나 해결책을 찾을 것이다. 인류가 혁신을 향해 집단적 두뇌 역량을 집중하면 불가능은 없다. 알다시피, 인류는 고래 기름을 대체하기 위해 석유와 식물성 기름을 개발했다. 그 후 석탄과 천연가스, 원자력, 풍력, 태양열 등이 등장했다.

나는 기술 선생님의 지혜에 설득된 순간의 강렬한 기억을 결코 잊을 수 없다. 희소성은 기술로 제거된다는 사실을 알려준 지혜였다. 우리를 풍요로 이끄는 것은 바로 기술이다. 이는 역사를 통해 수없이 증명된 사실다. 그런데도 역사를 기억하지 못하는 종말론 전파자들이 큰 목소리를 내고 있다. 불행히도 공포는 팔린다.

예를 들어 1968년 출간된 저서 『인구 폭탄 The Population Bomb』에서 파울 에를리히 Paul Ehrlich는 1970년대 전 세계적으로 대규모 기아가 발생할 것이라 경고했다. 그보다 더 틀린 예측은 없을 것이다. 이후 《뉴욕타임스》는 1981년 "다가오는 기근 The Coming Famine"이라는 제목의 기사를 게재했다. 이 기사는 "세계가 식량 위기 직전에 놓여 있다"며 "인구 폭발이 식량 생산량을 앞지르고 있으며, 그 결과 광범위한 기아가 발생할 것"이라 우려했다.

시간을 건너뛰어 현재로 넘어오자. 유엔에 따르면 전 세계 영양실조 인구는 1990년 19억 명에서 2019년 8억 2,100만 명으로 50% 이상 감소했다. 이는 전적으로 혁신과 신기술이 주도한 결과다. 물론 유통 및 공급망 낭비를 더 잘 관리해야 하지만, 시간이 지나면 기술이 그 문제 완화에도 도움을 줄 것이다.

리드할 시간

어려운 시기일수록 리더는 더 나은 것을 구상하기 위해 헌신적인 역량을 발휘한다. 이 책을 읽는 당신은 아마 리더일 것이다. 기업과 지역사회, 교회, 가족, 심지어는 자기 자신의 리더일 수 있다. 내 경험상 진정한 리더에게는 세 가지 의무가 있다.

첫째, 리더는 사물을 있는 그대로 보며, 실제보다 더 나쁘게 보지 않는다. 많은 사람이 사물을 실제보다 더 나쁘게 보는 경향이 있다. 그런 사람 중 일부는 자신을 회의론자라 칭하지만, 실제로는 겁을 먹었기 때문인 경우가 많다. 한 걸음 물러나 앉아 냉소의 렌즈를 통해 세상을 바라보며 최악의 상황을 기다리는 데에는 용기가 필요하지 않다.

둘째, 리더는 상황을 실제보다 더 좋게 본다. 다시 말해, 상황이 긍정적으로 전개될 가능성을 본다. 리더는 현재 상황에 대해 스스로에게 거짓말하지 않으며 동시에 비전을 지녀야 한다. "비전이 없으면 백성은 망한다"는 잠언의 지혜처럼 말이다.

마지막으로 리더는 자신이 바라보는 쪽으로 현실을 바꾼다. 여기에는 용기와 노력이 필요하다. 다행히도 세계에는 사이먼과 살레리 박사와 같이 우리의 에너지 수요를 지원하는 동시에 우리에게 맡겨진 지구를 돌보는 솔루션에 집중하는 은혜로운 사람들이 있다. 솔루션은 여기 있고, 더 많은 솔루션이 등장할 것이다. 다음 '고래 기름' 기사를 읽을 때 이 점을 기억하시길.

그 사이 에너지 수요의 현실은 투자자들에게 엄청난 기회를 창출할 것이다. 에너지는 분명 당신만의 성배 포트폴리오의 일부가 될 수 있다.

이미 언급했듯이, 이 책의 2부에서는 세계 최대 민간 에너지 투자자인 퀀텀 에너지의 윌 반로와 인캡 인베스트먼트의 밥 조리치가 들려주는 이야기를 전한다. 이들은 현재의 기후를 어떻게 활용할 수 있는지에 대한 비전과 아이디어를 공유할 것이다. (에너지와 여기서 다룬 항목에 대한 자세한 내용은 www.WhyEnergyNow.com을 참고하기를 바란다.)

아웃라이어에 베팅하기

7장에서는 현재 상황을 파괴적으로 혁신하면서 거대한 변화를 일으키기 위해 초기 단계 기업에 막대한 위험을 감수할 의지와 능력이 있는 벤처캐피털을 살펴본다. 벤처캐피털은 사모펀드의 부분 집합이라 할 수 있다. 이번 장에서 논의한 획기적인 친환경 기술에 많은 벤처 기업이 투자하고 있다. 투자한 초기 단계 회사 중 대부분이 실패할 가능성이 크기에 벤처캐피털은 꺾이지 않는 인내력을 발휘해야 한다. 하지만 살아남는 기업은 제2의 구글이나 테슬라가 될 수 있다. 이제 페이지를 넘겨 글로벌 혁신의 창끝인 이 흥미로운 분야를 자세히 알아보자.

7

벤처캐피털
파괴적 기술

> 기술은 희소성을 계속해서 풍요로 바꾸는 힘이다.
> — 피터 디아만디스 Peter Diamandis

비노드 코슬라는 1996년 특별한 기회를 발견한다. 인터넷이 막 자리를 잡기 시작하던 그때, 스타트업 주니퍼 네트웍스는 대담한 예측을 내놓는다. 이 회사 창업자들은 초고속 인터넷 시대가 온다면 누구나 필요한 장비인 IP 라우터 Internet Protocol Router를 구입해야 할 것이라 믿는다. 당시 모두가 전화로 인터넷에 접속하는 방식을 사용했고, 구글은 아직 존재하지 않았으며, 전 세계 웹사이트 수가 10만 개도 채 되지 않았다(현재 웹사이트는 20억 개가 넘고 계속 증가하고 있다).

이 스타트업 창업자들은 상당한 규모의 자금을 투자받기 위해 비노드에게 접근한다. 비노드는 실사를 시작한다. 그가 접촉한 주요 통신회사들은 한결같이 유비쿼터스 고속 인터넷 접속의 필요성을 느끼지 못한다고 말한다. 모든 위대한 벤처캐피털리스트가 그렇듯이, 비노드는 고객의 말을 듣는 것이 항상 현명한 태도는 아님을 알고 있었다. 헨리 포드가 남긴 "내가 고객에게 원하는 것이 무엇인지 물었다면, 그들은 더 빠른 말을 말했을 것이다"는 명언을 따른 셈이다. 비노드는 자신의 본능에 귀 기울인다. 초고속 인터넷이 미래의 길이고 통신회사들은 궁극적으로 주니퍼 네트웍스의 장비를 엄청나게 많이 구입해야 할 것이라 믿는다.

비노드와 벤처캐피털 회사 클라이너 퍼킨스 파트너들은 이 스타트업에 400만 달러를 투자한다. 이 단일 투자는 70억 달러의 수익을 투자자들에게 안겨준다. 이는 벤처캐피털 역사상 크게 성공한 투자로 손꼽힌다. 이처럼 높은 수익을 올린 사례는 극히 드물지만, 벤처캐피털 비즈니스는 한마디로 고위험·고수익 기회를 찾는 것이다.

정리하는 차원에서 간단히 설명하면, 벤처캐피털은 사모펀드의 부분 집합이다. 전통적인 사모펀드가 매출과 이익이 상당한 기존 기업, 즉 더 나은 기업으로 성장할 수 있는 우량 기업에 집중하는 경향이 있다면, 벤처캐피털은 일반적으로 매출은 거의 없거나 전혀 없지만 향후 시장 판도를 뒤흔들 가능성이 큰 초기 단계의 민간 기업을 주시한다. 스타트업은 실패하기 십상이고, 그에 대한 투자는 위험 부담이 크다. 벤처 투자 10건 중 1건 정도 살아남는다고 한다. 하지만 생존한 벤처 기업 하나가 정말 홈런을 날린다면 다른 모든 실패를 상쇄하고도 남는다. 이 정도의 위험을 감내하는 일을 좋아하는 사람은 많지 않다. 고액 자산가들은 대개 포트폴리오의 평균 1~5%를 벤처캐피털에 투자한다. 물론 더 많이 투자하는 사람도 있지만, 아예 투자 자체를 피하는 사람도 있다. 벤처 투자는 때로는 강철 같은 신경이 요구되기 때문이다.

비노드가 경험칙으로 세운 목표는 투자 자금의 최소 10배에서 최대 50배의 수익을 창출하는 것이다. 그는 확률은 극히 낮지만, 성공할 경우 미래를 재편하고 상당한 투자 수익을 창출할 수 있는 문샷moonshot(야심차고 혁신적인 계획을 의미한다 – 옮긴이) 기업을 찾는다. 기업가이자 벤처캐피털리스트로서 탁월한 실적을 쌓은 덕분에 그는 《포브스》 400대 부호 리스트에 이름을 올렸다. 내세울 것 없던 인도 시골 출신이 이룬 눈부신 성공이다.

잡지 대여하기

육군 장교 아들로 태어난 비노드는 엘리트들만이 기술을 이용할 수 있던 시대에 자랐다. 대학에 진학할 당시에도 그의 집에는 TV나 전화기가 없었다. 대신 그는 잡지를 빌려 읽으며 지구 반대편에 있는 혁신적인 기업가들로부터 영감을 얻곤 했다. 그는 앤디 그로브Andy Grove가 헝가리 이민자 출신이며 실리콘밸리로 이주해 인텔 창업 팀에 합류했다는 이야기에 깊은 감동을 받았다. 이후 인텔은 세계 최대 반도체 칩 제조업체가 되었다.

스탠퍼드 경영대학원을 졸업하고 2년 뒤인 서른 살 때, 실리콘밸리의 대표적 벤처 기업인 클라이너 퍼킨스와 세쿼이아 Sequoia의 투자를 받아 선 마이크로시스템스 Sun Microsystems를 설립했다. 회사는 로켓처럼 날아올랐고, 5년 만에 연 매출 10억 달러를 돌파했다. 그러나 비노드는 회사 경영보다 벤처 투자를 선택했다. 그는 차세대 파괴적 기술을 찾아 자금을 지원하고 육성하는 활동을 더 매력적으로 느꼈다. 비노드는 클라이너 퍼킨스의 파트너로 변신했고, 아마존·구글·트위터와 같은 소규모 스타트업에 투자했다.

비노드는 2004년 개인 재산만으로 투자하기로 결심하고 코슬라 벤처스를 설립했다. 그는 의료와 인프라, 로봇공학, 교통, 증강현실, AI 분야에서 대담한 아이디어를 보유한 기업을 돕는 것을 회사의 사명으로 정했다. 그는 2009년 일부 외부 투자자들도 받아들였으나 최대 투자자 지위는 자신이 계속 유지했다.

코슬라 벤처스가 잘 해왔다고 말하는 것은 과소평가다. 이 회사는 벤처캐피털 업계에서 최고 수준의 성과를 내고 있다. 코슬라 벤처스는 40여 개 유니콘 기업(기업 가치가 10억 달러 이상인 비상장 기업)이 탄생하는 데 기여했다. 그들은 많은 사람이 매일 활용하는 회사의 초기 투자자였다. 어펌 Affirm과 인스타카트 Instacart, 도어대시 DoorDash, 스트라이프 Stripe, 오픈도어 Opendoor, 임파서블 Impossible(음식), 오픈AI 등이 대표적이다. 또 다른 주목할 만한 투자 사례로는 스퀘어 Square가 있다. 트위터 창업자 잭 도시 Jack Dorsey는 구식 신용카드 처리 산업을 혁신할 새로운 아이디어를 코슬라 벤처스에 제안했다. 당시 코슬라 벤처스의 직원 수는 4명에 불과했다. 오늘날 이 회사의 가치는 400억 달러가 넘는다.

우리는 비노드 코슬라를 만나 인터뷰할 수 있는 귀한 기회를 얻었고, 그 내용을 이 책의 2부에 실었다. (우리는 비노드의 열렬한 팬이며, CAZ 인베스트먼트는 비노드와 전략적 투자 관계를 맺고 있다.)

유니콘 기업과 무지개만 있지는 않다

비노드 코슬라가 주목할 만한 성공 사례이긴 하지만, 벤처캐피털은 전반적인 성과가 고르지 않고 예측하기 어렵다. 시장조사회사 프레킨에 따르면, 전 세계적으로 5,048개의 벤처캐피털 펀드가 활동한다. 이는 시장이 매우 포화 상태임을 뜻한다. 모든 코슬라 벤처스에는 실적이 매우 부진한 회사가 수십 개씩 존재한다. 세상은 벤처 투자의 많은 성공을 미화하는 경향이 있지만, 벤처 투자의 실패 역시 간과할 수 없다. 벤처 산업은 다소 투기적인 성격이 강해 최신 트렌드에 편승하고 과대 광고에 현혹되는 경우가 많다. 최첨단을 따라잡기 위한 경쟁이 치열할 때 포모 FOMO(Fear Of Missing Out, 뒤처짐에 대한 두려움)가 팽배해진다.

위워크 WeWork는 벤처캐피털 업계의 군중심리를 잘 활용한 대표적 사례라 할 수 있다. 이 회사는 사무실 공간을 임대하고, 내부를 트렌디하게 꾸미고, 코워킹 환경을 좋아하는 젊은이들에게 책상을 빌려주었다. 하지만 카리스마 넘치는 창업자는 부동산 사업으로서 가치를 평가하는 대신 위워크를 "세계 최초의 물리적 소셜 네트워크"로 마케팅했다. 벤처 기업들은 자본 조달 라운드가 열릴 때마다 이 회사의 지

표 7-1 벤처캐피털 수익률(2004~2016년)

	연평균 수익률
상위 10%	34.6%
상위 25%	22.4%
중간값	12.2%
하위 25%	3.4%
하위 10%	-6.5%

자료: 케임브리지 앤드 어소시에이츠(Cambridge and Associates)

분을 확보하기 위해 경쟁적으로 뛰어들었다. 그야말로 광풍이 불었고, 위워크는 100만 제곱미터가 넘는 상업용 공간을 제공하는 미국 굴지의 임대업자가 되었다.

태양에 너무 가까이 날아간 격이었다. 이 회사는 기업공개 신청 전에 기업 가치가 470억 달러까지 치솟았지만, 월가에서 마침내 들여다본 재무제표는 결코 지속되지 못할 비즈니스 모델로 현금이 줄줄 새는 상태였다. 결국 위워크의 재무 전망은 무너졌다. 이 회사는 2023년 11월, 파산 신청을 하면서 업계에 큰 충격을 던졌다. 기업 가치가 1억 달러 미만으로 쪼그라들면서 자본 파괴의 후유증을 남겼다.

벤처캐피털 업계에서 올스타와 '나머지'의 차이는 현격하다. 상위 10% 벤처캐피털 회사는 2004년부터 2016년까지 연평균 34.6%의 수익을 올렸다. 이 시기는 황금기였고, 아이폰과 유튜브, 우버를 비롯해 수백 개의 파괴적인 기술과 기업이 탄생했다. 반면 같은 기간 하위 10% 벤처캐피털은 연평균 -6.5%의 손실을 기록했다. 중위권은 기존 주식보다 크게 나은 성과를 거두지 못했다. 상위 100대 기술주들로 구성된 나스닥 100의 수익률은 연평균 10%를 조금 넘었고, 벤처 기업의 수익률 중간값은 12%를 조금 넘었다(표 7-1 참조). 과장하지 말자. 이는 10년 동안 펀드에 돈을 묶어두기에는 평범한 수익률이다.

동일한 벤처캐피털 회사가 투자 성공 사례와 수익률 지표 모두에서 매년 상위에 오르는 것은 결코 우연이 아니다. 나는 그 요인을 '성공의 플라이휠(회전하는 물체의 회전 속도를 고르게 하기 위해 회전축에 달아놓은 바퀴 – 옮긴이)'이라는 고유의 역학 관계 때문이라 생각한다.

성공의 플라이휠

열 번 중 아홉 번의 손실이 예상되는 전략에 투자하는 경우 성공하려면 몇 가지 사항이 필요하다.

1. **두둑한 주머니** — 다양한 기업에 분산 투자를 하려면 주머니가 아주 두둑해야 한다. 처남의 기술 스타트업에 베팅하는 개인 투자자는 많은 기업에 포트폴리오를 배분하는 전문가에 비해 성공 확률이 끔찍할 정도로 낮다.
2. **장기 운영** — 성공적인 벤처캐피털 회사들은 많은 펀드를 보유하고 있으며, 2~4년마다 새로운 펀드를 출시한다(새로운 빈티지로). 이를 통해 그들은 시장 주기에 걸쳐 다각화를 이룰 수 있다. 시간이 지남에 따라 투자를 분산하면 펀드 중 하나에 이를테면

페이스북이나 스페이스엑스, 세일즈포스^{Salesforce}가 포함될 확률도 높아진다.

3. **거래 흐름** — 스타트업 기업가들은 자금 외에도 귀중한 지혜와 지침을 제공할 수 있는 최고의 벤처캐피털 회사의 투자를 확보하는 것을 목표로 삼을 수밖에 없다. 최상급 벤처캐피털 회사가 투자하면 시장에 신뢰의 메시지가 전해질 뿐 아니라, 기업가들이 추가 자본을 조달하고 인재를 고용하며 고객을 확보하는 데에도 도움이 된다. 따라서 상위권 벤처캐피털 회사는 인기 있는 스타트업에 투자하는 반면, 덜 성공한 벤처캐피털 회사는 투자할 스타트업을 찾아다녀야 하며, 그 결과는 동종 업계에 비해 불리한 선택과 저조한 성과로 나타난다.

스마트 머니는 이와 같은 플라이휠의 역학을 잘 알고 있기 때문에 가장 부유한 투자자(및 기관)는 거의 전적으로 상위권 기업에 투자한다. 2022년 신규 조달 자본의 약 73%가 최소 4개의 펀드(일명 빈티지)를 성공적으로 조성하고 관리한 경험이 있는 벤처캐피털 회사에 돌아갔다. 여기서 한 가지 궁금증이 생긴다. 개인 투자자는 상위권 벤처캐피털 회사에 어떻게 접근할 수 있는가? 상위권 벤처캐피털 회사는 종종 예비 투자자에게 1인당 최소 1천만~2,500만 달러의 투자 자금을 '명시'한다. 하지만 여기에는 다소 오해의 소지가 있다. 상위권 벤처캐피털 회사는 일반적으로 정원이 초과되어 거액의 수표책을 가진 투자자이더라도 신규 참여가 쉽지 않기 때문이다.

다수의 투자자가 이용할 수 있는 유일한 경로는 우리 회사처럼 기존에 관계를 맺고 있는 회사의 파트너가 되는 것이다. 개인들과 그들의 어드바이저는 우리 회사의 구매력과 오랜 관계를 활용할 수 있다. 단일 투자자로 뭉쳐서(공동 투자 기회라고도 한다) 수수료와 기타 혜택을 협상할 수 있으며, 벤처캐피털의 성공작 중 일부에 직접 투자할 수 있는 우선순위를 부여받을 수도 있다. 엄밀히 말하면, 이러한 접근법을 취하는 회사가 우리만 있는 것은 아니므로 투자자로서 나는 투자를 결정하기 전 두 가지 중요한 기준을 살펴본다.

1. 벤처캐피털 매니저와 투자 기회^{access}를 제공하는 파트너십의 비용을 더했을 때 총 '올인' 수수료가 합리적인가. 최고 수준의 벤처캐피털 매니저는 높은 보수를 받지만, 투자 기회를 제공하는 조직도 구매력을 고려할 때 어느 정도 우대를 받아야 한다.
2. 이해관계가 일치하는가. 투자 기회 제공자와 그 주주의 개인 자본이 위험에 노출되어 있는가? 아니면 투자 성과에 덜 신경 쓸 수 있는 '접근 플랫폼'을 사용하고 있는가?

그렇다면 지금은 벤처캐피털에 투자하기에 적절한 시기인가?

드라이 파우더

이 글을 쓰는 지금, 벤처캐피털은 혹독한 겨울을 보내고 있다. 기술 분야는 공개 시장과 사모 시장 모두에서 큰 타격을 입었다. 일부 벤처 펀드는 포트폴리오 기업이 생존을 위해 고군분투하면서 앞으로 험난한 시기를 겪을 것이다. 하지만 겨울이 지나면 언제나 봄이 찾아온다. 약세장 뒤에는 강세장이 따른다. 이 긴축의 계절은 건전한 투자 관행으로 돌아가는 계기를 만들었다. 밸류에이션이 더 합리적인 환경에서는 기업들이 더욱 신중하게 지갑을 열게 될 것이다.

대규모 우량 벤처캐피털들은 믿기 어려울 정도로 낙관적인 전망을 내놓고 있다. 우선 글로벌 벤처 커뮤니티는 적절한 기회가 왔을 때 투자할 수 있는 현금인 '드라이 파우더 dry powder'를 수천억 달러 보유하고 있다. 다음으로 상장을 기다리는 기간이 길어졌다. 2008년 이후 기업이 창업에서 기업공개까지 걸리는 평균 기간은 두 배인 거의 10년으로 늘어났다. 이에 따라 기업들은 가치 창출에 더 오랜 시간을 할애할 수 있다. 이는 투자자들에게도 더 나은 수익률을 의미한다.

혁신의 가속화

앞을 내다보면 우리는 인류 역사상 가장 큰 혁신의 가속화를 향해 나아가고 있으며, 벤처캐피털리스트들은 그 창끝에 서 있다. 이들은 막대한 위험을 감수하고 때로 큰 손실을 입기도 한다. 하지만 승자가 되면 큰 이익을 얻는 동시에 삶을 변화시킬 차세대 혁신을 뒷받침한 공을 세운다. 스마트폰이나 개인용 컴퓨터, 인터넷이 없는 세상을 상상해 보라. 애플, 아마존, 줌 Zoom, 테슬라, 스포티파이, 에어비앤비, 페이스북, 트위터, 스페이스엑스 같은 기업들은 모두 벤처캐피털의 투자를 받았다. 이 외에도 대담하게 위험을 감수하는 벤처캐피털 덕분에 우리의 일상을 변화시킨 수백 개의 기업이 성장했다.

오늘날 우리는 더욱 획기적이고 삶을 변화시키는 혁신의 정점에 서 있다. AI에서 로봇공학, 3D 프린팅, 정밀 의료에 이르기까지 여러 분야에서 놀라운 발전이 진행되고 있다. 이 점을 고려할 때 인류의 미래는 밝다. 수천 개의 새로운 기업을 탄생시키고 전 세계적으로 삶의 질을 크게 향상시킬 놀라운 혁신 중 몇 가지를 살펴본다.

- **AI** — 역사상 가장 빠르게 성장하는 인터넷 애플리케이션은 페이스북, 인스타그램, 트위터가 아니다. 바로 페이스북이 투자하고 있는 AI 플랫폼 챗GPT Chat GPT다. 챗GPT는 출시 몇 달 만에 1억 명의 사용자를 확보했다. 《포브스》는 챗GPT를 "무엇이든 물어볼 수 있는 영리한 도구로, 학습된 거의 모든 주제에 대해 조언을 구할 수 있으며 코드 디버깅 조사, 기사 작성과 같은 복잡한 작업을 인간처럼 친근한 말투로 완수할 수 있다"고 설명한다. 당신은 이미 사용 중이거나 경쟁 서비스(예를 들면 구글의 바드 Bard)를 사용하고 있을 것이다.

    지식 경제와 서비스 경제에 종사하는 사람들은 이미 알고 있듯이, AI는 인간의 생산성을 그 어느 때보다 크게 높여줄 것이다. 그 결과 특정 일자리가 사라질 수 있다는 두려움이 존재한다. 양쪽 모두 논쟁의 여지가 있지만, 가장 큰 위험에 처한 집단은 자신의 업무를 보강하고 효율을 높이는 용도로 AI를 활용하지 않는 사람들이다. 과거의 방식에 집착하고 머무르는 전통 고

수자들이 가장 큰 위험에 처할 수 있다.

AI의 도움을 받아 그 어느 때보다 빠르게 변화할 수 있는 전문직은 의사와 변호사, 의학 연구원, 시나리오 작가, 컴퓨터 프로그래머 등에 그치지 않는다. AI는 교사도 지원할 수 있다. 무료 온라인 교육 플랫폼 칸 아카데미 Khan Academy는 최근 "누구나, 어디서나, 이용할 수 있는 세계적 수준의 AI 튜터" 칸밍고 Khanmingo 를 출시했다. 이 기술은 무한히 확장 가능한 AI 튜터링 솔루션을 제공하는 동시에 기존 교육 환경에서 교사 보조 역할도 수행한다. 양질의 교육은 평등을 실현하는 가장 큰 요소라는 점에서 이 기술은 사회 전체에 큰 도움이 될 수 있다.

생성형 AI는 아직 초기 단계이지만, 파괴적이면서도 믿을 수 없을 정도로 유용한 기술로 스마트폰만큼이나 우리 삶에 필수적인 요소가 될 것이다.

AI는 이미 벤처캐피털 세계를 강타했다. 《뉴욕타임스》는 "생성형 AI를 연구하는 스타트업에 대한 골드러시가 거침없는 투자 열풍으로 확대되고 있다"고 보도했다. 현재 존재하는 스타트업 중 대부분은 실패로 끝나겠지만, 지금 이 순간에도 차고에 있는 두 사람이 차세대 구글이나 애플, 페이스북을 만들어내고 있을 가능성이 크다. 벤처캐피털리스트는 엄청난 비대칭적 상승 가능성이 있는 스타트업에 기꺼이 위험한 베팅을 함으로써 다음 혁신의 물결을 이끌 수 있다.

- **의료 발전과 정밀 치료** ― 일론 머스크가 공동 창업한 획기적인 기업 뉴럴링크 Neuralink는 "인간의 뇌에 내장된 수천 개의 작은

전극을 사용해 뉴런이 방출하는 신호를 읽고 이를 컴퓨터로 전송"하는 동전 크기만 한 뇌-컴퓨터 인터페이스를 외과적으로 설치했다. 이 기술 혁신은 광범위한 영향을 미치고 있다. 뉴럴링크의 목표는 첫째로 시각 장애인의 시력을 성공적으로 회복시키는 것이다. 다음은 사지가 마비된 환자의 운동 기능을 회복하는 것이다. 일론은 이 이식 기술이 파킨슨병과 알츠하이머, 이명과 같은 다른 신경 장애에도 도움이 될 수 있다고 믿는다. 과학소설의 소재가 현실이 된 이 기술은 전 세계 수백만 명의 삶의 질을 획기적으로 개선할 수 있는 잠재력을 가지고 있다.

"무엇이 노화를 촉진하는가?" 뜨겁게 논의되는 이 질문에 하버드 대학의 저명한 유전학자 데이비드 싱클레어 David Sinclair 박사가 답을 제시했다. 싱클레어와 그의 팀은 2023년, 세포 노화를 촉진하거나 되돌릴 수 있는 능력을 입증하고 생쥐에게서 젊음의 징후를 회복시켰다. 《타임》은 "(세포의) 가역성은 노화의 주요 원인이 DNA의 돌연변이가 아니라 후성유전학적 지침의 오류에 있다는 주장에 대한 강력한 근거를 제시한다"고 설명했다.[1] 싱클레어와 그의 팀은 세포를 재부팅하고 손상된 명령어 파일을 삭제해 기능을 회복하는 방법을 알아냈다. 이 사실이 당신과 내게 어떤 의미가 있을까? 세포의 노화 과정을 되돌리면 언젠가는 신체를 젊게 하고 알츠하이머, 심장병 등 노화와 관련된 질병을 멈출 수 있을 것이다. 놀랍게도 싱클레어는 유전자 치료를 통해 시각 장애 생쥐의 시신경을 되살려 시력을 회복시키는 데 성공했다. 다음 단계는 인간을 대상으로 한 테스트가 아닐까.

'제3차 인간 유전체 편집에 관한 국제정상회담'에서 의사들은 유전자를 편집하거나 수정하는 도구인 크리스퍼^CRISPR를 사용해 실험적 치료를 받은 사람들의 놀라운 이야기를 공유했다. 그들은 모든 방법을 다 시도해 본 뒤 최후의 수단으로 크리스퍼만 남은 환자들이었다. 그중 영국의 십 대 소녀 알리사는 화학 요법이나 골수 이식에 반응하지 않는 공격적인 유형의 백혈병에 걸렸다. 죽음을 몇 달 앞두고 알리사는 크리스퍼를 사용하기로 결정했다. 의사들은 기증자의 건강한 T세포를 수정해 알리사의 몸에서 거부반응을 일으키지 않고 자유롭게 암을 공격할 수 있도록 했다. 치료 후 10개월이 지나자 알리사의 몸에서 암은 발견되지 않았다. 그녀는 다시 평범한 십 대 청소년으로 돌아갔다.

나(토니)의 책 『라이프 포스^Life Force』에는 이 외에도 수많은 기술이 소개되어 있다. 《뉴욕타임스》 베스트셀러에 오른 이 책의 부제는 '정밀 의학의 새로운 혁신은 어떻게 당신과 사랑하는 사람들의 삶의 질을 변화시킬 수 있는가'이다. 나는 정밀 의학의 최신 연구와 놀라운 발전을 주제로 세계 최고의 의학자 150여 명과 인터뷰했다.

- **초음속 여행** — 현대 항공 여행의 편리함은 인정하지만, 몇 시간 동안 비행기에 앉아 있다 보면 말 그대로 엉덩이가 아플 수 있다. 둘 다 끊임없이 이동 중이기 때문에 누군가가 뉴욕에서 런던까지 90분 만에 도착할 수 있다고 선언하면 우리는 흥분한다.

  이는 미국 정부와 코슬라 벤처스, 파운더스 펀드^Founders Fund 등 엘리트 벤처캐피털의 지원을 받는 스타트업 헤르메우스^Hermeus

의 목표다. 이 벤처 기업은 세계에서 가장 북적대는 공항인 조지아주 애틀랜타 공항에서 멀지 않은 곳에 있다. 헤르메우스는 현재 상용 항공기보다 다섯 배, 지금은 퇴역한 콩코드보다 두 배 빠른 마하 5(시속 6,120킬로미터)로 비행할 수 있는 비행기를 만들 계획이다. 이 비행기는 우주의 문턱을 넘기 전에 도달할 수 있는 최고 고도인 약 27킬로미터 높이까지 비행할 수 있으며, 놀라운 경치는 덤이다. 땅콩 한 봉지를 다 비우기 전에 지구의 곡면을 바라본다고 상상해 보라. 헤르메우스는 2023년 자율 비행기를 테스트하고, 2029년에는 승객이 탑승할 수 있는 비행기를 만들 예정이다.

- **3D 프린팅과 로봇공학** — 집을 소유하는 것은 멋진 특권이다. 하지만 안타깝게도 현재 16억 명에 달하는 사람들에게는 도달하지 못할 목표다. 해결책은 무엇일까? 저렴하고 튼튼한 3D 프린팅 주택이다. 튜브에서 짜낸 치약처럼 거대한 프린터에서 촘촘히 분사된 특수한 콘크리트로 튼튼한 벽이 생성되는 방식으로 집이 건축된다. 이 집은 매우 멋질 뿐만 아니라 바람과 물, 곰팡이, 흰개미에 대한 저항력도 뛰어나다. 허리케인이나 태풍, 홍수로 인해 부실하게 지어진 판잣집이 순식간에 사라지고 그 안에 사는 가족들이 큰 위험에 처하는 국가에서 이 기술은 게임 체인저다. 이 획기적인 기술은 내가(토니) 개인적으로 파트너 관계를 맺은 기업인 아이콘ICON에서 개척하고 있다. 아이콘은 현재 3D 프린팅 스파와 수영장, 커뮤니티센터 등을 갖춘 텍사스의 마스터 플랜 커뮤니티를 시작으로 대규모 건축을 진행하고 있다. 나

와 아이콘은 멕시코 지역사회에 주택 약 100채를 건설할 계획이다. (전체 공개: CAZ 인베스트먼트는 아이콘의 시드 투자자다.)

3D 프린팅은 건축과 그 외 분야에서 우리가 알고 있는 제조업의 여러 측면을 바꿀 것이다. 이제 티타늄부터 탄소섬유까지 수백 가지의 다양한 재료를 사용해 매우 복잡한 물체를 정밀하게 3D 프린팅할 수 있다. 심지어 연구자들은 혈관을 포함한 살아있는 인간 세포로 만든 인체 장기를 3D 프린팅하기 시작했다.

최근에는 3D 프린팅과 마찬가지로 로봇공학이 전 세계를 강타하고 있으며, 아마존이 그 대표적인 사례다. 아마존의 첨단 기술 물류창고에는 사람과 로봇이 함께 근무하고 있다. 로봇은 스스로 창고를 돌아다니며 고객이 주문한 물건을 집어온다. 물건을 포장한 후 고객 문 앞까지 배달하는 작업은 사람에게 넘긴다. 이 로봇은 시간당 1천 개 이상의 물건을 집어올 수 있다. 현재 아마존은 자체적으로 로봇을 제조하고 있으며, 52만여 대의 로봇이 24시간 연중무휴로 작업하고 있다. 로봇 분야는 향후 10년 동안 연평균 80% 이상 성장할 것으로 예상된다.

두려움 없는 연료

자본주의의 진정한 강점은 벤처 투자자들이 미국뿐만 아니라 전 세계 모든 사람의 삶의 질을 향상시킬 수 있는 선구자에게 기꺼이 막대한 위험을 감수한다는 것이다. 칼 마르크스는 자율주행 자동차에 앉아본 적이 없다. 우리는 운 좋게도 인류 역사상 그 어느 때보다 변화의 속도가 빠른 시대에 살고 있다. 벤처 투자는 거의 모든 기술 발전의 최전선에 있다. 수십억 달러의 현금이 벤처 기업에 투입되기를 기다리고 있는 지금, 향후 몇 년 안에 어떤 발전된 기술이 자금을 지원받아 시장에 출시될지 상상만 할 뿐이다.

의심할 여지 없이, 큰 승자와 큰 패자가 있을 것이다. 벤처 기업에 투자하기로 결정했다면 누구에게 투자하느냐가 모든 것을 좌우한다. 투자 금액은 상대적으로 적어야 한다. 앞서 언급했듯이, 초고액 자산가들도 포트폴리오에서 이 비중을 평균 1~5% 이상 확대하지 않는다. 하지만 벤처 투자의 선택 여부와 무관하게 우리는 모두 벤처 투자 성공의 수혜자가 될 것이다. (벤처 투자에 대한 자세한 내용은 www.WhyVentureNow.com을 참조하기를 바란다.)

현실 유지하기

정말 먼 길을 왔다. 지금까지 여러 대체투자 전략을 다루었고, 그중 많은 전략이 개인화된 성배 포트폴리오의 일부가 될 수 있다. 하지만 무엇보다 총가치가 300조 달러가 넘는 가장 큰 자산군을 빼놓을 수 없다. 이제 페이지를 넘겨 부동산의 세계를 탐험해 보자.

8
부동산
세계에서 가장 큰 자산

> 땅을 사세요. 더 이상 만들지 않으니까요.
>
> — 마크 트웨인

부동산은 대체투자에서 가장 큰 비중을 차지하며, 가장 오래되고 규모가 큰 자산군이다. 주거용 주택이든 투자용 부동산이든, 아니면 둘 다이든, 대부분의 성배 포트폴리오에 포함될 가능성이 높다.

지구상에 79억 명이 살고 있는 만큼 주거용 부동산은 전 세계적으로 258조 달러의 가치를 지닌 가장 큰 자산 범주다.[1] 경기나 금리 등에 관계없이 누구나 거주할 곳이 필요하다. 그리고 북미는 인구 규모로는 세계의 7%에 불과하지만 세계 부동산 가치의 20% 가까이 차지하고 있다.

표 8-1 **다른 자산군과 비교한 부동산의 비중**

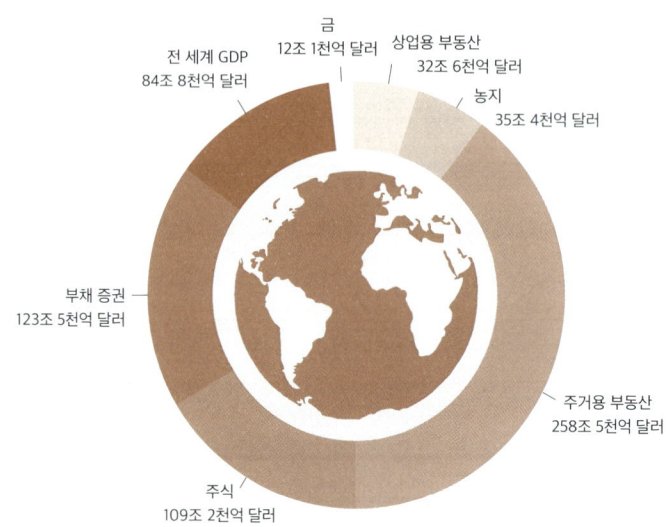

부동산 중 두 번째로 큰 범주는 농지로 총가치가 35조 달러를 넘는다. 상업용 부동산은 32조 6천억 달러로 그 뒤를 잇는다.

부동산에는 물품 보관부터 호텔, 생명과학, 목재에 이르기까지 하위 카테고리가 많다. 지난 수십 년 동안 전반적인 부동산 투자 성과는 한 자릿수 중반에서 두 자릿수 초반의 보수적인 수익률을 기록해 왔다. 하지만 레버리지를 활용하면 훨씬 더 높은 수익률과 함께 훨씬 더 높은 위험을 감수할 수 있다. 물론 수익률은 위치와 지역 경제, 레버리지 금액(대출 대비 가치 수준), 기타 여러 요인에 따라 크게 달라진다.

미국 투자자들에게 부동산은 정부가 승인한 조세 회피 혜택이 제공되는 자산군이기도 하다. 바꿔 말하면, 세금을 납부하는 부동산 투자자는 '감가상각' 혜택을 받을 수 있으며, 이는 부동산에서 발생하는 현금흐름 중 일부 또는 전부를 과세로부터 보호할 수 있음을 의미한다. 투자자는 또한 더 많은 부동산을 매수해 그 차익을 새로운 자산으로 이월할 수 있는 옵션을 행사함으로써 부동산 매각에 따르는 양도소득세를 피할 수 있다. 이를 '1031 교환1031 Exchange'(양도소득세 유예 제도로 미국 국세청IRS 코드에서 유래한 명칭이다-옮긴이)이라 한다. 이를 반복적으로 수행하면 납세를 영구적으로 연기할 수 있다.

한 걸음 더 나아가, 일부 투자자는 영리하고 완전히 합법적인 부동산 투자 계획을 수립해 누적된 모든 수익에 대한 세금을 궁극적으로 피할 수 있다(특히 미국의 경우). 많은 저명한 부동산 부호들은 이러한 전략을 잘 알고 있다. 이 전략은 활용하기 전에 세무 전문가와 상의해야 하지만, 일반적으로 다음과 같은 방식으로 진행된다.

1031 교환 제도를 활용해 당신은 평생 동안 투자 부동산을 사고팔면서 평가된 자산 차익을 다음 부동산 매수에 계속 투입할 수 있다.[2] 현행 세법이 유지된다고 가정하면, 당신이 사망하면 상속인은 부동산을 가치가 상승한 상태로 물려받게 된다. 다시 말해, 사망 당시 부동산 가치가 향후 차익을 계산하는 새로운 '바닥'이 된다. 부연 설명하면, 당신 평생 동안 복리로 누적된 이전의 모든 차익이 제거되고, 상속인은 이제 세금이 전혀 없는 상태에서 새로 평가된 부동산을 매각할 수 있다. 세금 효율적인 소득, 잠재적으로 무제한 세금 납부 연기, 모든 자본 이득에 대한 세금 회피(사망 시)가 바로 미국에서 최상위 부호 가족 중 다수가 부동산 왕조인 이유다.

대세가 바뀌고 있다

지난 40여 년 동안 부동산 투자자들의 배후에서 강력한 순풍이 불었다. 1981년 10년 만기 미 국채에서 나오는 이자는 16%에 가까웠다. 금리가 40년 연속 하락하면서 거의 모든 자산 가격이 상승했다. 부동산도 예외는 아니었다(글로벌 금융위기라는 예외와 거기에 작용한 독특한 역학 관계는 잠시 후 설명한다).

2021년에는 금리가 거의 제로에 가까워지면서 부동산 투자 열기가 최고조에 달했다. 코로나19 팬데믹의 한가운데서도 부동산은 2008년 글로벌 금융위기 이전 이후 통틀어 가장 높은 수익률을 기록했다(표 8-2 참조). 이는 예상을 벗어난 현상이었다. 수요 대비 공급 부족으로 예비 주택 구매자가 장사진을 이루면서 주거용 부동산이 수익률 상승의 선두를 이끌었다. 전액 현금 지불, 짧은 거래 성사 기간, 조건 없는 거래. 주택 매수 열풍의 특징이었다.

최근 역사상 그 어느 때보다 빠르게 임대료가 상승하면서 아파트 투자자들 역시 환호했다. 소비자 지출이 빠르게 상승하면서 산업용 부동산도 강세를 보였다. 미 전역에서 이사하는 사람들이 급증하면서 물품 보관 시설이 가득 찼다. 부동산 가격은 빠르게 비합리적으로 높아졌고, 냉정한 투자자들은 머리를 긁적일 수밖에 없었다.

하지만 상황이 바뀌었다.

정부가 찍어낸 수조 달러의 과잉 화폐가 시중에 풀리기 시작했다. 인플레이션은 '일시적인' 현상이 아닌 것으로 판명되었다. 사실 그것

표 8-2 부동산 가격 급등(2021년)

물품 보관	58%
주거용 부동산	46%
산업용 부동산	45%
소매업	42%
다각화된 부동산	21%
인프라스트럭처	19%
목재	16%
사무용	13%
보건의료	8%
리조트 등	6%

자료: 프레킨

은 파티의 흥을 깨라는 신호로 받아들여졌다. 연방준비제도^{Feb}(연준)는 금리를 인상하기 시작했고, 그 영향이 부동산에 미쳤다. (부동산은 엄청난 가치를 지닐 수 있지만, 금리에 극도로 민감하게 반응하면서 가격이 급변할 수 있다.)

　이 글을 쓰는 지금, 우리는 격변하는 부동산 시장의 한가운데에 있으며, 망망대해에서 방향을 잡기는 무척 어려운 일이다. 확실한 것은 오랜 기간 하락세를 보인 금리의 방향이 바뀌었고, 그 결과 특정 부동산군 내에서 균열이 보이기 시작했다는 사실이다. 일부 부동산 분야는 이 폭풍우를 훨씬 더 잘 견디고 있다. 상업용 부동산과 주거용 부동산은 매우 다른 분야이므로 별도로 살펴본다.

상업용 부동산

많은 사람은 수십 년 동안 샌프란시스코를 캘리포니아주의 최고 보석으로 여겼다. 샌프란시스코는 한때 화려한 시절을 거쳐 세계에서 가장 비싼 부동산과 최고급 레스토랑을 보유한 도시다. 근래에는 기술 기업의 폭발적인 성장에 힘입어 세계에서 살기 좋은 도시 상위 10위 안에 꾸준히 이름을 올렸다.

샌프란시스코를 본거지로 삼은 기업들에게 주소란의 '캘리포니아 스트리트'는 성공의 상징이었다. 《월스트리트저널》은 "도시 금융 지구의 중심부를 관통하는 이 도로를 따라 글로벌 기술 경제에 활력을 불어넣는 은행을 비롯한 기업들의 사무실이 줄지어 있다"고 보도했다. 캘리포니아 스트리트 350번지에는 유리와 석재를 활용해 화려하게 지은 22층짜리 건물이 있다. 한때 유니언 뱅크Union Bank 임직원 수백 명이 이곳에서 근무했다. 2019년 당시 이 건물의 가치는 3억 달러에 달했다. 4년이 지난 2023년, 이 건물은 70%가 비어 있었고 마약 중독자와 노숙자들이 건물 밖을 배회하고 있었다. 이 건물은 2023년 초 무려 최고가 대비 80% 떨어진 가격인 약 6천만 달러에 팔렸다. 이는 오늘날의 건축 비용보다 훨씬 낮은 시세였다.

《샌프란시스코크로니클》에 따르면, 샌프란시스코에는 "무려 170만 제곱미터의 오피스 공간 공실이 있는데, 이는 9만 2천 명의 직원 또는 13개의 세일즈포스 타워를 수용할 수 있는 규모"다. 상업용 부동산 위기를 겪고 있는 곳은 샌프란시스코뿐이 아니다. 부동산 회사 쿠시먼 앤드 웨이크필드Cushman and Wakefield는 "원격 및 하이브리드 근무로 인해 2030년까지 미국 오피스 공간의 최대 3,066만 제곱미터가 공실이 되어 사용되지 않을 수 있다"고 밝혔다. "여기에 '자연적인' 원인으로 공실이 될 6,875만 제곱미터의 공간을 더하면 향후 7년 동안 총 9,941만 제곱미터의 미사용 오피스 공간이 늘어날 것으로 예상된다."[3]

향후 약간의 고통과 자산 파괴가 있겠지만, 모든 시장 사이클과 마찬가지로 이는 특별한 투자 기회로 이어질 것이다. 그렇지만 현재의 침체기를 과거의 침체기와 동일하게 취급할 수는 없다. 팬데믹으로 인해 부동산 투자에서 고려해야 할 새로운 위험과 역학 관계가 생겨났다.

위험한 비즈니스

수십 년 전에는 상업용 부동산을 일반적인 경제의 관점에서 바라보곤 했다. 일반적인 부동산 경기 사이클은 전반적인 경제 사이클과 일치했다. 경기 침체는 일자리 감소를 의미했고, 일자리 감소는 오피스 공간 점유 감소와 쇼핑(소매업) 및 여행(숙박업)에 대한 지출 감소를 의미했다. 역사적으로 경기 침체는 어김없이 회복으로 이어졌고, 새로운 사이클이 시작되었다. 이 같은 전통적인 주기는 앞으로도 계속될 것이다. 다만 부동산 사이클에 대한 일반적인 이해에 더해야 할 '팬데믹 이후의' 새로운 리스크가 몇 가지 있다.

- **진부화 위험** — 팬데믹 기간 일부 기업에서 줌이 매우 효과적인 원격 근무 수단이 될 수 있다는 사실이 확인되었다. 그런 기업들은 계산기를 두드려 본 결과, 원격 근무 방식은 값비싼 사무실 공간의 필요성을 줄임으로써 막대한 비용 절감으로 이어진다는 결론에 도달했다. 그 결과 최근 '좀비 타워'라고 불리는, 도심 고층 빌딩이 텅 비는 현상이 나타나고 있다. 원격 근무 또는 하이브리드 근무의 새로운 역학 관계는 일부 전문가들이 '진부화 위험'이라 부르는 문제를 야기하기도 한다. 상업용 부동산 구매자는 매수를 희망하는 부동산이 여전히 살아남을 수 있을지 자문해야 한다. 10년 후, 15년 후, 20년 후에도 계속 사용할 수 있을지도 생각해 봐야 한다. 전통적인 오피스 빌딩은 구식이 되어가고 있는가? 그렇다면 주변의 소매점과 식당이 부수적인 피해를

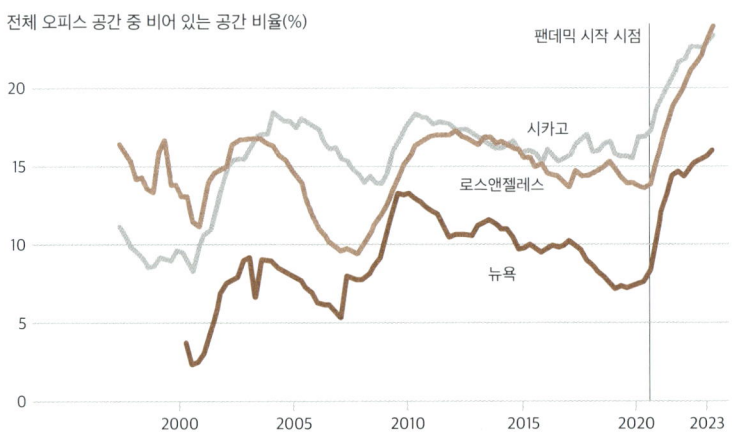

표 8-3 지속적으로 상승하는 사무실 공실률

자료: 존스랑라살(JLL)

입을까? 사람들은 향후 5년에서 10년 후에는 어떻게 거주하고, 일하고, 쇼핑할까? 아직 아무도 모른다.

그러나 일부 상업용 부동산 건물 소유주들은 가만히 앉아서 기다리지 않는다. 예를 들어 《포천》은 보스턴의 경우 "주택 부족과 사무실 공급 과잉이 심각해 사무실을 주거용으로 전환할 경우 (시에서) 75%의 세금 감면 혜택을 제공할 것"이라 보도했다.[4] 일부 상업용 부동산 건물은 아파트로, 다른 건물은 데이터센터로 전환되고 있다. 모두 압류를 피하기 위한 조치다.

AI는 새로운 리스크다. 특정 직업을 쓸모없게 만들거나 최소한 업무 수행에 필요한 인력(따라서 사무실 공간)을 줄이는 경로로 상업용 부동산의 가치에 영향을 미칠 수 있기 때문이다. 온라인 교육 기업 체그Chegg의 CEO는 2023년 5월, 챗GPT가 신규 고객 확보에 영향을 미치고 있다고 발표했다. AI가 무료로 대수 숙제를 도와줄 수 있는데 뭣하러 과외비를 지불할까? 그의 발언 이후 지식 경제의 탄광에서 카나리아가 될 수 있다는 우려로 체그 주가는 하루 동안 49% 급락했다.

이에 대해 일각에서는 AI가 새로운 기업 유형을 탄생시키고, AI 기반 신규 비즈니스가 등장해 빈 사무실을 채울 것이라 주장한다. 실제 이런 현상은 이미 일어나고 있지만, 그런 기업들은 직원 수가 아주 적고 큰 사무실 공간도 필요하지 않은 경향이 있다. AI 이미지 생성 도구인 미디저니Midjourney는 이용자가 1,500만 명 이상이고 매출은 1억 달러가 넘는데, 임직원은 20명 미만에 불과하다.[5] 미래학자 피터 디아만디스는 트위터를 통해

"내년에는 직원 3명이 매출 10억 달러를 올리는 회사가 처음으로 등장할 것"이라는 예측을 내놓았다.

그렇다면 앞으로 어떤 노후화 위험이 도사리고 있을까? 상업용 부동산에서는 이러한 파괴적인 트렌드가 어떻게 전개될까? 사실 우리는 아직 완전히 알지 못하기 때문에 신중하게 접근해야 한다.

- **지리적·정치적 위험** — 원격 근무 또는 하이브리드 근무가 많은 사람에게 실행 가능한 옵션으로 인식되면서 미국 내에서 엄청난 이주의 물결이 일어났다. 많은 사람이 생활비가 비싼 도시를 떠났다. 그들은 당연히 세율이 낮고 생활비가 저렴하며 삶의 질이 높은 주를 선택했다. 캘리포니아주는 이번 개편에서 가장 큰 손해를 입었다. 2020년 4월부터 2022년 7월까지 50만 명 이상이 떠나면서 총 500억 달러 이상의 소득을 잃었다. 뉴욕시는 전체 인구의 5.7%에 달하는 46만 8,200명의 주민을 잃었으며,[6] 이는 높은 공실률로 이어졌다. 캘리포니아주는 수십억 달러의 소득세 수입 손실로 인해 이미 가파르게 증가하고 있는 적자 폭이 더욱 확대되면서 남은 주민에 대한 세율 인상 논의가 활발해지고 있다. 이 같은 악순환이 계속되면 더 많은 사람이 도시를 떠날 수 있다. 캘리포니아주는 더 많은 이탈을 막기 위해 주를 떠나는 사람들의 총재산 중 일정 비율을 몰수하는 '이탈세'를 논의하고 있다.[7] 체크아웃은 가능하지만, 절대 떠나지 못하는 이글스의 명곡 〈호텔 캘리포니아〉가 떠오른다.

개인과 마찬가지로 기업도 고용 비용이 저렴하고 기업 친화적인 주로 이전하고 있다. 스탠퍼드 대학은《포천》선정 1,000대 기업 중 11개사를 포함해 352개 이상의 주요 기업이 캘리포니아를 떠났다고 밝혔다. 찰스 슈와브[Charles Schwab]과 콜드웰 뱅커 리처드 엘리스[CBRE], 오라클은 캘리포니아주에서 텍사스주로 본사를 이전한 많은 대기업 중 일부에 불과하다.[8] 이로 인해 비즈니스 친화적인 주들의 고용 시장은 한층 활기를 띠고 있다.《월스트리트저널》은 2023년 테네시주의 주도 내슈빌을 고용 시장 1위로 꼽았다.[9] 소득세가 없는 뮤직시티(내슈빌의 별명 – 옮긴이)는 빠르게 경제 중심으로 성장하고 있다. 플로리다주와 텍사스주 역시 폭발적인 성장세를 보인다. 이 같은 이주 추세가 계속될까? 정답은 시간이 알겠지만, 상업용과 주거용 모두 부동산 가치는 주 정부 정책에 크게 좌우된다는 점에 주목해야 한다.

- **금리와 의도하지 않은 결과** — 앞서 언급했듯이, 우리는 역사상 가장 가파른 금리 인상을 겪었다. 이로 인해 의도치 않은 가혹한 결과가 다양한 부동산군 전체에 파급될 테지만, 상업용 부동산만큼 심각한 타격을 입는 분야는 없을 것이다. 높은 공실률도 문제지만, 금융 재앙을 초래할 수 있는 수조 달러의 부동산 대출이 더 심각하다. 부채 절벽이 빠른 속도로 다가오고 있다. 2028년까지 약 2조 5천억 달러의 상업용 부동산 대출의 만기가 돌아온다. 2025년까지 1조 5천억 달러의 상업용 부동산 대출의 만기가 도래한다. 정부가 대대적으로 개입하지 않는다면, 많은 부동산 소유주가 재융자를 받지 못하거나 빚을 갚지 못해 부동산이

은행에 압류될 것이다. 이런 일은 이미 벌어지고 있다.《블룸버그》는 "뉴욕과 런던에서 번쩍이는 오피스 타워의 소유주들이 빚을 갚는 대신 빚에서 탈출하고 있다"고 전했다. "샌프란시스코 소재 대형 쇼핑몰 건물주들은 쇼핑몰을 포기했다."[10] 은행은 압류한 부동산을 대폭 할인된 가격에 매각하고 대출금을 상각해야 할 것이다. 따지고 보면, 몇 가지 밝은 부분도 있다. 부동산 대기업 스타우드 캐피털의 창업자 배리 스터리히트는 우리와 가진 인터뷰에서 세계 최상급 편의시설을 갖춘 소규모 부티크 건물이 여전히 가득하다고 밝혔다. 그런 건물에는 헤지펀드나 지역 로펌, AI 회사 등 수익성이 높고 직원 수가 적은 회사들이 입주하는 경우가 많다.

모건 스탠리 Morgan Stanley는 은행과 임차인의 대출 곤경으로 인해(표 8-4 참조) 소매 및 사무실 공간 가치가 40% 하락할 것으로 예상한다. 이는 현대사에서 한 번도 경험하지 못한 일이다.[11] 은행은 대출자의 채무 불이행에 대응해 대출금을 상각하고 큰 손실을 입게 될 것이다. 이는 궁극적으로 은행 위기로 이어질 수 있다. 더욱 우려되는 점은 상업 대출의 70%가 최근 실리콘밸리 은행과 퍼스트 리퍼블릭 First Republic, 시그니처 뱅크 Signature Bank 등 연이은 실패를 겪은 지역 은행에서 이루어졌다는 사실이다.

부동산 시세가 급락하자 막대한 규모의 스마트 머니가 거래에 투입되고 있다. 최근 부실 부동산 전문 펀드가 여러 개 조성되어 활발하게 움직이고 있다. 이들의 사고방식은 템플턴 펀드

표 8-4 만기가 도래하는 부동산 대출 규모

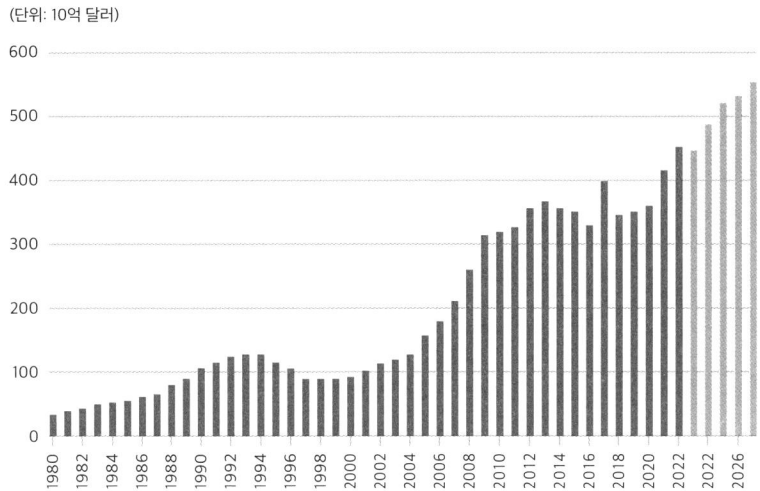

출처: TREPP 모건 스탠리 리서치 크레디트 데일리 샷

의 창업자이자 역발상 투자자로 유명한 고 존 템플턴 경의 원칙과 일치한다. "거리에 피가 흐를 때 매수하라." 이 이야기가 전개되는 동안 투자자들이 대폭 할인된 가격에 부동산을 사들일 큰 기회가 열릴 것이다.

모든 것을 고려할 때 상당수 상업용 부동산은 절벽으로 향하는 것처럼 보이는 반면, 주거용 부동산 시장은 다른 신호를 보내고 있다. 좀 더 자세히 살펴보자.

주거용 부동산

미국 주택 시장은 팬데믹 2년 차에 접어들면서 달아오르고 있었다. 2022년 초, 집값이 급등하고 있었고 구매자들은 무엇이든 닥치는 대로 매수했다. 언뜻 보면 2008년 주거용 부동산 버블이 재연되고 있다고 생각할 수 있었다. 공포 팔이 언론 매체는 꽤 오랫동안 이 북을 두드려 왔다. 다음은 미국 MSNBC의 부동산 담당 수석 기자가 작성한 기사 제목들이다. 이를 종합하면 시장을 예측할 때 얼마나 잘못된 판단을 내릴 수 있는지 알 수 있다.

"오늘날의 주택: 2006년보다 더 큰 거품" ― 2015년 10월

"우리는 새로운 주택 버블에 빠져 있다" ― 2016년 8월

"오늘날 주택 시장에서는 사는 것보다 빌리는 편이 낫다"
― 2018년 9월

"주택 시장은 주택 구매자에게 좋지 않은 방향으로 바뀔 것이다"
― 2019년 7월

"내년에는 대도시 주택 시장이 특히 어려울 것이다"
― 2019년 12월

"신규 주택 판매가 감소하면서 주택 붐은 끝났다" ― 2021년 7월

첫 번째 기사와 마지막 기사 사이 몇 년 동안 미국 평균 주택 가격은 30만 달러에서 52만 3천 달러로 올랐고, 구매자들은 역사상 가장

표 8-5 미국 경기 침체기 주택 가격 추이

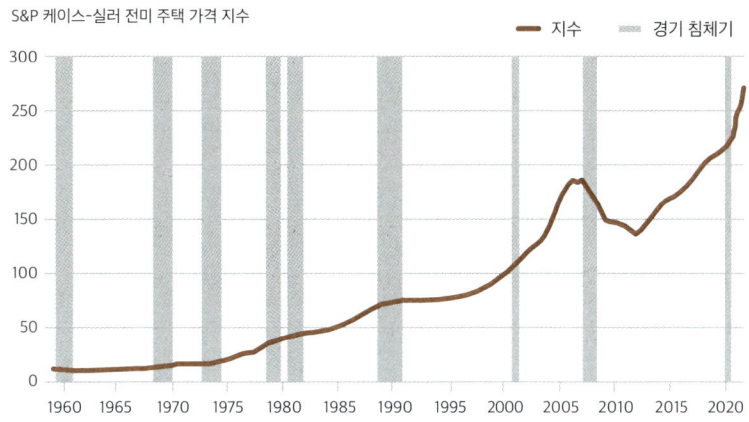

낮은 모기지 이자율을 적용받았다. 지금은 더 많은 사람이 "주택 가격 폭락이 다가오고 있다"고 말한다. 가격은 확실히 약세를 보이고 있지만, 데이터는 다른 이야기를 하는 듯하다.

역사적으로 살펴보면, 경기 침체기에는 항상 주택 가격이 떨어졌다고 생각할 수 있다. 실제로는 1960년 이후 닥친 아홉 번의 경기 침체기 중 한 번의 대침체기에만 주거용 부동산 가격이 하락했다. 이 글을 쓰는 지금, 우리는 또 다른 경기 침체(가장 최근의 경기 침체는 2020년이다)를 앞두고 있으며, 주택 가격은 실제로 하락했다. 30년 만기 모기지 이자율은 현재 8%를 넘어 최근 20년 중 최고치를 기록하고 있다. 이로 인해 주택 가격이 약세를 보이는 것은 분명하다. 하지만 계속 떨어질까? 수요가 완전히 말라버린 것일까? 재고가 너무 많은 것은 아닐까? 사실 관계를 정리해 보자.

공급 대 수요 문제

완벽한 세상이라면, 신규 주택에 대한 수요는 새로 지어지는 주택의 수(일명 '완공 건수')와 정확히 일치할 것이다. 이렇게 되면 수요와 공급이 완벽하게 균형을 이루게 된다. 하지만 안타깝게도 건축업자들은 그렇게 생각하지 않는다. 그들은 해가 비추는 동안 건초를 만든다. 경제학 원론은 공급이 넘치고 수요가 적으면 가격이 폭락한다고 가르친다. 실제로 건축업자들은 2004년과 2005년 사이 전례 없이 많은 주택을 지었다. 신규 주택 400만 채가 들어섰다(표 8-6 참조). 몇 년 동안 경이로운 수요가 지속되었지만, 이내 감소하기 시작했다. 시세

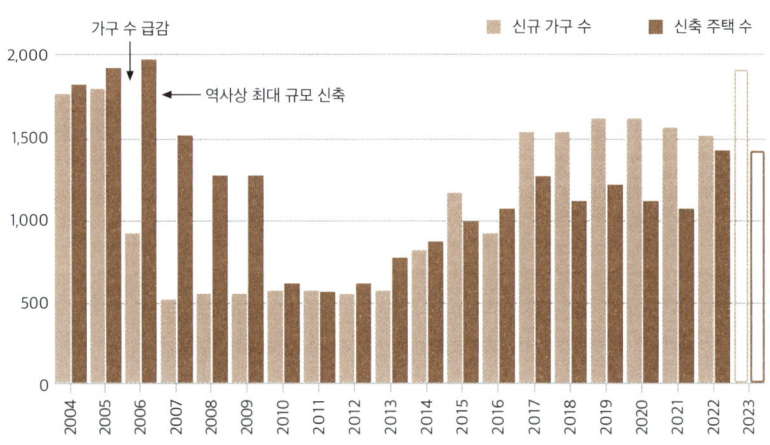

표 8-6 신규 가구 수와 신축 주택 수

자료: MBS 하이웨이(MBS Highway)

차익을 노린 투기자들이 부지런히 움직였지만, 매물이 수백만 채 남아도는 불균형을 해소하기에는 수요가 턱없이 부족했다.

설상가상으로, 대침체로 이어지는 기간 동안 은행의 대출 관행은 무책임하기 짝이 없었다. 소득 확인도, 계약금 수납도 생략한 채 숨만 쉬면 대출을 실행해 주었다. 영화 〈빅쇼트〉에서 한 헤지펀드 매니저가 주택 시장의 광기를 해석하기 위해 플로리다를 방문한다. 그는 집과 콘도 다섯 채를 소유한 '댄서'를 소개받는다(주택마다 여러 건의 대출이 설정되어 있다). 그렇다, 실화다.

지금은 무엇이 달라졌을까? 또 다른 붕괴가 일어나지 않을지 어떻게 알 수 있을까? 이 질문에 대한 정답은 경제학 원론 중 수요와 공급에서 찾아야 한다.

재고 부족

주택 건설 업체(그리고 은행)는 2000년대 초반 매우 뼈아픈 교훈을 얻었다. 신규 주택 재고를 보여주는 그래프를 보면 현재 수치가 과거 평균보다 훨씬 낮음을 알 수 있다(표 8-7 참조). 2007년 주택 재고가 최고치에 달했을 때 매물로 나온 주택은 무려 400만 채에 달했다.

2023년 4월 현재 매물로 나와 있는 주택은 98만 채로 최근 40년 중 최저치를 기록했다.[12] 이 중 약 40%가 이미 계약이 체결된 상태이므로 보다 정확한 매물 수는 56만 3천 채에 불과하다. 이는 미 전역에서 매물로 나온 주택 수가 50만 채를 겨우 넘는다는 의미로, 1980년

표 8-7 기존 주택 재고 추이

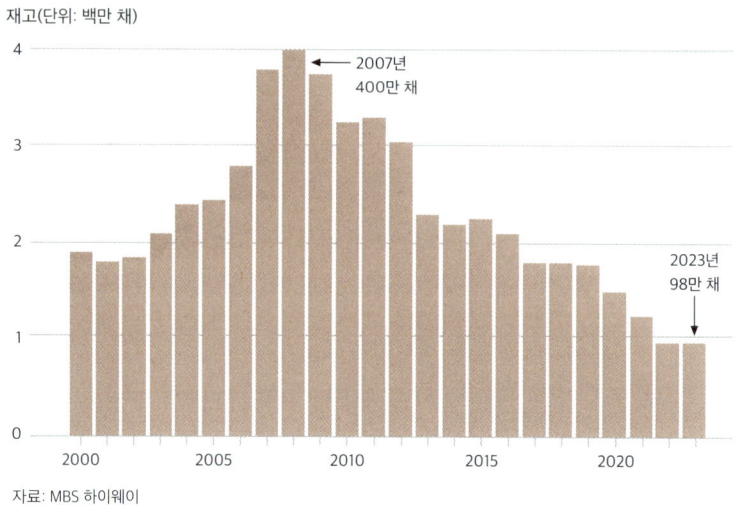

자료: MBS 하이웨이

대 초 이 통계 집계가 시작된 이래 최저 수준이다.[13] 부동산 사이트 리얼토닷컴Realtor.com에 따르면, 2022년 9월, 신규 가구 수(필요한 주택 수)와 완공된 주택 수(시장에 출시되는 주택) 사이 격차는 580만 가구에 달했다.[14] 게다가 인플레이션으로 자재 가격과 인건비가 급등하고 금리가 가파르게 상승하면서 건축업자들은 신규 주택 착공을 꺼리고 있다.

미국 주택 소유자는 자산이 풍부

현재 주택 시장의 또 다른 독특한 역학 관계는 일반 주택 소유자가 보유한 막대한 자산 규모다. 주택 소유자의 주택가액 중 평균 자기 지분이 2008년에는 19%에 불과했다. 이처럼 부채 비율이 높으면 가격 변동에 취약해 주택을 압류당하는 위험에 노출되기 쉬웠다. 이 비율은 현재 58%로 높아졌는데, 이전보다 늘어난 계약금 요건과 집값 상승 덕분이다. 게다가 주택을 사들인 사람 중 상당수는 역사적으로 낮은 이자율에 묶여 있어 당분간 이사할 가능성이 낮다. 새집을 구입하려면 더 많은 금액을 지불해야 하기 때문이다.

분명히 말하지만, 주거용 부동산에 유니콘과 무지개만 있는 것은 아니다. 현재 주택 소유자들은 총소득의 40%를 모기지에 지출하고 있다. 주택담보대출 상환액 중간값은 세금, 보험료 등을 제외하고 월 2,322달러로 사상 최고치를 기록했다. '소득 대비 부채' 비율은 놀라울 정도로 높고 2008년과 비교해서도 훨씬 더 높다. 신용카드 부채도

"여기서 돈을 갚기 위해 고군분투하는 자신의 모습을 상상해 보세요."

사상 최고치를 기록하고 있다는 사실을 고려하면, 앞으로 살림살이가 버거워질 듯하다.

이러한 요인들이 복합적으로 작용해 주거용 부동산 가격이 크게 하락할까? 시간이 지나면 알 수 있다. 주택 재고가 적은 상황에서 주택 가격이 다소 안정적이거나, 수요가 높은 지역의 주택 가격이 완만한 성장세를 보일 수 있다. 모기지 금리가 내려간다면, 이런 현상이 더욱 두드러질 것이다. 결론적으로 말하면, 투자자들은 신중하게 투자해야 한다.

아파트는 어떨까

아파트(일명 다가구 주택)는 주거용 부동산 범주에 속하지만, 주택과는 매우 다른 동물이다. 다가구 주택 투자는 지난 10여 년 동안 큰 성공을 거두었다. 임대료는 수년 동안 꾸준히 상승해 왔으며 투자자들은 매우 만족스러워했다. 하지만 특정 지역, 특히 개발 업자들이 과잉 건설한 지역에서는 아파트 가격이 약세를 보이기 시작했다. 그러는 동안 금리 상승과 임대료 하락, 퇴거율 증가, 보험료·재산세 상승이라는 퍼펙트 스톰Perfect Storm이 발생하고 있다. 폭풍의 심각성은 지역 시장에 따라 크게 다르다.

많은 아파트 소유주(종종 신디케이트 소유 그룹)는 욕심을 부려 이자율이 낮을 때 수익을 극대화하기 위해 부채 금리를 장기간 고정하는 대신 변동금리를 택했다. 당연히 수익률이 높을수록 매니저의 성과

표 8-8 **미국 다가구 주택 가치 하락**

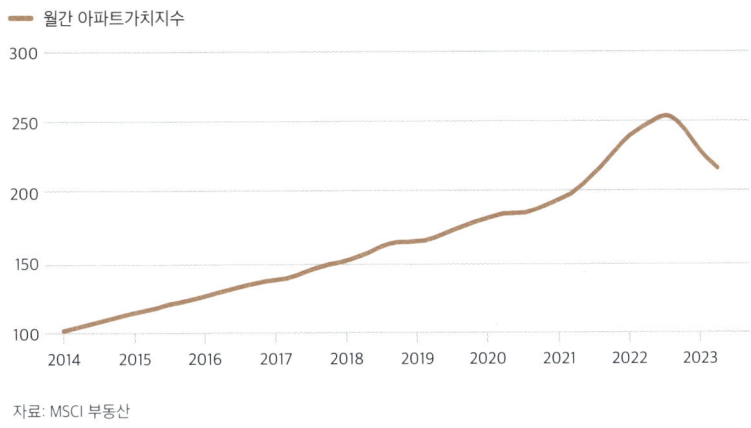

자료: MSCI 부동산

수수료도 높아졌다. 금리가 급격히 상승하고 있는 지금, 그런 선택을 한 소유주 및 운영자는 의심할 여지 없이 자신의 결정을 후회하고 있다. 변동금리 대출은 이자율이 급등하면서 다시금 그들을 괴롭히고 있다. 《월스트리트저널》은 2023년 8월, "지난해 갑작스러운 부채 비용 급증으로 전국의 많은 다가구 주택 소유주가 사라질 위기에 처했다"고 보도했다. 전년도에 25% 상승한 아파트 건물 가치는 6월 말까지 한 해 동안 14% 하락했다."

제이 가자벨리Jay Gajavelli의 예를 살펴보자. 인도 이민자이자 전직 정보기술IT 분야 종사자인 가자벨리는 투자자들에게 엄청난 수익을 안겨 《월스트리트저널》에 보도되곤 했다.[15] 그는 지난 10년 동안 남부 선벨트(조지아·노스캐롤라이나·애리조나 등 기후가 온화한 지역 – 옮긴이) 전역에 아파트를 7천 채 넘게 모았다. 그는 유튜브 동영상을 통해

8장 부동산: 세계에서 가장 큰 자산　　**177**

잠재적 투자자들에게 "두 배의 수익률"을 제시해 개인들로부터 수백만 달러를 모금했다. 이 투자는 실패하기 전까지 원활하게 잘 돌아갔다. 가자벨리는 변동금리 대출을 받아 아파트를 매입했다. 이자율이 급격히 상승했고, 원리금 상환을 위해 재융자를 받기에는 너무 늦었다. 은행 대출은 거의 바닥을 드러낸 상태였다. 결국 그는 늘어나는 상환액을 감당하지 못했고, 지금까지 3천 채를 은행에 압류당했다.

그에게 투자한 사람들은 원금을 모두 날렸다. 아파트가 나쁜 자산이라기보다는 소유주 및 운영자가 무모한 투자에 나섰고 투자자들도 현명하지 못했다.

전문성이 없는 투자자만 고통을 겪은 것은 아니다. 세계 굴지의 대형 투자 기관인 블랙스톤Blackstone은 맨해튼 아파트 빌딩 11동에 대해 채무불이행을 선택했다.《월스트리트저널》은 또 다른 사례를 전했다. "샌프란시스코의 주요 부동산 소유자인 베리타스 인베스트먼트Veritas Investment와 파트너들은 지난해 임대 빌딩 95동의 부채를 갚지 못했다. 그 결과 샌프란시스코 포트폴리오의 3분의 1을 잃을 위험에 처했다."[16]

기회가 문을 두드리나

세일즈를 좋아하는 사람들에게는 향후 몇 년 동안 특정 범주의 부동산이 매우 매력적으로 다가올 듯하다. 자산을 정리해야 하는 판매자 및 은행이 상업용 부동산과 다가구 주택을 크게 할인된 가격에 내놓을 것으로 예상된다. 구매자는 위치를 현명하게 선택하고 실행 가능성에 관한 어려운 질문에 답할 수 있어야 한다. 하지만 우리가 인터뷰한 전문가들은 약 20년 동안 한 번도 접하지 못한 엄청난 구매 기회가 열릴 수 있다고 예상했다.

사모신용은 개인 투자자가 부동산에 간접 투자할 수 있는 또 다른 방법이다. 상업용 건물 및 주택 소유주 모두 은행 대출이 거의 사라진 가운데 돈을 필요로 한다. 많은 부동산 소유주가 사모신용(일부에서는 '하드 머니' 대출이라고도 한다)에 의존하게 될 것이다. 이런 비은행 대출 업체는 급전이 필요한 차입자에게 자산을 담보로 단기 자금을 빌려준다. 이런 대출은 수익률이 매우 높고, 차입자가 채무불이행을 할 경우에 대비해 매우 강력한 보호 장치를 마련하고 있다. 부동산 대출은 포트폴리오 수익을 창출하는 방법으로 성배 포트폴리오에 추가할 수 있는 훌륭한 상품이 될 수 있다.

부동산 투자자를 위해 현재 환경에서 참고할 만한 몇 가지 지혜를 공유한다.

1. **전문가를 찾아라** — 부동산 투자는 지역과 차입의 미묘한 차이를 이해하고, 장기적으로 시장 침체기를 성공적으로 헤쳐 온 경험과 실적이 있는 고도의 전문 투자자에게 맡기는 것이 가장 좋다. 역사적으로 많은 단순 부동산 투자자들이 과욕을 부려 파산에 이르렀다.
2. **다각화하라** — 최고의 매니저에게 투자하면, 부동산 한두 건에 돈을 거는 것에 비해 상대적으로 다양한 부동산으로 구성된 다

각화된 포트폴리오를 확보할 수 있다. 사모신용도 마찬가지로 한두 명의 차입자에게 대출하는 대신 여러 대출 포트폴리오에 투자할 수 있다.

3. **인내심을 발휘하라** — 향후 몇 년 동안 엄청난 거래 흐름과 많은 할인 기회가 있을 것이다. 첫눈에 보이는 거래에 성급하게 뛰어들기보다는 시간을 두고 신중하게 선택해야 한다.

누구나 거래를 좋아한다

누구나 거래를 좋아한다. 그렇다면 사모펀드 투자자가 현금을 빨리 회수하겠다고 마음먹으면 어떻게 될까? 일반적으로 사모펀드는 유동성이 낮기 때문에 투자자에게 선택지는 하나만 남는다. 펀드 내 자신의 포지션을 다른 투자자에게 매각하는 것이다. 이를 '2차 거래'라 한다. 현명한 투자자에게는 좋은 자산을 할인된 가격에, 게다가 투자 회수 기간을 단축해 얻을 기회가 될 수 있다. 지금부터 살펴보자.

9

2차 거래

모두 세일을 좋아한다

> 돈으로 행복을 살 수 없다는 말은 쇼핑을 어디서 하는지 몰라서 하는 소리다.
>
> — 보 데릭^{Bo Derek}

우리는 먼 길을 걸어왔고, 이제 한 가지 전략만 남았다. 지금까지 성배 포트폴리오의 일부로 고려할 수 있는 여섯 가지 대체투자 전략에 대해 알아보았다.

알다시피, 레이 달리오의 접근법은 8~12가지의 상관관계가 없는 투자 전략을 활용하는 것이다. 전통적인 주식과 채권, 기타 유동성이 높은 투자와 결합하면 고려할 수 있는 옵션이 많다. 물론 모든 전략이 모든 사람에게 적합한 것은 아니므로 항상 전문가와 상담하는 편이 좋다. 실제로 우리 리서치 팀이 지속적으로 추적하고 관찰하는 대체

투자의 세계는 무궁무진하다.

이번 장에서는 양질의 투자 자산을 큰 폭으로 할인받을 기회가 숨어 있는 대체투자 세계의 구석진 곳을 짧게 살펴보자. 결국 좋은 거래를 좋아하지 않는 사람은 없으니.

파격적인 할인

인기 신형 페라리 F8에 붙은 가격은 35만 달러다. 이 모델은 희소성이 높기 때문에 이 가격 이상을 지불하지 않고서는 소유하기 힘들다. 이제 쇼룸을 지나가는데 반짝이는 빨간색 신차가 25~50% 할인가에 전시되어 있다고 상상해 보라. 구매의 방아쇠를 당길 것인가? 그러기를 바란다. 누구나 좋은 거래를 좋아한다. 재미있게도 이런 행태는 거의 모든 분야에 적용되는데, 투자는 예외인 듯하다. 주식이 고점 대비 10%, 20%, 심지어 50% 할인된 상태라면 대개 투자자들은 감염병처럼 주식을 피하고, 주식을 보유하고 있다면 더 큰 고통을 피하기 위해 서둘러 팔려 한다.

시장이 하락할 때 매도하는 사람이 모두 감정적으로 무너진 상태는 아니다. 실제로 세계에서 가장 규율이 엄격한 투자자들 중 일부인 현명한 기관 자금은 특정 시점에 투자 자산의 일부를 매각해야 한다. 그들은 왜 양질의 투자를 '의무적으로' 매각해야 할까? 그런 특수한 상황이 어떻게 투자자(매수자)에게 상당한 이점을 제공할 수 있는지 자세히 알아보자.

균형을 잃다

철저하게 규율에 따르는 투자자들은 일반적으로 각 투자 유형에서 유지하고자 하는 비율(예를 들어 주식 30%, 채권 20%, 사모펀드 40% 등)이 고정되어 있는 등 명확한 자산 배분 계획을 가지고 있다. 그러나 시장 변동으로 보유 자산의 가치는 고정되어 있지 않기 때문에 자산 배분 목표는 유동적이다.

2022년 주식 시장이 폭락하면서 거의 모든 사람이 고통을 맛보았다. 주식과 채권, 부동산 가격이 일제히 하락하는 바람에 숨을 곳이 거의 없었다. 기부금과 국부펀드, 연금 플랜 등 세계 최대 기관 투자자들은 포트폴리오가 대침체 이후 최악의 실적을 기록하면서 큰 충격을 받았다. 러-우 전쟁으로 인한 급격한 인플레이션에 지속적인 공급망 문제까지 겹치면서 기관 포트폴리오 관리의 세계는 큰 타격을 입고 멍이 들었으며 혼란에 빠졌다. 이들 대형 기관 투자자는 어떻게 대응했을까? 그들은 균형을 되찾기 위해 중요한 조치를 취했다.

포트폴리오 관리 원론을 잠시 살펴보자. 주식과 채권에 100만 달러를 투자하고 주식 60%, 채권 40%의 목표 배분 비율을 가지고 있다고 가정한다. 당신은 업계 표준인 이 배분 비율을 유지하려 노력할 것이다. 만약 당신이 보유한 주식의 가치가 상승하고 채권은 보합이거나 하락한다면, 이 비율은 목표에서 벗어나 표류하게 된다.

예를 들어 표 9-1과 같이 주식은 70%, 채권은 30%만 보유하게 될 수 있다. 이 경우 자동차에 진동을 일으키는 마모된 타이어를 교체

표 9-1 **자산 배분 목표에 따른 조정**

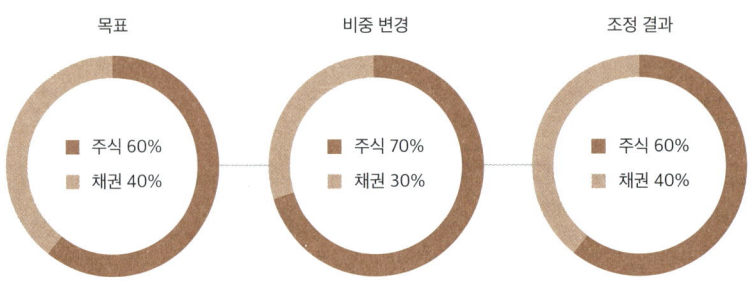

하는 것처럼 균형을 다시 맞춰야 한다. 그러려면 주식을 일부 매도하고 채권을 일부 매수해야 한다.

2022년 지구상의 거의 모든 기관 포트폴리오가 타이어 중 세 개가 균형에서 벗어나 창문이 떨어질 듯한 거대한 불균형이 발생했다. 주식과 채권 모두 크게 하락한 반면, 사모펀드·사모신용 등 대체투자 중 상당수는 훨씬 더 나은 성과를 거두었다. 대체투자가 포트폴리오의 자산 배분 목표에서 훨씬 더 높은 비율을 차지하게 된 것이다. 포트폴리오 매니저에게는 이상적이지 않으므로 조치를 취해야 하는 상황이다.

한 사람의 타이밍은 다른 사람의 보물

현재 우량 사모펀드와 사모신용, 사모부동산 자산에 수천억 달러가 투자되어 있고, 그중 상당수는 최근 몇 년 동안 가치가 크게 상승했다. 이제 앞의 기관들은 포트폴리오를 재조정하려면 사모 자산을 매각해야 한다. 이는 그들이 추구할 수도 있는 선택이 아니라 반드시 추구해야 하는 자기 보호 조치다. (주요 기관은 대부분 필요할 때 포트폴리오를 재조정할 수 있는 자율권을 가지고 있다. 매니저가 포트폴리오의 균형을 되찾는 조치를 취하지 않을 경우 해고될 수 있다.)

이제 한 가지 당연한 질문이 떠오른다. 당신이 사모펀드 같은 비유동성 자산에 투자했다면? 이 비유동성 투자를 어떻게 매각할 수 있을까? 2차 투자의 세계로 들어가 보자.

일찍 일어나는 새가 벌레를 잡지만 두 번째 쥐는 치즈를 얻는다

전통적인 사모펀드의 경우, 투자자는 펀드가 청산되어 원금을 돌려받기까지 5~10년을 기다려야 한다. 따라서 투자자가 자신의 포지션을 조기에 청산하고 싶거나 청산해야 하는 경우, 이를 달성할 수 있는 유일한 방법은 자신의 포지션을 다른 관심 있는 투자자에게 매각하는 것이다. 이를 유한책임투자자LP가 주도하는 2차 거래라 한다.

오늘날에는 자신의 포지션을 매각할 수 있는 다른 관심 투자자를 비교적 쉽게 찾을 수 있다. 기존 LP로부터 2차 거래 지분을 매입하는 것이 유일한 목적인 투자 펀드가 다수 있다. 실제로 2차 거래 시장 규모는 2020년 600억 달러에서 2021년 1,340억 달러로 증가했다. 많은 전문가는 이 분야가 조만간 5천억 달러 규모로 성장할 것으로 예

"왜 유동성이 당신에게 중요한가요?"

상한다.

2차 거래 대상이 '자산 클래스 안의 자산 클래스'로서 점점 더 인기를 끄는 이유는 무엇일까? 그 매력은 크게 세 가지로 설명할 수 있다.

1. **할인** — 사모펀드 투자에는 분기별로 투자에 대한 기존 평가액(순자산 가치 또는 줄여서 '마크'라고도 한다)이 있다. 투자자가 포지션을 매도하려면 현재 가치에 비해 할인된 가격에 내놓아야 하는 경우가 많다. 이 경우 거래 시점에 매수자는 이미 '수익'을 올리게 되고, 손실을 본다면 포트폴리오가 하락해야 하는 버퍼를 보유하게 된다. 예를 들어 현재 가치가 100달러라면 판매자와 구매자는 1달러당 70~90센트에 합의할 수 있다. 판매자는 필요한 유동성을 확보하고 구매자는 좋은 조건에 거래를 성사시킬

수 있어 서로 윈윈이다.

2. **시일 단축** — 일반적으로 사모펀드 투자자가 수익을 포함해 모든 자금을 회수하기까지 5년에서 10년이 걸리므로, 2차 거래로 포지션을 매수하면 원금 회수까지 걸리는 시일을 대폭 단축할 수 있다. 예를 들어 판매자가 10년 만기 펀드에 이미 5년을 투자했다면, 구매자가 '기다리는' 시일은 절반으로 줄어든다. 이는 앞서 설명한 J커브 효과를 제거하는 데에도 도움이 된다. J커브(표 9-2 참조) 효과는 사모펀드가 처음 몇 년 동안에는 자본을 투자 자산에 배정하며, 그 자금이 완전히 채워지면 이후부터 성장하기 시작한다는 양상을 간략하게 보여준다. 미래의 수확을 위해 씨앗을 심는 것과 마찬가지로 투자 성장에는 시간이 걸린다.

표 9-2 투자자들이 2차 거래 투자를 선호하는 이유

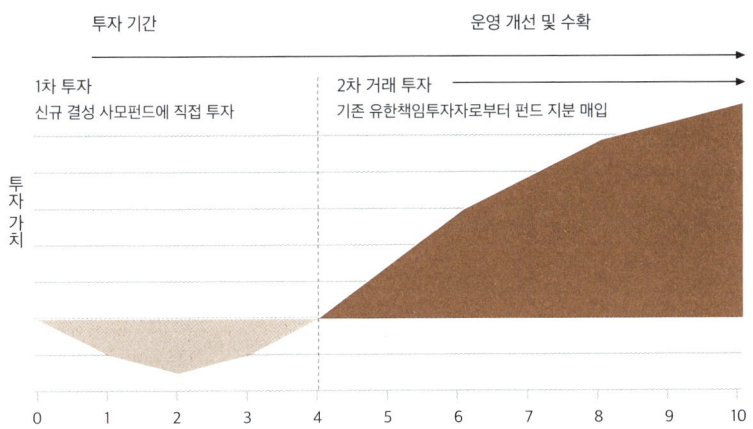

주: 이 그래프는 설명용일 뿐이며 실제 투자의 과거 또는 예상 성과를 나타내지 않습니다. 향후 성과가 이 그림과 일치한다는 보장은 없다.

자료: CAZ 인베스트먼트

3. 가시성 — 사모펀드 매니저가 시작하는 펀드에 당신이 곧바로 투자하는 것은 그들의 경험과 실적을 신뢰하기 때문이다. 이를 흔히 '백지 수표 위험'이라 한다. 첫날에는 펀드가 어떤 기업을 매입할지, 어떤 성과를 낼지 등을 아직 알 수 없다. 그러나 2차 거래로 투자할 때쯤이면, 일반적으로 펀드가 자본을 투자했을 것이므로 매니저가 누구인지 외에 펀드가 소유한 투자 종목과 성과 등을 정확히 확인할 수 있다. 이 같은 '정보 우위'는 숙련된 2차 거래 투자자가 활용할 수 있는 큰 이점이다.

보관해 드릴게요

글로벌 금융위기 이후 사모펀드 매니저들은 흥미로운 입장에 처하게 되었다. 앞서 언급했듯이, 대부분의 사모펀드는 10년 만기 '폐쇄형'으로 설정되어 있다. 이는 간단히 말하면, 회사를 매각하고 투자자에게 돈을 돌려주는 것이다. 그런데 당시 포트폴리오에는 경제 회복과 함께 본격적으로 성장하기 시작한 몇몇 훌륭한 기업이 포함되어 있었다. 펀드는 사실상 매각을 명령했지만, 매니저들은 그 시점에 그런 훌륭한 기업을 매각하는 것은 어리석은 짓임을 잘 알고 있었다. 혁신적인 해법이 필요한 시점이었다.

이러한 이유로 인해 '무한책임투자자^{GP} 주도 2차 거래'라 불리는 큰 흐름이 나타났다. 펀드의 투자 기간 10년이 끝날 때 펀드에 편입된 모든 기업을 매각하는 대신, 매니저들은 계속 붙잡고 싶은 기업을 하나 이상 직접 골라 '계속 기구$^{continuation\ vehicle}$'라는 새로운 펀드로 옮겼다. 그런 다음 투자자인 LP에게 두 가지 선택지를 제시할 수 있다.

1. LP는 엑시트하여 현재 가치로 현금화하거나 연장 기간에 참여하지 않기로 선택할 수 있다. 누군가가 현금화를 선택하면 새로운 투자자가 참여할 수 있는 여지가 생긴다.
2. LP는 계속 참여하여 기존 투자를 '계속 기구'라는 새로운 투자 상품에 이월함으로써 지속적인 상승 가능성을 기대할 수 있다. 이는 의무가 아닌 옵션으로 제공된다. 펀드 매니저인 GP는 일반적으로 개인 투자금과 성과 보수를 계속 기구에 이월함으로써 이해관계를 조정한다. 투자자들에게 기초 기업에 대한 확고한 신념을 보여주는 것이다.

'GP 주도 2차 거래'가 전체 2차 거래 시장의 절반 규모로 성장한 것은 놀라운 일이 아니다. 폐쇄형 펀드의 일반적인 투자 기간 10년은 다소 임의적이며, 기초 기업의 최적의 비즈니스 수명 주기와 일치하는 경우가 드물다. GP가 주도하는 계속 기구 펀드는 모두의 수익 극대화라는 목표에 유용한 포트폴리오 관리 도구로 발전했다. 결론은 누구도 훌륭한 기업을 너무 일찍 매각하고 싶어 하지 않는다.

우리 같은 투자자에게는 어떤 기회가 있을까? 좋은 소식은 당분간 매수자 우위 시장이 지속될 것이라는 점이다. 2차 거래의 매물을 구매할 수 있는 자본이 충분하지 않다. 따라서 판매자는 더 높은 할인율을 제시할 가능성이 크고, 우리는 더 깐깐히 따져 최고 품질 자산을 선별할 수 있다.

2차 거래 매물을 선별하려면 고도의 지식과 노하우가 필요함을 짐작할 수 있다. 매수자는 자신이 구매하는 자산을 완벽하게 이해할 수 있어야 하며, 이를 위해서는 상당한 실사가 요구된다. 따라서 다음 사항을 권한다.

1. 2차 거래 포지션을 성공적으로 매수하고 엑시트한 실적이 입증된 매니저 및 펀드를 선택한다. 펀드 매니저와 평소에 긴밀한 관계를 유지해 그가 함께 일하고 싶어 하는 매수자 명단에 포함되어야 한다.
2. 2차 거래 포지션이 많은 펀드에 투자하면 다양한 매니저와 기본 포트폴리오에 분산 투자할 수 있다. 펀드는 다양한 자산군의 2차 거래(예를 들어 사모펀드 2차 거래, 에너지 2차 거래, 부동산 2차 거래 등)에도 투자하는 것이 이상적이다.
3. 개인 자본을 보유한 매니저에게 투자해 성과를 극대화한다. (2차 거래 투자에 대한 자세한 정보와 해당 분야 전문가 인터뷰를 보고 싶다면 www.WhySecondaries.com를 참조하기를 바란다.)

타이탄을 위한 시간

와우, 그동안 정말 많은 내용을 다루었다. 당신이 지금까지 논의된 전략을 어떻게 개인 성배 전략의 일부로 활용할 수 있을지 생각해 보았기를 바란다. 다음으로 금융계 거장들의 이야기를 직접 들을 수 있는 놀라운 기회가 이어진다. 이들은 사모펀드와 사모신용, 부동산, 벤처캐피털 등의 분야에서 최고 반열에 오른 인물들이다. 과거의 성과가 미래를 보장하는 것은 아니지만, 우리가 소개할 인물 중 상당수는 연간 20%가 넘는 복리 수익을 창출했다. 대부분 자수성가한 억만장자인 이들은 탁월한 통찰력을 가지고 있으며, 우리로서는 그들의 지혜를 최대한 많이 추출해 이 책에 담을 수 있어 영광이었다.

이 책의 2부에서는 대개 두세 시간 동안 진행된 인터뷰를 요약 정리하여 수록했다. (추가 정보와 인사이트를 원한다면 www.TheHolyGrailofInvesting.com를 참고하기를 바란다.)

THE HOLY GRAIL OF
INVESTING

PART 2

타이탄의 식탁에서 만난 13명의 억만장자들

ROBERT SMITH
FOUNDER AND CEO OF VISTA EQUITY PARTNERS

영예
《포브스》 선정 '가장 위대한 100대 비즈니스 마인드'. 세계적 부호들의 자발적 기부 클럽 '더기빙플레지(The Giving Pledge)' 회원. 미국에서 가장 부유한 아프리카계 미국인

총 운용 자산(2023년 8월 말 기준)
1천억 달러 이상

중점 분야
기업용 소프트웨어

하이라이트
- 창업 이래 600건 이상의 사모펀드 거래를 완료했고, 거래 가치는 약 3천억 달러에 이른다.
- 비스타 에쿼티 파트너스의 기업 생태계에는 180여 개국에서 9만 명 이상이 일하는 80개 이상의 회사가 참여하고 있다.
- 《잉크 매거진(Inc. Magazine)》 선정 4년 연속 '창업자 친화적인 최고 투자자', 2017년 《포브스》 선정 100대 비즈니스 리더, 2020년 《타임》 선정 가장 영향력 있는 100인에 이름을 올렸다.

10
1천억 달러를 운용하는, 로버트 스미스

비스타 에쿼티 파트너스
창업자·CEO

로버트 만나서 반가워요, 토니! 방금 크리스토퍼와 언제나 흥미로운 당신과의 인터뷰에 대해 이야기하고 있었어요. 앞서 아내와도 (이 인터뷰에 대해) 이야기를 나눴는데, 그동안 아내가 관심을 보인 인터뷰는 이번 건뿐이었어요. 아내는 "세상에, 토니는 당신이 대화할 수 있는 최고의 인물이에요"라고 말했죠. 아내는 당신 팬이거든요.

토니 다행이네요. 기회가 된다면 사적인 만남도 갖고 싶군요. 하지만 당신의 시간을 존중합니다. 우리와 함께해줘서 고맙습니다. 정말 감사해요.

로버트 감사합니다. 당신들과 함께 이 여정에 동참하게 되어 기쁩니다.

토니 로버트, 당신은 이 업계에서 전설적인 인물이지만 많은 사람에게 성장 스토리가 널리 알려지지 않았어요. 그 이야기를 들려주겠어요? 어떻게 이 자리에 오르게 되었나요?

로버트 나는 콜로라도주 덴버에서 교사 부부의 아들로 태어났습니다. 인종적으로 분리된 사회였지만, 나는 부모님뿐 아니라 지역사회 구성원들에게 항상 사랑과 보살핌을 받고 있다고 느꼈어요. 이런 환경은 안정감과 함께 놀라운 능력, 바꿔 말하면 빠져들 수 있는 지적 호기심을 키워준다고 생각해요. 내 성장 스토리에서 중요한 점은 정기적으로 탐구하고 배울 수 있는 기회를 갖는 것이었어요. 아버지는 내게 오페라와 클래식 음악을 가르치셨어요. 어머니는 매주 토요일 아침마다 우리 형제를 도서관에 데려가셨고요. 우리는 8~10권, 어머니는 15권을 대출해 그 주에 다 읽었어요. 그다음 주에도 똑같이 하곤 했죠. 음악과 책 덕분에 내가 자란 작은 마을 밖의 세상에 대해 호기심을 갖게 되었어요. 문제 해결에 대한 호기심도요.

고등학교에 진학하면서 컴퓨터를 접하게 되었어요. 우리 세대는 디지털 원주민이 아닌 디지털 이민자였어요. 하지만 나는 학습된 호기심이 있었어요. 선생님에게 "이게 어떻게 돌아가죠?"라고 질문했죠. 선생님은 "마이크로프로세서라는 장치에서 작동한다"고 대답하셨어요. 나는 "마이크로프로세서가 어떻게 돌아가죠?"라고 반문했어요. 선생님은 "트랜지스터라고 하는 것으로 작동해"라고 답하셨어요. 나는 또 "그건 누가 발명했나요?"라고 질문했어요. 그러자 선생님은 "벨 연구소라는 곳이란다"고 하셨어요.

나는 작은 진로상담센터에 가서 콜로라도에 벨 연구소가 있는지 물었어요. 친절한 여성이 브라이튼에 있다고 말해주더군요. 전화를 걸어 "컴퓨터 관련 인턴십에 관심이 있습니다"고 말했더니 인사 담당자가 그냥 깔깔댔어요. 그녀는 대학 3학년에서 4학년 사이 학생들을 위한 인턴십이 있다고 알려주며, 내가 대학 3학년이 되면 전화하라고 말했어요. 나는 다음 날도, 그다음 날도 전화를 했죠. 그랬더니 아예 내 전화를 받지 않더군요. 2주 동안 매일 전화를 걸어 메시지를 남겼어요. 그다음에는 2월부터 6월까지 매주 월요일마다 그렇게 했고요. 마침내 그 담당자가 6월에 내게 전화했어요. "MIT 학생이 오지 않아 프로그램에 자리가 났어요." 그러고는 면접을 보러 오라고 하더군요.

나는 그길로 나가서 정장 한 벌을 마련했고, 다음 날 그 옷을 입고 69년형 플리머스 새틀라이트에 2달러어치 기름을 넣었어요. 그렇게 차를 몰고 가서 벨 연구소에 취직했어요. 대학생 때도 내내 그곳에서 일했죠. 거기서 문제를 해결하는 기쁨을 발견하는 것이 가장 좋았습니다. 오늘날 나는 복잡한 문제에 대한 우아한 해법을 만들어내는 것이 내 진짜 역할이라 말하고 싶어요. 비스타가 바로 그런 곳이죠.

내 배경 이야기 중 많은 부분은 상상력을 자극한 사람들과 관련이 있어요. 내 호기심을 자극하고, 자유롭게 탐구하고 확장하고 실수하고 질문할 수 있게 해준 사람들이죠.

또한 해법 세트를 푸는 데 시간을 할애해 준 사람들, 내가 지금 투자하는 방식과 비스타를 구축하는 방식에 영향을 주는 특정 기술과 과학, 수학을 배우도록 도와준 사람들도요.

토니 그 과정을 회상할 때 가장 중요한 영향을 준 사람은 누구인가요? 그리고 벨에서 비스타에 이르기까지 과정도 궁금해요.

로버트 아버지가 덴버에서 시민단체를 결성하는 과정을 지켜보았습니다. 덴버는 눈이 많이 내렸죠. 물론 어렸을 때는 눈이 많이 오면 좋아했어요. 학교에 가지 않았으니까요. 나중에 깨달았지만, 그런 날에는 부모님이 일하러 가지 못했어요. 흑인 동네는 시에서 도로에 쌓인 눈을 치우지 않았거든요. 3~4일이 지난 후에야 시에서 도로 한가운데 눈을 치워 중앙선을 표시해 놓았죠. 아버지는 우리 형제에게 중앙선 옆에 차 한 대 지나갈 만큼 눈을 치우게 한 다음 그 길로 출근하셨죠. 그다음에 버스가 왔고, 우리는 그 버스를 타고 학교에 갔죠. 백인 동네에 도착했는데, 그거 아세요? 그 동네 도로는 눈이 다 치워진 데다 마른 상태였어요. 제설 작업이 벌써 며칠 전에 끝났다는 거죠. 아버지는 앞장서서 "우리 지역사회가 일할 수 없으면 가족을 먹여 살릴 수 없다는 것을 사람들이 이해하도록 도와야 한다"고 말씀하셨어요. 그렇지 않으면 도시 전체의 수준이 떨어지게 되죠. 결국 아버지는 시에서 우리 동네도 제설하도록 설득해 내셨어요.

부모님은 자신의 위치에서 시민 사회에 긍정적인 변화를 이끌어내기 위해 노력하셨어요. 콜로라도에서 헤드 스타트 프로그램(저소득층 아동 지원 프로그램 – 옮긴이)을 시작하는 데도 도움을 주셨죠. 어머니는 50년 넘게 매달 25달러짜리 수표를 유나이티드 니그로 대학 기금에 기부하셨고요.

부모님 외에 벨 연구소에서 내 첫 멘토였던 빅 하우저 Vic Hauser라는 분에게 정말 큰 영향을 받았어요. 십 대 때 신이 나서 벨 연구소에 갔더니 그가 연산 증폭기를 꺼내며 이렇게 말했어요. "멀린 시스템에서 이 반도체가 고장 났네. 자네가 할 일은 이 반도체가 왜 고장 났는지 알아내는 거야. 그게 올 여름 프로젝트지. 벨 연구소의 모든 자원을 마음껏 활용할 수 있어. 도서관은 복도 끝에 있고, 나는 여기 있네. 궁금한 건 뭐든 물어봐도 되네. 행운을 비네."

그러고는 의자를 돌리더군요. 나는 '이건 좀 불친절한데'라고 생각했죠. 하지만 도서관에 가서 연산 증폭기가 무엇인지부터 찾아봤어요. 설명을 이해한 다음 빅의 사무실로 돌아가 연산 증폭기에 대해 이해한 내용을 설명했죠. 그러자 빅은 의자를 내 쪽으로 돌리더니 두 시간 동안 그게 어떻게 작동하는지, 어떤 기능을 하는지, 어떤 기능을 해야 하는지, 현재 어떤 기능을 하지 않는지 설명했어요. 매일 그런 식으로 나를 지도했어요.

토니 멋지네요.

로버트 그는 내가 무언가를 알아내는 기쁨을 발견하도록 도와주었어요. 그는 내게 답을 주지 않았어요. 내가 물어보고 조사하도록 했죠. 그렇게 그는 부모님이 늘 내게 가르친 것을 강화해 주었어요.

토니 로버트, 정말 대단한 가족이에요. 나는 당신 부모님을 정말 존경해요. 두 분이 제공한 기반과 당신이 확장한 기반 위에서 세계의 많은 사람이 혜택을 받고 있잖아요. 이제 괜찮다면 마침내 홀로서기를 결심하게 된 계기가 무엇인지 들려줄 수 있을까요? 기업용 소프트웨어에 집중하기로 마음먹은 이유는 무엇인가요?

로버트 재미있는 이야기를 들려줄게요. 나는 6년 동안 화학 엔지니어로 일했어요. 그 일이 정말 좋았어요. 인류 역사상 아무도 생각해내지 못한 아이디어를 구상하는 것보다 더 고귀한 추구는 없다고 봤거든요. 굿이어 타이어 앤드 러버 Goodyear Tire and Rubber에서 즐겁게 일하고 있을 때 제임스 골드스미스 James Goldsmith라는 사람이 회사를 인수하려 했어요. 나는 '이게 다 뭐지?'라는 생각이 들었어요. 결국 그 일을 계기로 경영대학원에 진학하게 되었죠.

첫해를 성공적으로 마치고 수석을 차지했어요. 학교에서 여름 졸업식에 참석해 1학년 상을 받으라고 하더군요. 존 유텐달 John Utendahl이라는 분이 축사를 하러 왔어요. 키가 2미터나 되는 거구에 잘생긴 투자은행가였죠. 나는 상을 받았고, 그는 축사를 했죠. 얼마 후 그가 내게 투자은행에서 일할 생각이 있느냐고 전화를 했어요. 나는 투자은행가가 무슨 일을 하는지 잘 모른다고 말했어요. 그러자 그가 나를 사무실로 초대하더군요. 우리는 30분 동안 점심을 먹었고, 2시간 동안 이야기를 나눴어요. 그 후 그는 월가의 모든 흑인들에게 전화를 걸어 나를 꼭 만나야 한다고 말했어요. 과학자 성향이 강한 나는 그들뿐만 아니라 백여 명이 넘는 사람들과 이야기를 나누게 되었죠. 나는 이해가 필요했어요. 결국 내가 좋아하는 비즈니스 분야는 인수합병뿐이라는 사실을 깨달았죠. 오래 지속되고 조정하는 과정을 통해 지속 가능한 인프라를 구축하는 일이죠. 당시 이 일을 하는 회사는 6개뿐이었어요. 그중 팀워크 구조를 갖춘 곳은 골드만삭스 Goldman Sachs가 유일했어요.

결국 나는 사업부 매니저라는 직책을 맡아 맥 힐 Mac Hill이라는 분 밑에서 일하게 되었어요. 그는 뛰어난 인수합병 전문가였어요. 그런데 진 사이크스 Gene Sykes라는 분이 내게 전화해 함께 일할 의향이 있는지 묻더군요. 그는 내가 함께 일해보지 않은 유일한 파트너였어요. 그 말을 들은 맥이 이렇게 말하더군요. "로버트, 내가 알려줄게. 나는 정말 괜찮고, 진은 정말 출중해. 기회가 된다면 진과 함께 일하게."

진은 기술 그룹을 꾸릴 참이라 했어요. 나는 "샌프란시스코에서 나를 멘토링하는 데 시간을 할애해 주시기만 한다면"이라 말했어요. 진은 "됐네"라고 했죠. 그리고 1997년 봄, 나는 골드만삭스 최초의 기술 분야 인수합병 뱅커가 되었어요.

토니 와우.

로버트 나는 이제 뉴욕에서 멀리 떨어진 외곽 지역에서 일하게 되었죠. 도와주는 사람이 아무도 없었어요. 스스로 팀을 만들고 계획을 짜야 했어요. 좋은 소식은 위에 사람이 많지 않다는 것이었어요. 뉴욕에서는 거래를 성사시키면 한 번도 만난 적 없는 파트너 네다섯 명이 계약서에 서명해 주었죠. 샌프란시스코에서는 그런 게 없었어요. 갑자기 나는 거의 감독을 받지 않는 가운데 거래를 진행하는 주요 인물 중 한 명이 되었어요. 애플이 있었고, 마이크로소프트가 있었죠. 텍사스 인스트루먼츠 Texas Instruments 와 이베이, 휴렛팩커드, 야후도요. 1997년, 1998년, 1999년 이야기죠.

그런데 흥미로운 점이 있어요. 이들 회사와 기술 환경을 살펴보다 이런 생각이 든 거죠. '사모펀드를 운용하는 회사 중 기업용 소프트웨어를 도입한 업체가 하나도 없네. 왜 그럴까?' 기업용 소프트웨어는 지난 50년간 비즈니스 환경에 도입된 가장 생산적인 도구예요. 엔지니어로서 나는 비즈니스 환경에 컴퓨팅 성능을 도입해 거둘 수 있는 효과를 제대로 이해하기 시작했어요. 그 효과는 기하급수적이었죠. 엔지니어로 근무하던 시절, 굿이어 공장에 프로그래밍 가능한 로직 컨트롤러인 하니웰 TDC 3000 Honeywell TDC 3000 을 구현한 결과, 생산성이 크게 향상되었거든요. 그것도 1940년대에 지어진 공장에서요. 이처럼 컴퓨팅 성능이 향상되면 낭비는 줄고 생산성은 높아져요. 디지털 제어 시스템을 도입하기만 하면 되죠. 이것이 바로 기업용 소프트웨어가 하는 일이에요.

이 동적 기능을 보험회사에 적용해 보험금 청구 업무를 처리해 보세요. 이를 은행에 도입해 거래를 처리해 보세요. 자동차 대리점이나 모기지 회사에 가서 대출을 처리해 보세요. 이것이 바로 기업용 소프트웨어가 전 세계에 불어넣은 생산성 수준이에요.

이런 높은 생산성 덕분에 기업용 소프트웨어는 고객사들 사이에서 한 번 들여놓으면 끊지 못할 존재가 되었어요. 따라서 수천 개 고객사와 장기적으로 지속 가능한 관계를 맺을 수 있어요. 분기나 연간 주기가 아니라 수십 년 주기인 관계죠. 총마진율이 95%에 달하는 제품을 한 번 만들면 원하는 만큼 판매할 수 있어요. 운전 자본은 마이너스이고, 재고가 없어요. 복잡한 문제에 대한 우아한 해결책이죠.

토니 아끼는 친구 마크 베니오프^{Marc Benioff}는 내 행사에 다섯 번 연속 참석한 다음 오라클을 떠났어요. 그는 매번 맨 앞줄에 앉아 있었죠. 나는 그를 정말 사랑해요. 한 행사가 끝나고 그가 다가와서 건넨 "당신이 나를 설득했어요"라는 말을 결코 잊지 못할 것이에요.

그 말에 나는 "글쎄요, 당신과 이야기한 적도 없는데요"라고 답했어요. 그는 "아니요. 하지만 나는 다섯 번 연속 행사에 참석했어요. 당신은 오라클을 떠나라고 나를 설득했어요. 나는 세일즈포스라는 회사를 시작하려 해요. 토니, 우리는 비즈니스를 바꿀 수 있어요. 1억 달러 규모의 사업을 할 것이에요."

세일즈포스는 지금 330억 달러의 매출을 올리고 있나요? 나는 마크의 여정을 함께하며 사업이 성장하는 모습을 지켜봤는데, 정말 놀라웠어요. 그가 지나온 길과 당신의 경로 사이의 상관관계가 흥미롭군요. 지적 호기심과 문제 해결책을 찾고자 하는 열망이 공통점이에요. 당신은 어릴 적 품은 열망이 오늘도 여전한 것 같아요. 이제 다음 이야기를 해주세요. 언제 말하자면 '좋아, 나 혼자 가겠어'라고 결정했나요?

로버트 수년 동안 기술회사, 기업용 소프트웨어 회사와 함께 일하면서 소프트웨어 회사 수백 곳을 접했어요. 소프트웨어 가격은 어떻게 책정했나요? 다 지어낸 이야기였어요. 정말이에요. 그때는 다 지어냈죠. 누군가 거기 앉아서 이렇게 말하는 식이었어요. "2년 정도 연구 개발을 했고, 컴퓨터 프로그래머와 컴퓨터 하드웨어가 많으니 8만 달러 정도에 팔아야 할 것 같은데. 그래, 안 될 게 뭐 있겠어?" 가치를 제대로 이해하지 못하는 무언가를 위해 너무 큰돈을 지불하는 것처럼 보였어요. 그러나 그 소프트웨어에 대해 생각해 보니 연간 300만 달러를 절약하는 고객과 연간 3천만 달러를 절약하는 고객이 있을 수 있겠다는 생각이 들더군요. 훨씬 더 큰 가치가 있었지만, 이를 아는 사람은 거의 없는 단계였어요.

고객에게 조언하고 추천하면서 공통점을 깨닫고, 스스로에게 '네가 이걸 하지 않으면 누군가가 이걸 알아낼 것이다'라고 말했어요.

토니, 당신이 하는 일은 모범 사례를 소개하여 사람들이 최고의 자아가 될 수 있도록 영감을 주는 것이에요. 베니오프는 이를 자신만의 방식으로 내면화하여 실천에 옮겼고요. 마찬가지로 우리는 인수하는 회사의 기업 성숙도를 높이는 데 도움이 되는 일련의 모범 사례를 구축하고 지속적으로 개선해 왔습니다. 비스타를 설립한 이래 600건 넘게 거래를 완료했어요.

다른 측면은 대다수 소프트웨어 사업이 여전히 창업자 주도로 운영되고 있다는 점이에요. 그들은 자신들이 그전까지 운영해 본 적 없는 큰 규모의 사업을 경영하고 있어요. 그래서 고민하게 되죠. 이를테면 '1억 달러 규모였다가 2억 달러로 성장했고 이제 4억 달러로 불어난 이 사업을 내일 어떻게 해야 할까?'라면서요. 비스타의 마법 중 하나는, 그런 경영진과 직원들이 함께 모여 서로 배울 수 있는 생태계를 구축했다는 점이에요. 스테로이드를 처방받은 젊은 사장단 조직과 비슷하다고 할까요. 3천만 달러 규모인 소프트웨어 회사의 최고기술책임자CTO라면, 3억 달러 규모 소프트웨어 회사의 CTO 옆에 앉아 30억 달러 규모 소프트웨어 회사의 CTO로부터 가르침을 받을 수 있어요. 우리는 이처럼 경영진이 부담 없는 환경에서 업무를 수행할 수 있는 공유 학습 생태계를 조성하고 있어요.

크리스토퍼 로버트, 토니가 자주 말하는 것이 바로 '근접성의 힘'이에요. 그런 모든 모범 사례를 공유하고 그 회사가 이를 구현하는 데 도움을 줄 뿐만 아니라, 동일한 모범 사례를 구현하는 다른 기업가들에게도 근접성을 제공해야 해요.

로버트 네, 가장 큰 장점은 이런 지원 없이도 많은 경우 실수하지 않도록 도울 수 있다는 것이에요.

토니 당신에게서 뿜어져 나오는 전율이 느껴져요. 그것을 발산하는 모습이 정말 아름다워요. 현재 이 분야 투자자들에게 가장 큰 기회는 어디라고 생각하나요? AI는 어떤 역할을 할 수 있을까요?

로버트 좋은 질문입니다. 가장 좋은 투자 기회는 당연히 비스타라고 믿어요. 의심의 여지가 없어요. 당연하죠. 진심이에요.

왜 그럴까요? 우리는 기업용 소프트웨어 회사 운영에 제도화를 도입하는 방법을 알고 있기 때문이에요. 나는 기업용 소프트웨어를 당신들과 함께 최대한 많이 돌려본 다음 당신들과 당신들의 팀에 변경할 수 있는 도구를 제공하는 데 뛰어나요. 앞서 이야기한 것처럼, 우리는 지속 가능한 인프라를 통해 기업용 소프트웨어 회사의 기업 성숙도를 높여 수익성 있게 대규모로 성장할 수 있도록 지원해요. 이런 비즈니스 인프라를 구축하면 CEO는 조용히 시간을 보낼 수 있어요. 계약 관리 프로세스를 처리할 필요가 없습니다. 스스로 수정하고 스스로 조정하며 노이즈를 줄이는 시스템을 구축했기 때문에 서비스 프로세스도 필요 없어요. 따라서 CEO는 비즈니스 발전을 위해 무엇을 할 수 있을지 고민하면 되죠.

토니 뛰어난 경영자는 비즈니스에 매몰되지 않고 비즈니스에 대한 일을 합니다. 무엇보다 이것이 CEO를 CEO답게 만들죠. 그렇다면 지금 이 분야에서 투자할 수 있는 기회는 무엇이라 보나요? 우리는 서비스형 소프트웨어^{SaaS}의 발전을 보았고, 이제 AI가 등장하고 있어요. 현재 가장 큰 기회는 어디라고 생각하는지 들려주세요.

로버트 2010년부터 2013년 또는 2014년까지만 해도 내가 클라우드 네이티브라 부르는 기업은 약 15%에 불과했어요. SaaS가 비즈니스 모델이죠. 지금은 아마 40~50%에 가까워졌을 것이에요.

토니 정말인가요? 아직도 시장에 그만큼 성장 여지가 있나요?

로버트 네. 그럼요. 전환하고 조정해야 할 부분이 많아요. 소프트웨어 회사가 약 10만 개 있고, 당신은 그중 250개 정도는 알고 있을 거예요. 하지만 신생 기업들은 이제 클라우드 네이티브이기 때문에 밑바닥부터 올라오고 있습니다. 하지만 그 중간에는 온프레미스^{on-premiss}(소프트웨어를 자체 서버에 직접 설치하여 사용하는 방식-옮긴이) 또는 하이브리드를 활용하면서 클라우드 네이티브로 전환하려는 고객이 많거든요.

미국은 항상 컴퓨팅 분야에서 기회의 선구자였어요. 2000년대 들어 미국은 컴퓨팅 파워를 분산했어요. 이제 이 컴퓨팅 파워는 어디에나 있죠. 따라서 모든 경제, 모든 산업이 어떤 형태나 유형으로든 디지털화되고 있다고 할 수 있어요. 많은 경우 미국의 소스 소프트웨어나 영국의 소스 소프트웨어를 구매해요. 일부는 자체적으로 해결하려 노력하고요. 이런 미국에 비해 주요 경제대국 중 5개국에는 기업용 소프트웨어 계층이 없어요.

토니 정말이요? 어느 나라인가요?

로버트 중국이요. 중국의 소프트웨어는 모두 국영 기업이나 민영 기업에 있어요. 일본은 모든 소프트웨어가 대부분 게이레츠^{系列}(기업집단-옮긴이)에 있어요. 한국은 모든 소프트웨어가 재벌이나 가족 경영 기업에 있고요. 인도도 마찬가지죠. 따라서 기업용 소프트웨어 계층을 구축할 수 있는 엄청난 기회가 있습니다.

그렇지만 기업용 소프트웨어 분야의 가장 큰 기회는 미국에 있어요. 우리가 할 수 있는 일은 머신러닝과 로봇 프로세스 자동화, AI와 같은 에코 시스템을 바탕으로 모든 형태의 촉매 기술을 플랫폼 전반에 걸쳐 구현하는 것이에요. 따라서 나는 위험을 감안할 때 여전히 기업용 소프트웨어가 주식이든 부채든 모든 형태의 자본을 위한 최상의 투자처라 생각해요. 이런 촉매 활동을 활용해 발전할 수 있는 곳에 투자하기만 하면 돼요.

크리스토퍼 로버트, 기업용 소프트웨어 자체만 놓고 보면 기업 가치가 엄청나게 상승했어요. 밸류에이션이 정상 평균 수준으로 크게 조정된 것을 보았습니다. 지난 몇 년 동안 예상하지 못했던 어떤 일이 있었나요?

로버트 내가 예상하지 못한 일은 나무가 하늘까지 자랄 것이라 믿는 사람들이 시장에 넘쳐난 상황이에요. 다들 기억하죠? 1997년, 1998년, 1999년, 2000년, 나스닥이 1만 포인트로 올라가고 닷컴을 비롯해 그런 모든 것들이요. 물론 이런 가치를 뒷받침할 인프라가 없었고, 당연히 지속되지도 못했죠. 시장에 공짜 자금이 넘쳐나기 시작하면, 사람들은 30% 또는 40%의 EBITDA 마진으로 3~5% 성장하는 회사를 52주 최고가에 프리미엄을 얹은 가격을 치르고 인수해요. 나는 사람들이 그보다 더 신중하게 생각하고 밸류에이션이 내려올 때까지 기다릴 것이라 생각했죠. 당신을 탈출하게 도와줄 더 큰 바보가 항상 대기하고 있다고 믿지 않는 한, 이 사업에는 더 이상 갈 곳이 없어요.

크리스토퍼 로버트, 흥미로운 점은, 그렇게 흥분하고 열광해 그토록 높은 배수를 지불했던 사람 중 상당수가 이제 기업용 소프트웨어를 나쁜 투자라 생각한다는 것이에요. 이제 배수가 50~70%까지 내려갔는데 그들은 어떤 것도 원하지 않아요. 나는 이런 상황은 지켜보는 것만으로도 흥미로워요. 훌륭한 기업이 잘못된 밸류에이션으로 거래되고 있다는 사실을 받아들이지 못하는 사람들이 많거든요.

로버트 두려움은 기회를 낳아요. 우리는 기업용 소프트웨어 회사에 대한 투자가 금융 시장 어디에서나 자본을 가장 잘 활용할 수 있는 방법이라 계속 믿고 있어요.

크리스토퍼 투자자들이 이전과 같은 방식으로 기회를 보지 않는다는 말인 것이죠? 그렇다면 그들이 기업용 소프트웨어를 과거와 다르게 바라보도록 어떻게 지도할 수 있을까요?

로버트 좋은 질문이군요. 국내적으로 살펴보면, 몇 가지 거시경제 요인이 영향을 미치고 있어요. 우선 미국에서는 임금이 인상되고 있어요. 이에 대응해 고용주는 효율을 높이는 방법을 찾아야 해요. 기업용 소프트웨어는 이를 위한 가장 생산적인 도구예요. 따라서 이 소프트웨어의 소비 역학 관계는 계속해서 견고할 것이에요.

비스타와 거래하는 모든 회사의 매출을 합하면 250억 달러가 넘어요. 베니오프보다 때로는 조금 더 크기도 하고 때로는 조금 더 작을 수도 있어요. 기업 전체로 보면 10%대의 높은 성장률을 보이고 있습니다. 이런 경제 상황에서도요. 이것이 바로 탄력성입니다. 실제로 고객에게 판매하는 제품의 투자자본수익률^{ROI}을 측정해 보았더니 640%였습니다. 전 세계에서 이런 수익률을 내는 투자는 없는 것으로 알고 있습니다. 따라서 자동차 수리이든, 패스트푸드이든, 호텔 관리이든, 어떤 비즈니스에 종사하든 차선책은 소프트웨어를 더 많이 구입하는 것입니다. 핵심은 해당 환경에서 어떤 소프트웨어가 소비될지 파악하는 거예요.

토니 대다수 투자자들이 업계를 바라볼 때 잘못 알고 있는 것은 무엇인가요?

로버트 어떤 사람들은 내게 "로버트, 소프트웨어에 투자하지 않는다면 무엇을 보겠느냐?"고 물어요. 장기적인 투자자라면, 인류의 삶을 유지하는 맥락에서 어떤 비즈니스가 지속 가능한지 잘 파악해야 해요. 그렇죠? 이와 관련해 맥락을 확장하면 인류의 번영을 유지하는 것이죠.

크리스토퍼 좋은 생각입니다. 5분 동안 전 세계와 이야기할 기회를 주겠습니다. 오늘 세상이 무엇을 알았으면 좋겠다고 생각하나요?

로버트 인간 정신의 해방에 진정한 가치가 있다는 사실을 세상에 알리고 싶습니다. 무슨 말이냐면, 모든 사람에게 **기회의 토대를 제공해야 한다는 것입니다.** 그렇다고 모든 사람이 집을 소유할 자격이 있다는 뜻은 아닙니다. 기회의 토대는 교육과 영양, 기회에 대한 접근성입니다. 사람들이 그것을 받지 않기로 선택한다면 어쩔 수 없습니다. 하지만 다른 이유로 사람들을 배제하는 것은 인류의 오류라 생각합니다.

토니 로버트, 우리가 가치 체계가 비슷하다는 건 확실해요. 이 책의 콘셉트는 몇 년 전 내가 레이 달리오와 진행한 인터뷰와 관련이 있어요. 가장 중요한 투자 원칙을 하나 꼽는다면 무엇이냐고 물었죠. 그가 말하는 성배는 8~12가지의 상관관계가 없는 투자처를 찾는 것이에요. 그는 그렇게 하면 위험을 80% 줄이고 수익률을 높일 수 있다고 말했어요. 이 책을 쓴 이유 중 하나는 일반인에게 대체투자의 중요성을 알리는 것이에요. 고액 자산가들은 보통 자산의 45%를 대체투자에 할애해요. 그들은 사모신용에 투자하고, 사모펀드에 투자하고 있어요. 사모부동산에도요. 당신이 생각하는 투자의 성배는 무엇인가요?

로버트 먼저 레이의 말이 옳다고 말하고 싶어요. 포트폴리오 매니저라면 여러 자산군으로 포트폴리오를 구성하고 관리해야 합니다. 나는 대체 자산과 사모펀드 자산으로 구성된 포트폴리오를 관리해야 하는 독특한 업무를 맡고 있습니다. 당신의 질문에 대한 내 대답은 성공의 핵심 요소를 확실히 통제하라는 것입니다.

토니 괜찮다면 예를 들어주세요.

로버트 기업용 소프트웨어 분야에서 성공의 핵심 요소는 인재와 인재 개발과 같은 것입니다. 그럼 인재를 찾아줄 헤드헌터들을 물색해야 하나요? 아니요. 나는 전체를 아우르는 인재 관리 시스템을 갖추고 있습니다. 이 시스템은 30년 이상 축적된, 최고의 성과를 낸 인재들의 프로필부터 정말 훌륭한 초급 개발자의 프로필까지 갖추고 있어요. 훌륭한 경영지원 직원의 프로필도 있고, 최고 영업 사원의 프로필도 있어요. 우리는 매년 45만 명을 인터뷰하여 적합한 인재 2만 5천 명을 찾아요. 이것이 성공의 핵심 요소입니다. 이는 우리가 통제할 수 있어요.

우리가 통제할 수 있는 성공의 또 다른 핵심 요소는 가격 책정 역학입니다. 고객에게 판매하는 제품의 ROI가 얼마인지 파악하는 것입니다. 그리고 그 경제적 지대 economic rent를 어떻게 확보할 수 있을까요? 시스템적으로 어떻게 할 수 있을까요? 판매집계표를 들고 다니는 영업 사원은 "거기는 직원이 45명이니 가격은 이렇습니다. 직원이 500명이니 가격은 이렇습니다"고 말해서는 안 됩니다. 아니요. 앉아서 ROI 계산기를 만들어 해당 고객에게 해당 제품의 가치가 다음과 같다고 말하는 것입니다. 그 가격으로 고객에게 파는 것이죠. 이것이 성공의 핵심 요소입니다. 이는 우리가 통제할 수 있습니다.

비용과 시장 진출, 가장 중요한 자원인 인력, 계약 과정 등 모든 것을 관리할 수 있습니다. 모두 당신이 통제할 수 있습니다.

시장의 배수는 통제할 수 없습니다. 하지만 회사의 성장과 수익성 향상은 내가 통제할 수 있습니다. 소프트웨어 분야에서는 자본 지출이 없기 때문에 성장과 수익성만 높여도 현금흐름을 통해 자본을 회수할 수 있습니다. 최악의 경우, 현금흐름으로 돈을 벌게 되는 셈이죠.

크리스토퍼 회사를 시작하기 전에 당신에게는 훌륭한 멘토 그룹이 있었고 훌륭한 조직이 있었죠. 그러나 회사를 시작하기 전에 누군가 당신에게 말해주었더라면 좋았을 몇 가지가 있다면 무엇인가요?

로버트 좋은 질문입니다. 가장 높은 수준에서는 회사를 더 오래 유지할 수 있는 구조를 만드는 것입니다.

사모펀드의 세계는 회사를 인수해야 하고 회사를 개선해야 하며, 그다음에는 매각해야 하는 구조로 되어 있습니다. 베니오프는 본질적으로 한 가지 산업을 선택했고, 그 산업을 영원히 유지할 수 있습니다. 그리고 계속 성장할 수 있습니다. 나는 지난 2년 동안 130건이 넘는 거래를 성사시켰는데, 내가 해야 할 일 중 하나가 자본을 회수하는 것이기 때문입니다. 나는 기업들이 생태계에 더 오래 머물 수 있는 구조를 찾았으면 좋겠습니다.

크리스토퍼 사모펀드 업계는 그런 점에서 근시안적입니다. 그들은 몇 분기를 고려합니다. 그러나 수십 년에 걸쳐 돈과 가치, 성장을 복리화하는 방식이 최상이죠.

로버트 바로 그거예요. 미국 연금 제도의 본질은 돈을 돌려받아야 한다는 것이죠. 이해합니다. 하지만 회사를 매각한 다음 LP가 다시 돌아와서 "로버트, 자금을 다시 맡기겠어요"라고 말하는 특정한 예외,

특정한 비즈니스가 있어야 합니다. 나는 특정 고객과 함께 멋진 재투입 모델을 구축했는데, 일정 금액이 자동으로 재투입되는 방식입니다. 돈을 돌려받고 싶으면 그렇게 하면 되죠. 그러지 않는다면 우리가 다시 운용합니다.

크리스토퍼 업계는 계속해서 그렇게 하려고 노력할 것입니다. 투자 분야에서 일하면서 내가 목격한 놀라운 현상 중 하나는, 당신이 비즈니스에서 엄청난 성장을 이루었다는 점입니다. 일반적으로 사모펀드 회사나 민간 대체자산관리회사 중 비스타처럼 규모를 확장할 수 있는 회사는 거의 없습니다. 일부 기업이 30억 달러에서 300억 달러로, 또는 당신의 회사처럼 1천억 달러가 넘는 운용 자산을 달성하지 못하는 이유는 무엇일까요? 무엇이 그들을 방해할까요?

로버트 세 가지 이유를 말할 수 있어요. 그리고 내가 알고 있는 확장을 가능하게 하는 요소에 대한 대비를 보여줄게요. 첫째는 모델입니다. 투자 팀과 가치 창출 팀, 운영 팀, 그리고 그 속에서 우리가 함께 일하는 방식에 대한 모델이요. 그럼 이것이 왜 중요할까요? 나는 어느 한 부분이라도 실패하는 것을 피하고자 해요. 엔지니어 출신이니까요.

회사 중 상당수는 한 사람의 개성이나 '재능 있는 투자자'를 기반으로 설립됩니다. 재능 있는 투자자 중 상당수는 훨씬 더 많은 사례에서 손실을 입지만 일부 사례에서 더 큰 수익을 올리죠. 내게 투자는 몇 가지 종목에서 많은 돈을 벌고, 몇 가지 종목에서 손해를 본 후 전체를 합하면 평균적으로 꽤 괜찮은 결과를 내는 것이 아닙니다. 나는 손실률을 봅니다. 그것이 내 생각입니다. 그렇다면 왜 어떤 사람들은 확장하지 못할까요? 어떤 해에는 수익이 좋았다가 어떤 해에는 그렇지 않은 도덕적 해이 문제가 발생하기 때문입니다. 그중 일부는 조직이 시스템화되어 있지 않고 한 사람에게 지나치게 집중되어 있습니다.

셋째는 조직 문화라고 생각합니다. 우리는 부사장 이상 간부의 근속률이 95%에 달합니다. 부사장 이상 중 애널리스트나 어소시에이트에서 시작하지 않은 사람은 단 두 명뿐입니다. 이런 식으로 문화를 형성할 수 있습니다. 또한 성 평등 기업이며, 유색 인종도 40%에 육박합니다. 이를 통해 사람을 키우고 교육하고 가르치고 멘토링하고 능력을 개발할 수 있으며, 조직 구성원이 자신의 고유하고 진정한 자아를 발휘할 수 있는 공간을 확보할 수 있습니다. 그래야 직원들이 성공할 수 있습니다. 남들은 어떻게 하는지 모르겠지만, 우리는 그렇게 하고 있습니다.

크리스토퍼 매우 자랑스러워할 만한 독특한 일입니다. 완벽한 사람은 없지만, 가능한 한 완벽에 가까운 사람을 찾으려 노력하는 편이 가장 좋죠. 그렇게 한다면, 그들은 강점을 발휘할 테니까요.

로버트 강점의 일부는 평가입니다. 한 명의 거물급 장타자가 있고 그에 의해 팀의 운명이 결정되는 건가요? 아니면 팀을 구성하고 그들에게 경험을 쌓고 성장할 수 있는 장소를 제공하나요? 나는 항상 팀원들에게 이렇게 말합니다. "여러분을 성장시키는 관리 스타일과 방법은 두 가지가 있습니다. 사람들이 성장할 수 있는 구조를 만들 수도, 사람들이 채울 수 있는 공백을 만들 수도 있습니다. 관리자는 직원에게 필요한 것이 무엇인지 결정해야 합니다. 때로는 정보를 얻고 배워야 하는 구조일 수도 있습니다. (또는) 여러분이 최선을 다해 배운 것으로 공백을 채워야 할 수도 있습니다. 그렇게 하려면 많은 간접관리비가 들어갑니다. 하지만 의식적으로 그렇게 하지 않는다면, 리더 없이는 결정을 내리지 못하고 성장하지 못하는 조직이 됩니다."

크리스토퍼 그 점이 무엇보다 중요하다고 생각합니다. 현재 우리는 60개 이상 회사의 GP 지분을 보유하고 있습니다. 모든 회사가 정말 잘한다는 것을 알게 되었고, 그렇지 않았다면 우리가 거기에 있지 않았을 것입니다. 하지만 차이점을 살펴보면, 인재가 중심이 되는 곳과 경영진이 주도하는 곳의 차이가 가장 크게 느껴집니다. 어느 쪽이 전적으로 옳고 그르다고 할 수 없습니다. 하지만 확장성은 인재를 인재답게, 경영진을 경영진답게, 그리고 모든 사람이 자신의 최고 모습을 보여줄 수 있도록 유도하는 수준의 관리에서 비롯됩니다.

로버트 완벽한 말입니다. 바로 그거예요.

토니 이 주제를 마무리하는 질문입니다. 관리자에게서 어떤 자질을 보나요? 효과적인 리더십에서 가장 중요한 자질이 무엇이라 생각하는지 알고 싶습니다. 조직에서 성과를 창출하고 더 높은 수준으로 계속 성장할 수 있는 진정한 리더가 되기 위해 개인에게 가장 중요한 요소는 무엇이라 생각하나요?

로버트 좋은 질문입니다. 비스타의 투자자들은 대부분 애널리스트와 직원으로 입사하는데, 내가 찾는 자질 중 하나는 그들이 본질적으로 호기심이 많은가 하는 것입니다. 배우려는 열린 마음을 가지고 있는지도 봅니다. 잘 알잖아요, 토니. 우리는 혁신 사업을 하고 있습니다. 우리는 사고가 민첩하고, 삶에 대한 접근법이 개방적이며, 실제로 지적 호기심을 가지고 있는 사람들을 찾아야 합니다. 그들은 끝까지 파고들어 말할 것입니다. 왜 이런 식으로 되어 있는지에 대한 소스 코드가 여기에 있다고요. 내가 찾는 것은 내가 벨 연구소에서 경력을 쌓기 시작할 때 배운 것, 부모님으로부터 배운 것, 즉 무언가를 알아내는 기쁨이라 말할 수 있습니다.

RAMZI MUSALLAM
CEO OF VERITAS CAPITAL

영예
《포브스》 400대 부호 280위
총 운용 자산(2023년 8월 말 기준)
450억 달러
중점 분야
의료와 국가 안보, 교육 등 규제가 엄격한 산업의 기업 인수

하이라이트
- 베리타스 캐피털의 포트폴리오 기업은 2023년 6월 현재, 연간 250억 달러 이상의 매출을 창출하고 12만 명 이상의 직원을 고용하고 있다.
- 베리타스는 2023년 6월, 프레킨이 수여하는 '북미 최고 성과 바이아웃 펀드 매니저' 상을 수상했고, 2022년에는 프레킨의 최고 성과 펀드 매니저에 10년 연속 선정되었다. 2023년 2월, 프랑스 사립 경영대학원 HEC 파리와 다우존스가 선정한 2009년부터 2018년까지 조성된 모든 바이아웃 펀드 중 종합 성과 측면에서 전 세계 2위에 올랐다.
- 램지는 2023년 8월, 《포천》이 선정한 21대 사모펀드 파워 플레이어에 이름을 올렸다.

11
정부 투자유치의 달인, 램지 무살람

베리타스 캐피털 CEO

토니 램지, 인터뷰를 자주 하지 않는 것으로 알고 있는데 이렇게 인터뷰에 응해줘서 정말 영광입니다. 당신은 놀라운 실적을 보유하고 있습니다. 이 사실은 많은 사람이 알고 있죠. 하지만 당신이 겪은 이야기를 아는 사람은 많지 않을 것 같아요. 26년 동안 이 업계에서 활동했죠. 내가 알기로 당신은 1997년 베리타스에 입사했어요. 5년 후 친구이자 파트너를 잃었고, 사업 전체를 잃을 수도 있었죠. 하지만 단 한 명의 투자자도 회사를 떠나지 않았습니다. 베리타스를 20억 달러에서 450억 달러 규모로 성장시켰고 엄청난 수익을 창출했습니다.

그 비하인드 스토리를 약간 들려주면 좋겠어요.

램지 개략적으로 말씀드릴 테니, 도중에 궁금한 점이 있으면 무엇이든 질문해 주세요. 이 모든 것을 어떻게 시작하게 되었느냐 하면, 경영대학원에 재학 중일 때 놀라운 기회를 얻었어요. 당시 제이 프리츠커Jay Pritzker는 프리츠커 가문의 가부장일 뿐이었어요. 오늘날처럼 15개 가문으로 나뉘어진 것이 아니라 전적으로 그가 통제하고 있었죠. 나는 그의 비서와 친해지려고 부단히 노력한 끝에 마침내 그와 연결되었어요. 짧은 대화를 나눈 후 그는 이렇게 말했어요. "그런데 램지, 당신이 한번 살펴봤으면 하는 기회가 있어요. 내가 관심을 갖고 있는 기회예요. 경영진을 만나본 후 어떻게 생각하는지 알려주세요."

간단히 말하면, 나는 돌아와서 그와 그의 오른팔 두 사람에게 잠재적 투자 기회에 대한 내 의견을 설명했죠. 그는 그 자리에서 나를 고용했어요. 나는 항상 기업가적으로 사고했어요. 내 아버지는 미국으로 건너와 사업을 했고, 내 동생은 현재 세 번째 스타트업을 운영하고 있어요. 나는 말하자면 오너가 되겠다는 기업가적 마인드를 가지고 있었어요.

이 모든 이야기를 꺼낸 이유는, (제이와 함께 일하면서) 타계했다고 말한 밥 매키언Bob McKeon을 소개받았기 때문이에요. 당시 그는 전직 경영자들, 즉 《포천》 선정 500대 기업 CEO 출신들과 함께 비교적 적은 자본을 소규모 일반 거래에 투자하고 있었어요. 우리는 곧 친해졌고, 펀드를 조성하기로 했죠. 그때 나는 뉴욕으로 돌아오기로 결심했어요. 대학원 재학 중 18개월 동안 제이와 함께 일하며 놀라운 경험을 한 후 나는 그를 떠났어요. 그 경험은 내 직업 생활과 관련해 정말 큰 변화를 주었죠.

밥과 나는 펀드를 조성하기 시작했는데, 특별한 초점이 없는 일반 펀드였어요. 규모는 1억 7,500만 달러로 작았고, 18개월이 걸렸어요. 그리고 무슨 일이 있었느냐면, 펀드를 조성하기 전에 밥이 투자해 놓은 철강 제조업체와 자동차 부품 제조업체, 선박 수리 업체 등 세 건이 펀드 투자로 전환되었어요. 모두 현재 우리가 하는 일과는 아무런 관련이 없는 분야였어요. 나는 항상 잘하는 것보다 운이 좋은 편이 낫다고 말해요. 나는 운이 좋았어요. 회사는 그다음에 찾아오는 기회를 잘 활용했습니다.

친구가 앨라배마주 헌츠빌에 있는 투자 기회를 소개해 줬어요. 한때 크라이슬러의 일부였던 방위 기술 기업이었어요. 우리는 그 생태계에 투자한 적이 없었어요. 나는 그곳에 가서 어떤 기회가 있는지, 그들이 속한 생태계가 어떤지 많은 것을 배우기 시작했죠. 한마디로 말하면, 그것은 오늘날 우리가 기술과 정부의 교차점이라 부르는 분야, 즉 방위 산업에 대한 투자의 초석이 되었어요. 그 회사가 바로 인티그레이티드 디펜스 테크롤로지스 Integrated Defense Technologies였어요. 우리는 이 회사의 사업을 구조 조정하고 성장시키고 상장한 다음 매각했죠. 이는 오늘날의 사업 초점, 즉 정부가 영향을 미치는 시장에서 기술 및 기술 기반 비즈니스에 대한 투자의 기원이 되었어요. 현재 가장 활발하게 투자하는 세 가지 분야는 국가 안보 및 국방, 의료, 교육입니다. (초기에는) 투자회사로서 방향타가 없다는 측면이 분명해졌어요. 우리는 제너럴리스트였고 존재의 이유가 없었죠. 다시 말해, 우리는 투자자였지만 전문 지식이나 시장에서 전략적 입지가 없었어요. 집중해야 했죠. 그래서 1998년 10월, 그 회사를 인수하고 거래를 완료했죠. 이후 우리는 이 중요한 기술 시장에만 집중했고요.

칼라일 Carlyle 은 1980년대 후반 프랭크 칼루치 Frank Carlucci 의 지휘 아래 방위 산업 분야에서 출발했어요. 하지만 1990년대 후반에 이르러서는 오늘날과 같이 매우 크고 성공적인 종합 투자회사로 성장했죠. 이런 이유로 우리가 이런 독특한 초점을 가진 유일한 회사라고 생각해요. 이것이 바로 오늘날 우리가 무척 자랑스러워하는 우리 실적의 기원이에요. 현재 8호 펀드에서 투자하고 있는데, 장점은 성과 변동성이 거의 없었다는 것이죠. 지난 25년 동안 손실률은 0.1% 미만이었어요.

토니 내가 숙제를 제대로 했다면, 지난 10~12년 동안 손실이 난 거래는 단 한 건이었다면서요.

램지 우리는 그 거래에서 다른 어떤 거래에서보다 더 많은 것을 배웠어요. 더 잘할 수 있었던 부분에 대해 많은 것을 습득할 수 있었죠. 매우 중요한 수익률의 맥락에서도 우리는 (투자자들이) 수익률과 변동성을 걱정하며 밤잠을 설치는 것을 원치 않았어요.

기왕 말이 나왔으니 그 일로 돌아가 보죠. (밥과) 나는 이 펀드의 핵심 관계자였어요. 그는 세상을 떠났죠. 개인적으로 매우 비극적인 일이었어요. 나는 그와 가까운 사이였으니까요. 하지만 전문적인 관점에서 볼 때, 우리 LP들은 설립 이후 거래가 어떻게 진행되고 있는지, 포트폴리오 회사에 가치를 더하기 위해 우리가 무엇을 하고 있는지 잘 이해하고 있었어요. 이런 이유로 그 과정을 겪은 동안 LP 중 100%가 우리와 계속 함께하고 싶다고 결정했죠. 전례가 없던 일이었지만, 나로서는 예상한 결과였어요. 그것이 내 마음가짐이었죠.

토니 정말 대단한 일이군요. 직접 가서 그들과 이야기를 나누었나요?

램지 나와 파트너들이 직접 나가서 모든 사람을 만났죠. 솔직히 말해, 매우 어려운 상황이었어요. 사실 그가 세상을 떠난 다음 날 첫 만남을 가졌어요. 불행히도 그는 스스로 목숨을 끊었기 때문에 매우 갑작스러웠죠. 정말 힘들었어요. 그래도 나는 우리 회사뿐만 아니라 포트폴리오 회사와 직원, 투자자들에게 장기적으로 수익을 최적화해야 할 책임이 있다고 생각했어요. 그래서 나와 회사의 다른 두 명의 파트너는 곧바로 사람들을 만나러 나섰어요.

토니 몇몇 LP들은 그 와중에도 당신이 어떻게든 중심을 잃지 않으려고 노력하는 모습이 가장 인상적이었다고 말하더군요. 물론 개인적으로 흔들렸을 수 있겠지만요. 그 덕분에 앞으로 어떤 재정적 어려움에 직면하더라도 잘 해낼 수 있을 거라고 믿게 되었다고 하더군요. 이 일화는 당신의 성격에 대해 많은 것을 말해줍니다.

램지 감사합니다. 우리가 사는 세상에서 할 수 있어야 하는 것 중

하나는 구분하고 차단하기라 생각합니다. 더 큰 선^善이 있습니다. 나는 우리가 해 온 일을 계속하고 최선을 다하고 최적의 수준으로 해내야 한다는 책임감을 관련된 모든 사람에게 느낀 것 같습니다. 더 큰 선을 달성하기 위한 분명한 방식이 있었습니다.

일상적인 업무 관점에서 볼 때, 사람들은 우리 내부에 대해 달라진 점을 느끼지 못했습니다. 전부터 내가 효과적으로 사업을 운영해 왔기 때문이었죠. 그러나 차이는 분명 있었어요. LP들이 보기에 그는 핵심 인물 중 한 명이었으니까요. 그래서 도전적인 상황이었죠. 다행히도 우리에게는 놀라운 팀이 있었어요. 문화가 정말 중요해요. 우리가 사는 세상에서 당신은 당신이 만든 위젯으로 차별화되는 것이 아니에요. 그것은 사람들과 당신이 자신이 누구인지 어떻게 정의하고, 성장하면서 그 문화를 어떻게 유지하느냐에 따라 달라져요. 우리는 적재적소에 적합한 인재와 개방성 및 협업의 문화를 갖추고 있어요. 내 관점에서는 다른 어떤 곳과도 달라요. 이 점을 나는 가장 자랑스럽게 생각하죠.

지난 10년 동안 우리는 20억 달러에서 450억 달러 규모로 성장했지만, 우리 문화는 여전히 그대로입니다. 나는 이 점에 대해 큰 자부심을 가지고 있습니다. 이는 내가 가지고 있고, 내가 키워 온 기업가적 사고방식과 관련이 있어요. 다른 많은 파트너도 배경이 비슷하고 사모펀드에서 쉽게 접할 수 없는 기업가적 마인드를 지니고 있어요. 우리는 우리가 참여하는 시장에 정말 전략적으로 접근해요. 의료 기술과 교육 기술, 국가 안보 및 방위 기술 등 우리가 집중하는 시장에 대해 함께 일하는 경영진보다 더 적게 아는 경우는 매우 드물어요. 우리는 25년 이상 이 시장에 몰입해 왔어요. 그 누구보다 가치의 지렛대를 잘 이해하고 있다고 생각해요. 그리고 우리는 그 지식재산을 기반으로 계속 발전하고 있어요. 이것이 바로 우리가 만드는 것이에요. 우리는 지식재산을 생성하고 이를 기반으로 쌓아왔어요. 25년이 넘도록 말이죠.

정부와 기술에 대해 생각할 때, 정부는 기술 중심적이든 그렇지 않든 우리가 직면한 모든 복잡성의 최전선에 있습니다. 따라서 정부가 실제로 보고 있는 것들, 예를 들어 정부가 직면하고 있는 문제와 복잡성, 도전 과제, 기술 및 기술 중심 비즈니스가 이러한 문제를 해결하는 데 어떻게 도움이 될 수 있는지 등을 가까이서 지켜볼 수 있다면 당신은 정부에 대해 더 잘 알 수 있습니다. 나는 이를 자체적으로 '창끝tip of spear'이라 부릅니다. 우리는 창끝의 위치를 유지해 왔습니다. 우리는 의료와 교육, 국가 안보 등의 분야에서 국가 자산의 관리자로 인식되고 있습니다. 나는 개인이 가질 수 있는 최고 수준의 보안 허가를 받았습니다. 정보기관 벙커에서 거짓말 탐지기를 통과하고 활동과 관련해 정기적으로 심사를 받는 것은 매우 번거로운 과정입니다. 하지만 이를 통해 시장에서 전략적으로 행동하고, 포트폴리오 회사에 그들이 가장 중요하게 여기는 회사들과 우리 고객들에게 가치를 더할 수 있는 관점을 줄 수 있습니다. 이런 추진력은 일관되게 유지되어 왔습니다. 변하거나 흔들리지 않았습니다. 이는 사모펀드 업계에서 성장하는 데 있어 매우 중요한 요소입니다. 첫 번째 펀드는 1억 7,500만 달러였고, 두 번째 펀드는 1억 5천만 달러에 불과했습니다. 가장 최근의 펀드는 110억 달러였습니다. 지금은 450억 달러의 자산을 관리하고 있습니다.

토니 정말 엄청나군요. 세계 경제의 최전선에서 세계 최대 기술 구매자와 함께 일하고 있군요. 정말 스마트합니다. 다른 누구도 그렇게 하지 못했는데, 이 단계에 이르렀다는 사실이 놀라워요.

램지 우리 포트폴리오의 매출 구성을 살펴보면, 약 60~65%가 정부 기관에서 나와요. 3분의 1에서 40%는 민간 기업에서 발생하고요. 첫 번째 투자를 진행하면서 정부가 벤처캐피털 커뮤니티나 다른 기관에 비해 기술 투자 규모가 가장 크다는 점을 알게 되었습니다. 나는 정부가 '고객으로서 자금을 지원하는 연구개발 프로그램'을 통해 기술 기업에 투자한다는 사실을 깨닫고 감사하게 생각했습니다. 우리는 이 분야에 정말 집중하고 있어요. 지원을 받은 기업들은 지식재산을 보유하게 되고, 해당 지식재산을 활용해 현재 참여하고 있는 핵심 시장뿐 아니라 민간 시장과 정부 시장에서도 목표로 하는 기회를 창출할 수 있는 역량을 갖추게 됩니다.

예컨대 시리를 비롯해 아이폰에 탑재된 기능 대부분은 정부와의 협업을 통해 개발되었어요. 구글의 근간이 되는 알고리즘과 테슬라의 자율 자동화 기술은 미 정부가 개발했습니다. 이러한 기술을 추진하고 개발하려면, 연간 수천억 달러에 달하는 자금 관련 문제뿐만 아니라 정부 기관 사람들과의 협력도 중요합니다. 우리는 이런 사실을 일찌감치 파악하고 이를 활용해 포트폴리오 회사의 고객에 혜택을 제공해 왔습니다.

토니 앞서 문화가 가장 중요하다고 했습니다. 우리가 인터뷰한 모든 사람, 즉 당신과 같이 업계에서 최고가 된 사람들은 모두 이런 가치를 언급하더군요. 그렇다면 당신의 성장 배경과 그것이 베리타스에서 관계를 발전시키는 방식과 구축한 문화에 어떤 영향을 미쳤는지 말해주세요.

램지 개인적으로도, 회사에서도 그것은 매우 중요한 일이라 생각합니다. 나는 요르단에서 태어났고, 중동계입니다. 팔레스타인과 레바논의 배경을 가지고 있습니다. 아버지는 대학을 다니기 위해 미국으로 이민을 왔어요. 가족 중 처음으로 이민을 와서 이곳에 아는 사람이 아무도 없었어요. 그는 이탈리아에서 배를 타고 미국으로 왔어요. 미국에서의 첫날 밤, YMCA에 묵었는데 샤워를 하러 간 사이 소지품을 모두 도난당했답니다. 당시에는 휴대전화가 없었어요. 그에게는 아무도 없었어요. 그래도 아버지는 스스로 방법을 찾아가며 미주리대학에 진학하셨고, 결국 토목공학 학위를 취득하셨어요. 이후 교통부와 육군 공병대 등에서 다양한 일을 하셨습니다.

내가 요르단에서 태어났을 무렵, 아버지는 세계 여러 곳을 옮겨 다니며 근무하셨어요. 우리는 사우디아라비아의 제다를 거쳐 탄자니아의 음베야로 이사 갔는데, 그곳은 시골이었기 때문에 나는 홈스쿨링을 했어요. 그런 다음 사우디아라비아의 리야드로 돌아갔어요. 거기에서 초등학교에 다녔죠. 이런 경험은 내게 정말 중요했어요. 어린 나이에 다양한 문화를 접하는 경험은 내게 큰 도움이 되었죠. 음베야의 시골에서 살다가 매우 다른 리야드에서 사는 경험이요. 당시 리야드는 지금과는 퍽 달랐지만요. 이런 경험을 통해 나는 다른 사람들의 삶을 관찰하고 세계가 직면한 문제에 더 공감할 수 있었어요. 그 후 아버지는 자신의 사업을 시작하기로 결심하셨어요. 미국만큼 사업을 시작하기에 좋은 곳은 없다고 생각하셨고, 우리 가족은 미국으로 왔어요. 이 일을 계기로 나는 매우 기업가적인 기질이 풍부한 한 사람을 직접 볼 수 있었어요. "나는 많은 것을 배웠다. 나는 기술을 갖추었고, 이제 위험을 무릅쓰고 내 회사를 시작하려 한다. 우리 모두가 꿈꾸는 일이지." 아버지는 이렇게 말씀하셨죠. 그는 여기에 따르는 많은 위험을 감수하셨어요.

아버지의 이런 태도는 내 세계관과 가치관에 큰 영향을 미쳤어요. 앞서 말한 것처럼 우리 회사 문화는 매우 기업가적 분위기입니다. 나는 팀원들과 이야기할 때 "여러분 각자가 오너입니다"며 이렇게 말합니다. "여러분은 우리가 가진 모든 자원과 지식재산을 활용할 수 있고, 그렇게 생각해야 할 의무가 있습니다. 주도권을 갖고 위험을 감수하세요. 나는 위험의 변수를 잘 파악하고 그 안에서 회사의 기회를 창출할 수 있다면 그런 위험 감수를 찬성합니다."

우리는 기업가적 사고방식을 가진 사람들을 영입합니다. 이런 문화는 매우 중요합니다. 물론 우리 모두는 인센티브와 전략적 목표 측면에서 일하는 방식이 같은 방향으로 정렬되어 있습니다. 하지만 더 중요한 것은, 더 크고 더 나은 무언가를 만든다는 최종 목표에 도달하기 위해 서로 생각하고 작업하는 방식도 일치한다는 점입니다. 이는 아프리카와 중동의 다양한 환경에서 일찍부터 비즈니스를 구축하며 사물을 보는 능력에서 비롯된 것이라 생각합니다.

토니 아버지 또는 성장 과정에서 실망이나 실패에 대처하는 방법에 대해 무엇을 배웠나요?

램지 이곳에서 여름을 마무리하는 인턴들이 있어요. 나는 그들에게 가장 중요한 것은 실패를 통한 학습이라 말해요. 실패를 경험하지 않으면 성공할 수 없기 때문이죠. 나는 그렇게 굳게 믿고 있어요. 고난을 겪어보지 않으면 성공이 무엇인지조차 이해할 수 없어요. 어떻게 그렇게 할 수 있을까요? 실수로부터 배우기 때문이죠.

당신이 놓치고 있는 몇 가지 사항이 있습니다. 나는 늘 지식재산 최적화에 대해 생각해 왔으며 이를 성문화했어요. 향후 베리타스에 입사한 사람이 참고하게끔, 과거 우리가 어떤 실수를 저질렀고 어떻게 했다면 더 좋았을지 정리해 자료를 만들었어요.

여기에 매우 독특하고 약간 벗어났지만 베리타스가 차별화 측면에서 시도하고 있는 중요한 점이 있어요. 우리 펀드 투자자에게는 이상하게 들릴지 모르지만, 무엇보다도 나는 비즈니스의 재무적 성과보다 전략적 변화를 중시해요. 따라서 모든 투자 후 처음 2년 동안은 핵심 기술을 비롯해 연구개발과 영업·마케팅에 추가 투자할 수 있는 분야에 대해 고민합니다. 이러한 역량을 바탕으로 핵심 시장에 더 깊이 침투할 뿐 아니라 인수 당시에는 참여하지 않았던 새로운 시장으로 진출할 수 있는 인접 분야로 이동할 방법을 모색해요. 이런 질문에 답을 찾는 거죠. 어떻게 하면 에코 시스템에서 더 전략적인 역할을 할 수 있을까? 어떻게 하면 먹이사슬의 상층부로 올라갈 수 있을까? 우리는 그 성공을 측정하는데, 이 모든 일은 처음 2년 동안 이루어져요.

따라서 우리가 투자하는 일부 사업을 보면 지출이 급증하는 경우가 많아요. 우리는 새로운 인재를 영입함으로써 경영진과 임원진에 큰 변화를 꾀해요. 말하자면 조리개를 열려는 시도이죠. 그래서 어떤 경우에는 변동성이 커지기도 하지만, 그 단계를 거친 기업들은 생태계에서 매우 파괴적인 존재가 돼요. 이들은 매우 민첩해져서 실제로 그런 역량과 기술을 가지고 우리가 전략적이라 판단하는 목표 인접 분야로 이동할 수 있어요. 이것이 우리가 25년 동안 이런 유형의 수익을 창출해 온 핵심 이유예요. 열 건 중 일곱 건 가까이가 전략 부문에 대한 판매라는 사실은 결코 우연이 아닙니다.

나는 항상 말해요. 우리가 진정으로 그 생태계에서 더 중요한 회사가 되려면 해당 시장에서 전략의 눈을 열어야 한다고요.

크리스토퍼 지금 말한 내용은 토니와 내가 여러 훌륭한 투자자로부터 들었던 이야기와 공통되는 부분입니다. 특정 영역, 특정 부문에 대해 전술을 마련해 일관되게 적용하고 반복 가능한 프로세스를 구축하는 것이죠. 정부 기술에 대한 투자를 고려할 때, 현재 가장 큰 기회는 무엇일까요?

램지 좋은 질문입니다. 우리가 집중하고 있는 분야에는 그만한 이유가 있습니다. 미국뿐만 아니라 전 세계 시민들을 위해 변화를 일으키고 있다는 맥락에서 보면, 내게는 다소 개인적인 이유이기도 합니다. 나는 일상과 관련해 우리가 집중할 세 가지 영역으로 교육과 의료, 세계 시민 보호보다 더 중요한 것은 없다고 봅니다. 우리는 이 세

가지 분야에 집중하고 있으며 앞으로도 계속 그럴 것입니다. 이들 분야는 수조 달러 규모의 시장입니다. 우리가 하겠다고 발표한 일을 하고 우리의 모든 투자 대상인 고객을 더욱 중요하게 만들면, 엄청난 수익을 올릴 수 있는 확실한 기회를 찾을 수 있습니다.

예를 하나 들어보겠습니다. 9·11테러 직후 많은 사람이 개인적인 상실을 경험했습니다. 대학 시절 절친한 친구 중 한 명이 세계무역센터에 충돌한 보스턴발 LA행 첫 비행기에 타고 있었어요. 그 사건은 우리 삶을 모두 바꿔놓았죠. 당시 우리는 앞서 말한 방위 기술 사업에 투자하고 있었지만, 다양한 분야를 검토하고 있었어요. 솔직히 말해, 그 사건은 내게 깊은 인상을 남겼고, 나는 민간 부문이 전 세계 사람들을 보호하기 위한 정책을 어떻게 지원할 수 있을지 이해하려 노력하게 되었어요.

정보 기관의 고위급 인사들을 만나기 시작했어요. 그중 한 명은 미국 역사상 유일하게 중앙정보국^{CIA}과 국가안보국^{NSA} 수장으로서 두 기관을 이끈 분이었어요. 우리가 세계적으로 직면한 가장 큰 취약점 중 하나가 당시에는 데이터 보호 및 정보 보증^{DPIA}이라 불렸던 것이었음을 알게 되었죠. 이는 본질적으로 전략적 취약점이었어요.

당시에는 정부 차원에서 그 문제에 대해 대응하고 있었지만, 민간 부문과 상업 시장에도 영향을 미쳤어요. 따라서 투자자로서 우리는 사모펀드의 관점에서 사이버 보안에 대해 고민하기에 앞서 사이버 보안의 기회에 대해 생각하게 되었죠.

그 시장 자체가 매우 거대했어요. 정말, 무척 큰 시장이죠. 오늘날의 화두는 AI, 챗GPT 등이에요. 정부는 AI의 최전선에 서 있어요.

우리는 2010년부터 AI 사업에 투자했어요. 예를 들어 당시 우리 회사 중 한 곳은 엑사바이트 exabyte(디지털 신호의 처리 속도 또는 용량의 단위로 기호는 EB이다. 1EB는 2의 60승 바이트 또는 10의 18승 바이트에 해당한다-옮긴이) 규모의 비정형 데이터와 위성 이미지를 실시간으로 분석해 미국 대통령을 비롯한 고위급 내각 구성원에게 제공하여 중요한 결정을 내리는 데 도움을 주었어요.

나는 우리의 세 가지 핵심 영역에서 벗어나고 싶지 않아요. 사모펀드 업계에서 몇몇 회사는 자신이 가장 잘하는 일에서 벗어나곤 해요. 성장을 원할 때 새로운 영역으로 이동해요. 소매업이나 소비재 사업, 운송회사를 어떻게 발전시키는지 묻는다면, 나는 아는 게 전혀 없어요. 내게 정답을 구하기보다는 차라리 벽에 다트를 던져 보세요. 하지만 내가 강조한 생태계에서 비즈니스를 구축하라고 하면 무엇이 중요하고, 어디에 투자해야 하며, 어떤 시장에 참여해야 하는지 잘 알아요. 따라서 미래를 생각할 때 우리는 의료 기술, 교육 기술, 글로벌 보안 기술보다 더 중요한 분야는 생각할 수 없어요.

크리스토퍼 기술적인 관점에서 볼 때, 지난 몇 년 동안 세상이 너무나 많이 변해 매우 흥미롭습니다. 이 기간 동안 기술 전반과 일반 시장 전반에 걸쳐 변동이 매우 컸는데, 이때 벌어진 일 중 당신이 예상한 일과 예상하지 못한 일은 무엇인가요?

램지 변동성은 기회로 작용하기도 하지만, 솔직히 말해 옥석을 가리는 데도 도움이 된다고 생각합니다. 그런 관점에서 보면, 도전적인 환경은 중요합니다. 우리는 연금과 패밀리 오피스, 보험회사 등 투자자에게 최고의 수익을 제공해야 할 신탁 의무가 있습니다. 그것이 우리에게 성배입니다.

우리는 세계 곳곳에서 발발한 전쟁과 대침체, 정부 일시 업무 정지, 격리, 계속되는 결의안, 백악관의 혼란 등 많은 혼란을 겪어왔습니다. 우리가 지금 경제 전반에서 경험하고 있는 것은, 적어도 금리 및 변동성 이전에 거시경제 환경을 고려할 때 모두가 예상했어야 하는 일입니다. 따라서 다시 한번 말하지만, 최고의 성과를 내는 기업, 존재의 이유가 있는 기업과 그렇지 않은 기업 간 격차가 더 커질 것으로 예상합니다. 당신들도 이런 변화를 겪게 될 것입니다.

최고 성과자에게 훨씬 더 많은 관심이 집중되고 있습니다. 그리고 독창적인 전략을 활용해 오랫동안 최고의 성과를 낸 매니저에 대한 수요가 늘고 있습니다.

크리스토퍼 당신의 전략은 매우 독특합니다. 정부 관련 기술을 볼 때, 투자자들이 어떤 점을 잘못 생각한다고 여기나요? 투자자들은 설명을 듣기 전까지는 내용을 제대로 이해하지 못하는 것 같아요.

램지 네, 우리는 그것을 증명할 수 있는 상처가 있습니다. 쉽지 않죠. 매우 독특한 시장이에요. 우선 단일화가 되어 있지 않습니다. 1천 개가 넘는 정부 기관이 있습니다. 정부가 제품이나 서비스를 조달하는 방식은 상업 시장과는 아주 다릅니다. 나는 크게 성공한 여러 사모펀드 회사를 존경하지만, 안타깝게도 일부 사모펀드는 이 시장 진입을 시도했다가 철수했습니다. 특히 이 분야에서는 풀타임으로 몰입하지 않는 한, 지식재산을 구축하지 않는 한 성공하기가 무척 어렵습니다. 지식재산이 중요한 이유는 비즈니스가 무엇인지 이해하는 데 도움이 되기 때문입니다. 정부 기관에 제품이나 서비스를 판매하는 비즈니스를 어떻게 성장시킬지 알 수 있기 때문입니다. 어떻게 비즈니스를 두 자릿수 성장률로 유기적으로 키울 수 있을까요? 고객의 의견을 경청하고, 고객에게 판매하는 방법을 이해하며, 고객의 모든 목표를 충족시키는지 확인해야 합니다. 솔직히 말해, 고객과 함께 향후 5년, 10년 후의 상황을 생각하면서 미래의 요구 사항까지 충족할 수 있도록 노력해야 합니다.

토니 당신은 방금 투자의 성배를 언급했어요. 내가 10여 년 전에 레이 달리오를 만났을 때 들은 이야기입니다. 버핏이나 레이와 같은 매크로 투자자들을 비롯한 여러 투자자와 인터뷰했죠. 레이와 나는 좋은 친구가 되었어요. 내가 그에게 던진 질문 중 하나는 "투자에서 가장 중요한 원칙을 한 가지로 명문화한다면 무엇일까요?"였어요. 그는 투자의 성배는 서로 상관관계가 없는 8~12가지 투자 전략을 활용하는 것이라 답했어요. 물론 당신에게는 사물을 바라보는 다른 관점이 있겠죠. 베리타스에게 있어 투자의 성배는 무엇인가요?

램지 특히 우리가 살고 있는 세상에서는 데이터가 다방면에서 쏟아져 나오고 있어요. 베리타스는 매년 1천 건이 넘는 투자 기회를 검토해요. 그때 우리는 집중적으로 접근하죠. 우리가 앞으로 나아가고

자 하는 방향은 무엇일까? 이 기업을 혁신하고 재편하기 위해 무엇을 할 것인가? 이런 질문을 걸어놓고요.

이는 기업의 매력도에 따라 결정되는 것이 아닙니다. 가치에 의해 결정되는 것도 아닙니다. 우리 전술을 눈앞에 보이는 기회에 적용 가능한지 여부에 따라 결정됩니다. 물론 우리는 훌륭한 회사를 다수 인수합니다. 실제로 적절한 가치를 인정받는 훌륭한 기업을 사들여요. 하지만 앞서 언급한 전략적 수준의 몰입과 방향 전환, 위치 재설정과 연계되지 않는다면, 우리는 훌륭한 회사라도 지나갑니다. 우리는 방대한 데이터를 봐요. 그 데이터 중 가장 중요한 세 가지를 골라 이를 전략적 투자와 관련해 어떻게 적용할 수 있는지 세밀하게 파악해요. 이는 말보다 훨씬 더 어려운 일이죠.

단순하게 말하면, 가장 중요한 서너 가지가 무엇인지 가려낼 수 있어야 합니다. 그런 다음 이러한 것들을 상세히 설명해 우리 모델에서 우리를 위해 가치를 창출하게 해요. 이러한 기업들이 전략적으로 방향을 전환함으로써 먹이사슬의 상층부로 올라가고, 고객에게 더 중요해지고, 핵심을 가져와 새로운 인접 분야로 이동할 수 있도록 하죠. 이를 제대로 수행할 수 있다면, 지금까지 창출할 수 있었던 유형의 수익을 얻을 가능성이 커요.

토니 대형 투자회사를 성장시킨다는 것은 단순히 훌륭한 성과를 내는 것 이상의 의미가 있는 듯합니다. 성공의 주요 요인은 무엇이라 생각하나요? 폭발적이었죠. 그러니까 비즈니스가 좋았다가 폭발적으로 성장한 구심점이 있다는 뜻이겠지요. 그 구심점은 무엇이었나요?

이러한 폭발적인 성장과 결과를 가져온 요인은 무엇인가요?

램지 첫째는 1998년 이 회사에 첫 번째 투자를 하고 통합을 하면서 집중해야겠다고 결정했을 때라고 말하고 싶어요. 연속성도 있어요. 여기에는 처음부터 함께해 온 직원들이 있는데, 이런 연속성이 정말 중요해요. 말하자면, 우리만의 길을 개척하고 이전에는 할 수 없거나 할 수 없었던 일을 할 수 있는 능력이 있었기 때문에 기회가 열렸어요.

앞서 말했듯이, 가장 중요한 것 중 하나는 평생 동안 기회가 있을 것으로 굳게 믿는 태도입니다. 기회의 포착 및 활용과 관련해서는 철저하게 준비하고 열망하고 열심이며 공격적이어야 해요. 시장의 관점에서 볼 때, 많은 사람이 놀랄 만한 기회였다고 말하고 싶어요. 하지만 앞으로 더 많은 기회가 있을 테니 계속 지켜봐 달라고도 말하고 싶어요. 총 운용 자산의 성장만 놓고 하는 말이 아니에요.

나는 그것만 보지 않아요. 물론 운용 자산 규모가 20억 달러에서 450억 달러로 증가했죠. 우리의 수익률은 사모펀드의 '법칙'을 거슬러, 대체로 펀드 규모가 커짐에 따라 높아졌어요. 예를 들어 2018년 빈티지인 6번 펀드는 프레킨에 따르면 가장 높은 수익률을 기록했죠. 단순하게 들리겠지만, 전략적으로 투자할 때는 그 분야에 대한 지식재산을 기반으로 해요. 우리는 지난해보다 더 똑똑해졌고, 더 나아져야 해요. 이것이 우리의 집단적 사고방식이자 기대치입니다. 우리 문화의 일부이죠. 나는 직원들에게 곧 자금 모집에 나설 다음 펀드는 최고의 성과를 내는 펀드가 되어야 한다고 이야기합니다. 그것이 바로 기대치입니다.

크리스토퍼 당신은 매우 어려운 상황에서 회사 경영을 맡았지요. 고삐를 잡기 전에 누군가 당신에게 말해줬으면 좋았겠다 싶은 몇 가지가 있다면 무엇인가요?

램지 내게도 매일 매일이 별반 다르지 않았어요. 나와 담당 팀은 투자 전후에 일을 실행하고 있었어요. 하루가 끝나면 어떤 일이 일어날지 아무도 예측할 수 없었죠. 나는 연민과 열정이라는 두 단어를 좌우명으로 삼고 있어요. 앞서 내가 자라온 배경을 언급했듯이, 당연히 연민을 느껴야 해요. 하지만 열정도 있어요. 나는 우리 회사든 포트폴리오 회사든 비즈니스를 구축하는 일을 사랑해요. 궁극적으로 그것이 진정한 시금석이기 때문에 열정을 품어야 해요. 그 외 다른 것은 중요하지 않아요. 성공은 열정의 부산물이죠. 정말 좋아하는 일이 무엇인지가 정말 중요해요. 나는 일상적인 관점에서 우리가 투자하는 분야와 워싱턴 내에서 교류하는 사람들보다 더 흥미로운 대상을 생각할 수가 없어요. 물론 그 분야와 그 사람들이 부정적인 측면에서 나를 놀라게 한 일은 특별히 없다고 생각해요.

크리스토퍼 돌이켜보니 비즈니스에서 다르게 접근했더라면 좋았을 것 같은 일이 있나요?

램지 언제나 그런 부분이 있죠. 우리에게는 사람이 전부입니다. 무엇보다 우리는 투자자의 신탁자이기 때문에 사람을 개발하는 데 많은 자부심을 가지고 있습니다. 우리는 최고가 되어야 하고, 우리 직원들도 최고가 되어야 합니다. 이런 이유로 우리는 항상 사람을 개발하고 멘토링하는 일을 더 잘할 수 있을지 고민합니다. 어떤 경우에는 더 어려운 결정을 더 빨리 내려야 할 때도 있습니다. 누군가를 필요 이상으로 오래 붙잡고 있을 때, 큰 실패가 발생합니다. 이미 결론이 났는데도 베리타스 내부에서든 경영진에서든 어떤 이유로든, 그에 따른 변화를 실행하지 않는 경우입니다. 이 일을 계기로 우리는 배울 수 있습니다. 사람들에게 충분한 기회를 주되, 일이 제대로 진행되지 않는다는 사실을 인지했을 때에는 조치를 취해야 합니다.

토니 이를 바탕으로 투자 인재의 세계를 생각해 볼 때, 최고 성과자와 우수 성과자를 가르는 가장 중요한 특성은 무엇이라 생각하나요?

램지 우리는 자체 분석을 통해 이를 평가합니다. 하지만 우리가 하는 일은 과학이라기보다는 예술에 가까워요. 사람에게는 쉽게 평가할 수 있는 역량 측면, 이를테면 지능 지수^{IQ} 측면이 있어요. 그러나 더 중요한 것은 감성 지수^{EQ} 측면이죠. 우리는 사람 비즈니스를 하고 있잖아요. 우리는 소유주와 이야기하고 있어요. 투자자와 이야기해요. 경영진과도 이야기하고요. 우리는 내부적으로 다양한 사람들과 함께 일합니다. 이렇듯 다양한 계층에 동화되는 능력, 상대방의 말을 명확하게 이해하고 표현하는 능력, 경청의 기술, 평가하고 판단하는 능력, 이 모든 것을 실제로 어떻게 평가할 수 있을까요?

궁극적인 답은, 입사하기 전에는 평가하지 못한다는 것이에요. 하지만 우리는 이러한 유형의 특성과 경험이 있는지 찾아보고 결정을 내리는 데 참고하죠. 일단 베리타스에 입사하게 되면 맨손 상태에서 벗어나요. 훌륭한 플랫폼을 활용하게 되죠. 엄청나게 성공한 사람들, 흥미로운 사람들과 함께 일하게 되죠. 결국 베리타스는 기업가적 사고방식을 가진 사람을 찾고 있어요. 궁극적으로는 열정이 있어야 해요. 이 업계 비즈니스는 힘들어요. 사람들은 장시간 일하죠. 이를 이해하고 감사할 줄 알아야 해요. 그리고 변화를 만들고 싶다는 마음, 곧 올바른 동기로 이 일을 해야 해요.

토니 당신이 말한 것처럼 더 깊은 의미가 있기 때문에 일이 정신에 영양을 공급하는 거죠. 단순히 표면적인 의미가 아니고요.

램지 맞습니다.

토니 그리고 당신은 이 분야에서 모범을 보이고 있어요.

램지 노력하죠.

토니 우리는 당신이 이룬 업적에 깊은 존경을 표합니다. 당신은 정말 유쾌하군요. 돌아가신 부친께서 정말 자랑스러워하실 거예요.

램지 나를 지켜보고 계실 것입니다.

VINOD KHOSLA
FOUNDER OF KHOSLA VENTURES

영예

주니퍼 네트웍스에 투자한 400만 달러를 70억 달러의 수익으로 전환. 오픈AI의 초기 투자자. 세계적 부호들의 자발적 기부 클럽 '더 기빙플레지' 회원

총 운용 자산(2023년 8월 말 기준)
150억 달러

중점 분야
의료, 지속가능성, 핀테크, AI 분야 파괴적 기술

하이라이트

- 1982년 자바 프로그래밍 언어를 개발한 선 마이크로시스템스를 공동 설립했다. 이 회사는 오라클에 74억 달러에 인수되었다.
- 구글과 링크드인, 네스트 Nest, 딥마인드 DeepMind, 인스타카트, 도어대시, 임파서블 푸드 Impossible Foods, 어펌 등에 초기 투자했다.
- 《포브스》 선정 2023년 최고의 기술 투자자에 이름을 올렸고, 세계에서 가장 친환경적인 억만장자로 꼽혀 미국 국가기술훈장 National Medal of Technology 을 받았다.

12

실리콘밸리의 투자 귀재, 비노드 코슬라

코슬라 벤처스 창업자

토니 비노드, 기억할지 모르겠지만 몬터레이 시절 테드^{TED} 강연에서 당신을 만난 적이 있어요(테드 강연은 1984년 캘리포니아주 몬터레이에서 시작되었다 - 옮긴이). 그때 부통령과 짧은 대화를 나눴는데, 당신과 클라이너 퍼킨스에서 참가한 분들이 나를 저녁 식사에 초대해 그날 있었던 일에 대해 이야기를 나누었죠. 그 이후 나는 당신의 팬이 되었어요.

비노드 예! 테드는 괜찮은 사람들이 모이는 곳이죠. 공개하는 것이 내키지 않지만, 나는 1986년부터 모든 테드 메인 강연에 참석했어요.

토니 세상에나. 그 기간에 정말 많은 것을 보았군요. 정말 대단합니다. 당신의 경력과 관련해 배경 이야기를 조금 들려주기 바랍니다. 인도에서 자라면서 미국 실리콘밸리에서 벌어지는 일에 흥미를 갖게 된 때부터 스탠퍼드 경영대학원에서 여러 번 퇴짜를 맞았으나 결국 합격했고, 종잣돈 30만 달러로 선 마이크로시스템스를 설립해 몇 년 만에 10억 달러 규모로 키워냈으며, 주니퍼 네트웍스에 300만 달러를 투자해 클라이너 퍼킨스에 70억 달러에 가까운 수익을 안겨주기까지 경력 말입니다.

인도 출신으로서 세계에서 가장 존경받고 가장 성공적인 벤처캐피털리스트 중 한 명이 된 비결은 무엇인가요?

비노드 나는 극도로 보수적인 가정에서 자랐어요. 아버지는 세 살 때 고아가 되셨어요. 그는 다른 여러 가족과 함께 살다가 15~16세에 영국군에 징집되셨지요. 16세 때는 이집트에서 싸우고 계셨어요. 그가 자라면서 가장 잘했다고 생각한 일은 군 입대였어요. 직업을 걱정할 필요가 없었기 때문이죠. 이런 이유로 아버지는 내게도 인도 군에 입대하기를 원하셨어요. 내가 열여섯 살이 되던 해예요. 그것이 나에 대한 아버지의 비전이었죠. 하지만 나는 정반대였어요. 위험을 감수하고 싶었어요.

토니 그렇게 타고났나요, 아니면 어떤 계기가 있어서 그런 성향이 촉발되었나요? 무엇이 그런 대조적인 성향을 만들었나요?

비노드   타고나진 않았어요. 다만 나는 문제가 무엇이고 그것을 어떻게 창의적으로 해결할 것인지 골똘히 고민하는 편이었어요. 성장 환경도 사업과는 거리가 멀었죠. 나는 자라면서 사업하는 사람을 한 명도 접한 적이 없었어요. 우리 가족은 늘 군부대 근처 군인 가족용으로 마련된 격리 지역에서 살았거든요. 기술은커녕 기업에 근무하는 사람을 알거나 마주친 적도 없었죠. 우연히 앤디 그로브를 소개한 기사를 읽고 자신의 회사를 설립해 기술적으로 어려운 일을 수행하는 것이 멋지다고 생각했어요.

그러나 아버지는 엔지니어 일도 대학 진학도 탐탁지 않게 여기셨어요. 아버지의 기대를 저버리고 나는 바이오의공학 석사 학위를 받은 뒤 내 꿈을 실현하기 위해 실리콘밸리로 왔어요. 비록 스탠퍼드 경영대학원이 나를 두 번 떨어뜨렸지만, 나는 다시 지원했어요. 학교 측에 실수하는 거라고 거듭 말했죠.

토니   세 번 만에 합격이라니 정말 매력적입니다. 대단합니다.

비노드   사실 나는 늘 창의적인 해결책을 모색했어요. 학교 측이 나를 처음 불합격 처리했을 때, 나는 당연히 낙담했지만 이유를 물었어요. 그러자 근무 경험이 최소 2년은 되어야 한다고 답하더군요. 꺼지라는 뜻이었죠. 나는 다음 해 상근직 일자리를 구했어요. 2년간의 근무 경험을 1년 만에 얻은 후 다시 지원했죠. 학교 측은 또다시 나를 떨어뜨렸어요. 나는 다시 따져 물었어요. 2년 근무 경험을 쌓았는데 왜 불합격이냐고요. 학교 측은 내가 자신들을 더 이상 귀찮게 하지 않도록 하려고, 단지 그 이유로 내 이름을 낙방자 명단에서 대기자 명단으로 옮겼어요. 나는 지치지 않고 계속해서 그들을 괴롭혔죠. 그들은 새 학기가 시작되기 사나흘 전에야 나를 받아주더군요. 누군가 등록을 취소한 것이었어요.

내 배짱에 질린 처장을 제외하고 입학처 교직원들 모두와 친해졌어요. 여성 교직원 한 분이 개강 사나흘 전에 내게 전화해서 누군가가 등록을 취소했다고 알려주더군요. 입학처장에게 전화했죠. "자리가 났다면서요. 나는 가능해요." 그런데 내가 진학한 카네기 멜론 경영대학원은 개강 후 3주가 지난 후였어요(그는 직전에 피츠버그 소재 카네기 멜론 경영대학원에 입학했다. 시일이 촉박해 서둘러야 했다-옮긴이). 나는 24시간 전에 학교에 알리고 피츠버그를 떠났어요. 스탠퍼드 대학에 도착하자 그 입학처 교직원이 갈 곳이 없는 나를 자신의 집 거실에서 지내게 해주더군요.

크리스토퍼   놀라운 끈기입니다.

토니   이런 맥락에서 보면, 우리가 인터뷰한 사람들은 다들 미쳤다고 할 만큼 끈기를 무엇인지 여실히 보여주었어요. 그것은 이들이 지금의 자리에 있게 된 요인 중 하나이겠죠. 비노드, 당신은 어떻게 선 마이크로시스템스에 입사하게 되었나요? 클라이너 퍼킨스에 대해서도 조금 들려주세요.

비노드 경영대학원에 재학 중일 때, 나는 이미 회사를 창업하기로 결심했어요. 당시 나는 결혼을 앞두고 있었는데, 직업이 없어서 스타트업을 창업하려 했죠. 그러던 중 창업을 생각하고 있는 사람을 소개받게 되었어요. 나는 그에게 "당신은 인텔에서 계속 일할 수 있어요"라고 말했어요. "내가 회사의 첫 정규직이 되어 위험을 감수할 테니까요"라면서요.

데이지 시스템스Daisy Systems를 창업한 지 2년이 지났어요. 우리는 전기 엔지니어를 위한 컴퓨터 이용 설계CAD 툴을 만들고 있었는데, 그 제품에는 플랫폼 회사가 필요했어요. 그래서 데이지의 애플리케이션을 구축할 플랫폼 회사로 선 마이크로시스템스를 공동 창업했어요. 그렇게 시작하게 되었죠. 클라이너 퍼킨스는 그때 투자자였고요.

토니 30만 달러를 투자받았다고 하는데 사실인가요? 그리고 5년 만에 10억 달러 규모로 사업을 키웠다고요?

비노드 첫 투자 금액 30만 달러는 이전에 데이지 창업 자금을 조달하기 위해 함께 일한 사람이 투자했어요. 내가 선 마이크로시스템스를 창업하려고 데이지를 떠나자, 말 그대로 한 단락(짜리 사업계획서)을 보고 30만 달러짜리 수표를 써주었어요. 데이지 시절에 자신을 뒷받침하려고 애썼다는 점을 이유로 들더군요. 그는 창업자들 중 한 명 때문에 골치를 썩였지만, 나와는 잘 지냈어요. 그 직후 클라이너 퍼킨스가 선에 투자했고 존 도어John Doerr가 이사회에 합류했어요. 그렇게 클라이너 퍼킨스에서 일하게 되었죠.

토니 거기서 엄청난 성공을 거두었군요. 코슬라 벤처스를 창업하게 된 계기와 지금 이 단계에서 코슬라 벤처스가 어떤 의미가 있는지 들려주세요.

비노드 나는 소규모 그룹을 좋아하는데, 클라이너 퍼킨스는 내게 너무 컸어요. 지난 40년 동안 나는 한 번도 스스로를 벤처캐피털리스트라고 부른 적이 없습니다. 항상 벤처 조력자라고 소개하죠. 창업자들과 함께 일하며 그들의 꿈이 실현하도록 돕는 것이 내가 좋아하는 일이에요. 대부분의 동료들이 직장을 다니다가 은퇴한 이유이기도 합니다. 나는 열정을 가지고 일하고 있습니다. 그래서 건강이 허락하는 한 은퇴할 생각이 없어요.

토니 멋지네요. 당신의 성공에 가장 큰 도움을 준 사람은 누구인가요?

비노드 나는 멘토가 따로 없지만, 내게 가장 큰 영향을 준 사람은 존 도어라고 말하고 싶어요. 그와 가장 많이 논쟁했기 때문이에요. 우리는 20여 년 동안 함께 일했어요. 우리는 선에서 같이 일했고, 이후 클라이너 퍼킨스에서 20년 동안 함께 근무했죠. 대다수 사람들은 우리가 뜻이 맞은 적이 없었다고 말했어요. 우리가 항상 사사건건 다투었기 때문에 계속 함께 일할 수 없을 것으로 생각한 것이죠. 하지만 나는 그에게서 중요한 것을 배웠어요. 우리는 항상 중요한 질문이 무엇인지를 놓고 논쟁을 벌였죠. 격렬한 논쟁을 바탕으로 서로 존중하는 마음을 키웠어요.

토니 서로 다른 견해를 가지고 있더라도 올바른 질문을 찾아서 정말 필요한 것이 무엇인지 파악하는 것이죠.

비노드 나는 기업가에게 너무 정중하게 대하면 오히려 상처를 준다고 생각해요. 솔직히 좋은 말만 하고 우려되는 말은 하지 않으면 기업가가 더 좋아하죠. 하지만 그렇게 되면, 그는 사슬의 약한 고리에 집중하지 않기 때문에 별 도움을 받지 못해요.

크리스토퍼 흥미로운 관점이네요. 2019년에 비해 2021년에 달라진 점이 있다면, 벤처 업계 사람들이 기업가들에게 너무 예의를 갖추고 그들이 듣고 싶어 하는 말만 한다는 이야기를 여러 사람에게 들었거든요. 사업이 더 생산적인 방식으로 운영될 수 있도록 유도하는 비판적인 질문이 충분히 제기되지 않는다는 것이죠.

비노드 조달 가능한 자본이 풍부해지다 보니 자본 효율성이 간과되면서 다들 정중한 말만 한 것이죠.

크리스토퍼 벤처 조력자로서 투자자에게 가장 큰 기회는 어디라고 생각하나요?

비노드 우리는 큰 차이를 만드는 훨씬 더 심층적인 기술에 초점을 맞추고 있습니다. 수익보다는 큰 사업을 구축하는 데 초점을 맞추면, 수익은 긍정적인 부수 효과로 따라오게 되어 있다고 생각해요. 지난 15년 동안 우리 회사에서 내부수익률IRR(Internal Rate of Return. 어떤 투자 계획에서 발생하는 비용과 편익의 흐름이 있을 때, 그 투자 계획의 현재 가치를 제로로 만들어주는 할인율－옮긴이)을 계산하는 것을 본 적이 없어요. 그냥 하지 않죠. IRR을 계산하지 않는 투자회사는 아마 우리 회사가 유일할 것입니다.

초점은 '실질적인 무언가를 만들 수 있는가?'입니다. 그것이 가능하다면, 다른 모든 것은 저절로 해결됩니다. 이는 거래 최적화와는 크게 다른 철학입니다.

크리스토퍼 그런 점을 염두에 둘 때, 기술과 생명공학의 다양한 사이클을 지켜본 관점에서 당신은 현재 AI가 가장 큰 기회라고 생각하나요?

비노드 나는 오랫동안 AI가 게임 체인저가 될 것이라 믿어왔어요. 다만 언제 폭발할지 몰랐을 뿐이죠. 4~5년 전에 오픈AI에 투자한 것도 내가 2012년에 처음 쓴 논문 주제가 바로 그것이었기 때문입니다. 내 블로그 글 중에 몇 건이 비판을 받으면서 널리 알려졌어요. 10년이 지난 지금은 거의 모두가 내 의견에 동의합니다. 따라서 AI는 분명 기회 중 하나입니다.

그러나 나는 항상 정반대 시각을 갖는데, 지금부터 20~25년 후에 2020년대 초반을 돌아본다면 슬프게도 지구에서 일어난 가장 좋은 두 가지 일은 우크라이나와 코로나19가 될 것이라 믿습니다. 왜일까요? 우크라이나는 에너지 자립의 길을 걷기 시작했습니다. 독일이 러시아 가스를 사용하지 않겠다고 말할 가능성은 전혀 없었어요. 그들은 그것이 가능하다고 생각조차 하지 않았죠. 그리고 1년 반이 지난 지금, 독일은 말 그대로 러시아에서 생산되는 가스를 사용하지 않고 있다고 밝혔어요.

내가 말하고자 하는 바는, 우크라이나 덕분에 에너지 전환이 일어났다는 것입니다. 기후 변화 기술이 전반적으로 훨씬 더 중요해지고 훨씬 더 활성화되었어요. 미국은 기후 변화 기술과 인프라 기술에 대한 많은 인센티브가 있는 '인플레이션감축법^{IRA}'을 제정했습니다. 미국과 경쟁해야 하는 유럽도 그들만의 법이 있는데, 이것도 마찬가지로 인상적입니다. 이 모든 것이 기후 관련 투자의 새로운 시대를 열었습니다.

코로나19가 한 일은 두 가지입니다. 첫째, 당초 예상보다 10배나 빨리 백신을 개발할 수 있음이 증명되었어요. 기업에서는 원격 근무와 같은 새로운 일하는 방식이 등장했죠. 새로운 소비자 엔터테인먼트가 등장했고요. 가장 중요한 것은 모든 정부뿐 아니라 모든 기업이 이제 중국에만 의존하는 상황에서 벗어나기 위해 노력하고 있다는 점입니다.

이제까지 세계의 노동력은 중국에 있었어요. 세계의 철강이 중국에 있었어요. 세계의 희토류도 중국에 있었습니다. 앞으로는 모든 공급망 및 자재 집중도가 중국에서 벗어날 것이에요. 이는 완전히 새로운 기회를 열어줍니다. 따라서 나는 코로나19를 계기로 중국으로부터의 독립이 시작되었다고 말하고 싶습니다.

대부분의 기업이 중국에 있지 않고서도 비용 효율성이 높은 기술을 기반으로 발전할 수 있습니다. 이런 이유로 내가 공급망 축이라 부르는 코로나19 축과 에너지 축이라 부르는 우크라이나 축, 그리고 그 외 모든 것을 위한 AI가 있습니다. 이 세 가지가 향후 15년 동안 벤처 캐피털을 극적으로 변모시킬 것입니다. 기업용 앱과 인터넷 앱, 바이오 기술의 발전은 계속될 것입니다. 미국은 이들 분야에서 많은 활동을 하고 있으며, 기술 인력이 풍부하기 때문에 우위를 점할 수 있는 위치에 있다고 생각합니다.

크리스토퍼 지난 몇 년 동안 벤처 업계에서 일어난 일 중에서 당신이 예상한 것은 무엇이고 예상하지 못한 것은 무엇인가요?

비노드 나는 변화가 완만하게 진행되리라 예상했어요. 실제로는 AI에 대한 낙관적인 기대가 훨씬 강했어요. 그 기대는 AI가 가져올 영향보다는 밸류에이션으로 향했고요. 전혀 말이 되지 않아요. 우리는 수십억 달러의 밸류에이션을 거의 모두 살펴봤지만, 그것들은 우리에게 아무런 의미가 없습니다.

초기 10억 달러의 밸류에이션이 수익을 내려면 실제 매출이 있어야 합니다. 따라서 무엇이 차별화된 우위를 점할 수 있을지에 대한 충분한 검토가 선행되지 않은 채 AI의 변동이 일어나고 있다고 나는 말하고 싶어요. 벤처캐피털 와이 컴비네이터Y Combinator의 투자를 받아 2023년 1월 출범한 기업 중 60% 정도가 AI를 개발하고 있었다고 말했어요. 그중 절반은 출범한 지 3개월 만에 챗GPT가 나오자 개발을 중단했어요.

틱톡은 출시하고 거의 1년 만에 사용자 수 1억 명을 달성했습니다. 이는 사상 최고 속도였죠. 챗GPT는 사용자 수 1억 명을 달성하는 데 60일이 걸렸어요. 이처럼 빠른 속도로 매출이 성장할 수 있으리라고는 누구도 생각하지 못했을 것입니다. 정말 놀라운 일이었고, 그 속도가 엄청났어요.

토니 너무 거창하게 들리지만, 우리는 위대한 리더들의 가장 중요한 투자 원칙인 성배를 찾는 이야기에 관한 책을 쓰고 있습니다. 당신에게 투자의 성배는 무엇인가요?

비노드 나는 이렇게 표현하고 싶어요. 사람마다 추구하는 성배가 다를 수 있고, 투자 스타일도 다를 수 있습니다. 자신이 무엇을 하고 싶은지, 무엇을 잘하는지 파악한 다음 그것에 충실해야 합니다. 이것이 내 기본 원칙입니다. 벤처를 잘하는 방법에는 여러 가지가 있고, 보수적으로 두세 배의 수익을 목표로 하면 정말 좋은 IRR을 얻을 수 있습니다.

우리는 그보다는 펀더멘털에 훨씬 더 집중합니다. 예컨대 암호화폐에 대해 우리는 그 실체가 어디에 있는지 파악할 수 없었습니다. 블록체인은 정말 가치 있는 투자 수단이지만, 암호화폐 투기는 장기적으로 지속 가능한 전략이 아닙니다. 중국에서 돈을 벌고 싶다면, 블록체인을 이용하는 것이 합리적입니다. 아르헨티나 페소를 사용하지 않으려면, 블록체인을 사용하는 것이 합리적입니다. 우리가 한 일은 블록체인을 활용해 실제 통신 네트워크를 구축하는 헬륨^{Helium}과 같은 회사입니다. 이 회사는 블록체인을 이용해 5세대^{5G} 셀룰러 네트워크를 구축하고 있습니다.

이처럼 우리는 항상 블록체인의 실제 적용에 집중했습니다. 이는 하루아침에 이루어지는 것은 아닙니다. 그러나 우리는 '기술이 큰 역할을 할 수 있는 분야는 무엇일까?', '기술이 경제적으로 큰 영향을 미칠 수 있는 분야는 어디일까?'에 초점을 맞춥니다. 그 분야를 찾았다면 우리는 적절한 팀을 꾸리고, 그 팀은 회사를 만들고, 그 회사가 크게 성장하면 좋은 수익을 얻을 수 있습니다. 이는 IRR을 최적화하는 것과는 매우 다른 원칙입니다. 나는 2년의 높은 수익률보다는 10년의 견고한 수익률을 원합니다.

토니 장기적인 관점에서 투자하는군요. 2배, 3배의 수익이 아니라 어떤 식으로든 세상을 바꿀 수 있는 지속적인 가치를 지닌 무언가를 구축함으로써 10배, 20배, 100배의 수익을 창출하는 데 집중하고 있다고 보입니다.

비노드 그렇죠. 핀터레스트^{Pinterest}가 처음 상장되었을 때,《월스트리트저널》에서 역대 최고의 벤처 수익률에 관한 기사를 게재했어요. 그리고 주니퍼 네트웍스가 등장했고, 2,500배의 수익률을 기록했죠. 당시 나는 클라이너 퍼킨스에서 400만 달러를 투자받았는데 정확한 숫자는 기억나지 않습니다. 그 돈을 밑천으로 70억 달러를 벌어들였죠. 차트에서 벗어난 것이에요.

어쨌거나 중요한 것은 그 변화를 실현할 수 있다는 우리의 믿음이었습니다. 나는 이 일을 인생에서 가장 중요한 비즈니스 성과 중 하나라고 생각합니다. 우리는 수익이 아니라 변화를 실현했습니다. 물론 수익이 70억 달러로 크긴 했지만요.

나는 TCP/IP가 전 세계 통신 프로토콜이 되기를 바랐지만, 미국이나 유럽의 어떤 통신사도 이를 공용 네트워크로 계획하고 있지 않았죠. (통신 프로토콜은 시스템이 서로 다른 컴퓨터를 연결하고, 데이터를 전송하는 데 활용된다. TCP/IP는 Transmission Control Protocol/Internet Protocol의 약자로 컴퓨터들이 인터넷에 접속 가능하게 하는 네트워크 프로토콜의 모음을 뜻한다. 가장 많이 사용되는 핵심 프로토콜인 TCP와 IP를 포함한 각종 프로토콜을 총칭한다. 그 외 ATM, SONET, FS 등이 있다 – 옮긴이). 지금은 모든 통신 사업자가 이를 보유하고 있지만, 당시에는 이를 계획한 사업자가 없었어요.

1996년을 돌아보면, 모든 골드만삭스 보고서는 인터넷의 중추로 ATM에 대해서만 이야기했죠. 그러나 나는 TCP/IP를 믿었어요. '고객들이 어떻게 생각하든 상관없고, 제대로 된 것을 만들면 고객들이 찾아올 것'이라 생각했어요. 그리고 그렇게 되었죠. 우리가 그렇게 하지 않았다면, TCP/IP는 탄생하지 못했을 거라고 봐요. 이상하게 들리겠지만요.

크리스토퍼 헨리 포드가 말한 것과 일치하는군요. 고객에게 물어보면, 그들은 실제로 꼭 필요한 말horse 대신 더 빠른 말을 원했다고 하죠. 그들은 단지 그것을 깨닫지 못했을 뿐이고요.

비노드 맞아요. 1996년 언론을 보면, 모든 통신사의 요금제가 ATM 기술을 기반으로 하고 있었어요. TCP/IP의 지배적인 업체였던 시스코Cisco를 예로 들면, 모든 고객이 ATM을 원했기 때문에 1995년 스트라타콤StrataCom을 인수했죠. 시스코의 CTO는 공용 네트워크에는 절대 TCP/IP를 사용하지 않겠다고 말했어요. 절대로요. 나는 '좋다, 우리가 그걸 하겠다'고 생각했고, 그렇게 해서 수익을 얻었어요. 우리는 오로지 세상에 가치가 있다고 생각되는 것을 만들었어요. 우리 스타일이죠.

임파서블 푸드를 만들 때도 마찬가지였죠. 우리는 식물성 단백질이 지구를 구하고 육류보다 맛이 더 좋다고 말했어요. 아무도 믿지 않았죠. 그러나 우리는 긴 안목을 견지했고, 임파서블 푸드는 현재 성장하고 있는 유일한 식물성 단백질 회사가 되었어요.

크리스토퍼 비노드, 당신은 대다수 벤처 커뮤니티와는 분명 다른 생각을 하고 있군요. 코슬라에 채용할 직원들에게서 가장 중요하게 생각하는 점은 무엇인가요? 우수한 지원자가 평균적인 사람과 다르게 생각한다는 것을 어떻게 알아보나요?

비노드 창업가나 채용하는 사람 모두에게 가장 중요한 요소는 그들이 무엇을 알고 있느냐가 아니라 학습 속도입니다. 어떤 속도로 학습할 수 있는지는 지원자를 면접할 때 판단하기 매우 어려운 부분입니다. 하지만 학습 속도는 무엇을 알고 있는지, 어떤 경험을 했는지보다 훨씬 더 중요합니다.

MICHAEL B. KIM
FOUNDER AND CHAIRMAN OF MBK PARTNERS

영예
아시아 사모펀드의 대부. 한국 최고 부자

총 운용 자산(2023년 8월 말 현재)
256억 달러

중점 분야
중국, 일본, 한국 등 북아시아 시장, 금융 서비스, 소비자 미디어, 통신

하이라이트
- MBK 파트너스는 북아시아 최대 사모펀드로 모든 액티브 펀드가 상위권 수익률을 올리고 있다. 《인스티튜셔널 인베스터 Institutional Investor》에서 2019년 '가장 일관되게 최고의 성과를 내는 바이아웃 펀드 매니저'로 선정되었다.
- 마이클은 《블룸버그》에서 2015년 '세계에서 가장 영향력 있는 50인'으로 선정되었다.

13

아시아 사모펀드의 대부,
마이클 김

MBK 파트너스
창업자·회장

토니 마이클, 당신은 작가가 되고 싶어 했다고 들었는데, '아시아 사모펀드의 대부'이자 한국에서 손꼽히는 갑부가 되었습니다. 어떻게 그렇게 될 수 있었나요? 성장 과정의 비하인드 스토리를 들려주겠어요?

마이클 이 업계에 종사하는 많은 사람과 마찬가지로 나는 우연한 기회에 투자자가 되었습니다. 작가나 교수를 꿈꾸며 한국의 서울에서 자랐어요. 중학생 때 가족이 미국으로 이민을 왔는데, 당시 나는 영어를 한 마디도 못했어요. 아버지는 다소 구식이셨어요. "영어를 배우고 싶으면 책을 읽어라"고 하셨죠. 그래서 나는 아버지의 조언에 따라 책을 읽으면서 영어를 배우기 시작했어요. 내가 영어 말하기에 도움이 필요하다고 말씀드리자 아버지는 너무도 당연하게 "책을 큰 소리로 읽어라" 하고 답변하셨어요. 독서는 정말 내 성격을 형성하는 데 있어 교육의 핵심이었습니다. 나는 책, 그중에서도 특히 소설에 빠져들었지만 역사, 철학, 과학 책도 좋아했습니다. 리버럴 아츠 칼리지인 하버포드에서 영문학을 전공했어요. 졸업 후 대학원에 진학하려 했는데, 주변의 똑똑한 친구들은 전부 월가에 지원하더군요. 그것이 무엇인지 몰랐지만, 일단 멋진 것 같아서 도전해 봐야겠다고 생각했죠. 골드만삭스의 공동 회장인 존 화이트헤드John Whitehead가 하버포드 칼리지 졸업생이었어요. 하버포드는 동문 간 유대가 강하지 않았지만, 업계에 졸업생이 거의 없어서 그에게 속은 것 같았어요.

나는 1986년 골드만삭스에서 뱅커로 일하기 시작했습니다. 2년 동안 미친 듯이 일한 뒤 하버드 경영대학원에 MBA를 받으러 입학했어요. 다시는 월가로 돌아가지 않겠다고 맹세하면서요. 물론 대학원을 졸업하자마자 곧바로 골드만삭스로 돌아갔죠.

토니 그러다가 어떻게 아시아 위기 극복에 동참하기 위해 모국으로 돌아가게 되었나요? 생각이 바뀌게 된 어떤 계기가 있었나요?

마이클 그것은 내 경력의 변곡점이었습니다. 앞서 나는 골드만삭스 홍콩 지사로 파견되었습니다. 홍콩 지사는 당시 작은 팀이었는데,

세계 인구의 3분의 1을 차지하는 아시아를 커버하려 했죠. 이후 나는 어린 나이에 살로몬 브러더스^{Salomon Brothers}의 아시아 지역 최고운영책임자^{COO}로 채용되었습니다. 그러던 중 1997년 아시아 외환위기가 닥쳤습니다. 한국은 큰 타격을 입은 국가 중 하나였죠. 나는 한국 외채 구조 변경에 참여하게 되었어요. 특별히 그 업무 경험이 있어서가 아니라 당시 회사에서 몇 안 되는 동양인 시니어였기 때문이었어요. 서양 사람들은 1997~1998년 아시아 외환위기에 대해 기억이 희미할 테지만, 대격변이었어요. 아시아의 절반이 무너질 태세였죠. 태국, 인도네시아, 그리고 가장 긴박했던 한국. 우리는 한국의 재무상태표 재구조화를 주도했습니다. 국채 발행을 주선해 한국이 필요로 하는 40억 달러의 신규 자금 조달을 지원했습니다.

지금 생각해 보면, 이 일이 내 이름을 알리는 데 도움이 된 것 같아요. 이후 칼라일의 공동 창업자 데이비드 루벤스타인^{David Rubenstein}으로부터 스카우트 제안을 받았습니다. 그는 거절하는 대답을 수용하지 않기로 유명하죠. 나는 무작정 월가로 간 것처럼 사모펀드 일을 해보기로 결정했어요. 1999년 홍콩에 있는 칼라일 아시아의 사장으로 부임했습니다. 그리고 그곳에서 6년 반 동안 매우 건설적이고 교육적인 시간을 보낸 후 독립했습니다.

토니 그 단계에서 마침내 독립을 결심하게 된 계기는 무엇인가요?

마이클 나는 아시아인이 소유하고 운영하는 아시아 사모펀드 그룹을 만들겠다는 비전을 가지고 있었습니다. 이런 내 비전을 어떤 사람들은 환상이라 불렀습니다. 당시 아시아의 플레이어는 모두 아시아에 깃발을 꽂은 글로벌 사모펀드 회사였고, 그들은 '범아시아'를 커버하고 있었어요. 범아시아는 잘못된 개념이라 말하고 싶습니다. 서양의 지도 제작자처럼 아시아를 상상한 것입니다. 아시아는 너무 크고 시장이 세분되어 하나의 단일 시장으로 여기고 사업을 확장해 나가기에는 무리가 있습니다. 이런 이유로 우리는 하위 지역에 집중하는 전략을 취했습니다. 우리에게는 중국, 일본, 한국 등 북아시아 세 나라가 그 지역이었죠. 이들 3개국은 세계에서 가장 큰 경제 블록 중 하나를 구성합니다. 국내총생산^{GDP} 기준으로는 각각 세계 2위, 3위, 10위입니다. 이들 3개국 경제를 합치면 유럽연합^{EU}이나 미국보다도 큽니다. 더 중요한 것은, 이들 3개국이 수천 년의 역사를 공유했고, 그중 일부는 우호적이지 않았지만 문화와 관습, 그리고 오늘날 경제 무역 흐름과 비즈니스 관행을 공유하고 있기 때문에 확장성이 있다고 생각했다는 점입니다.

크리스토퍼 마이클, 당신은 회사 소재지에 따라 다른 관점을 가진 듯합니다. 현재 투자자들이 놓치고 있는 것은 무엇이며, 북아시아 투자자들에게 가장 큰 기회는 어디에 있을까요?

마이클 나는 투자자들이 아시아를 "놓치고" 있다고 생각하지 않습니다. 그들은 중국이 크다는 사실을 압니다. 인도가 큰 기회라는 점도 이해하고 있습니다. 두 나라 인구가 30억 명이나 되니까요. 하지만 많은 서구 투자자가 아시아에 투자할 때 빠지기 쉬운 함정은 서구 중심의 시각으로 바라보는 것입니다. 아시아가 '미국화'되고 있고, 아시아 시장의 발전을 이끄는 대체투자를 포함한 많은 금융 기법이 미국에서 발전한 것은 사실입니다. 다만 미국식이 유일한 방법은 아닙니다. 미국의 금융 모델이 프랜시스 후쿠야마Francis Fukuyama가 미국의 자유민주주의 자유시장 자본주의 체제에 대해 말한 '역사의 종말'은 아닙니다(후쿠야마는 사회주의 등 경쟁 시스템이 모두 해체되고 자유민주주의 자유시장 체제 하나로 수렴해 나간다고 주장을 이렇게 표현했고, 같은 제목으로 책을 냈다 – 옮긴이). 그런 사고방식은 틀렸고, 부도덕하며 위험합니다.

아시아는 다르다는 것을 인정해야 합니다. 게다가 아시아는 단일하지 않습니다. 각 시장, 적어도 작은 지역은 이 광활한 지역의 다른 지역과 다르게 취급해야 합니다. 미국 자본은 영리하고 예리하지만, 미국 식으로 일을 처리해야 한다고 생각하는 내향적인 면이 있습니다. 미국식 금융 방식이 해외에 잘 전수되고 있습니다. 미국과 유럽 사이에는 많은 문화가 공유되고 있습니다. 다만 아시아는 또 다른 유럽이 아닙니다.

토니 미국인이 놓치고 있는 가장 눈에 띄는 차이점은 무엇인가요?

마이클 인프라와 규제 환경, 정책 결정 등 큰 것부터 시작하죠. 북아시아에서는 정부의 역할이 중요하다는 점을 인정해야 합니다. 나는 하버드 경영대학원과 골드만삭스에서 훈련을 받았기 때문에 자유방임주의, 즉 규제를 최소화하는 자유시장 체제를 신봉합니다. 그런 교육과 훈련을 받은 사람에게 아시아는 문화적 충격입니다. 아시아는 재무부나 산업통상부가 매우 강력하고 활동적입니다. 이들이 시장에 방해가 된다고 말하는 사람도 있어요. 아시아 정부 부처의 이런 역할은 과거 공직자가 사회의 길잡이자 수호자 역할을 맡았던 유교적 전통과 연관 지을 수 있습니다. 이들 부처는 자신들이 같은 역할을 수행하고 있다고 생각합니다. 정책 입안자인 한 공무원이 자신을 애덤 스미스Adam Smith가 자유시장과 관련해 언급한 '보이지 않는 손'이라 지칭하는 말을 들은 적이 있습니다. 네, 나는 약간 다른 견해를 가지고 있습니다. 하지만 그것이 바로 그들이 하는 역할입니다. 그래서 아시아에서 비즈니스를 하려면 그들과 협력해야 합니다.

이런 것부터 시작해 비즈니스 그룹이 조직되는 방식까지 차이가 납니다. 한국과 일본에는 대기업 그룹이 있습니다. 한국에서는 가족 소유의 대기업이 산업의 80%를 지배하고 있습니다. 현재 3대째 소유권을 승계하고 있는 가족 소유 대기업들과 일하려면 어떻게 해야 하는지 배워야 합니다.

이제 작은 것들을 말씀드리겠습니다. 아시아의 비즈니스 관습은 서구의 그것과는 다릅니다. 내가 골드만삭스에 면접을 보러 갈 때 받았던 팁들, 즉 악수하기, 미소 짓기, 눈을 똑바로 바라보기 등은 아시아에서는 무례한 행동으로 간주됩니다. 겸손해야 하고, 상대방에게 자신의 성격을 드러내 보이면서 일정한 거리를 유지해야 합니다. 전달하기 어려운 교훈일 수 있지만, 아시아는 상황이 다르다는 전제에서 출발해야 합니다. 이 점을 염두에 둔다면 아시아인을 대할 때 훨씬 더 많은 도움을 받을 수 있습니다.

토니 당신은 함께 자란 한국의 리더들과 가깝고, 동서양을 이해하고 있습니다. 이를 바탕으로 볼 때, 현재 아시아에서 최대 투자 기회는 무엇이라 생각하나요? 그리고 MBK 파트너스가 중점을 두고 있는 분야는 무엇인가요?

마이클 두 질문에 대한 정답은 하나로 수렴됩니다. 우리는 우리가 대외적으로 말하는 바를 실행합니다. 아시아에서 가장 큰 기회는 대체자산에 있다고 생각합니다. 북아시아가 가장 큰 기회라고 생각하는 이유에는 앞서 말한 규모도 있지만 인구통계적 특징도 포함됩니다. 인구통계는 정말 운명입니다. 특히 일본과 한국은 오늘날 아시아에서 가장 활발한 바이아웃 buy-out(기업의 경영권을 인수하여 구조조정이나 인수합병 등을 통해 기업 가치를 높인 뒤 다시 지분을 판매하는 행위 - 옮긴이) 시장으로서, 상당한 규모와 곧바로 사들여 가치를 높일 바이아웃 후보들을 갖추고 있을 뿐만 아니라 거대한 소비 시장도 있습니다. 사람들은 일본을 수출 지향적인 국가로 간주하지만, 일본 GDP의 3분의 2가 국내 소비에서 발생합니다. 사람들은 일본이 중국에 추월당하기 전까지 40년 동안 미국에 이어 세계에서 두 번째로 부유한 국가였다는 사실을 잊는 경향이 있습니다. 일본의 1인당 GDP는 여전히 다른 아시아 국가보다 훨씬 높습니다. 다시 말해, 일본은 엄청난 부자 나라입니다.

내가 지적하고 싶은 또 다른 주제는 인구통계, 즉 급속한 고령화입니다. 일본은 전 세계에서 고령 인구 비중이 가장 높은 나라입니다. 인구의 35%가 65세 이상입니다. 고령 인구 비중 2위가 어느 나라인지 맞혀보세요. 바로 한국입니다. 그리고 믿기 어렵지만, 중국이 빠른 속도로 따라잡고 있습니다. 한 자녀 정책 60년이 그 배경입니다. 이처럼 급속한 인구 고령화는 우리의 투자 전략에 중대한 영향을 미칩니다.

우리는 레저와 엔터테인먼트를 거쳐 현재는 의료 서비스에 많은 투자를 하고 있습니다. 일본 유니버설 스튜디오를 소유하고 있었습니다. 일본 최대 규모의 퍼블릭 골프장 체인인 아코디아 골프^{Accordia Golf}도 보유한 적이 있습니다. 지금도 골프존이라는 한국 최대 규모의 퍼블릭 골프장 체인을 소유하고 있습니다. 하지만 엔터테인먼트와 레저에서 헬스케어, 특히 노인 건강관리로 사업 영역을 옮겼습니다. 현재 우리는 일본 최대 노인 요양 프랜차이즈의 소유주입니다. 한국에서는 세계 최대 치과 임플란트 공급 업체인 오스템임플란트를 갖고 있습니다. 이처럼 우리는 아시아 고유의 가장 매력적인 특징인 성장에 주목하면서 동시에 인구통계적 테마에 투자하고 있습니다.

마지막 통계로, 중국의 부상은 우리 세대의 경제·금융 이야기입니다. 당신도 이미 잘 알고 있는 통계를 제외한 몇 가지를 인용해 보겠습니다. 맥킨지는 3년 전 향후 10년 안에 10억 명의 중국인이 중산층에 합류할 것으로 예상했습니다. 따라서 향후 7년 후에는 10억 명의 새로운 소비자를 확보하게 될 것입니다. 이는 인류 역사상 전례가 없는 일입니다. 중국 GDP에서 수출보다 내수가 차지하는 비중이 더 커졌다는 사실에 놀랄 수도 있습니다. 바꿔 말해 중국은 그 자체로 내수 소비 대국이 된 것입니다.

내수 소비 측면에서 우리는 중국 내 1위와 2위의 렌터카 사업자를 소유하고 있습니다. 이 투자의 근거는 두 가지 통계로 요약됩니다. 하나는, 중국에는 4억 5천만 개의 운전면허증이 있지만 번호판은 2억 7천만 개에 불과하다는 점입니다. 다른 하나는, 정부가 배기가스 배출을 통제하려고 노력하면서 번호판 발급은 더욱 느려지고 있다는 것입니다. 따라서 1억 8천만 명의 운전자가 자동차를 찾고 있습니다. 이는 상상할 수 없는 규모입니다. 우리 같은 경영자에게는 엄청난 소비 기회이죠.

토니 당신은 거대한 소비 물결의 앞부분에 올라타고 있고, 그 물결이 MBK가 사들인 기업의 실적을 개선하면, 그다음에는 그 물결이 움직이도록 내버려두는 거죠. 정말 대단하군요.

크리스토퍼 회사에서 우리는 순풍을 타고 투자하는 것에 대해 많이 이야기합니다. 거대한 규모의 쓰나미입니다! 중국 시장에서 당신이 예상하지 못한 변화는 무엇인가요?

마이클 지난 몇 년 동안 중국 지도부가 취한 정치적 변화는 나를 포함한 많은 투자자를 놀라게 했습니다. 나는 중국의 부상을 처음부터 지켜봤어요. 30년 동안 아시아에 머물면서 아시아가 발전하는 과정을 지켜봤죠. 내가 1993년 처음 아시아에 왔을 때, 중국과 인도는 경제 발전 수준이 거의 비슷했습니다. 지금까지 일어난 일을 보면, 중국은 결코 우연히 이루어지지 않았습니다. 중국에는 아주 똑똑하고 전략적인 리더십, 보이지 않는 손, 그리고 앞서 언급한 정부 부처가 있습니다. 14억 명에 달하는 인력 풀 중 최고로 뛰어나고 영리한 인재들이 모여 있습니다.

이 모든 일을 실시간으로 지켜보며 나는 중국 지도부가 1.5세기 만에 처음으로 14억 인구에게 경제적 번영을 가져왔기 때문에 시장 성장은 계속될 것으로 생각했습니다. 이를 위태롭게 할 이유가 있을까요? 하지만 지난 몇 년간 당신은 역사상 전례 없는 실험을 해 온 한 국가와 경제의 성장통을 목격했습니다. 우리는 중국 호황 이야기에 너무 익숙해져 중국이 한 발짝 물러서면 놀라게 되죠? 중국은 공산주의를 바탕으로 한 정치 체제와 미국 자유시장 체제의 중요한 요소를 가진 계획 경제를 결합하려 시도하고 있습니다. 이를 성공에 미치지 못한 수준에서라도 해낸 나라는 단 한 곳도 없습니다. 중국은 20년 넘게 그런 실험을 성공적으로 수행해 왔지요. 나는 항상 투자자들에게 그것이 직선 궤도는 아닐 것이라 조언했지만, 중국은 다시 그 성공의 길로 돌아가리라 예상합니다.

나는 중국 지도부가 떠오르는 신흥 강국이라는 자국의 위상을 부각하고자 한다고 봅니다. 또 전 세계에 미국의 패권이 아니라 중국과 미국이 동등한 국가로서 공존하는 양극의 세계라는 점을, 나아가 중국이 이념적·군사적·경제적으로 미국의 경쟁자임을 보여주고자 한다고 봅니다. 지난 1년 반 내지 2년 동안 우리가 목격한 것은 중국의 위상 강화 움직임이 빚은 부산물이라 생각합니다. 그래서 불행한 교착 상태가 지속되고 있습니다. 이는 양국 국민은 물론, 이런 종류의 지속적인 무역 전쟁의 악영향을 받고 있는 여타 세계 경제에도 좋지 않습니다. 나는 내 경력을 걸고 중국이 경제·금융 시장 자유화 추진을 재개할 것이라 확신합니다. 시장 자유화의 문은 한 번 열면 다시 닫을 수 없습니다.

토니   그렇다면 그 원동력은 실제로 국가의 소비자, 즉 국민이 잘 살게 되는 한 시민 자신입니다. 그렇지 않다면 불안정해질 수밖에 없죠. 그것이 본질인가요?

마이클   바로 그거예요. 정곡을 찔렀습니다. 서방에서는 널리 보도되지 않았지만, 시진핑 주석이 2022년 코로나19 봉쇄 조치를 단행했을 때, 중국인들이 엄청나게 반발했다고 알려졌습니다. 나는 중국에 있는 친구와 동료들이 개인의 자유가 제한되는 것보다 가족을 먹여 살리지 못하는 것에 대해 크게 걱정하고 분노하는 모습을 처음 보았습니다. 그들은 저녁 식사를 위해 동네 마트에 음식을 사러 갈 수 없었습니다. 시진핑 주석은 국민의 분노가 커지는 것을 감지했고, 매우 이례적으로 자신의 결정을 번복하고 봉쇄령을 해제했습니다. 이는 경제에 도움을 주는 조치인 동시에 국민을 위한 중요한 제스처였다고, 즉 국민의 이익을 염두에 두고 있음을 보여주었다고 생각합니다. 이 일을 계기로 사회적·정치적 계약에 대한 신뢰가 회복되었습니다. 시진핑 주석과 중국 지도부는 경제 번영과 금융 자유화를 위한 시도를 재개할 것으로 생각합니다. 요약하면, 경제가 정치보다 우선할 것입니다.

토니   네, 경제는 결국 국민의 삶의 질로 연결되죠. 게다가 중국은 인구가 매우 많습니다. 그들이 행복하지 않다면 정치가 바뀔 것입니다.

이제는 소중한 친구가 된 레이 달리오를 10여 년 전 처음 만나 인터뷰하면서 물었습니다. "인생에서 가장 중요한 투자 원칙을 하나 꼽는다면 무엇이냐"고요. 그랬더니 그는 아주 명쾌하게 말해주겠다면서 이렇게 대답했습니다. 투자의 성배는 8~12가지의 상관관계가 없는 투자처를 찾는 것이라고요. 나는 그가 매크로 투자자임을 알고 있습니다. 사모펀드는 분명 다른 유형의 투자인데, 투자의 성배에 대해 어떻게 생각하나요?

마이클 레이 달리오는 매크로만 하는 사람이 아니라 헤지펀드 매니저이기도 합니다. 그래서 대상을 바라보는 방식이 우리와는 조금 다르다고 생각합니다. 지나치게 단순화했지만, 헤지펀드는 알파를 추구합니다. 사모펀드에서 우리는 알파를 만듭니다. 우리가 회사를 인수한 후 알파를 만드는 방법은 팔을 걷어붙이고 열심히 노력해 가치를 창출하는 것입니다. 따라서 투자의 성배는 가치 창출입니다.

MBK 파트너스는 좋은 회사를 사서 더 좋은 회사로 만듭니다. 이런 이유로 우리는 비즈니스의 펀더멘털이 절대적으로 중요합니다. 우리 분야의 모든 GP가 이에 동의하리라 생각합니다. 미국의 가치 창출 모델은 청사진에 해당합니다. 하지만 아시아에서는 현지의 상황과 업무 방식에 따라 그 청사진을 조정해야 합니다. 리콴유李光耀 전 싱가포르 총리는 아시아는 우리만의 아시아식 민주주의를 채택해야 한다고 말한 것으로 유명합니다. 미국식 자유민주주의를 싱가포르나 한국, 일본에 그대로 이식해서는 번영을 기대할 수 없습니다.

조건이 다를 수밖에 없습니다. 캘리포니아에서 식물을 뽑아와서 토양 조건이 다르고 햇빛이 다르며 심지어 물도 다른 싱가포르에서 잘 자라기를 기대할 수는 없습니다. 현지 조건에 맞게 적응해야 합니다. 마찬가지로 아시아에 특화된 방식으로 가치 창출을 해야 한다고 생각합니다.

사모펀드 매니저가 활용하는 가치 창출 도구 중 하나는 비용 절감입니다. 이를 위한 다양한 방법이 있습니다. 내가 이전 회사에서 사용한 방법은 임금을 삭감하는 것이었습니다. 거의 모든 회사는 아니더라도 많은 회사에는 군살이 있습니다. 그런데 아시아에서 해고는 권장되지 않는 곳부터 한국처럼 금지된 곳까지 다양합니다. 해고는 불법입니다. 일본에서는 인력 감축도 할 수 없습니다. 권장하지 않죠. 만약 당신이 관리자인데 인력 감축을 해야 한다면, 당신은 경영을 제대로 하지 못한 것이고, 당신의 일을 제대로 하지 못한 것입니다. 따라서 문화적인 금기와 일부 법적 제한이 있는 상황에서는 다른 비용 절감 방법을 찾아야 합니다. 그 대안으로 물품 조달을 개선하거나 지원 부서를 통합하고 사내 포트폴리오 회사와 시너지 효과를 낼 수 있는 일을 많이 하고 있습니다. 이는 더 어려운 일이지만 아시아적 방식이기 때문에 적합한 방법이라 생각합니다. 가치 창출에는 여러 가지 방법이 있지만, 나는 인수 후 그 사업에서 가치를 창출하는 것이 투자의 정배라 생각합니다.

토니 그렇다면 비용 절감뿐만 아니라 매출 성장에 더 초점을 맞추고 있다는 뜻인가요?

마이클 물론이죠. 시장마다 다르지만, GDP가 고성장하는 중국과 한국의 경우 최상위 라인 성장이 조금 더 수월합니다. 일본은 미국과 비슷하지만 미국보다 더 어려운 상황입니다. 일본은 2024년 GDP가 1.5% 성장할 것으로 예상되는데, 이는 손뼉을 칠 만한 일입니다. 따라서 일본은 매출 성장이 쉽지 않지만, 세계에서 미국 다음으로 유능한 경영자 풀을 보유하고 있는 훌륭한 펀더멘털 시장이기 때문에 해볼 만합니다. 일본은 차입자의 천국이기도 합니다. 5~7년 만기의 선순위 대출을 통해 2.5~3% 이자율로 인수 자본을 조달할 수 있습니다. 그런 레버리지로 수익을 올릴 수 없다면 투자해서는 안 됩니다.

토니 이 답변이 마음에 듭니다. 왜냐하면 나 자신도 약 111개의 회사를 소유하고 있기 때문입니다. 우리는 여러 회사에서 약 70억 달러 규모의 비즈니스를 하고 있습니다. 모든 산업에서 우리가 하는 일체의 업무는 다른 업체보다 고객에게 더 많은 것을 제공하는 방법을 찾아 더 많은 가치를 창출하는 것입니다. 이것이 바로 내가 사모펀드를 좋아하는 이유입니다. 따라서 다양한 요인 가운데 CEO에 대해 상당한 통제권을 갖는 것이 중요할 수 있습니다. 당신도 그렇습니까? 조직에서 가치를 창출하기 위해 통제권이 얼마나 중요하다고 생각하나요?

마이클 내 경험에 따르면, 통제는 가치 창출에 도움이 될 뿐만 아니라 필수적인 요소입니다. 통제를 정의하면, 당신이 말한 대로 CEO에 대한 통제입니다. 우리는 해당 분야에서 최고의 CEO를 고용할 수 있는 유연성과 CEO가 잘못하면 교체할 수 있는 권한을 확보해야 합니다. 다시 말해, 우리는 CEO와 최고경영진, 그리고 이사회를 통제해야 합니다. 사업 계획과 배당 정책, 자본 지출 정책, 자본 조달, 인수합병에 대한 통제권을 가져야 합니다. 이들 요소를 통제할 수 있어야 진정한 가치 창출을 할 수 있습니다. 투자 후에는 이들에 대한 통제 수단을 확보해야 합니다.

토니 내가 정확하게 파악했다면, 당신은 약 300억 달러 규모의 비즈니스를 운영하고 있습니다. 비즈니스 규모가 커질수록 회사의 문화를 유지하는 것이 더 어려워지는데요. 어떤 결정을 내렸는지 조금 들려주세요. 아시아 전체에서 가장 큰 규모이군요. "아시아 사모펀드의 대부"라는 수식어가 붙는다는 것은 대단한 일이죠. 그런 수식어가 붙으면, 사람들은 당신에게 돈을 덥석 맡기게 됩니다. 그런 경우 돈을 받을지 말지 어떻게 결정하나요? 지금까지 해 왔던 것처럼 계속 효과적으로 일할 수 있도록 어떻게 마인드를 관리하나요?

마이클 우리는 적정 규모를 유지하고자 합니다. 당신이 말한 것처럼 우리는 자금을 조달할 때면 항상 돈을 테이블 위에 남겨둡니다. 나는 수익률을 높이는 데 집중하고 있습니다. 많은 매니저가 인정하기를 꺼리지만, 펀드 규모가 커질수록 실제로 큰 수익을 창출하기 어려운 것이 현실입니다. 이런 이유로 우리는 수익률에 집중해 왔으며, 이는 장기적으로 좋은 결과를 가져왔습니다.

골드만삭스에서 오리엔테이션을 받은 첫날, 파트너 중 한 명이 무대에 올라 "장기적인 욕심을 가지라"고 말했습니다. 이 간결한 말 속에 많은 의미가 담겨 있습니다. 단기적으로 대박을 터뜨리거나 큰돈을 벌려고 해서는 안 됩니다. 장기적인 관계를 구축해야 합니다.

물론 우리도 수익률을 중시하고 투자자들의 부 창출도 중요하게 생각합니다. 하지만 장기적인 관계를 바탕으로 장기적으로 이루어가야 합니다. 그래서 우리는 '꾸준히' 성장해 왔습니다. 그렇습니다. 우리는 아시아 최대 독립 자산운용회사이지만 지난 18년 동안 올바른 방식으로 투자해 왔습니다. 그것이 이 업계에서 우위를 구축하는 유일한 방법이라 생각합니다.

이처럼 꾸준한 성장에 기여한 핵심 요소에는 문화 형성이 포함되어 있습니다. 우리는 직원들의 근속이 매우 안정적이라는 축복을 받았습니다. 아시아에서 이직률이 가장 낮습니다. 물론 직원들에게 충분히 보상을 해주고 있습니다. 하지만 그보다 더 큰 이유는 우리가 형성한 문화적 정신이라 생각합니다. 나는 우리의 사명으로 '아시아인이 소유하고 운영하는 아시아 최고의 GP가 된다'를 제시했습니다. 우리가 공유한 비전은 '아시아에서 변화의 주체가 된다'는 것입니다. 우리는 저마다 이 사명을 공유하고 있습니다. 공유된 사명감은 문화로 묶여 있습니다. 문화가 모든 것이죠. 이것이 내가 골드만삭스에서 일하면서 얻은 가장 큰 교훈 중 하나였습니다. 조금 진부한 표현이지만, 우리 회사에는 'TIE' 정신, 즉 팀워크^{Teamwork}, 성실성^{Integrity}, 그리고 탁월함^{Excellence}이라는 정신이 있습니다. 이 세 가지 주제가 회사를 하나로 묶습니다. 우리는 세 개의 다른 시장, 세 개의 다른 국가, 세 개의 다른 문화권에서 사업을 운영하고 있기 때문에 하나의 회사라는 의식을 갖는 것이 중요합니다. 우리가 특별한 일을 하고 있으며, 모두가 한 팀이라는 문화적 인식이 우리를 지탱하고 커다란 안정감을 가져다준다고 생각합니다.

토니 멋지네요. 모든 비즈니스에는 잘되는 시점이 있습니다. 정말 특별한 비즈니스라면, 좋은 비즈니스에서 위대한 비즈니스가 된다면 어떤 구심점이 있을 것입니다. 자신의 비즈니스에서 그 지점을 정확히 찾아낼 수 있나요? 비즈니스를 한 단계 더 발전시킨 계기가 무엇인가요?

마이클 특별한 하나의 변곡점이나 지렛대가 있었던 것 같지는 않습니다. MBK 파트너스를 설립할 당시에는 앞서 말한 것처럼 글로벌 기업에서 사모펀드 투자를 했습니다. 그것은 매우 소중한 시행착오였습니다. 우리는 아시아에서 모든 것을 시도했습니다. 다양한 상품을 시도했습니다. 아시아의 모든 국가와 시장을 다니면서 시도했습니다. 그 결과 무엇이 가능하고 무엇이 불가능한지 잘 알 수 있었습니다. 이런 경험 덕분에, 특히 실패한 경험을 활용하여 전략을 조정할 수 있었습니다.

토니 그렇군요.

크리스토퍼 우리는 2001년 회사를 시작했는데, 나는 항상 창업 전에 누군가 내게 알려주었으면 좋았을 것들에 대해 생각합니다. 사업을 하면서 힘들게 배운 것들이죠. 2005년 회사를 시작하기 전에 누군가 당신에게 말해주었더라면 좋았겠다 싶은 것들이 있다면 무엇인가요?

마이클 내 경우에는 리더십에 대한 요구였습니다. 리더십은 희생을 요구합니다. 흔히 타고난 리더가 있고, 사람들은 그를 맹목적으로 따를 것으로 생각합니다. 하지만 내 경험은 정반대입니다. 사람들은 다른 사람을 배려하고 자신을 희생하는 모습을 보이는 리더를 따릅니다. 한국인에게는 정情이라는 개념이 있는데, 말 그대로 마음을 베푼다는 뜻입니다. 이 개념에 그런 점이 잘 드러나는 것 같아요. 말은 값싼 것이죠. 정이라는 마음을 갖추고 그 마음의 일부를 나눌 수 있다면, 직원들은 당신을 따르게 될 것입니다.

토니 최고의 성과를 내는 직원과 그렇지 않은 직원을 구분하는 요소는 무엇이라 생각하나요? 이 질문과 연결해 나는 처음으로 돌아가서 이렇게 묻고 싶습니다. 당신은 월가가 무엇인지도 몰랐는데, 그런 당신을 (골드만삭스는) 왜 뽑았을까요?

마이클 첫 번째 질문부터 대답하죠. 나는 채용할 때 다양한 관점을 가진 사람, 문제에 접근하는 방법과 관련해 새로운 관점을 제시할 수 있는 사람을 찾습니다. 우리 비즈니스는 탁월함에 끊임없이 집중함으로써 문제를 해결하는 활동입니다. 물론 높은 IQ는 필수 조건입니다. 하지만 사회학자들은 이를 필요조건이지 충분조건은 아니라고 말합니다. 우리 분야에는 똑똑한 사람들이 많습니다. 그중 상당수는 강한 직업 윤리를 가지고 있어요. 충분조건은 배우고 개선하려는 의지라 생각합니다. 우리 회사에서 시니어 직급에 있는 사람들을 보면 어소시에이트로서 최상위 성과를 냈던 사람들이 아닙니다. 그들은 시간과 노력을 바탕으로 발전한 사람들입니다. 일본에서는 지속적인 혁신이라는 의미로 '카이젠改善'이라는 단어를 쓰는데, 이는 지속적인 개선을 위한 노력을 의미합니다. 최상위 성과자에게는 카이젠이 있다고 생각하며, 잊어버릴까 봐 지속적인 교육을 통해 이를 상기시킵니다.

내 경우에는 골드만삭스 면접관이 나에게서 어떤 점을 보았는지 잘 모르겠습니다. 내가 금융은 모르지만 다학제적多學際的 지식을 갖고 있다는 점을 알아보지 않았나 싶어요. 모든 것이 서로 연관되어 있죠. 그는 내 관점이 다르지만 배우려는 의지와 함께 탁월함을 갈망하는 약간의 불꽃을 느낀 것 같습니다. 내가 남과 다르다고 본 그가 정확했다고 생각해요. 나는 18년 넘게 직장을 다니면서 틈틈이 작업한 끝에 2001년 영문 소설 『제물Offerings』을 출간했습니다. 월가 내부자가 쓴 소설은 그리 많지 않은 것으로 알고 있습니다.

토니 마이클, 나는 당신이 한 인간으로서, 리더로서 어떤 사람인지, 당신의 가치관이 어떤 것인지에 대해 가장 큰 감명을 받았습니다. 그중에서도 가장 눈에 띄고 꾸며낼 수 없는 것은 바로 당신의 겸손함입니다. 그 겸손함의 큰 부분은 삶에서 감사하는 마음을 가진 사람에게서 나온다고 생각합니다. 나는 그것이 당신이 속한 문화의 일부임을 알고 있지만, 안타깝게도 그런 훌륭한 자질을 재무적으로 매우 성공한 사람들에게서는 거의 찾아볼 수 없기도 합니다. 겸손함과 배려의 깊이, 감사의 깊이를 어떻게 키웠는지 궁금합니다.

마이클 나는 축복을 받았다고 생각합니다. 겸손함이나 감사함을 몸소 실천하고 보여줌으로써 동료들에게 그런 마음을 심어줄 수 있다고 생각합니다. 사무실에 있는 내 주변 사람들이 매일 감사하는 마음에서 비롯된 겸손함을 보고 있다고 생각합니다. 이는 세상에는 똑똑하고 열심히 일하는 사람이 많으며, 나는 적시에 적절한 장소에 있을 뿐이라는 인식에서 비롯된 것이라 할 수 있습니다. 운이라고 할 수도 있고 전략적 포지셔닝이라고 할 수 있지만, 나는 아시아 외환위기가 절정에 달했을 때, 글로벌 금융 경험이 조금 있습니다. 게다가 나는 한국인입니다. 이 모든 것이 함께하지 않았다면, 내 경력이 어떻게 되었을지 모르겠습니다. 내가 북한의 농장에서 태어났다면, 지금 이 자리에 있지 못했을 것으로 확신합니다.

토니 우리는 일반 파트너이자 투자자로서 당신과 함께 일하게 되어 영광입니다. 하지만 개인적으로 만나 당신의 철학 전반과 겸손하면서도 강인한 면모를 들을 기회를 갖게 된 것은 진정한 특권이었습니다. 누군가의 삶의 질과 투자의 질을 결정하는 데 도움이 될 수 있는 탄탄한 정보를 많이 공유해 주었습니다. 이 두 가지는 서로 잘 어울린다고 생각합니다.

마이클 전적으로 동의합니다. 요즘에는 일과 삶의 균형을 찾는 것에 대해 많은 논의가 이루어지고 있습니다. 내가 추구하는 것은 상쇄 관계 속 일과 삶 사이의 균형이 아니라 일과 삶의 조화입니다. 직장 생활과 개인 생활의 조화를 통해 양쪽 모두에 상호 이익을 줄 수 있습니다. 직장에서 보람 있고 좋은 경험을 하는 것은 개인 생활을 향상시키는 것이지, 개인 생활을 해치는 것이 아닙니다.

토니 당신은 실패를 투자의 큰 열쇠 중 하나로 들었습니다. 경험을 대체할 수 있는 것은 아무것도 없기 때문이죠. 투자에 대해 어떻게 말할 수 있겠습니까?

마이클 투자자는 타고나지만, 위대한 투자자는 만들어집니다.

WIL VANLOH
FOUNDER AND CEO OF QUANTUM CAPITAL GROUP

영예
석유와 가스는 물론 재생에너지와 기후 기술을 포함한 에너지 투자에 중점을 둔 세계에서 가장 크고 성공적인 사모펀드 회사 중 하나
총 운용 자산(2023년 8월 말 기준)
220억 달러
중점 분야
현대 세계를 위한 지속 가능한 에너지 솔루션

하이라이트
- 1998년에 설립된 퀀텀 캐피털 그룹은 글로벌 에너지 및 기후 기술 산업에 자본을 공급하는 최대 규모의 선도적 기업 중 하나이며 다양한 사모펀드와 구조화 자본, 사모신용, 벤처캐피털 플랫폼을 활용해 220억 달러 이상의 자산을 관리하고 있다.
- 퀀텀은 기술과 운영, 디지털 전문 지식을 투자 의사결정과 운영 부가가치에 완전히 통합하고 투자 대상 기업과 실질적인 파트너십을 구축하며 차별화해 왔다.

14

에너지로의 전환, 윌 반로

퀀텀 캐피털 그룹
창업자·CEO

토니 25년이라는 짧지 않은 세월 동안 비즈니스에 몸담아 왔군요. 그 긴 시간 동안 놀랄 만한 성공을 거두며 투자자들을 챙겨 왔습니다. 오늘날과 같은 특별한 조직을 구축하기까지 어떤 과정을 거쳤는지 들려주겠어요?

윌 나는 텍사스 중부의 작은 마을에서 자랐고, 부모님은 중하위 소득 직업을 갖고 계셨어요. 자라면서 우리 집이 가난하다는 사실을 몰랐는데 가난하긴 했어요. 대학에서 풋볼을 하고 싶었는데, 내가 대학을 알아보기 시작하던 1980년대 중반에 텍사스 크리스천 대학에 훌륭한 풋볼 프로그램이 있었어요. 운 좋게도 그곳에 진학할 기회를 얻었는데 1학년 여름에 부상을 입었어요. 아버지는 내가 일거리를 구해 학비와 생활비 대부분을 부담해야 대학에 남을 수 있다고 말씀하셨어요. 그래서 대학 시절 서너 개의 사업을 시작했고, 사립학교를 거의 빚 없이 졸업할 수 있을 만큼 돈을 벌었어요.

텍사스 크리스천 대학에 재학 중 벤저민 그레이엄^{Benjamin Graham}과 데이비드 도드^{David Dodd}의 공저서 『증권 분석』을 바탕으로 진행된 가치 투자에 관한 흥미로운 강의를 들었고, 투자자가 되고 싶다는 생각에 빠져들었어요. 다양한 진로를 탐색하면서 투자자에는 두 가지 유형이 있다는 사실을 알게 되었어요. 상장 주식을 매입하는 투자자는 일반적으로 머리를 숙이고 숫자를 분석하는 반면, 비상장 기업을 매입하는 투자자는 자신이 매입한 기업에 관여해 비즈니스 개선을 돕는다는 것을요. 나는 기업가정신이 강했고, 문제 해결과 사람들과의 교류를 좋아했기 때문에 후자가 훨씬 더 마음에 들었죠.

학생들이 주식 시장에 투자할 수 있도록 조성된 자본금 약 100만 달러 규모의 교육 투자 펀드^{Educational Investment Fund}가 있었는데, 4학년 때 펀드 관련 활동에 참여하라는 권유를 받았어요. 우리는 주식을 조사한 다음, 학생 주도로 구성된 투자위원회에 이를 추천했어요. 위원회에서 투자 추천을 승인하면 펀드에서 주식을 매입했죠. 나는 이때의 경험을 바탕으로 경쟁 우위를 가진 기업의 발굴과 투자에 대한 열정을 더욱 키워나갔어요. 지도 교수인 척 베커^{Chuck Becker} 박사와 스탠 블록^{Stan Block} 박사는 월가의 투자은행에서 일하면 투자 기술을 더 발전시킬 수 있다고 조언하셨어요.

운 좋게도 키더 피바디Kidder Peabody의 에너지 투자은행 그룹에서 애널리스트 자리를 얻었어요. 주당 90~100시간씩 일했어요. 그렇게 몇 년을 보낸 후 결심하게 되었죠. 이렇게 열심히 일할 거라면 내가 직접 투자은행을 창업해야겠다고요. 그래서 스물네 살 때 키더 피바디의 애널리스트 동료인 토비 노이게바우어Toby Neugebauer와 함께 윈드록 캐피털Windrok Capital을 설립했어요. 우리가 정말 하고 싶었던 일인 주요 투자자가 되려면, 투자자로서 실적을 쌓아야 했어요. 우리는 훌륭한 기업을 찾아서 그 기업에 자본을 조달해 주면서 우리가 받은 수수료의 대부분을 그 기업에 투자하는 전략을 세웠어요.

월가 투자은행에서 2년 동안 일하면 석유·가스와 미드스트림midstream(석유나 가스를 개발하고 공정에서 생산된 석유나 가스를 운송, 정제, 액화하는 과정 – 옮긴이) 기업의 자금 조달 분야 전문가가 될 수 있겠다고 예상했어요. 그런데 아니었어요. 내가 아는 것이라곤 엑셀에서 재무 모델을 만들고 피치북pitchbook(짧은 투자 유치 자료 – 옮긴이)과 자금 모집 요강을 작성하는 방법뿐이었어요. 다만 대학 시절에 창업하고 마케팅한 경험으로 꽤 뛰어난 영업 기술을 보유하고 있었죠. 그때는 1990년대 초반이었고, 1980년대 중반 가격 폭락으로 에너지 산업이 초토화된 이후였어요. 1994년 윈드록 캐피털이 사업을 시작할 무렵에는 1984년 사업을 시작한 기업 중 90%가 폐업한 뒤였어요. 살아남은 기업들에게는 이유가 있었는데, 특별한 능력이 있거나 경쟁우위가 있었기 때문이었죠.

우리의 투자은행 출범은 월가에서 배운 탄탄한 기초 기술과 젊고

굶주린 두 기업가의 근면성, 그리고 좋은 타이밍의 조합으로 이루어졌죠. 1990년대 초반 에너지 분야에 뛰어든 것은 타이밍이 매우 좋았어요. 당시 사업을 계속하던 기업가들은 이 분야에서 탁월한 능력을 보유해 생존한 것으로 자금이 풍부하지 않았으며, 우리는 훌륭한 기업가들을 위해 자본을 조달할 수 있는 기술을 갖추고 있었기 때문이죠. 이런 요소가 한데 어우러져 이례적인 수익을 올릴 수 있었어요.

우리는 그 후 5년 동안 기업을 위해 자금을 조달하고 수수료를 받은 다음, 수수료의 75~80%를 우리가 자금을 조달해 준 기업에 투자했어요. 투자 실적을 쌓은 후 우리는 '전설적인 석유 사업가 출신 벤처캐피털리스트' A.V. 존스^{A. V. Jones}에게 우리와 함께 파트너로서 사모펀드를 조성하자고 요청했어요. A.V.는 경험과 신뢰, 자본을 가지고 있었고 우리는 비전과 신진 사모펀드 기술, 열정, 추진력을 가지고 있었죠. 첫해에는 자금 조성이 정말 더디게 진행되었어요. 아직 서른이 되지 않은 두 남자와 사모펀드 경험이 전무한 예순의 석유 사업가가 처음으로 조성하는 펀드에 투자하는 것에 대해 대부분의 LP가 회의적이었기 때문이었어요.

다행히 스위스 유니언 뱅크에서 만난 빅 롬리^{Vic Romley}와 앨런 시아^{Alan Hsia}가 우리를 우호적으로 대하며 에너지 사모펀드 분야의 LP 고객들을 소개해 주었어요. 제너럴 모터스의 연기금을 주요 투자자로 유치하는 데도 도움을 주었어요. 뒤이어 몇 달 동안 다른 우량 기관 LP 6곳이 참여해 1998년 퀀텀 에너지 파트너스를 설립하는 데 1억 달러를 투자했어요.

토니 내가 스무 살 때 처음 만난 억만장자에게 성공의 비결이 무엇인지 물었더니, 그는 "소외된 시장에 과잉 서비스를 제공한다 over-serve underserviced markets"고 답하더군요. 그것이 무슨 뜻이냐고 물었죠. 그는 볼트와 나사 등 차별화 요소가 별로 없는 물건을 팔았으니까요. 그는 이렇게 설명했어요. "나는 아프리카에서 그런 제품을 팔아요. 아무도 가지 않는 아시아 지역에서도 팔아요. 뉴욕에서는 병원 조달 부서에 가서 아무도 서비스하지 않는 것들을 주문하는 사람을 찾아요. 그리고 나는 그에게 과잉 서비스를 제공하죠." 내 기억이 옳다면, 당신은 당시 뉴욕 은행가들이 가지 않던 미시간주 중부의 미들랜드까지 찾아갔다면서요? 사실인가요?

윌 맞아요. 우리는 사우스웨스트 항공을 타고 한 번 더 갈아타야 도착할 수 있는 곳까지 갔어요. 사우스웨스트 항공은 댈러스에서 휴스턴, 뉴올리언스까지 비행기를 운항했어요. 미들랜드나 오클라호마주 털사, 루이지애나주 슈리브포트는 직항 노선이 없었어요. 당신이 말한 것처럼 우리는 서비스가 부족한 시장을 찾아서 월가 은행들이 잘 가지 않는, 접근하기 어려운 곳을 찾아가서 서비스를 제공했어요. 그런 시장에서 우리는 오랫동안 은행가들로부터 자본을 제공받지 못한 훌륭한 기업가들을 발견했어요.

토니 비즈니스 성공과 현재의 위치에 이르는 데 큰 도움을 준, 인생에서 가장 중요한 사람이 누구인지 궁금합니다.

윌 단 한 사람을 꼽기는 어렵습니다. 나는 모든 것은 다른 사람의 실수에서 배울 수 있다고 믿기 때문에 책을 많이 읽는 편이고, 많은 사람에게서 다양하게 배웠습니다. 하지만 지금의 나를 만든 데 가장 큰 기여를 한 사람은 어머니와 아버지입니다. 두 분이 내게 가르쳐준 근면한 직업 윤리와 대접받고 싶은 대로 사람을 대하고, 아무리 원하는 것이 많아도 항상 자신의 이익보다 다른 사람의 이익을 먼저 생각해야 한다는 가치관에 대해 감사하게 생각합니다.

아버지는 미국 정부의 공무원이셨고, 어머니는 기업가가 되려고 노력했던 학교 교사였습니다. 비록 비참하게 실패하셨지만요. 부모님은 저축한 돈이 거의 없었어요. 어머니는 얼마 안 되는 돈으로 옷가게를 열었어요. 말 그대로 네 자녀에게 옷을 입히려고요. 사업을 시작하기에 적합한 동기는 아니었죠. 결국 몇 년 지나지 않아 남은 돈이 거의 바닥났고, 파산을 선언할 뻔했어요. 그러나 우리 가족은 이를 극복했어요. 비록 옷 장사는 실패했지만, 어머니의 야망과 자신을 걸고 도전하는 모습을 나는 항상 존경했어요. 어머니가 기회를 포착하고 사업을 시작함으로써 보여준 모범은 내게 영감을 불어넣어 주었고, 나 스스로 무언가를 시도할 수 있다는 자신감을 키워 주었죠.

토니 A.V. 존스에 대해 조금 알려주세요. 그는 당신의 인생에서 어떤 역할을 했나요?

윌 A.V.는 내게 멘토 그 이상이었어요. 그는 내게 친구이자 비즈니스 파트너였고, 무엇보다도 힘을 준 사람이었어요. 내가 아는 사람

중 가장 긍정적이었고, 내가 사업하는 동안 만난 사람 중 그에 대해 나쁜 말을 하는 사람을 한 명도 찾을 수 없는 몇 안 되는 사람이었어요. 그는 엄청난 사업적 성공을 거둔 전설적인 인물이었지만, 겸손했고 모든 사람을 친절하고 존중하는 태도로 대했어요. 그는 자신의 이름과 명성, 자본을 바탕으로 우리에게 신뢰를 주었고, 자신의 뛰어난 명성을 바탕으로 업계에서 소중한 관계를 구축할 수 있도록 도와주었어요.

A.V.가 여러 번 내게 말했어요. "다들 나를 놀라운 기업가로 생각해요. 내가 좋은 기업가이긴 하지만, 실제로 돈을 번 방식은 사업에서 지원할 사람들을 제대로 선정한 다음 내가 할 수 있는 방법을 총동원해 그들을 지원하는 것이에요." 그렇기 때문에 A.V.는 우리에게 사업을 어떻게 운영할지, 어떤 투자를 할지 말지 알려주는 대신 오히려 질문을 던지고, 소개를 해주고, 스스로 알아서 해결하도록 격려해 주었어요. 그는 놀라운 파트너로 끝없는 호기심과 배움에 대한 열망을 가지고 있었어요. "노"라고 대답하는 법을 몰랐던 두 젊은이를 지지해 준 A.V.의 비전과 관대함이 없었다면, 퀀텀은 지금의 자리에 오르지 못했을 것입니다.

토니 많은 투자자가 사업을 처음 시작할 때 기업가가 되어야겠다고 생각한다는 사실이 참 흥미로워요. 하지만 당신이 말한 것처럼 더 훌륭한 기업가를 찾아서 자본을 제공할 수 있다면 큰 수익을 얻을 수 있겠죠. 이제 이 에너지 진화에서 가장 큰 기회가 있는 곳이 어디인가로 화제를 바꿔보죠. 당신은 투자자에게 가장 큰 기회가 있는 곳이 어디라고 생각하는지 궁금합니다. 지난 몇 년 동안 비즈니스가 어떻게 진행되어 왔는지도 들려주겠어요?

윌 현재 220억 달러 이상의 자본을 관리하고 있으며 25년 동안 사업을 운영해 왔습니다. 그 기간에 원자재 가격과 자본 시장이 엄청난 변동성을 보였는데도 지금까지 조성한 모든 펀드가 투자자들에게 수익을 창출했으며, 수익률이 일관되고 기대치를 초과했다는 점을 자랑스럽게 생각합니다.

관리 가능한 리스크와 변동성을 제거할 수 있는 영역을 파악하는 데 큰 관심을 갖고 있습니다. 에너지의 공급과 수요는 시간이 지남에 따라 크게 변하기 때문에 원자재 가격의 변동성이 확대됩니다. 변동성이 큰 원자재에 금융 레버리지를 결합하면 결국 손실을 볼 수밖에 없는 공식이 완성됩니다. 우리는 선물 시장에서 상품 가격을 적극적으로 헤지함으로써, 또 우리가 구축하는 회사의 자본 구조에 적당한 금융 레버리지를 사용함으로써 상품 가격 변동성과 금융 레버리지라는 두 가지 위험을 적극적으로 관리합니다. 이 두 가지를 꾸준히 수행하면 마진 확대를 통한 수익 창출, 즉 자본과 운영 비용을 줄이고 매출을 늘릴 수 있습니다. 모든 산업에서 돈을 버는 최고의 방법이죠.

따라서 우리는 경기 침체기에 우리를 무너뜨릴 수 있는 변수를 분리하고 완화하고자 합니다. 위험을 헤지하지 않고 부채를 많이 사용하면 경기가 좋을 때에는 매우 현명해 보일 수 있지만, 조만간 가격이 하락하고 테이블에 너무 오래 머무른 포커 플레이어처럼 돈을 모두 잃게 될 것입니다. 석유·가스 산업의 문제는 매우 낙관적인 사람들을 끌어들인다는 것입니다. 수십억 달러를 들여 지표면 아래 1만~1만 5천 피트 깊이, 수평으로 1만~1만 5천 피트 아래에 위치한 유정을 시추하려면 낙관적이어야 하죠. 이 사업에서 성공하려면, 퀀텀은 위험을 감수할 줄 알아야 할 뿐 아니라 위험을 완화할 줄도 알아야 합니다.

토니 나는 레이 달리오와 칼 아이컨Carl Icahn, 워런 버핏 등 역사상 가장 부유한 투자자 50명을 인터뷰할 수 있는 특권을 누렸습니다. 이들은 모두 매우 다른 투자 전략을 가지고 있지만, 한 가지 공통점은 비대칭인 위험 대비 보상을 추구한다는 점입니다. 현재 업계 전반에 대해 말해주세요. 가장 큰 기회는 무엇이며, 그 기회가 나타나는 원인은 무엇이라 생각하나요?

월 현재 전 세계에서 가장 큰 규모의 투자 기회는 에너지 산업, 특히 석유·가스 부문과 에너지 전환 부문이라 생각합니다. 석유·가스에 필적할 만한 분야는 없지 않을까 싶어요. 가장 인기 있는 답변은 아닙니다. 지난 2~3년 동안 많은 투자자가 합당한 이유에서 기후에 크게 집착해 왔습니다. 우리는 기후에 매우 집중해야 하며, 기후 변화에 대응하고 온실가스 순배출 제로를 달성하려는 노력을 지원하기 위해 할 수 있는 모든 일을 해야 합니다. 그러나 우리는 전 세계에 안정적이고 저렴하며 풍부한 에너지가 공급되도록 하는 데에도 매우 집중해야 합니다. 왜냐하면 전 세계에 안정적이고 저렴하며 풍부한 에너지가 공급되지 않으면 현대 사회가 작동하지 않고 가난한 국가들은 국민을 빈곤에서 벗어나게 할 수 없기 때문입니다.

유럽 대부분의 국가와 미국, 호주, 일본, 한국 등 제1세계 국가들은 이른바 에너지 전환에 매우 집중하고 있어요. 토니, 당신은 이를 '에너지 진화'라고 부르는데, 나는 '배출 전환'이라 칭하고 싶어요. 대다수 사람이 '전환'이라는 단어를 떠올릴 때 한 가지에서 다른 것으로 이동하는 것을 생각한다는 점을 고려할 때, 에너지 전환보다 에너지 진화 또는 배출 전환이 훨씬 나은 명칭이죠.

사실 세계는 어떤 형태의 에너지를 대체한 적이 없어요. 오히려 증가하는 에너지 수요를 충족하기 위해 기존 에너지 믹스에 추가할 새로운 에너지원을 개발해 왔어요. 안타깝게도 우리가 미디어에서 듣는 이야기 중 대부분은 재생에너지와 전기차가 세계를 장악하고 머지않은 미래에 석유와 가스, 석탄이 필요 없게 된다는 것이에요. 이보다 사실과 거리가 먼 이야기가 없어요. 지난 10년 동안 풍력과 태양광에 막대한 투자가 이루어졌는데도 이로부터 세계가 얻는 에너지는 전체의 4%에 불과해요. 80%는 여전히 화석 연료에서 얻죠.

토니 석유·가스 부문은 2022년 주식 시장에서 가장 수익률이 좋았어요. S&P 500 지수는 약 20% 하락한 반면 석유·가스 부문은 강세를 보였죠.

월 맞아요. 공공 석유·가스 부문은 2021년 약 86%, 2022년 48% 상승했는데, 이는 해당 기간에 S&P 500 지수가 약 플러스 27%, 마이너스 20%의 수익률을 기록한 것과 비교해 매우 양호한 수준이에요.

토니 그럼에도 불구하고 석유와 가스에 대한 자금 조달은 크게 위축되었어요. 그렇다면 이것이 기회의 일부일까요? 향후 20~30년 안에 지구상에 20억 명의 인구가 더 늘어날 것이기 때문입니다. 내가 정확히 파악했다면, 2050년에는 현재보다 에너지가 50% 더 필요할 것입니다.

윌 몇 년 동안 유가가 배럴당 85달러에서 100달러 사이에서 움직이던 2014년 추수감사절부터 다시 살펴봅시다. 석유 수요가 감소하고 있었지만 석유수출국기구^{OPEC}는 감산하지 않기로 결정했죠. 그 후 유가는 하락하기 시작했고, 결국 1배럴당 20달러로 바닥을 쳤어요. 약 3년 동안 유가가 1배럴당 약 85~100달러에서 약 20달러로 떨어지자 석유·가스회사의 대차대조표와 손익계산서에 엄청난 충격이 발생했어요. 그때까지만 해도 투자자들은 셰일 혁명에 초점을 맞추어 석유·가스회사에 돈을 쏟아 부었는데요. 업계는 셰일을 경제적으로 개발할 수 있는 기술과 시추 위치, 셰일 유정을 시추하고 완성하는 방법 등을 알아내기 위해 매년 수천억 달러를 지출하고 있었죠. 이 모든 것을 알아내기 위해서는 엄청난 규모의 자본과 실험이 필요했기 때문이에요.

2010년부터 2020년까지 10년 동안 석유 및 가스 업계는 약 3,500억 달러의 자본을 상각했습니다. 이는 그 기간 동안 S&P 500 지수에서 평가 절하하거나 상각된 금액의 약 55%에 해당하는 규모입니다. 공모 투자자들은 마침내 이 업계가 생산량을 늘리고 매장량을 더하는 데에만 집중할 뿐, 수익 창출에는 관심이 없다는 사실을 깨달았습니다.

그것은 사실이었지만, 공모 투자자들은 이 거대한 셰일 자원을 발견하고 생산하려면 수십 년 전 닷컴 호황과 불황기에 발생한 자본 파괴와 다를 바 없는 엄청난 자본 파괴가 필요하다는 사실을 인정하지 못했습니다(구글, 아마존, 페이스북과 같은 기업을 탄생시킨 닷컴 호황과 불황기에 발생한 자본 파괴와 다르지 않습니다).

그러나 석유 및 가스 부문에서 발생한 대규모 자본 파괴에도 한 가지 희망이 있습니다. 2010년대 10년 동안 미국은 석유 생산량을 약 180%, 천연가스 생산량을 약 100% 늘렸어요. 그 결과 미국은 세계 최대 석유 수입국에서 석유 순수출국으로 전환했고 세계 최대 천연가스 수출국 중 하나로 떠올랐습니다. 미국은 에너지 독립국이 되었고, 이는 지정학적·경제적으로 미국 역사상 가장 위대한 성공 사례 중 하나라고 할 수 있습니다.

마침내 파티가 끝나자 많은 공모 투자자들은 석유·가스회사가 자본의 책임 있는 수탁자가 아니기 때문에 이 분야에 투자할 수 없다고 판단하고 지분 매각 후 이 부문에서 철수하기로 결정했습니다. 여전히 석유·가스 투자를 고려하는 공모 투자자 수는 훨씬 적었는데, 그들은 새로운 모델을 업계에 강요했습니다. 그것은 기업은 현금흐름의 30~50%를 사업에 재투자하고 나머지 50~70%를 자사주 매입과 배당을 통해 투자자에게 돌려주며, 생산량 증가율을 한 자릿수의 낮은 비율로 제한하고 대차대조표를 축소해야 한다는 모델이었습니다.

사모 업계에서도 동일한 자본 파괴가 일어나고 있었기 때문에 LP는 사모펀드와 사모부채펀드에 대한 투자 규모를 대폭 축소하기 시작했습니다. 5년 전만 해도 석유·가스 분야 사모펀드와 사모부채펀드에는 900억~1천억 달러의 현금성 자산이 존재했지만, 현재는 150억~200억 달러 정도입니다. 5년 전 이 분야에서 활동하던 GP 중 절반 이상이 폐업했거나 수익률이 너무 낮아 새로운 펀드를 조성할 수 없는 상황입니다. 은행들도 석유·가스 부문에 대한 대출을 의미 있게 줄였습니다.

요약하면, 석유·가스 부문이 활용 가능한 공모 및 사모 자본의 규모는 불과 몇 년 전에 비해 급격히 줄어들었습니다. 석유와 가스는 고갈되는 자원이기 때문에 생산된 매장량을 대체하기 위해 지속적인 재투자가 필요합니다. 그런데 지난 8~9년 동안 투자 규모는 평균적으로 생산량을 대체해야 할 금액의 50% 정도에 그쳤습니다. 지금부터 2050년까지 전 세계 인구가 의미 있게 증가하고 중산층으로 진입하는 인구가 늘어나면서 석유와 가스를 포함한 모든 형태의 에너지 수요가 크게 증가할 것입니다. 미래의 글로벌 석유·가스 수요와 공급 능력 사이에는 엄청난 불일치가 존재하고, 이로 인해 향후 10년 동안 석유·가스 가격이 의미 있게 상승할 가능성이 큽니다.

크리스토퍼 향후 3년 동안 일어날 일 중 사람들이 예상하지 못한 것에 대해 이야기해 주세요. 무엇을 예상해야 할까요? 그리고 에너지의 모든 측면에 기꺼이 참여하려는 투자자의 경우 향후 10년 동안의 전망은 어떤가요?

윌 많은 사람이 몇 년 후에는 탄화수소가 더 이상 필요하지 않고, 풍력과 태양열이 필요한 모든 에너지를 생산하며, 모든 자동차가 배터리로 구동될 것으로 예상하는 듯해요. 하지만 이는 사실과 거리가 먼 이야기입니다. 솔직히 말해 이는 불가능할 뿐 아니라, 미국의 에너지 독립을 위태롭게 하고 많은 서방 국가를 중국에 비해 지정학적·재정적으로 불리한 위치에 빠뜨릴 수 있기 때문에 매우 위험한 사고방식입니다.

JP모건의 CEO 제이미 다이먼은 주기적으로 휴스턴을 방문해 에너지 고객들을 만나고 있는데, 퀀텀은 가장 큰 신용 노출을 가진 고객 중 하나입니다. 몇 년 전 나는 제이미에게 JP모건이 석유·가스 부문 대출을 계속할 의향이 있는지 물었는데, 이 질문에 대한 그의 대답은 전 세계가 석유·가스 부문의 자본 고갈에 매우 조심해야 하는 이유를 잘 요약하고 있었어요. 그는 에너지 가격은 경제의 다른 대부분의 부문에 영향을 미치기 때문에 에너지 가격이 낮으면 다른 대부분의 부문에 순풍이 불고, 에너지 가격이 높으면 다른 대부분의 부문에 역풍이 불게 된다고 답했죠.

우리가 경제적 번영과 환경에 관심이 있다면, 저렴하고 풍부한 에너지를 확보하고, 에너지 진화를 실현하는 데 재투자할 수 있는 이윤을 확보해야 합니다.

나는 10년 후에는 석유와 가스가 훨씬 더 많은 양, 아마도 지금보다 더 많은 양이 사용될 것으로 굳게 믿고 있습니다. 더 나아가 석유와 가스가 20~30년 후에도 현재와 비슷한 양으로 계속 사용될 것으로 예상합니다. 수요를 뒷받침하기 위해서는 많은 양의 석유와 가스가 필요한데, 이에 대한 투자는 충분하지 않습니다.

다행히도 풍력과 태양광은 전체 에너지 믹스에서 점점 더 큰 비중을 차지할 것이지만, 전 세계는 에너지 추가에 오랜 시간이 걸린다는 점을 인식할 필요가 있습니다. 처음 반세기 동안 가장 큰 시장 점유율을 차지한 에너지인 석탄은 사용한 지 반세기 만에 35%의 시장 점유율을 달성했습니다. 풍력과 태양열의 점유율은 이 분야에 대한 대규모 투자가 시작된 지 10년이 조금 넘은 지금 4%에 불과합니다. 풍력과 태양광 발전, 배터리 저장, 교통수단의 전기화 분야에서 세계 역사상 그 어떤 산업보다 더 많은, 아마도 몇 배나 더 많은 투자가 이루어질 것입니다. 따라서 믿을 수 없을 정도로 많은 투자 기회가 창출될 것입니다.

하지만 기회가 엄청나게 빠른 속도로 증가하고, 자본을 투자하기 전에 그 분야에 투자한 적이 없는 매니저와 자본을 조달받기 전에 이런 종류의 사업을 운영해 본 적이 없는 경영진이 있다면, 이는 많은 돈을 잃게 되는 공식이기도 합니다. 에너지 전환은 한편으로는 자본 배치 측면에서 세계 역사상 가장 큰 투자 기회가 될 수도 있고, 다른 한편으로는 자본주의 역사상 다른 어떤 산업에서보다 더 많은 자본이 파괴된 분야가 될 수도 있습니다.

크리스토퍼 기회는 분명 존재하지만, 우리가 헤쳐나가야 할 위험도 존재하는 것이죠. 최근 몇 년 동안 일어난 변화 중 당신이 사전에 예상한 일과 그렇지 못한 일에는 어떤 것이 있었나요?

윌 러시아가 우크라이나를 침공하리라고는 전혀 예상하지 못했습니다. 이 사건을 계기로 서방 세계는 에너지 전환에 대해 감정과 욕망이 아닌 사실에 다시 집중하게 되었습니다. 러시아가 우크라이나에 진출하기 전에는 특정 기관들이 석유·가스 투자에 대해 우리와 대화하는 것이 어려웠습니다. 그들은 ESG라는 명분 때문에 석유·가스 부문 투자를 반대했거나 몇 년 안에 세계가 석유와 가스 사용량이 크게 줄어들어 우리가 매입한 석유·가스 자산의 최종 가치가 없을 것이라 우려했기 때문이죠. 이제 대부분의 기관이 우리와 논의에 참여하고 있어요. 석유와 가스의 수명이 길고, 향후 10년 동안 강력한 투자 수익을 창출할 수 있는 훌륭한 분야라는 의견이 압도적으로 우세하게 되었기 때문입니다. 논의가 이렇게 빠르게 전환될 줄은 예상하지 못했습니다.

또한 미국 정부가 에너지 전환에 대한 투자를 촉진하기 위해 약 4천억 달러 규모의 연방 기금과 세금 공제를 할당하는 인플레이션감축법IRA과 같은 획기적인 법안을 통과시킬 것이라고는 전혀 예상하지 못했습니다. IRA는 특정 목표가 달성될 때까지 자동으로 계속 갱신되기 때문에 그 규모가 제시된 금액보다 훨씬 더 큽니다. IRA는 재생에너지와 배터리 저장, 전기차, 수소, 원자력뿐 아니라 탄소 포집·저장CCS의 경제성을 완전히 바꾸기 위해 많은 일을 하고 있습니다. CCS는 기본적으로 탄화수소를 탈탄소화하는 방법으로, 석유나 가스, 석탄을 태워 에너지를 생산할 때 발생하는 이산화탄소를 포집한 다음 지하 저장소에 영구적으로 저장하거나 격리하는 것을 의미합니다.

천연가스 터빈은 몇 분 만에 가동할 수 있기 때문에 기저부하 에너지이고, 탄소 포집 장치를 가스 터빈에 연결하면 많은 사람이 더러운 에너지로 간주하는 것을 기저부하 청정에너지로 전환할 수 있습니다.

이는 태양광 및 풍력과는 크게 다릅니다. 태양이 항상 비치는 것은 아니고 바람이 항상 부는 것은 아니기 때문에 태양광과 풍력은 기저부하 에너지가 아니죠. 세계가 원활하게 운영되려면 주로 기저부하 에너지를 사용해야 합니다. 세계는 낮과 밤의 시간대에 따라 에너지 수요가 크게 변동하고, 여유가 있을 때가 아니라 필요로 할 때 에너지가 갖춰져 있어야 하기 때문입니다.

토니 오늘날 원자력의 달라진 점은 무엇인가요? 잠시 시간을 내어 그 점과 함께 어떤 기회가 있는지 말해주세요.

월 차세대 원자력 발전소는 펜실베이니아주 스리마일섬과 일본 후쿠시마, 우크라이나 체르노빌 원자력 발전소에서 사고가 발생하여 전 세계가 원자력에 반대하게 된 것과는 매우 다른 원자로 기술을 사용합니다. 새로운 원자로는 훨씬 더 안전하고, 일반적으로 사람들이 우려하는 원자로 노심 용융 사고가 발생하지 않습니다. 또한 소형 모듈형 원자로SMR라 불리는 원자로는 기존 유틸리티 규모의 원자력 발전소보다 훨씬 작고 현장 대신 공장에서 건설할 수 있습니다. 따라서 SMR은 기존 원자력 발전소보다 훨씬 빠르고 저렴하게 건설할 수 있고, 훨씬 더 많은 애플리케이션에 사용할 수 있습니다. 무엇보다 SMR 설계 중 일부는 기존 원자로의 사용후핵연료를 연료로 사용합니다. 따라서 기존 원자력 발전소에서 발생하는 핵폐기물을 어떻게 처리할 것인지에 대한 해결책을 제시할 수 있다는 것이 가장 큰 장점입니다. 역사적으로 원자력의 큰 단점 중 하나는 비용이 많이 든다는 것이었습니다. SMR은 이런 추세를 거스를 수 있습니다. 우선 공장에서 건설할 수 있고, 규제 승인 절차에서 관료주의를 없애고 대규모로 배치함으로써 그런 문제를 해결할 수 있습니다.

토니 그렇다면 현재 에너지 부문에서 대부분의 투자자가 잘못하고 있는 것은 무엇일까요?

월 한 가지 큰 문제는 에너지 진화가 실제보다 훨씬 더 빨리 일어날 것이라는 가정입니다. 또한 많은 투자자가 에너지 전환 분야에서 높은 수익을 올릴 수 있다고 스스로 확신하고 있지만, 실제로 이 분야에서 활동하는 많은 기업은 현재 수익을 내지 못하고 있으며 수익성을 달성할 수 있는 뚜렷한 경로도 없습니다. 현재 수익을 창출하고 있는 기업들도 대부분 수익률이 매우 낮습니다. 마지막으로, 많은 투자자가 자신이 감수하고 있는 위험의 정도를 과소평가하고 있습니다. 그 결과 에너지 전환 분야의 많은 기회에 대한 위험 조정 수익률은 투자자들에게 매우 불리하게 작용하고 있습니다.

크리스토퍼 전 세계의 이목이 집중된 상황에서 당신이 한 가지를 말해준다면 무엇일까요?

월 참으로 심오한 질문입니다. 자유 세계에서 가장 중요한 지도자 10명의 관심을 끌 수 있다면, 이 말을 하고 싶습니다. 요청할 때는 매우 신중하게 하라고요. 에너지 진화는 놀랍도록 중요하고 고귀한 대의이며, 인류는 이를 추구해야 합니다. 지난 40년 동안 서구에서 우리가 이룩한 번영은 제조업을 가장 저렴하게 영위할 수 있는 국가로 이전하고 자본 비용을 역사상 최저 수준으로 낮춘 덕분에 가능했습니다. 이 두 가지 추세는 향후 10년 동안 역전될 가능성이 높으며, 이는 서구에 엄청난 도전이 될 것입니다.

국외 이전의 메가트렌드에는 재생에너지 전환의 필수 구성 요소의 국외 이전도 포함됩니다. 기본적으로 풍력 터빈이나 태양광 패널, 리튬 이온 배터리, 전기차를 만들기 위해서는 구리나 리튬, 코발트, 실리콘, 아연 등 여러 핵심 광물이나 희토류를 채굴·정제·가공해야 합니다. 서방은 에너지 전환을 위한 이들 필수 투입물의 채굴·정제·가공과 제조의 대부분을 전 세계 여러 국가에 아웃소싱했습니다. 이러한 국외 이전 추세에서 가장 큰 이점을 누린 중국은 10여 년 전부터 재생에너지 전환에 대해 전략적으로 생각하기 시작했습니다. 중국은 에너지 전환을 위한 모든 핵심 투입물을 장악하고 있습니다. 이 분야에서는 시장 점유율이 30%에서 60%, 각종 핵심 광물의 정제 및 가공에서는 40%에서 70%, 풍력·태양광·리튬 이온 배터리의 제조 능력에서는 60%에서 80%에 이릅니다.

지난 30~40년 동안 사우디아라비아가 유가에 대해 행사할 수 있었던 힘을 생각해 보죠. 사우디아라비아는 세계 공급량의 10%만 통제할 수 있었습니다. 13개국으로 구성된 OPEC은 전 세계 석유 공급의 약 30%를 통제했습니다. 이들이 힘을 합치면 전 세계를 무릎 꿇게 할 수 있었습니다. 오늘날 중국은 에너지 전환에 필요한 주요 분야 각각에서 사우디아라비아보다 4~8배의 시장 점유율을 보유하고 있습니다. 러-우 전쟁은 서방에 에너지 안보의 중요성에 대한 경각심을 일깨워주었습니다. 미국과 유럽, 동맹국들이 에너지 안보를 확보하려면 자체 공급망을 통제해야 합니다.

채굴·정제·가공과 제조 분야에서 에너지 전환을 위한 자체 공급망을 구축하려면 몇 년이 아니라 수십 년이 걸리고, 수조 달러의 투자와 대대적으로 간소화된 규제 환경이 필요합니다. 이는 한편으로는 고임금 일자리를 미국에 다시 가져올 수 있는 가장 큰 기회가 될 수도 있지만, 다른 한편으로는 우리가 제대로 준비하고 실행하지 못하면 경제·국가 안보 측면에서 미국에 가장 큰 취약점이 될 수도 있습니다.

토니 비즈니스에 대해 이야기하기 전에 한 가지 덧붙이고자 해요. 나는 그와 같은 투자를 정말 강조하고 싶습니다. 왜냐하면 자본이 부족하고 더 많은 에너지를 원하는 제3세계 인구가 늘어나면서 수요가 더욱 증가하고 있기 때문입니다. 우리 중 많은 사람이 ESG를 수용해야 한다는 마음가짐을 가지고 있습니다. 유럽을 보면 역내 천연가스 생산량을 30~35% 줄였는데, 러시아가 우크라이나를 침공하기 전까지 공급 부족분을 모두 러시아가 메우고 있었습니다. 우리는 거기에 어떤 문제가 있는지 알고 있습니다. 이런 측면에 대해 좀 더 설명해주겠어요? 지속가능성을 위해 탄화수소가 진정한 정답이라는 것, 즉 탄소 포집을 통해 전 세계에 기저부하 전력을 공급하면서도 환경을 보호할 수 있다는 것이 사실입니까? 정말 그럴까요? 그리고 국외 이전이 정치적으로 어떤 영향을 미친다고 보나요?

월 여기 고전적인 두 도시 이야기(찰스 디킨스의 소설 『두 도시 이야기』를 인용한 듯하다. 이 소설은 프랑스 혁명이 진행되는 격변기 파리와 런던을 오가며 전개된다—옮긴이), 또는 두 대륙의 이야기가 있습니다. 유럽은 풍력과 태양열이 모든 것을 대체해야 하고 탄화수소는 나쁘다는 길을 걸었습니다. 미국은 앞서 언급했듯이, 정반대의 길을 걸었습니다. 미국은 최대 수입국에서 주요 수출국이 되었죠. 에너지 자립뿐만 아니라 일자리, 세금, 국가 안보에 대한 이점도 생각해 보세요.

ESG에는 좋은 점이 많다고 생각합니다. 나는 초당파적인 정치가로서 지속가능성을 향한 진전을 위해 사람들을 하나로 모으는 데 힘을 보내고 있는데, 우파와 좌파 모두 이 문제를 잘못 이해하고 있다고 생각하기 때문입니다. 좌파의 많은 사람은 재생에너지와 배터리, 전기차가 정답이라 생각하지만, 그런 변화의 거대한 규모를 파악하고 그것을 위해 극복해야 할 엄청난 도전과 장애물을 이해하는 데는 시간을 할애하지 않았습니다. 그들은 기본적으로 맹목적인 믿음을 가지고 있으며, 어떻게든 기적이 일어날 것으로 생각합니다.

우파의 많은 사람은 기후가 변화하고 있으며, 인류가 그 변화와 관련될 수 있다는 사실을 부인합니다. 또한 ESG 운동이 진보적인 가치를 강요하는 행위에 지나지 않는다고 생각하며 기후 변화와 ESG 운동의 의미를 고려하지 않고 무조건 거부합니다. 사실 대부분의 인생사와 마찬가지로 양파 껍질을 몇 겹 벗기고 충분히 질문하면, 진실은 아마도 그 중간 어딘가에 있음을 알게 됩니다. 이번 사안도 그런 경우라 생각합니다.

지금 기후 문제가 발생하고 있나요? 그렇습니다. 그중 얼마나 많은 부분이 인간에 의한 것이고 얼마나 많은 부분이 자연에 의한 것인지는 논쟁의 여지가 있습니다. 그것은 중요하지 않습니다. 기후 변화는 우리가 무시할 수 있는 위험이 아닙니다. 탄화수소를 정화하면 좋은 점도 많습니다. 훨씬 깨끗한 공기를 마실 수 있어요. 사람들은 훨씬 더 건강해집니다. 더 오래 살 수 있죠. 냄새도 더 좋아지고요. 나는 오른쪽에 있는 친구들에게도 그렇게 말하곤 합니다.

왼쪽에 있는 친구들에게는 에너지 전환에는 몇 년이 아니라 수십 년이 걸리고, 우리가 해결해야 할 구조적인 문제가 많으며, 그들이 정말로 원하는 것이 청정에너지라면 탄소 포집·저장이라는 과정을 거쳐 이를 제공할 수 있다는 점을 지적합니다. 또한 미국과 전 세계에 이 에너지를 공급하고 운송·저장한 다음, 사용할 수 있는 전체 인프라 시스템이 구축되어 있기 때문에 거기에 CCS 기술을 추가하고 이산화탄소를 저장할 인프라를 구축하기만 하면 된다는 점도 제시합니다. 요약하면, 천연가스와 석탄은 CCS 기술과 결합하여 풍력 및 태양광 발전만큼 깨끗하거나 더 깨끗한 기저부하(풍력 및 태양광은 간헐적인 에너지임을 기억하세요) 전력을 공급할 수 있으며, 미국은 이 두 가지를 국내에 대량으로 공급하고 있습니다.

인류 역사상 지금까지 발생한 모든 원자력 발전소 사고로 사망한 사람보다 더 많은 제3세계 국가 사람들이 가정에서 음식을 조리하기 위해 똥과 나무를 태울 때 나오는 발암 물질을 흡입해 사망한다는 사실을 모르는 사람들이 많습니다. 이렇게 원전에 대해 비이성적인 두려움을 가지고 있는 사람이 많지만, 우리가 깨끗한 기저부하 에너지를 공급하고자 한다면 원전은 해결책의 중요한 한 부분임이 틀림없습니다. 중국은 향후 15년 동안 최소 150개의 신규 원자로를 건설할 계획이며, 이는 현재 미국에서 가동 중인 원자로 수의 두 배에 달하는 규모입니다. 중동 국가들조차 원자력을 받아들이고 있습니다. 향후 수백 년 동안 석유와 가스를 공급받을 수 있는 중동 국가들이 원자력 발전소를 건설하려는 이유는 명확하다고 볼 수 있어요. 탄소 배출 제로를 달성하고 다른 종류의 에너지를 수출하기 위해서입니다. 원자력은 점점 더 관련성이 높아질 것이고 위험하지 않습니다. 탄화수소는 탈탄소화할 수 있고, 풍력과 태양열은 정말 좋은 에너지 형태입니다. 우리는 가능한 한 많은 에너지가 필요합니다. 뺄셈이 아니라 덧셈으로 접근하면, 위의 모든 것이 있어야 합니다. 그렇지 않으면 인류의 미래는 어둡고 끔찍할 것입니다.

한 가지 덧붙이면, 우리 가족 재단은 아프리카 남부에서 많은 일을 하는데 그곳에서 에너지 빈곤이 초래한 끔찍한 광경을 목격했어요. 아프리카 대륙에는 아마도 10억 명의 사람들이 극심한 에너지 빈곤 속에 살고 있을 것입니다. 이들은 에너지가 없는데, 경제적 번영의 사다리를 오르려면 많은 양의 에너지가 필요합니다. 이들은 나무나 쇠똥으로 요리를 하는데, 그 과정에서 흡입하는 발암 물질로 인해 연간 수백만 명이 사망합니다. 이들은 에너지에 접근할 자격이 있습니다. 따라서 현대 사회가 스스로를 유지하는 데 필요한 에너지를 공급하고 개발도상국의 삶의 질을 개선하는 데 필요한 에너지를 공급하기 위해서는 모든 형태의 에너지가 필요합니다.

토니 그 나라에서는 매우 큰 문제이기 때문에 사람들이 감당할 수 있는 가격이어야 합니다. 따라서 탄소 포집·저장은 궁극적인 해결책 중 하나인 것 같습니다. 당신이 말한 대로 모든 형태의 에너지가 필요하지만, 탄화수소를 환경에 부정적인 영향을 미치지 않는 방식으로 사용할 수 있게 허용할 수 있습니다. 당신 회사의 규모와 성장 속도는 매우 기록적이며, 대규모 투자회사를 성장시키는 데는 단순히 많은 투자 유치 이상의 것이 필요합니다. 이런 측면에서 잠시 당신 회사에 대해 이야기해 보겠습니다. 강력한 성과 외에도 비즈니스 성공의 주요 요인은 무엇이라 생각합니까?

윌 두 가지를 말하고 싶습니다. 바로 직원과 문화입니다. 어떤 산업, 어떤 비즈니스에서든 사람은 가장 소중한 자산입니다. 모든 비즈니스에서 미래를 변화시킬 수 있는 유일한 요소는 사람입니다. 직원은 혁신적인 아이디어를 생각해낼 수 있습니다. 경쟁에서 우위를 점할 수 있습니다. 이전에는 없던 새로운 방식으로 일을 해낼 수 있습니다. 따라서 우리는 세계적 수준의 에너지 투자회사를 운영하는 데 필요한 모든 분야에서 최고의 인재를 채용하는 데 주력하고 있고, 앞으로도 그럴 것입니다.

우리는 또 강력한 문화를 유지하는 데 중점을 둡니다. 월가 투자회사는 일반적으로 매우 재능 있고 성공한 사람들이 모이는 곳으로 알려져 있지만, 안타깝게도 매우 개인주의적인 사람들이 많이 모이는 곳이기도 합니다. 정말 뛰어나면 많은 돈을 벌고 스스로 큰 명성을 얻을 수 있는 업계입니다. 문제는 한두 명의 스타 플레이어에 의해 팀이 지배될 수 있다는 점입니다. 하지만 우승은 개인이 아니라 팀이 차지합니다. 최고의 투자회사는 매우 협력적입니다. 다양한 분야의 전문성을 가진 많은 사람이 협업을 통해 비즈니스를 수행해야 하기 때문에 팀워크는 우리가 하는 일의 핵심입니다.

나는 재무를 전공했고, 회사를 설립할 때 운영 및 기술 전문가와 협력해야 한다는 사실을 알았습니다. 25년이 지난 지금, 투자 팀의 3분의 1 이상이 기술이나 운영, 디지털 배경을 가지고 있으며, 이들은 모두 팀의 일원으로 완전히 통합되어 있습니다. 우리 팀의 모든 구성원은 다른 팀원들이 팀에 가져다주는 고유한 가치나 기술을 이해하고 있습니다. 우리는 팀으로 승리하고 팀으로 패배하며, 항상 팀이 우선이라는 철학을 가지고 있습니다. 이 철학이 우리를 영속적인 기업으로 만들었다고 생각합니다.

토니 회사의 역사를 돌아볼 때, 좋은 회사에서 위대한 회사로 성장할 수 있었던 진정한 구심점은 무엇이라 생각하나요?

윌 우리의 경우 두 가지가 합쳐진 결과라 생각합니다. 처음에는 모든 재료는 있었지만 규모가 없었어요. 규모 없이는 우리에게 필요한 일부 핵심 기술 분야에서 세계적인 수준의 인재를 유치하는 것이 불가능했죠. 우리 회사는 1998년에 설립되었는데, 약 10년 후 셰일 산업이 시작되었을 때 세상이 정말 변했다는 사실을 깨달았습니다. 우리가 지원하던 기업들의 자본 집약도가 말 그대로 0이라는 숫자를 더한 만큼 증가했습니다. 1천만·2천만·3천만 달러짜리 수표를 쓰던 우리는 갑자기 1억·2억·3억 달러짜리 수표를 써야 했죠. 셰일 유정은 기존 유정보다 시추 비용이 약 10배 더 들기 때문이었어요. 셰일 유정은 또한 기존 유정보다 회수 가능한 탄화수소의 양이 약 10~20배 더 많아요. 그렇게 규모가 달라졌죠. 펀드 규모도 크게 늘어났고, 세계 최고 수준의 인재를 더 많이 고용할 수 있는 수익이 생겼습니다. 바로 그때가 퀀텀의 변곡점이었습니다.

우리가 살고 있는 세상은 역동적입니다. 유일한 상수는 변화입니다. 계획을 아무리 잘 세워도 상황은 종종 매우 실질적으로 변합니다. 따라서 발 빠르게 움직이는 것이 중요합니다. 무언가가 바뀌었다는 사실을 깨닫고, 중간에 수정과 조정을 통해 원하는 목표에 도달할 수 있는 의지와 용기를 발휘해야 합니다.

크리스토퍼   당신과 나는 아주 어린 나이에 사업을 시작했다는 공통점이 있습니다. 20대 후반 사업을 시작하기 전에 누군가 당신에게 말해주었더라면 좋았을 몇 가지가 있다면 무엇인가요?

월   창업은 인생에서 가장 신나는 일인 동시에 가장 두려운 일이기도 합니다. 그러니 젊을 때 시작하고, 실패를 두려워하지 마세요. 실패할 수 있으니 빨리 실패하고, 실수로부터 배우고 수정하고 다시 시도하세요. 대다수 사람이 실패를 인정하면, 자신이 약해 보이거나 무능해 보인다고 생각하기 때문에 실패를 감추거나 인정하지 않는 전철을 반복합니다. 나는 이를 자존심이라 표현하는데, 대다수 사람이 위대함을 성취하지 못하는 가장 큰 원인이 바로 자존심입니다. 사람들은 대부분 실패를 부정적인 시각으로 보는데, 나는 실패를 긍정적인 시각으로 바라봅니다. 실패는 무언가를 하지 않는 다른 방법을 성공적으로 찾아내고, 무언가를 하는 올바른 방법을 찾아내는 데 한 걸음 더 다가갈 수 있게 해준다는 의미에서입니다.

또 한 가지는 즐기라고 조언하고 싶어요. 인생은 정말 짧아요. 우리는 아주 짧은 기간 여기에 있어요. 같이 있으면 편하고 좋아하는 사람들과 함께하세요. 버핏은 자신이 좋아하고 존경하며 신뢰하는 사람들과 함께 사업을 한다고 말합니다. 좋아하는 사람, 존경하는 사람, 신뢰하는 사람과 사업을 하라는 말은 내가 받은 가장 현명한 조언일지도 모르겠네요.

크리스토퍼 그렇죠. 퀀텀의 역사를 돌아볼 때, 다시 할 수 있다면 다르게 했을 것 같은 일은 무엇인가요?

윌 초창기에는 너무 보수적이었고 실패에 대한 두려움이 컸어요. 젊었기 때문에 큰 실수를 하면 다시는 펀드를 조성할 수 없을지도 모른다는 두려움이 있었어요. '재단사는 세 번 잰 뒤 한 번 재단한다'는 옛 속담을 들어본 적이 있나요? 우리는 아마도 여덟아홉 번을 재고 나서야 재단했을 거예요. 가장 완벽한 맞춤 정장을 만들었을지 몰라도 완성했을 때는 정장 사이즈가 바뀌어 있었죠. 지금 생각해 보면, 실패를 적절히 수용하라는 조언을 좀 더 기꺼이 받아들였더라면 좋았을 듯해요.

크리스토퍼 기업이 확장할 수 있는 이유와 그렇지 못한 이유의 가장 큰 차이점은 무엇이라 생각하나요?

윌　결국 조직에 속한 사람들이죠. 규모가 커지고 더 큰 거래를 수행하면, 복잡성이 증가하고 비즈니스와 운영 관리가 한층 어려워지며 다양한 기술이 필요하게 돼요. 따라서 높은 성실성과 투철한 직업 윤리, 끊임없는 배움에 대한 열망을 가진, 호기심 많은 사람을 채용해야 해요. 현재 자신이 하는 일을 정말 잘할 수 있지만, 계속 더 나아지기를 원하고 평생 학습자가 되기 위해 노력하는 사람이어야 해요.

내가 찾는 인재는 평균 이상의 지능을 가지고 있고, 욕심이 많고 직업 윤리가 강하며, 정직한 사람입니다. 이 세 가지를 갖춘 사람이라면 그에게 필요한 모든 것을 가르칠 수 있다고 생각합니다.

투자회사의 창업자와 시니어 파트너들이 자주 저지르는 큰 실수 중 하나는 경제적인 부분을 너무 많이 독차지하는 것입니다. 이는 최고의 인재가 다른 곳으로 떠나도록 하는 가장 좋은 방법이죠. 퀀텀에는 회사의 모든 직원이 직접 또는 직원 풀을 통해 펀드의 무한책임사원으로서 펀드에서 발생하는 성과 수수료에 참여하는 프로그램이 있어요. 그래서 모두 주인처럼 생각하죠. 이런 사고방식을 키울 수 있는 유일한 방법은 보상과 대우를 잘하는 것입니다.

토니　지능에는 수준이 있고 종류도 여러 가지가 있죠? 음악적 지능, 독서 지능, 거리 지능 등 말이죠. 최고 성과를 내는 사람들은 다른 사람들과 무엇이 다른가요? 우리가 언급하지 않은 것이 있나요?

윌 자기 인식과 겸손, 뛰어난 소통 능력이 최고 성과자와 동료들을 구분 짓는 세 가지 특성입니다. 우리는 다른 사람들과 상호작용하도록 만들어졌습니다. 사람들과 잘 어울리고, 관계를 구축하고, 소통하는 것은 훌륭한 사모펀드 또는 사모신용 투자자가 되기 위한 필수적인 기술입니다. 이런 일을 잘하려면 자기 인식과 겸손이 있어야 해요. 상당히 높은 수준의 EQ도 필요하고요. 우리는 이를 위해 매우 열심히 노력합니다. 성공적인 투자자가 되려면 남들보다 똑똑한 것보다 EQ가 훨씬 더 중요하죠. 우리가 맺은 관계와 우리가 영향을 주고받는 사람들의 삶은 우리가 세상을 떠난 후에도 계속 효과적으로 이어집니다. 이런 능력을 갖춘 사람들과 함께 조직을 구축하면 놀라운 문화를 가질 수 있을 뿐만 아니라 투자자들에게도 큰 수익을 창출할 수 있습니다.

토니 맞아요. 버핏과 인터뷰할 때 그에게 최고의 투자가 무엇인지 물어본 적이 있어요. 나는 그가 코카콜라나 가이코라고 대답할 줄 알았는데, 그는 데일 카네기라고 말하더군요. 그가 카네기에게 소통하는 법을 배우지 않았다면, 다른 모든 일은 일어나지 않았을 것이기 때문이죠.

IAN CHARLES
FOUNDER OF ARCTOS SPORTS PARTNERS

영예
업계 최초로 사모펀드 2차 거래 중 매도 자문업을 시작한 선구자
총 운용 자산(2023년 8월 말 기준)
60억 달러
중점 분야
MLB, NBA, MLS, NHL, 프리미어 리그 등의 프로 스포츠

하이라이트
- 이언은 2002년, 최초의 2차 거래 시장 매도 자문 회사인 코전트 파트너스 Cogent Partners를 공동 설립했다. 이후 글로벌 멀티 리그, 멀티 프랜차이즈 스포츠 투자 전략을 추구하는 최초의 기관 플랫폼 악토스 파트너스를 공동 설립했다. 2023년 스포츠 분야에서 가장 영향력 있는 인물 50명을 선정하는 《스포츠 일러스트레이티드 Sports Illustrated》의 파워 리스트에 이름을 올렸다.
- 악토스는 미국의 모든 적격 스포츠 리그에 걸쳐 여러 프랜차이즈를 인수할 수 있도록 승인받은 최초의 회사다. 2020년 펜웨이 스포츠 그룹 Fenway Sports Group에 대한 투자는 사모펀드가 프로 스포츠 팀에 투자한 최초의 사례로 기록되었다.

15
스포츠 비즈니스의 큰손, 이언 찰스

악토스 스포츠 파트너스
창업자

토니 이언, 당신이 구축한 것은 정말 놀랍습니다. 당신은 스포츠 팬이 아닌 것으로 알고 있는데, 내가 스포츠 분야에서 본 것 중 가장 놀라운 일을 해냈어요. 이 모든 것이 어떻게 이루어졌는지 배경을 설명해 주겠어요?

이언 시작점으로 돌아가면, 다른 무엇보다도 나는 열서너 살 때부터 기업가였어요. 괴짜이기도 했고요. 첫 직장은 사모펀드 회사로 우연한 기회에 일하게 되었어요. 매우 높은 수준의 자산 클래스를 배우며 1차 펀드 투자와 주식 공동 투자를 했어요. 당시 사모 모태펀드fund of funds(개별 기업에 직접 투자하는 대신 펀드에 출자하여 간접적으로 투자하는 방식의 펀드−옮긴이)는 지금보다 훨씬 더 유동성이 낮았죠. 한 번 사모펀드에 투자하면 10~15년 동안 거기에 갇혀 있어야 했어요. 투자자가 투자금을 회수해야 하거나 회수하고 싶을 경우, 전 세계에서 지분을 넘길 수 있는 회사는 4~5곳에 불과했어요. 그들은 유동성을 제공하는 대가로 상당한 금액을 떼어갔고요. 사모펀드 유동성 시장은 2차 거래 시장이라 불리죠.

예전에는 사모펀드 2차 거래 시장의 할인율이 상당히 높았어요. 나는 정말 어리고 순진했으며, 내 또래의 동료들도 조금 순진했던 것 같아요. 우리는 판매자들을 도울 수 있다고 생각했고, 업계 최초로 2차 거래 시장에서 기관 투자자들의 펀드 판매를 돕는 자문업을 시작하기로 했어요. 이 사업은 큰 성공을 거두었고, 세계 사모펀드의 유동성을 변화시켰으며, 오늘날 세계 2차 거래 시장을 움직이는 모든 인프라를 구축했죠. 그 회사 창업을 돕고 그곳에서 한 역할을 맡으면서 나는 유동성 분야에서 기업가로서 전문적인 기회를 얻게 되었어요.

이후 2차 거래 분야의 최초 매수 회사 중 한 곳으로 옮겼어요. 그리고 15년 동안 경쟁 우위를 확보하고, 전략을 다듬고, 유동성이 부족한 다른 시장에서 유동성을 확보할 수 있는 상품을 만드는 데 기여했어요. 내가 관심을 기울인 시장 중 하나는 북미 프로 스포츠 시장이었어요.

메이저리그 야구와 미국 프로농구 같은 북미 스포츠 자산은 거대한 성장 시장이었는데, 소유주가 소수인 경우가 많았고 기관 자본의 접근은 불가능했죠. 20년 전만 해도 스포츠 시장은 사모펀드와 매우 흡사했어요. 하지만 내가 스포츠 산업을 공부하기 시작했을 때, 북미 리그 중 어느 곳도 기관 자본을 허용하지 않는다는 사실을 알게 되었어요. 사실상 규제 기관인 리그에서 그것을 금지하고 있었죠. 스포츠는 정말 흥미로운 자산군이었어요. 북미 스포츠의 위험 및 수익 특성은 수학적으로 복제하기가 매우 어려웠어요. 매우 독특한 비즈니스이죠. 그러나 규제 당국이 허용하지 않으니 투자할 수가 없었어요.

2019년 그런 기관 자본에 대한 금지 규정이 바뀌었어요. 메이저리그는 북미 리그 중 최초로 기관 투자를 위해 소유 구조를 개방했어요. 다만 독특한 구조와 번거로운 승인 절차 탓에 매우 특정한 종류의 펀드만이 허용되었고, 신규 진입자가 관리해야 하는 투자 갈등이 많았어요. 그러나 우리는 이 분야에서 선도자가 될 수 있는 기회를 발견했어요.

나는 이 시장에 대해 충분히 파악하고 있었기에 금융 전문가들이 혼자서는 성공할 수 없다는 점도 알고 있었어요. 이 업계에서 인정받고, 좋은 평판을 얻으며, 스포츠 팀 운영 경험이 있는 사람들과 파트너 관계를 맺어야 했죠. 그래서 우리 창업 팀은 나와 비슷하거나 파트너인 데이비드 오코너David O'Connor(모두 그를 '닥'이라 부릅니다)와 같이 수십 년간 스포츠 및 라이브 엔터테인먼트 생태계의 중요한 부분을 구축하고 운영하고 이끌어온, 다양한 배경을 가진 사람들로 구성되었어요. 창업 동료들과 함께 북미 스포츠 팀과 소유주 그룹에 부가가치가 높은 성장 자본과 유동성 솔루션을 제공하도록 설계된 최초의 회사를 설립했어요.

믿을 수 없는 경험이었죠. 하지만 내게는 그 기원이 25년 전 다른 비유동성 시장에서 유동성 솔루션을 만들고, 비유동성 투자에서 나타나는 반복 가능한 패턴을 이해하며 대체자산 분야에서 사업을 구축하는 데 도움을 주면서 실제로 시작되었죠. 여기에 스포츠와 라이브 엔터테인먼트 분야에서 운영자이자 기업가로서 닥이 쌓은 경험이 더해져 특별한 무언가를 만들 수 있는 기회가 주어졌고, 창업 이후 그 기회를 날려버리지 않기 위해 정말 열심히 노력했어요.

토니 당신들은 자본만 가지고 들어간 것이 아니었죠. 스포츠 분야에 엄청난 부가가치를 더했어요. 이제 스포츠 팀들은 미디어 업체가 되었고요. 이와 같은 결과를 보면 어떤 기분이 드나요? 또 당신들이 제공한 혜택이 무엇이고, 어떻게 그들에게 서비스를 제공했는지 설명해 주세요.

이언 정말 흥미롭게도, 우리가 회사를 시작할 때 내게 그런 질문을 했다면 솔직히 잘 모르겠다고 답했을 거예요. 그 분야에서 우리가 무엇을 할 수 있을지 몰랐어요. 리그에서 규칙을 정하지 않았기 때문이죠. 리그가 무엇을 허용할지, 구단주들이 어떤 것을 받아들일지, 어떤 부분에서 도움을 원하거나 필요로 할지도 몰랐죠. 지난 3년 동안 우리 회사의 명성과 규모, 자산 포트폴리오, 데이터가 성장함에 따라 자체 역량과 팀, 데이터 시스템에 지속적으로 투자했어요. 이를 통해 독점적인 데이터 과학 및 응용 연구 사업인 악토스 인사이트와 가치 창출 프로그램인 악토스 운영 플랫폼을 구축함으로써 데이터와 분석,

부가가치 중심의 통합 서비스 제품군을 만들었어요.

장담하건대, 6개월 후 같은 질문을 내게 던진다면 대답은 조금 달라질 것입니다. 그리고 1년 후에는 훨씬 더 달라져야 할 것입니다. 우리는 고객의 요구 사항을 지속적으로 평가하고 있습니다. 우리 고객은 두 그룹인데, 하나는 파트너십을 맺은 소유주이고 다른 하나는 자본을 맡긴 투자자입니다. 구단주와 리그, 구단 경영진과의 피드백 루프는 우리 프로세스의 변함없는 부분입니다.

현재 우리는 구단 인수와 다른 프랜차이즈나 부동산, 라이브 엔터테인먼트 복합 단지 매입, 기술 투자, 경기장 개선 등을 지원하고 있습니다. 디지털 참여와 데이터 과학, 머신러닝 같은 분야에서도 고객을 돕고 있습니다. 우리는 거대한 데이터 상점입니다. 포트폴리오 소유주들에게 정말 중요한 비즈니스 콘텐츠와 분석을 제공하는 응용 연구 사업을 구축했습니다. 해외 진출은 이러한 브랜드를 전 세계 고객과 팬 층을 대상으로 성장시키고자 하는 소유주에게 매우 중요한 주제입니다. 그들 중 일부는 해외 진출 방법을 모릅니다. 우리 팀은 국제적으로 성장하기 위해 최근 런던 사무소를 열었습니다. 비즈니스 성장을 가속화하고 세계 무대에서 브랜드를 키우기 위해 현지에서 바로 활용할 수 있는 자료와 자원, 전술을 제공하려 합니다.

끊임없이 진화하며 심도 있는 역량을 갖춘 이 업계는 우리 같은 기관 자원과 제휴 관계를 맺을 기회가 없었습니다. 현재 취득하기 쉬운 성과가 많습니다. 반복되는 양상이 많습니다. 한 팀이 필요로 하는 것을 같은 리그의 다른 15개 팀도 필요로 할 수 있습니다. 이런 기능에 집중 투자할 수 있는 이유는 투자 비용을 6개, 7개, 때로는 20개 플랫폼에 분산할 수 있기 때문입니다.

토니 로스앤젤레스 축구클럽 공동 구단주 피터 구버는 내 소중한 친구이며, 나는 그가 워리어스와 다저스 구단 사이에서 여러 차례 거래를 성사시켰다고 알고 있습니다. 하지만 투자자 입장에서는 어떤가요? 어떤 이점이 있을까요? 법적 독점이라는 점, 인플레이션에 미치는 영향, NBA처럼 이들 팀이 전체 매출의 30분의 1을 가져간다는 점 등등. 이런 것들을 투자자들은 대부분 전혀 알지 못하죠.

이언 피터는 정말 대단한 사람입니다. 그는 모든 것을 우리보다 좀 더 일찍 보지만 당신 말이 맞습니다. 당신이 언급한 것은 북미 스포츠 자산의 매우 독특한 특징입니다. 유럽 축구나 다른 스포츠 생태계는 그렇지 않습니다. 북미의 모든 팀은 리그라는 글로벌 비즈니스의 동등한 지분을 소유하고 있으며, 리그는 글로벌 지식재산이자 일종의 브랜드 관리 비즈니스입니다. 리그는 국내 및 국제 수준에서 미디어 권리와 데이터 권리, 스폰서십을 판매합니다. 리그는 자체적인 간접비와 비용 구조를 가지고 있지만, 배당금을 창출해 매년 소유주에게 동일한 비율로 배분합니다. 따라서 가장 작은 시장에 있든, 가장 큰 시장에 있든 동일한 배당금을 받게 됩니다. 또한 꼴찌를 하든, 1등을 하든 동일한 배당금을 받게 됩니다. 매년 증가하는 수익을 고려할 때, 리그의 소유 지분은 장기적이고 다각화된 계약에서 발생하는 아주 안정적이고 탄탄한 자산입니다.

리그와 구단주들은 지역 라이선스를 독점이라고 부르는 것을 좋아하지 않지만, 실제로 독점과 같은 기능을 합니다. 스포츠 프랜차이즈 소유주는 레스토랑 체인의 가맹점주처럼 보호받는 지역이 있고, 해당 지역에서는 누구도 스포츠 관련 수익을 위해 경쟁할 수 없습니다. 스포츠 브랜드에 대한 팬덤은 세대를 아우르며 커뮤니티에서 중요한 자산이므로 고객 확보 비용은 기본적으로 제로입니다. 이 비즈니스는 공동체이며, 세대와 정파를 초월하여 경험을 공유한다는 점에서 오늘날 이러한 특성을 가진 유일한 자산입니다. 스포츠 프랜차이즈 소유주는 나아가 해당 지역 라이선스를 활용하여 부동산으로 사업을 확장해 라이브 엔터테인먼트 복합 단지를 건설하고 디지털로 배포하며 소비자에게 직접 마케팅할 수 있습니다.

우리는 이와 같은 지역 플랫폼 활동이 흥미롭다고 생각합니다. 제대로만 한다면 시민 리더가 될 수 있는 플랫폼일 뿐만 아니라, 레버리지가 거의 없고 지정학적 위험과 통화 리스크도 전무한 상태에서 부를 축적할 수 있는 기회이기도 합니다. 리그 지분과 현지 라이선스를 결합하면, 북미 구단은 훌륭한 '포트폴리오 효과'를 제공할 뿐만 아니라 좀 전에 설명한 특성을 모두 지니고 있어 쉽게 찾거나 복제하기 어렵습니다. 우리 펀드의 경우, 소수 구단주가 철수를 원할 때 유동성을 제공하고, 커다란 비전을 가진 구단주에게 성장 자본을 대주는 일도 합니다. 따라서 우리는 믿을 수 없을 만큼 커다란 브랜드와 아이디어를 가진 훌륭한 시장의 멋진 구단주들과 파트너십을 맺을 수 있습니다. 그뿐 아니라 이를 매우 매력적인 진입 지점에서 수행할 수도 있어요.

토니 가치를 더하기 위해 많은 노력을 기울였군요. 부동산과 가격 결정력을 활용하여 인플레이션 헤지 효과를 얻었고요. 잠시 당신에 대해 좀 더 자세히 말해주세요. 당신의 성장과 경력, 인생 경로에 영향을 준 가장 중요한 사람, 또는 인생에서 가장 중요한 사람은 누구인가요?

이언 이렇게 말하면 정말 가식적으로 들릴 테고 나중에 크리스토퍼가 놀리겠지만, 사실 나는 열세 살 때 아내를 만났어요. 사람들한테 늘 말하는 사실이에요. 아내는 내가 열여섯 살이 될 때까지 내 존재를 몰랐어요. 그녀는 내게 관심을 기울이기에는 너무 멋지고 아름다웠죠. 우리는 작은 마을에서 함께 자랐고, 서로에게 미래를 걸었죠. 양가 부모님 모두 함께 대학에 가는 것을 반대하셨지만, 우리는 부모님을 속이고 결국 같은 학교를 다녔어요. 아내 제이미가 아니었다면, 나는 2차 거래 자문 사업을 시작한다는 첫 번째 위험을 감수하지 못했을 겁니다. 아내는 특수 교육 교사였고, 나는 모태펀드 사업에서 애널리스트로 일하고 있었죠. 아내의 월급과 나에 대한 믿음, 격려가 없었다면, 나는 직장을 그만두고 사업을 시작할 용기를 내지 못했을 것입니다.

토니 와우.

이언 다시 창업 전 상황에 대해 이야기하면, 아내는 내가 직업적으로 무언가 다른 갈망이 있음을 알고 있었어요. 이를테면 기업가가 되고 싶다는 갈망을요. 우리는 모두 경력의 대부분을 자존감과 개인적 정체성에 지나치게 많이 투자하는 것 같아요. 나도 그런 적이 많았어요. 좋은 직장과 중요한 역할을 떠난다는 생각에 약간의 정체성 위기가 찾아오죠? 무섭죠. 하지만 제이미는 나 자신보다 나를 더 잘 알고 있었어요.

아내는 내가 무언가를 만들고자 하는 추진력이 있음을 나 자신보다 더 잘 알고 있었죠. 내가 도약하게 된다면 '악토스^{arctos}'(불곰을 뜻한다-옮긴이)라는 이름을 사용하고 싶어 하고, 그 이름이 알래스카에 있는 우리의 뿌리와 곰과 관련이 있다는 사실도 알고 있었죠. 그런 것들을 알고 있던 제이미는 2018년 크리스마스 선물로 크리스털 곰 인형과 함께 쪽지 한 장을 주었어요. "때가 된 것 같아." 그로부터 5개월 후 메이저리그는 소유권 규정을 변경했습니다. 아내는 항상 나를 믿어주고 격려해 주었어요. 내가 미처 깨닫지 못한 사이 나를 일으켜 세우고 지지해 주었어요. 이런 이유로 나는 그 질문에 대한 대답은 의심할 여지없이 아내라고 생각합니다.

크리스토퍼 많은 남성이 부인이 해야 한다고 생각하는 일을 더 많이 한다면 훨씬 더 잘살고 훨씬 더 행복해질 수 있을 텐데요.

이언 더 행복해질 거예요. 당연히.

크리스토퍼 스포츠에 대해 잠시 이야기해 보죠. 우리는 분명 스포츠의 속성이 다른 대부분의 투자와는 매우 다르다고 이야기했습니다.

알다시피, 우리가 파트너십을 맺기 전에 서로 대화를 나누고 비즈니스 모델을 이해하는 데 약 18개월이 걸렸습니다. 솔직히 말해, 나 역시 이해하기까지 오랜 시간이 걸렸습니다. 당신에게 주어진 기회를 떠올린다면 어떤 기회가 있었다고 생각하나요? 프로 스포츠 또는 스포츠 전반의 세계에서 투자자들에게 정말 흥미로운 기회는 무엇인가요?

이언 우리는 북미 구단주들이 눈앞에 있는 자산의 잠재력을 모두 발휘할 수 있도록 돕는 데 집중하고 있습니다. 간혹 아주 간단할 때도 있습니다. 간혹 성장 연결점과 기회가 너무 많은 특별한 자산이 눈앞에 있는 경우에는 집중해서 도와주는 것이 최선의 방법일 때도 있습니다. 향후 3~4년 동안은 라이브 엔터테인먼트와 팬 경험 개선, 선형 시스템에서 스트리밍 시스템으로 전환이 이루어지면서 미디어 판권의 가치가 더욱 높아질 것입니다. 우리는 브랜드가 국제적으로 성장하고, 고객과 직접 연결될 수 있도록 도울 수 있습니다.

예를 들어 애스트로스Astros 시즌권 소유자인데 경기에 갈 수 없다면, 거래소에서 티켓을 판매할 수 있어요. 내가 티켓을 구매했는데 제 이미가 일정이 겹친다고 상기시켜 준다고 가정해 보죠. (이런 일이 자주 발생하죠.) 이 경우 내가 다른 거래소에 티켓을 올리면 토니가 구매할 수 있어요.

지금은 내가 누구인지(티켓의 첫 번째 구매자), 가족을 경기장에 데려왔음에도 토니가 누구인지(다음 구매자)를 팀은 몰라요. 앞으로는 팀이 전체 가치사슬에서 해당 티켓의 소유자가 누구인지 정확히 알 수 있게 돼요. 팀은 향후 티켓 판매를 위해 세 사람 모두에게 직접 마케팅을 할 수 있고, 예시한 것과 같은 거래에서 수익에 참여할 수 있게 돼요.

티켓 액면가는 200달러이지만, 토니가 600달러에 샀다면 지금은 팀에서 200달러만 가져가지만, 앞으로는 그 차액의 일부도 가져갈 수 있게 됩니다. 이 간단한 변경으로 티켓 판매 수입만 30~50%의 상승 여력이 생깁니다. 소유주가 이러한 놀라운 지역 브랜드를 수익화하고 성장시키며 팬 경험을 개선하도록 돕는 데 있어서 단기적으로 기회가 많습니다. 이것이 바로 우리가 집중하고 있는 분야입니다.

크리스토퍼 스포츠 전반에 대한 조사를 진행하면서 마침내 나를 설득하고 믿게 만든 것은 수익의 탄력성이었어요. 투자자 중 대부분은 스포츠의 수익 흐름이 얼마나 예측 가능하고 일관성이 있는지 충분히 인식하지 못하고 있다고 생각해요. 지금까지 일어난 일을 되짚어보면, 프로 스포츠에서 일어날 일에 대한 당신의 예측은 정확히 적중했어요. 그러나 지난 몇 년 동안 예상하지 못했던 일들도 일어났죠. 먼저 어떤 일이 일어날 것으로 예상했는데 실제로 일어난 일은 무엇인가요? 그리고 지난 몇 년 동안 예상하지 못했는데 일어난 일은 무엇인가요?

이언 좋은 질문이네요. 2020년 3월과 4월에 이 일을 시작해 사람들과 이야기를 나눌 때는 (코로나19로 인해) 경기가 열리지 않았어요. 언제 경기가 재개될지 전혀 알 수 없었죠.

토니 당시 (그런 상황이 고려되어 지분을) 구매할 때 할인 혜택이 있었나요?

이언 불안하긴 했죠. 하지만 우리는 스포츠가 다시 돌아오리라 예상하고 있었고, 혁신의 역사를 가진 산업으로서 스포츠가 조기 회복 산업이 되리라 확신하고 있었어요. 회복이 어떤 모습일지, 수요 곡선이 얼마나 강할지 등은 알 수 없었죠. 매우 국지적일 것 같았어요. 반등은 우리의 기본 가정보다 훨씬 더 강했어요. 예를 들어 2주 전에 마감된 NBA 정규 시즌의 관중 수는 역대 한 시즌 최다 관중 수를 기록했죠. 나는 이런 회복의 속도와 강도에 놀랐어요.

크리스토퍼 다음 질문으로 넘어가죠. 스포츠를 잘못 이해하고 있는 투자자가 많아요. 스포츠 비즈니스에 대해 잘못 이해하고 있는 사람들에게서 가장 많이 듣는 말은 무엇인가요?

이언 스포츠 비즈니스의 가치 평가 프레임워크를 이해하지 못하는 것 같아요. 수익 측면에서 북미 스포츠의 수익 흐름의 안정성, 예측 가능성, 지속성은 매우 이례적이라고 당신은 이미 언급했어요. 경기장 명명권에 대한 15년 계약, 전국 단위 미디어 권리에 대한 5~10년 계약, 지역 스포츠 권리에 대한 지역 단위의 7~20년 계약 등의 특성이 인프라 자산과 비슷합니다. 이러한 예측 가능성은 잘 알려지지 않았는데, 불확실성의 시대에 매우 중요한 가치입니다.

스포츠의 가치 평가 환경 또한 지난 15년 동안 놀라울 정도로 안정적이었습니다. 앞서 말한 것처럼 제도권 자본은 이 분야에 들어올 수 없었습니다.

북미에서 리그가 강하게 보호하는 또 다른 한 가지는, 이 비즈니스에는 많은 레버리지를 사용할 수 없다는 것입니다. 내 경력 중 대부분 기간에 자본 비용이 매년 하락해 왔습니다. 악토스를 시작할 당시에는 수익률이 마이너스인 국채가 약 18조 달러에 달했습니다. 기관 투자자의 경우 자산군 전반의 리스크 재조정으로 인해 수익률 목표를 달성하기가 정말 어려웠습니다. 그 결과 수익률 목표를 달성하기 위해 위험 곡선을 벗어나거나, 수익이 없는 현금을 보유한 채 상황이 개선되기를 기다려야 했습니다.

벤치마킹과 경력 리스크를 고려할 때, 현금 위에 앉아서 기다리기란 정말 어려운 일입니다. 그 상황에서 대다수 투자자는 더 위험한 전략에 더 많이 투자해야 한다는 강박에 시달렸습니다. 전례 없는 양의 글로벌 유동성이 매수처를 찾아 세계 곳곳으로 흘러들어 가면서 북미 스포츠에도 투자하려 했습니다. 그러나 리그는 투자를 금지했고, 유동성의 물결은 다른 기회를 찾아 떠났습니다. 리그 부채 한도로 인해 스포츠 팀을 인수하기 위해 많은 레버리지를 사용하는 것은 거의 불가능했고, 기관들은 이 시장에 자본을 쏟아부을 수 없었습니다. 허용되지 않았죠.

그 결과 10년이 넘도록 많은 업종에서 일어난 밸류에이션 상승이 스포츠에서는 일어나지 않았습니다. 실제로 2011년부터 2021년까지 주가수익비율 PER이 압축한 업종은 스포츠와 탄화수소뿐이었어요. 스포츠의 경우 수익 성장과 매출 성장의 조합이 밸류에이션 상승보다

컸기 때문이죠. 값싼 부채와 낮은 자본 비용으로 밸류에이션 지표가 부풀려졌던 업종은 모두 지난 18개월 동안, 리스크가 크게 완화되고 가격이 재조정되는 과정에서 밸류에이션 압축과 그에 따른 수익률 타격을 입었습니다.

토니 당신이 투자한 네 가지 핵심 스포츠의 수익률이 S&P 500 지수나 러셀 2000 지수 수익률보다 높지 않았나요?

이언 흥미롭게도 그렇습니다. 하지만 더 중요한 것은 매우 다른 환경이라는 점입니다. 내 투자 경력에서 가장 멋진 10년은 2011년부터 2021년까지였을 것입니다. 벤처캐피털이나 레버리지 바이아웃 펀드에 투자했다면, 10년 동안 17~20%의 수익을 올렸을 것입니다. 놀라운 수준이죠. 공개 시장에서는 10~11%의 수익률을 얻었을 텐데, 이 역시 역사적으로 매우 매력적인 수준입니다. 스포츠는 18%의 수익을 올렸는데, 아무런 기술도 광범위한 할인도 없이 구매하기만 해도 그 정도였습니다. 꽤나 쉬운 시장 환경이었죠. 거의 모든 것이 잘 돌아갔으니까요. 매년 물가가 하락하는 상황에서 자산은 보유하기만 하면 가치가 더 높아집니다.

그러나 완전히 다른 환경도 있었죠. 1960년대 중반부터 1980년대 중반까지는 변동성이 매우 컸고, 높은 인플레이션이 지속되었어요. 모든 투자자가 사용하는 60대 40 포트폴리오는 더 이상 통하지 않았고요. 이 기간에 S&P 500 지수의 연평균 수익률은 4% 정도였고, 인플레이션은 연평균 7%였어요. 따라서 이 20년 동안 주식에 장기 투자했다면 실질적으로 부를 파괴한 셈이었어요. 그에 비해 그 기간에 북미 스포츠는 연평균 16%의 수익률을 돌려주었어요. 초과 수익률이 인상적이었죠.

스포츠는 수학적으로 정말 괴상한 이유로 변동성이 매우 낮아요. 다른 자산군에 비해 음의 상관관계가 낮습니다. 그리고 다시 말하지만, 레버리지가 크지 않죠. 따라서 다른 섹터에서처럼 글로벌 유동성이 밸류에이션에 영향을 미치는 속임수 상승whipsaw이 없습니다. 다른 자산에서 이런 특성을 찾기란 정말, 정말 어려운 일이죠.

토니 다음 질문과 연결되는데요. 내 절친한 친구 레이 달리오에게 가장 중요한 투자 원칙을 물었더니 성배라고 답했습니다. 우리가 이 분야에서 당신과 파트너가 된 이유 중 하나는 방금 말한 것들 외에도 상관관계가 없는 투자라는 점입니다. 당신이 생각하는 투자의 성배는 무엇인가요?

이언 약 1년 전에 레이와 우리 전략을 놓고 대화한 적이 있습니다. 흥미로운 토론이었는데, 그는 곧바로 상관관계가 없다는 조건으로 들어가더군요. 그는 이를 약간 다른 수학적 구조로 전환했고, 우리는 보유 비용에 대해 이야기하기 시작했어요. 왜냐하면 운영상의 손실과 캐피털 콜capital calls(추가로 필요할 때마다 자본을 조달하는 방식 – 옮긴이)로 인해 스포츠 팀을 소유하는 데 매년 비용이 들었기 때문이죠. 하지만 그런 현금흐름 특성이 지난 15년 동안 변했어요. 캐리 트레이드carry trade(저금리로 자금을 차입해 상품이나 주식 등 자산에 투자하는 기법-옮긴이) 비용이 뒤집혔고, 이는 북미 지역의 기업 밸류에이션에 근본적인 변화를 가져왔어요.

나는 투자 경력 내내 유동성 시장에서 성공을 거둔 현명한 사람들로부터 조언과 멘토링을 구하고 교육을 받아왔습니다. 내게 있어 투자의 성배는 강력한 펀더멘털 가치 투자 철학이고, 구체적으로는 내재가치 차익거래입니다. 하워드 막스$^{Howard\ Max}$를 비롯한 가치 투자자들은 이를 '안전 마진'이라 부릅니다. 명확하지 않은, 즉 경쟁이 덜 치열한 종목에 매력적인 안전 마진으로 투자하는 것이죠. 내가 신뢰하는 운영 팀과 소유자들과 파트너십을 형성해서요. 이런 특성을 가진 다양한 기회 포트폴리오를 구축하면, 안전 마진과 당신이 지원한 사람들의 성과 덕분에 시장을 초과하는 수익률을 올릴 수 있어요.

토니 내가 사람들에게 던지는 질문 중 하나는 이것입니다. 5분 동안 세계의 이목을 집중시킬 수 있다면, 어떤 이야기를 하고 싶나요?

이언 오, 이런. 5분 동안 세계의 이목을 집중시킬 수 있다면, 아마 모든 것이 괜찮을 거라고 말할 거예요.

토니 좋아요. 나도 동의합니다. 그 이유도 말해주겠어요?

이언 오늘날 겁을 먹고 불안해하는 사람들이 많은 것 같아요. 외로운 사람들도 많고요. 사람들은 의미 있는 관계를 맺거나 의미 있는 상호작용을 활발하게 하지 않는 것 같아요. 나는 사람들, 특히 남성들에게 존경하는 사람들에게 다가가서 그들이 잘하고 있고 사랑한다고 이야기하라고 말하고 싶어요. 친구가 좋은 아빠라면 그에게 "당신은 좋은 아빠"라고 말해요. 상대방이 훌륭한 파트너이거나 배우자라고 생각하면 그렇게 말해요. 상대방이 훌륭한 친구이며 얼마나 고마운 사람인지 말해주세요. 나는 사람들에게 괜찮을 거라고 말하곤 해요.

크리스토퍼 정말 아름다운 일이죠.

토니 아름답군요. 투자 사업 자체에 대해 이야기해 봅시다. 대규모 투자회사 성장에는 단순히 많은 투자를 유치하는 것 이상의 의미가 있죠. 비즈니스에서 성공할 수 있었던 주된 이유가 무엇이라고 생각하나요?

이언 지난 3년 동안 이 사업을 하면서 우리가 가진 우위는 바로 여기 있는 사람들이라 생각합니다. 우리는 이 여정에 함께할 사람을 매우 엄격하게 선별하고 있으며, 그 과정에서 몇 가지 실제 매개변수와 필터를 설정했습니다. 우리에게는 정말 중요한 여섯 가지 핵심 가치가 있습니다.

창업자 그룹으로서 우리가 많이 이야기한 것 중 하나는 이렇게 설명할 수 있습니다. 만약 우리가 운이 좋아서 성공을 거둔다면, 그 과정에 많은 '빛나는 것들'이 있을 것입니다. 언제 손을 뻗어 하나를 집어 들고 싶은지, 언제 산만해지지 않고 계속 달려야 하는지, 그때를 아는 것이 정말 중요합니다. 우리는 지노 위크먼^{Gino Wickman}이 저서

『트랙션』에서 열정과 틈새라고 정의한 용어를 활용해 집중력을 유지하고 있습니다. 핵심 가치… 다양성의 가치에 대해서는 많은 논의가 있습니다. 우리는 다양성에 타협하지 않습니다. 다만 우리는 가치의 다양성은 결코 원하지 않습니다. 우리 가치에 부합하지 않는다면, 이곳은 당신에게 적합한 곳이 아닙니다.

토니 그 여섯 가지 가치를 공유해 주겠어요? 듣고 싶네요.

이언 서번트 리더십과 신뢰, 팀워크, 통찰력, 인성, 탁월함입니다. 우리 창업 팀은 많은 시간을 함께 보내며 비즈니스를 구축하기 시작한 후, 실제로 일시 중지 버튼을 누르고 모두에게 숙제 프로젝트를 내주며 하루를 쉬게 했어요. 숙제는 내일 다시 모일 때 모두가 좋아하는 두 가지를 가져와야 한다는 것이었어요.

토니 멋지군요.

이언 공동 창업자가 여덟 명이라는 것은 일곱 명으로부터 피드백을 받는다는 뜻이죠. 약간의 중복과 군더더기가 있으나 각자 여덟 가지에서 열 가지를 내놓았어요. 우리는 이 목록을 검토하고 다듬고 통합하는 과정을 거쳐 DNA를 공유했죠. 그래서 여섯 가지 핵심 가치는 창업 팀원 모두가 서로에게서 좋아하고 닮고 싶어 하는 공통의 핵심 속성이라 할 수 있어요.

토니 아름답네요. 정말 아름다워요. 공유해 줘서 감사해요. 모든 조직이 따라하고 실행할 수 있는 부분입니다. 좋은 기업에서 위대한 기업으로 도약할 수 있는 지렛대가 무엇일까요?

이언 창업한 지 1년 정도 지났을 때만 해도 주변을 둘러보며 '세상에, 정말 대단하다'고 생각하기 쉬웠습니다. 하지만 사실 우리는 정반대의 느낌이었어요. '맙소사, 망하겠구나'라는 생각이 들었죠. 어떻게 하면 이것을 망치지 않을 수 있을까? 항상 가면 증후군(자신의 성공이 노력이 아니라 순전히 운으로 얻어졌다고 생각하며 불안해하는 심리-옮긴이)에 대한 불안감이 있었죠.

1년 정도 지나자, 우리는 한 발짝 물러나서 정말 특별한 일을 할 수 있는 기회가 왔다고 생각했습니다. 우리가 이길 수 있는 권리를 어떻게 정의할까요?

최고의 기업들은 무엇을 잘할 수 있을까요? 그것은 어떤 모습일까요? 호세와 베다드는 클리어레이크 캐피털 그룹Clearlake Capital Group에서 어떤 일을 했나요? 로버트는 비스타에서 어떤 일을 했나요? 그는 초기에 해당 분야에서 독보적인 위치를 차지했지만, 그 후 두 배로 성장하여 비스타의 전술을 구축했습니다. 그와 그의 팀은 극복할 수 없을 것 같은 이 지식재산 더미에 계속 재투자하고 있습니다. 스포츠에서도 그렇게 해야 합니다. 이런 이유로 우리는 한 발짝 물러나서 우리가 존경하는 이 모든 회사를 살펴보았습니다. 정말 많은 기업이 있습니다. 그들이 특별한 이유는 무엇일까요? 우리 업계에서 그런 특성을 재현하기 위해 무엇을 할 수 있을까요?

한 가지 확실한 것은, 1년 후에는 우리의 프로세스가 지금과 같지 않으리라는 점입니다. 고객들에게 제공하는 서비스도, 데이터를 사용하는 방식도, 수집하고 분석하는 데이터의 종류도 달라질 것입니다. 우리는 직원들이 우리의 사고방식에 편안하게 도전할 수 있는 환경을 조성해야 합니다. 끊임없이 재투자하고 재평가해야 하며, "2년 전에는 정말 효과가 좋았지만 내일은 중요하지 않으니 그 얘기는 그만하자"라고 말해도 괜찮습니다.

크리스토퍼 회사를 시작할 때 다르게 접근했더라면 좋았을 몇 가지가 있나요?

이언 3년 전 회사를 설립했을 때만 해도 대부분의 사람이 AI 철자를 몰랐기 때문에 머신러닝 엔지니어를 두 명 정도 영입했더라면 좋았을 것 같습니다. 데이터 과학은 처음부터 비즈니스 계획의 큰 부분을 차지해 왔습니다. 그 분야에 더 많은 투자를 했더라면 좋았을 것 같습니다. 우리는 이 분야에서 혁신을 이루고 있으며 대다수 관리자가 생각조차 못 했던 방식으로 데이터 과학을 활용하고 있습니다. 하지만 좀 더 일찍 이 분야에 집중했더라면 좋았을 것입니다.

크리스토퍼 대다수 투자회사와 대다수 개인 자산관리회사가 확장하지 못하는 이유는 무엇일까요?

이언 우선 일부 자산운용회사는 규모를 키워서는 안 됩니다. 일부는 정말 잘하는 일이라도 확장성이 없습니다. 그런데도 만약 그들이 확장을 시도한다면 자신의 역량 범위에서 멀어질 테고, 그들이 이길 수 있는 시장 위치를 벗어날 것입니다.

기업이 정말 잘할 수 있는 분야는 이미 잘 정리되어 있다고 생각합니다. 산업 전문 또는 국가 전문이 될 수 있습니다. 우위를 차지할 수 있는 영역에는 신용이나 인프라, 조직, 문화, 사람 등도 있습니다.

사실 우리 업계에서 정말 이기기 쉬운 것은 사람들을 인간답게 대하고, 그들이 평생 일할 곳은 여기 외에도 많다는 점을 인정하는 것입니다. 그들에게 은혜를 베풀고 투자하는 것입니다. 조직의 건강과 재능 밀도에서 승리할 수 있습니다. 조직 관리와 사람에서 이길 수 있습니다. 독점적인 거래 흐름, 정말 독점적인 거래 흐름이 있다면 사냥꾼이나 채집자가 되는 사치를 누릴 수 있습니다. 풍성한 계절이 찾아오면 무엇이든 수확할 수 있는, 정말 드문 기회가 펼쳐집니다. 다른 방식으로 시작하고, 다른 방식으로 가격을 책정하고, 다른 방식으로 위험을 관리하고, 다른 방식으로 포트폴리오의 유동성과 수익화를 관리합니다. 이 모든 것이 핵심 역량과 차별화를 구축할 수 있는 영역입니다.

위대한 기업은 대부분 이 중 네다섯 가지에 정말 능숙합니다. 하지만 어디서, 왜, 어떻게 성공할 수 있는지를 알아야 합니다. 그리고 이런 결론을 정기적으로 압박 테스트할 수 있는 자신감과 겸손함이 있어야 합니다.

크리스토퍼 창업자 그룹에서 이러한 핵심 속성을 갖추는 것이 얼마나 어려운지, 그리고 시간이 지남에 따라 필연적으로 발생하는 세대 간 이동 과정에서도 지속하기가 얼마나 어려운지 자세히 설명해 줘서 매우 흥미로웠습니다. 어떤 기업은 이를 매우 잘 수행하지만 어떤 기업은 그렇게 하지 못합니다.

이언 사모 시장에서 가장 큰 리스크는 바로 세대교체라고 생각합니다. 투자자들은 이를 어떻게 다루어야 하는지 이해하지 못합니다. 그들은 많은 경우 그것에 대해 물어보기를 두려워합니다. 그것은 묻기 어려운 질문이지만 가장 중요한 질문이기도 합니다. 회사가 어떻게 운영되고 있는지, 다시 말해 '회사가 이길 수 있는 권리는 무엇인가?'에 대해 호기심을 가져야 합니다. 자신을 뒷받침하는 사람들이 3~4년 후에 없어지면 회사에 실질적인 위험이 있기 때문에 이 주제를 두 번 클릭하고 자세히 살펴볼 용기를 발휘해야 합니다.

토니 나는 승리할 권리에 대한 당신의 언어와 사고 과정이 마음에 듭니다. 당신은 이길 권리를 얻기 위해 이런 일을 하죠. 이는 대다수의 생각과는 매우 다른 관점입니다. 이기는 특성과 관련해, 최고 성과를 내는 기업과 그러지 못하는 기업을 구분하는 핵심 특성은 무엇이라 생각하나요?

이언 인정할 만한 부분은 인정하고 싶습니다. '이길 권리'는 내 친구 휴 맥아더 Hugh MacArthur가 가르쳐준 개념입니다. 그는 오랫동안 사모펀드 회사의 경영 파트너들이 이길 권리를 이해하도록 도와주었습니다.

최고의 성과를 내는 기업의 핵심 특성은 무엇일까요? 사실 이것은 매우 간단하다고 생각합니다. 매우 수준 높은 기관 투자자들의 검증과 지지를 받고 자본을 유치할 수 있는 매력적인 전략과 논리가 있고, 자신이 말한 대로 실행하며, 정말 유능한 인재들과 함께 일하고, 그 인재들에게 계속 투자하고, 그러한 프로세스에 투자하는 것, 이것이 바로 최고 성과를 내는 회사들이 하는 일이라 생각합니다. 그들은 이길 수 있는 권리를 파악하고, 지키고, 키웁니다.

DAVID SACKS
COFOUNDER OF CRAFT VENTURES

영예

팟캐스트 <올인>의 공동 진행자이자 일론 머스크, 피터 틸과 함께 페이팔 '마피아'의 원년 멤버

총 운용 자산(2023년 8월 말 기준)

30억 달러

중점 분야

기업 및 소비자 기술

하이라이트

- 어펌과 에어비앤비, 이벤트브라이트, 페이스북, 후즈, 리프트, 팔란티어, 포스트메이츠, 슬랙, 스페이스엑스, 트위터, 우버 등 20개 이상의 유니콘 기업에 투자했다.

- 페이팔의 초대 COO이자 제품 리더로 경력을 시작했다. 이후 메신저 서비스 회사 얌머 Yammer를 창업해 경영하다 마이크로소프트에 12억 달러를 받고 매각했다.

- 2017년 크래프트 벤처스를 설립했으며 현재 6개 펀드에 걸쳐 30억 달러를 운용한다. 포트폴리오 회사로는 스페이스엑스, 레딧 Reddit, 보링 컴퍼니 Boring Company, 클릭업 ClickUp, 센티링크 SentiLink, 오픈폰 OpenPhone, 반타 Vanta, 뉴럴링크, 리플리트 Replit, 소스그래프 Sourcegraph 등이 있다.

16

페이팔 마피아의 원년 멤버, 데이비드 색스

크래프트 벤처스
공동 창업자

토니 페이팔에서 출발해 페이스북과 에어비앤비, 스페이스엑스의 초기 투자자가 되기까지 당신이 이룬 업적이 놀랍습니다. 기술 투자자로서뿐 아니라 정치 분야에서도 여전히 대단한 영향력을 발휘하고 있습니다. 우리는 팟캐스트 〈올인〉의 열렬한 팬이기도 합니다. 팟캐스트를 시작하게 된 계기를 말해주세요. 이 모든 것이 어떻게 시작되었나요?

데이비드 내가 다섯 살 때 가족이 다 함께 남아프리카공화국에서 미국으로 이주했습니다. 열 살 때 미국 시민이 되었고, 주로 테네시주 멤피스에서 자랐어요. 스탠퍼드 대학에 진학해 1994년에 졸업했어요. 그 무렵 실리콘밸리에서 인터넷이 탄생했죠. 1995년은 넷스케이프가 기업공개를 한 중요한 해였습니다. 넷스케이프는 인터넷용 최초의 상업용 브라우저였죠. 안타깝게도 나는 그 전 해에 졸업하고 로스쿨에 진학했어요. 1999년에야 실리콘밸리로 돌아왔습니다. 스탠퍼드 출신 친구 피터 틸이 회사를 창업해 경영하고 있었죠. 우리는 그가 하는 일에 대해 많은 이야기를 나눴고, 결국 나는 그와 함께 일하기로 결정했어요. 그 회사가 페이팔이 되었고요. 그렇게 나는 기술 분야에 발을 들여놓게 되었어요. 이후 주로 기술 분야 스타트업의 창업과 투자에 관여하고 있어요.

토니 그동안 관여했던 스타트업 중에는 역사상 가장 큰 규모의 회사도 있었죠. 그런 유형의 기회를 식별하는 비결은 무엇인가요?

데이비드 내가 찾는 몇 가지 요건이 있습니다. 하나는 제품 훅이라 부르는 것입니다. 제품의 핵심에 있는 간단하고 반복 가능한 거래 또는 상호작용 중 사용자가 계속 반복하고 싶어 하는 것이 무엇인가요? 페이팔에서는 이메일 주소와 금액을 입력하면 아주 쉽게 돈을 송금할 수 있었습니다. 우버에서는 목적지를 지도에 입력하면 차가 태우러 옵니다. 구글은 제일 간단합니다. 사용자들은 검색 창이라는 아주 간단한 인터랙션을 통해 계속 참여하고 싶어 합니다.

나는 많은 기업이 이 점을 놓치고 있다고 생각합니다. 그 이유는 점점 더 많은 기능을 추가하고 점점 더 복잡하게 만들면, 제품-시장 적합성 문제를 해결할 수 있다고 생각하는 데 있습니다. 그러나 사용자가 간단한 일을 하도록 유도하지 못하면, 복잡한 일을 하도록 유도하기는 더욱 어렵습니다. 사용자가 받아들일 수 있는 단순한 것부터 시작한 다음 그 위에 복잡성을 더하는 편이 좋습니다.

내가 찾는 또 다른 중요한 요건은 배포에 대한 일종의 혁신입니다. 나는 이것을 '배포 트릭'이라 부르는데요. 사용자나 구매자를 찾기 위해 회사가 수행하는 고유한 작업입니다. 페이팔에서는 이 트릭을 많이 개발했습니다. 사용자가 아직 이 서비스를 사용하지 않는 사람에게도 이메일을 보내 송금할 수 있게 한 것입니다. 우리는 이베이 경매에 페이팔 결제 버튼을 삽입하는 등의 방법을 활용했습니다. 사람들에게 가입·추천 보너스를 제공했습니다. 페이팔이 개척한 이런 트릭에 힘입어 제품이 입소문을 타게 되었죠.

폭발적으로 빠르게 성장한 다른 회사들도 대개 새로운 방식으로 사용자에게 다가가는 유통 혁신을 이루고 있습니다. 이것이 중요한 이유는, 세상이 너무 혼잡해 좋은 제품을 만든다고 성공할 수 있다는 보장이 없기 때문입니다. 우리도 그러기를 바라지만 인터넷은 거대한 세상이고, 비용 효율적인 방법으로 사용자에게 도달할 수 있는 방법을 찾지 못하면 아무리 좋은 제품이라도 사용자가 찾지 않을 수 있습니다.

토니 당신에게는 세계에서 가장 영향력 있는 사람들로 구성된 놀라운 친구 그룹이 있습니다. 당신의 인생에 가장 큰 영향을 준 사람은 누구인가요? 그리고 그들이 어떻게 긍정적인 방식으로 당신을 이끌어 주었나요?

데이비드 비즈니스 경력에 있어서는 첫 스타트업에서 위대한 창업자 두 명과 함께 일할 수 있었던 것이 큰 행운이었습니다. 바로 피터 틸과 일론 머스크입니다. 내가 제품 책임자 또는 COO로 일할 때 이 두 사람이 CEO였습니다. 두 사람과 함께 일하며 큰 배움을 얻었습니다. 두 사람은 CEO로서 스타일이 크게 다릅니다. 일론은 아주 실무적이고 비즈니스의 모든 부분, 특히 제품에 깊이 관여합니다. 피터는 위임자 스타일에 가깝고 큰 전략적 이슈에 집중합니다. 두 스타일 모두 분명 장점이 있고 효과가 있습니다. 페이팔에 이어 얌머를 설립했을 때 두 사람에게서 배운 최고의 기술을 모두 가져갈 수 있었습니다.

토니 당신은 두 스타일의 중간쯤에 위치한다고 할 수 있을까요? 아니면 상황에 따라 둘 중 하나를 전략적으로 활용하나요?

데이비드 나는 중간에 속합니다. 일론은 비즈니스의 모든 부분에 대해 놀라울 정도로 실무적입니다. 조직도를 보면, 그는 많은 부서를 자기 휘하에 수평적으로 두고 있습니다. 그래서 그에게로 보고서가 집중되죠. 반면 내 조직도는 좀 더 전통적이에요. 나는 경영진을 활용하여 일하는 편을 선호해요. 다만 두 가지는 내가 직접 관여하고 있어요. 하나는 제품입니다. 제품 비전을 가진 사람이라면 이를 전적으로 위임할 수 없으니까요. 다른 하나는 일이 안 풀리는 경우입니다.

어떤 기능적 영역이 잘 되고 있으면 임원들에게 더 많은 재량을 주지만, 잘 안 되고 있으면 문제를 해결할 때까지 가까이에서 관여합니다. 예를 들어 영업 실적이 좋으면 대부분 내버려두지만, 실적이 부진하면 내 존재감을 확실히 느끼고 더 많은 것을 점검하게 됩니다. 자신이 특별한 장점이나 기술을 가지고 있다고 생각하거나 문제가 발생하면 직접 개입하고 싶을 것입니다. 하지만 경영진이 성공을 통해 역량을 보여주었을 때에는 그들을 신뢰하고 더 독립적으로 운영하도록 배려할 수 있습니다.

크리스토퍼 탁월한 균형 감각을 가지고 있군요. 현재 기술 분야에서 많은 변화가 일어나고 있습니다. 투자자에게 가장 큰 기회는 무엇인가요?

데이비드 실리콘밸리의 가장 큰 장점은 대략 10년 주기로 플랫폼이 바뀌고 있다는 것입니다. 1980년대로 거슬러 올라가면, 개인용 컴퓨터가 메인프레임을 대체했습니다. 1990년대에는 인터넷이 탄생하면서 컴퓨팅이 온프레미스에서 클라우드로, 또는 데스크톱에서 클라우드로 이동했습니다. 2000년대 초반에는 소셜이 등장했고, 2000년대 후반에는 모바일이 탄생했습니다. 이제 플랫폼의 큰 변화는 AI로의 전환입니다. 이렇듯 변화는 10년에 한 번씩 일어나는 것 같습니다. AI가 큰 물결이라 말하면 다소 과장일 수 있지만, 나는 그렇게 생각하고 우리가 이제 막 이 주기의 시작 단계에 있다고 생각합니다. 기존 기업뿐만 아니라 새로운 기업에게도 엄청난 기회가 있을 것입니다.

토니 지금 AI를 보면 인터넷 (초기) 시절과 매우 흡사합니다. 수많은 회사가 생겨나고 있고, 그중 상당수는 오래 가지 못할 것입니다. AI (회사)를 구체적으로 살펴볼 때 어떤 곳이 당신의 관심을 유발하나요?

데이비드 몇 가지를 찾아보려 합니다. 하나는 비전과 끈기, 창의성을 갖춘 창업자입니다. AI라는 분야는 상당히 기술적이라는 점을 고려할 때, 기술적 적합성을 앞으로 전개될 미래에 대한 비전과 결합할 수 있는 창업자가 성공할 확률이 더 높습니다. 아주 초기 단계에는 사람에 대한 베팅이 더욱 중요합니다.

다른 하나는 시장이 나아갈 방향이나 시장이 원하는 것에 부합하는 아이디어입니다. 일반적으로 전문가를 위한 '코파일럿^{copilot}'(부조종사)이라 불리는 분야에 시장 기회가 있다고 생각합니다. 의사를 위한 코파일럿, 변호사를 위한 코파일럿이 등장할 것입니다. 우리가 생각할 수 있는 거의 모든 직업, 우리가 생각할 수 있는 거의 모든 직무에 AI 코파일럿이 그 사람의 업무 수행을 도울 수 있게 될 것입니다. 특정 분야에 깊이 파고들 수 있는 창업자, 즉 직무 요건을 이해하고 AI를 이해하며 이 두 가지를 결합할 수 있는 창업자에게 많은 기회가 주어질 것이라 생각합니다.

크리스토퍼 지난 몇 년 동안 당신이 예상한 일과 예상하지 못한 일에는 어떤 것이 있었나요?

데이비드 실리콘밸리는 지금 엄청난 조정을 겪고 있습니다. 2000년 닷컴 버블 붕괴 이후 가장 큰 자산 버블이 터졌습니다. 돌이켜보면, 2008년까지 거슬러 올라가는 연준의 제로 금리 정책은 사람들이 인식하는 것보다 훨씬 더 큰 영향을 미쳤습니다. 업계에는 유입되는 자본의 양에 큰 영향을 주었습니다. 수익을 노리는 수많은 여유 자금이 쏟아져 들어왔죠.

대략 10~20년 전만 해도 벤처캐피털에 대한 통념은 확장성이 없는 사업이라는 것이었습니다. 수십억 달러, 수백억 달러를 쉽게 투자할 수 있는 공개 시장 투자와는 다릅니다. 벤처캐피털은 창업자와 함께 일하는 비즈니스입니다. 막대한 자금을 투입할 수 있는 자산군이 아니었죠. 그것이 기존의 이해였습니다. 그런데 제로 금리 시대에 많은 신규 자금이 업계에 유입되었습니다.

많은 투자자가 한 가지 생각으로 공개 시장에 들어왔습니다. '이들 스타트업이 상장했을 때 얼마나 잘했는지 봤으니, 이제 상장 전 마지막 프라이빗 라운드에 투자하면 되겠다.' 수치를 살펴보니 차익거래가 가능해 보인 것이죠. 그래서 그들은 마지막 프라이빗 라운드에 투자하기 시작했습니다.

그러다 깨달았죠. '잠깐, 우리가 가격을 올리고 있으니 두 번째 마지막 프라이빗 라운드에서도 차익거래가 발생하고 있군.' 그들은 초기 스타트업을 평가할 수 있는 전문 지식을 갖추지 않은 채 이 논리로 접근하기 시작했고, 투자 단계를 거슬러 올라갔습니다. 상상할 수 있는 결과가 나타났죠. 스타트업에 자금이 넘쳐났고, 기업 가치는 하늘 높은 줄 모르고 치솟았습니다. 그러나 금리가 상승하고 유동성이 줄어들면서 거품이 꺼지고 있습니다. 이런 이유로 지금 업계는 대대적인 조정을 겪고 있습니다.

자본 시장의 행동이 스타트업의 행동으로 전환된 방식은 많은 창업자가 자금이 항상 공급될 것이며, 언제든 더 높은 가치로 새로운 라운드를 유치할 수 있다고 생각했다는 것입니다. 돈이 나무에서 자랐고, 창업자들은 지출에 느슨해졌습니다. 창업자들은 수익성에 도달한다는 생각에 집중하지 못하고 오로지 매출에만 집중한 것 같습니다. 그것이 얼마나 비효율적이든, 얼마나 수익성이 없든 상관없이 성장을 해야 한다는 사고방식이 지배적이었습니다.

창업자들은 현재 진행 중인 게임의 방식을 따라야 한다고 생각했습니다. 그 게임은 최고 수준의 성장을 보여주지 못하면 성장하는 경쟁사가 모든 자금을 조달해 나머지 시장을 사들일 수 있다는 것이었습니다. 우버와 리프트의 경쟁에서 이런 역학 관계를 볼 수 있었죠. 두 회사 모두 막대한 자금을 모금하고 비효율적으로 사용했지만, 상대방에게 자금을 투자하려는 투자자가 있는 한 같은 게임을 해야 하는 죄수의 딜레마에 갇힌 듯했습니다. 이런 역학 관계에 휘말린 두 회사는 아주 비효율적이게 되었습니다.

이제 자본이 예전만큼 풍부하지 않아 창업자와 스타트업은 훨씬 더 효율적인 방식으로 사업을 운영해야 합니다. 성장에만 집중하던 상황에서 더 균형 잡힌 시각으로 접근해야 하는 상황으로 바뀌었습니다. 창업자는 마진과 단위 경제성 같은 지표에 반영된 성장의 효율성을 고려해야 합니다.

약 15년 동안 잘못된 관행이 누적된 후였기 때문에 업계에 큰 변화가 일어났습니다. 옛말에 '시장이 올라가는 길은 에스컬레이터, 내려오는 길은 엘리베이터'라 했는데, 우리는 방금 엘리베이터를 타고 내려왔습니다. 많은 벤처캐피털과 창업자들에게는 뼈아픈 깨달음이었죠.

크리스토퍼 그렇다면 오늘날 투자자들이 기술, 특히 성장과 벤처캐피털에 대해 고려할 때 잘못 생각하고 있는 것은 무엇일까요? 그들이 봐야 할 것을 보지 못하고 있는 것은 무엇인가요?

데이비드 어려운 질문입니다. 우리는 지금 대대적인 조정의 한가운데 있고, 사람들은 사용할 수 있는 자본이 과거보다 훨씬 적다는 사실을 깨닫고 있습니다. 지난 10년은 매우 이례적인 시기였습니다. 앞으로는 훨씬 더 자본이 제약되는 환경에 처하게 될 것이라 생각합니다. 모두가 그에 맞게 행동 방식을 조정해야 할 것입니다.

크리스토퍼 밸류에이션이 이에 맞춰 완전히 조정되기 시작했다고 생각하나요, 아니면 아직 갈 길이 멀다고 생각하나요?

데이비드 밸류에이션 조정이 다소 고르지 않은 방식으로 이루어지고 있다고 말하고 싶습니다. 많은 영역에서 조정이 이루어지고 있으며 적절한 정도로 진행되고 있습니다. 그러나 벤처캐피털 업계에서는 어떤 영역이 뜨거워질 때마다 밸류에이션이 폭등합니다. 예를 들어 AI에 대한 기대가 과도하기는 하지만, 일부 밸류에이션이 너무 과도하게 책정되는 것은 다소 우려됩니다. 매출이 전혀 없는 회사가 수억 달러의 가치를 인정받기 시작했습니다. 심지어 아직 매출이 전혀 없는 유니콘 기업도 몇 개 있습니다. 기업 가치가 연간반복매출ARR(Annual Recurring Revenue. 기업이 구독 기반 제품이나 서비스 또는 계약 중인 고객으로부터 일정 기간 안정적으로 얻을 것으로 예상되는 매출 – 옮긴이)의 수백 배에 달한 상황이 재연되었습니다. 이런 측면에서 벤처캐피털 업계는 결코 교훈을 얻지 못하는 것 같습니다. 아니면 어떤 분야가 뜨거워지면 잊어버리기도 하죠.

나는 AI를 믿고 AI가 많은 기회를 창출할 것으로 여깁니다. 문제는 일부 벤처캐피털 업계에서 여전히 열광적인 분위기가 지속되고 있으며, 이로 인해 유망하면서도 합리적인 가치를 지닌 AI 기업을 찾기 어렵다는 데 있습니다. 우리는 두 가지를 모두 찾습니다.

토니 나는 14년 전 레이 달리오를 만나 친구가 된 후 "당신을 이끄는 가장 중요한 투자 원칙이 무엇인가요?"라고 물어본 적이 있습니다. 이 책은 바로 투자의 성배에 관한 책입니다. 레이는 당시 내게 8~12가지의 상관관계가 없는 투자처를 찾는 것이 리스크를 80%까지 줄이고 상승 여력을 높이는 방법이라 말했죠. 정말 간단한 원칙입니다. 당신에게 투자의 성배는 무엇인가요?

데이비드 흥미롭네요. 내 투자 유형은 그와 정반대입니다. 그는 거시적인 투자자인 반면 나는 가장 미시적인 투자자입니다. 나는 민간 기업, 그것도 초기 단계에 투자하고 있습니다. 통계적으로 성공하지 못하리라는 것을 알면서도 이제 막 시작한 회사에 투자하죠. 한두 곳이 성공해서 펀드 전액과 일부를 회수할 수 있기를 바랍니다. 내 비즈니스에서는 항상 파워 법칙에 맞는 회사를 찾고 있습니다. 파워 법칙에 따르면, 특정 포트폴리오에서 가장 가치 있는 투자가 그 포트폴리오 수익의 대부분을 창출합니다. 따라서 레이의 투자 전략과는 거의 정반대입니다.

일반 투자자에게는 이 방법을 추천하지 않습니다. 일반 투자자에게는 포트폴리오를 구성하는 좋은 방법이 아닙니다. 이것은 균형 잡힌 포트폴리오에 속하는 하나의 자산 클래스입니다. 포트폴리오의 몇 퍼센트를 비상장 기업에 투자하는 경우, 그 양동이 안에는 파워 법칙의 역학 관계가 존재할 수 있습니다. 우리는 항상 그 힘의 법칙에 맞는 기업을 찾고 있습니다.

오늘 이야기한 내용을 살펴보면, 제품에 관한 한 잡초가 많다는 것을 알 수 있습니다. 우리는 이런 질문을 던집니다. 제품이 어떻게 유통되고 있나? 어떻게 시장에 출시될 예정인가? 또 이런 질문도 합니다. 창업자의 비전은 무엇인가? 창업자가 가진 무형의 자질 중 이 회사를 특이한 회사로 만들 수 있는 것은 무엇인가? 이처럼 매우 미시적으로 접근합니다. 스타트업에 가장 중요한 것은 불을 붙일 아이템을 찾는지 여부입니다. 하키 스틱의 변곡점에 있는 무언가를 찾는 것이 바로 그 비결입니다.

우리는 소프트웨어 스타트업에 어떤 지표가 중요한지 자체적으로 파악했습니다. 단순히 ARR과 성장률만 살펴보지 않습니다. 고객 확보 비용도 봅니다. 자본 효율성에 대한 다양한 지표가 있습니다. 고객과 직접 대화합니다. 제품이 실제로 사랑받는지, 고객이 그 제품을 다른 사람에게 추천할 수 있는지 확인하려 노력합니다. 우리는 항상 회사가 도약하고 있다는 신호를 찾으려 노력합니다.

토니 그 신호를 통해 적절한 타이밍을 찾을 수 있다면, 수십 년간 쌓아온 전문 지식을 활용해 회사의 성장을 돕는 것이군요. 당신은 이미 다양한 방식으로 전 세계의 주목을 받고 있기 때문에 다소 어리석은 질문일 수 있지만, 만약 5분 동안 전 세계의 주목을 받는다면 사람들이 무엇을 알기를 원하나요?

데이비드 팟캐스트에서 계속 언급하는 주제 중 하나는, 지금 떠오르는 세상은 다극화되어 있다는 것입니다. 베를린 장벽이 무너지고 소련이 해체된 1990년 전후의 세계와는 다릅니다. 당시에는 미국만이 유일한 초강대국이었죠. 약 30년이 지난 지금 우리가 사는 세상에서는 여러 국가가 강대국이 되고 기술을 활용해 혁신을 이루고 있습니다. 내가 실리콘밸리에 간 1990년대 후반만 해도 세계에서 기술 진원지는 실리콘밸리 하나뿐이었고, 오랫동안 그랬습니다. 지금은 전 세계 곳곳에 기술 센터가 생겨나고 있죠.

혁신은 어렵습니다. 혁신을 이루기 위해서는 종종 천재가 필요합니다. 하지만 일단 혁신이 일어나면 누구나 모방할 수 있습니다. 새로운 지평을 여는 것보다 따라잡기가 훨씬 쉽습니다. 그리고 세계에는 미국을 따라잡고 있는 많은 지역이 있습니다. 우리는 세상을 다른 방식으로 생각해야 합니다.

나는 미국의 예외주의를 믿지만, 그것이 내게 의미하는 바는 명확합니다. 우리가 다른 나라들에 우리의 가치를 강요하기보다는 좋은 모범을 보이려 노력해야 한다는 것입니다. 우리가 좋은 일을 하고 매력적인 모델을 만들면, 다른 나라들도 우리를 따라하고 싶어 할 것입니다. 하지만 강압적인 접근법은 전 세계적으로 격렬한 저항을 받게 될 것입니다. 다른 나라의 부상을 허용하지 않는다면, 그 결과는 엄청난 갈등으로 이어질 것입니다.

토니 크래프트 벤처스를 훌륭한 회사로 키우려면 막대한 투자만으로는 부족합니다. 강력한 성과 외에 비즈니스 성공의 주요 요인은 무엇인가요? 그리고 좋은 회사에서 위대한 회사로 도약할 수 있었던 비즈니스의 도약판이 있다면 무엇인가요?

데이비드 우리의 질문은 다음과 같습니다. 창업자가 왜 자신의 주주 명단에 크래프트를 올리고 싶어 할까? 레이 달리오나 워런 버핏이 애플 주식을 매입하기로 결정하면 회사의 허가를 받을 필요가 없습니다. 그냥 공개 시장에 나가서 사면 됩니다. 애플은 내가 애플의 주식을 소유하고 있는지 여부에 대해 전혀 알지도, 신경도 쓰지 않습니다. 그들은 그 질문에 대해 불가지론적입니다. 하지만 창업자들은 주주 명부에 누가 있는지 잘 알고 또 많은 관심을 갖고 있습니다. 따라서 고객을 위한 가치 제안을 만드는 것과 같은 방식으로 그들을 위한 가치 제안을 만들어야 합니다.

우리는 스타트업에 도움을 줄 수 있는 방법을 찾기 위해 많은 시간을 보냈습니다. 물론 그 시작은 내가 스타트업의 입장이 되어본 적이 있다는 사실에서 출발합니다. 나도 회사를 설립해 봤고 크래프트의 다른 파트너들도 모두 운영 경험이나 창업 경험이 있기에 그 여정이 어떤 것인지 잘 알고 있습니다. SaaS에 특화되어 있기 때문에 그 분야 창업자와 관련된 많은 전문 지식과 모범 사례를 육성하고 공유할 수 있습니다.

우리는 창업자가 비즈니스에 대해 살펴봐야 할 모든 주요 지표를 보여주는 도구를 만들었고, 이를 통해 데이터 소스를 연결하기만 하면 차트와 대시보드가 자동으로 표시되도록 했습니다. 마지막으로 우리는 플랫폼 팀을 운영하는데, 이 팀의 전문가들은 채용과 마케팅, 홍보, 정보보안, 법률, 대정부 관계 등 스타트업 중 대부분이 아직 감당하기 어려운 영역을 전문적으로 지원합니다. 포트폴리오 회사 중 한 곳이 도움이 필요할 때마다 수십 년의 경험을 가진 전문가가 도움을 줄 수 있습니다. 우리는 '어떻게 하면 창업자에게 가치를 더할 수 있을까?'라는 질문에 집중합니다.

토니 앞서 말한 것처럼 당신은 밖에서 안을 들여다보는 사람이 아닙니다. 당신은 몸소 안에 있었던 사람입니다. 환상적이죠.

데이비드 우리는 창업자 시절에 꿈꿨던 벤처캐피털 회사를 만들려고 노력하고 있습니다.

크리스토퍼 그런 점에서 회사를 시작하기 전에 알았더라면 좋았을 것이나 누군가가 말해주었더라면 좋았을 것이 있다면 무엇인가요?

데이비드 연준 정책이 우리 세계에 얼마나 큰 영향을 미칠지 알았더라면 좋았을 텐데요! 경제가 완전히 잘 돌아간다면 크게 걱정할 필요가 없었을지도 모르죠. 하지만 우리는 엄청난 왜곡의 시대에 살고 있습니다. 제로 금리 정책에서 1년 만에 금리를 5.5%로 올리며 역대 가장 빠른 금리 긴축 주기로 연준의 정책이 매우 빠르게 전환되었습니다. 이로 인해 자본 가용성과 기업 가치가 하락했을 뿐만 아니라 소프트웨어 경기 침체까지 초래되었습니다.

이와 같은 영향을 과소평가해서는 안 됩니다. 일반적으로 소프트웨어는 좌석 단위로 판매되기 때문에 기술 기업들이 직원을 해고할수록 소프트웨어를 덜 구매합니다. 이런 악순환이 반복되고 있습니다. 바닥을 쳤을 것으로 생각하며 이제 AI를 통해 새로운 기회를 보고 있지만, 지난 1~2년 동안 소프트웨어 업계는 큰 불황이었습니다.

크리스토퍼 현재 시장에서 가장 큰 우려 중 하나는 인플레이션이 더 오래 지속될 것이라는 점입니다. 사람들이 다시 비즈니스를 구축할 정도로 조정이 충분히 이루어졌다고 생각하나요? 아니면 계속 파급될 것이라고 생각하나요?

데이비드 현재 시장은 인플레이션이 대부분 해결된 문제이며, 결국에는 2.5~3%대를 기록하리라 믿고 있는 것 같습니다. 그리고 내년에 금리 인하가 이루어질 가능성이 높다고 생각합니다. 시장은 이 시나리오에서 가격을 책정하기 시작했기 때문에 인플레이션이 반등하는 가운데 금리 인하가 이루어지지 않는다면, 현재 가격 수준에는 하방 위험이 존재합니다. 이와 같은 공개 시장의 움직임은 사모 시장으로 흘러갈 것입니다.

이것이 바로 2022년에 우리가 본 것입니다. 연준이 금리를 인상하자 공개 시장, 특히 성장주가 폭락했고, 그 여파는 사모 시장으로 이어졌습니다. 사모 시장은 공개 시장에서 일어나는 일에서 힌트를 얻습니다. 지금은 사람들이 우리가 바닥을 쳤다고 생각하고 이러한 문제들이 해결되고 있다고 생각하지만, 그렇다고 제로 금리가 한창이던 시절로 돌아가는 것은 아닙니다.

크리스토퍼 당신의 의견을 듣고 싶은 것 중 하나는, AI가 비즈니스 커뮤니티 전반에 널리 보급되고 조직과 일자리를 파괴하고 없애는 과정에서 라이선스 (또는) 좌석 수가 줄어들어 소프트웨어에 영향을 미칠 수 있다는 점입니다. AI의 영향은 오랫동안 지속되는 추세일까요? 아니면 경제의 소프트화와 관련이 있는 주기적인 현상일까요?

토니 아니면 일종의 AI 소프트웨어 판매로 대체될까요?

데이비드 인간의 직무를 완전히 대체할 수 있는 AI는 아직 멀었다고 생각합니다. 현재 가장 큰 가능성을 보이는 분야는 코파일럿입니다. 그렇게 보는 것이 옳다고 생각합니다. 인간이 AI와 협업함으로써 다른 방법보다 더 생산적이고 더 빠르며 더 높은 품질의 작업을 수행하는 것이죠. 인간이 생산성 도구를 사용하여 그 활용도를 높이는 것입니다. 그러면 일자리가 대거 사라질까요? 나는 회의적입니다. 우선, 새로운 제품을 만드는 수많은 소프트웨어 회사가 생겨날 것입니다. 그런 제품들을 팔려면 마케팅을 해야 합니다. 따라서 먼저 우리가 이야기하는 AI 도구를 만들기 위해 폭발적으로 많은 회사가 생겨날 것입니다. 이것이 그중 하나입니다.

둘째로, 이 AI 소프트웨어의 고객이 더 많은 일을 할 수 있게 되었습니다. 창업자가 회사를 설립하는 데 드는 비용을 낮춰줍니다. 마크 저커버그Mark Zuckerberg가 하버드 대학 기숙사 방에서 페이스북의 첫 번째 버전을 만들었다는 유명한 이야기가 있습니다. 그는 첫 번째 버전을 직접 코딩할 수 있는 능력이 있었습니다. 많은 창업자나 창업자를 꿈꾸는 사람들은 그런 능력을 갖추지 못했습니다. 하지만 이제 AI 도구 덕분에 더 많은 일을 스스로 할 수 있을 것입니다. 따라서 더 많은 사람이 더 많은 회사를 창업할 수 있게 될 것입니다.

혁신의 역사는 인간의 생산성이 높아질수록 인류가 더 풍요로워진다는 것입니다. 혁신은 사람들을 실직으로 내몰지 않습니다. 인류는 항상 사람들이 할 수 있는 새로운 일을 찾아냅니다. 사람들이 적응력이 있고 끊임없이 학습하는 과정에 기꺼이 참여하는 한 AI는 유익할 것이라 생각합니다.

토니 미래를 매우 어둡게 보는 사람이 많습니다. 물론 도전은 항상 존재하지만, 젊은이들이 향후 12년 이내에 지구가 멸망하리라 생각해 아이를 낳지 말자고 말하는 것을 보면 마음이 아픕니다. 많은 도전이 있지만, 세상이 어디로 갈 것으로 보는지 궁금합니다.

데이비드   기술 업계에 종사하는 일에서 보람을 느끼는 이유 중 하나는, 기술이 사람들에게 가장 많은 진보를 가져다준 분야라는 데 있습니다. 정치가 점점 더 역기능을 발휘하거나 분열되고 사회의 많은 부분이 제대로 작동하지 않는 상황에서도, 기술은 여전히 작동하면서 사람들에게 더 나은 미래를 제공하고 있습니다.

그동안 이 분야에서 경력을 쌓아오면서 이를 확인할 수 있었습니다. 지난 30년 동안 나는 기술이 우리 경제와 업무 방식에서 점점 더 큰 부분을 차지하는 과정을 지켜봤습니다. 기술은 우리 삶을 더 좋고 편리하게 해주는 제품을 만들고 질병을 치료하며 우리가 원하는 정보를 얻을 수 있도록 돕습니다. 무엇보다 진정한 핵심은 가능한 한 많은 사람이 그 혜택을 누리고 그 안에 포함되도록 하는 것입니다. 앞서 학습에 대해 이야기한 부분으로 돌아가면, 사람들이 학습을 일정한 과정을 거친 후 확인 도장을 받는 학위가 아니라 평생에 걸친 지속적인 과정으로 인식해야 합니다.

크리스토퍼   이는 우리가 모두에게 던진 질문과 매우 밀접한 관련이 있습니다. 팀에 합류할 사람을 찾을 때 가장 중요한 요건은 무엇인가요? 어떤 점을 눈여겨보나요?

데이비드   투자자는 기회를 포착하고 냄새를 맡는 사람을 원합니다. '트러플 피그truffle pig'라는 재미있는 용어가 있는데, 예민한 후각을 이용해 트러플, 곧 송로버섯을 채취하도록 훈련된 돼지를 가리킵니다(니콜라스 케이지 주연의 영화 〈피그〉에 나온다-옮긴이). 어떻게 하는지는 모르지만, 이 돼지는 흙을 파고 다니며 귀중한 송로버섯을 캐냅니다. 좋은 투자자는 바로 그런 역할을 합니다.

MICHAEL REES
COFOUNDER OF DYAL CAPITAL, COFOUNDER AND COPRESIDENT OF BLUE OWL

영예
GP 지분 시장 리더

총 운용 자산(2023년 8월 말 기준)
1,500억 달러

중점 분야
GP 지분

하이라이트
- 최대 GP 지분 투자자로 지난 12년 동안 GP 지분을 위해 모금한 펀드 자본 기준으로 약 60%의 시장 점유율을 차지했다.
- 투자 규모가 6억 달러를 초과하는 GP 지분 거래에서 약 90%의 시장 점유율을 차지하고 있다.
- 2021년 다이얼 캐피털과 아울 록 캐피털Owl Rock Capital이 합병하여 설립된 블루 아울의 공동 창업자이자 공동 대표다.

17

소수 지분 투자의 대가,
마이클 리스

다이얼 캐피털·블루 아울
공동 창업자

크리스토퍼 먼저 어떻게 지금의 자리에 오르게 되었는지 배경 이야기를 들려주세요.

마이클 리먼 브러더스Lehman Brothers에서 금융 서비스 경력을 시작했는데, 우연히 전략(자산 운용 또는 투자관리 – 옮긴이) 그룹에 네 번째로 합류하게 되었습니다. 리먼 주요 부문의 성과를 순서대로 나열하면 채권, 주식, 투자은행, 자산운용 순이었습니다. 가장 먼저 채용된 사람은 채권 팀에서 일할 수 있는 선택권을 가졌습니다. 마지막에 뽑힌 사람은 백지와도 같은 초기 단계의 투자관리 부서에 머물게 되었죠. 나는 울며 겨자 먹기 식으로 그 일을 맡게 되었어요. 무언가 공정하지 않다는 느낌이 들었어요. 전적으로 초기 프로젝트였습니다. 리먼의 목표는 투자관리 부문을 빠르게 성장시켜 골드만삭스나 메릴린치와 동등한 수준으로 키운다는 것이었어요.

당시에는 헤지펀드가 화두였습니다. 2000년과 2001년이었고, 헤지펀드 성과가 상당히 좋아 대형 헤지펀드 회사들이 설립되고 있었죠. 문제는 우리가 헤지펀드를 인수해야 하느냐였습니다. 우리는 논의 끝에 인수하지 않기로 결정했습니다. 월가를 떠난 헤지펀드가 다시 돌아와 대형 자산운용회사의 일원이 되기를 원하지 않는다는 점이 그 이유 중 하나였죠. 헤지펀드 비즈니스를 창출하는 투자자들은 기업가정신이 강했어요. 우리는 2만 명으로 구성된 조직 내에서 그들을 통제하는 것이 아니라 그들과 긴밀하게 연계되기를 원했습니다. 헤지펀드를 100% 인수하면 그들의 동기가 사라질까 봐 우려했어요.

그래서 우리는 (적어도 당시에는 미친 짓이었지만) 이런 미친 아이디어를 생각해냈습니다. 헤지펀드의 100%를 인수하는 대신 20%만 인수하자고 말이죠. 그 이후 이야기는 내 역사가 되었어요. 나는 이 전략을 고안한 후 22년 동안 약 90건의 소수 지분 거래를 수행했습니다. 내 인생은 '망치만 있으면 모든 것이 못처럼 보인다'는 격언에 해당합니다. 매일 보는 모든 것, 생각하는 모든 비즈니스에 대해 '이 중 20%를 살 수 있을까? 똑똑한 사람들이 운영하는 사업인데, 내가 그들과 함께하는 것이 현명한 생각일까?'라고 자문합니다. 그것이 시작이었고, 그때부터 지금까지 잘 운영되고 있습니다.

시간이 지날수록 이 분야에 대한 애정이 커지면서 나만의 팀을 꾸리고 싶다는 생각이 들었어요. 노이베르거 베르만은 이를 위한 최적의 장소였습니다. 리먼 파산 이후 투자관리 사업을 분사해 노이베르거에서 소수 지분 사업을 시작하게 되었습니다(리먼 브러더스가 2008년 파산한 뒤 경영진이 일부 사업 부문을 인수해 2009년 노이베르거 베르만 그룹을 차렸고, 리스도 여기에 지분을 투자하며 참여했다. 그는 노이베르거 베르만에서 대체투자 사업 부문의 COO로 활동했다-옮긴이). 설립 초기부터 이 회사는 각 부문이 자체적인 투자 권한을 갖고 각 팀이 자체적인 성공 포드^{pod}를 구축함으로써 재정적 이득을 얻을 수 있는 다중 상품 플랫폼을 갖추고 있었습니다. 우리는 투자자들에게 대체 기업의 소수 지분에 투자하는 것이 좋은 일이라 설득할 수 있었습니다. 이것은 노이베르거 내에서 다이얼 비즈니스의 시작을 알리는 신호탄이 되었고, 우리는 꽤 빠르게 성장했습니다. 이제 우리는 소수 지분 분야에서 조달한 모든 투자 자본의 약 60%를 차지하고 있습니다. 6억 달러 이상의 대형 거래만 놓고 보면 시장 점유율이 90%에 육박합니다. 그 시작은 리먼 브러더스 입사 당시 부서 배치에서 밀린 것이었습니다. 운 좋게도 성공했죠.

크리스토퍼 기회를 포착하고 그 기회를 놓치지 않으며 달려가는 사람들은 어떤 인생이 펼쳐지는지 보여주는 좋은 예입니다. 15년에서 20년이라는 긴 세월이 흥미진진하네요. 인생에서 가장 중요한 인물은 누구였으며, 성공에 어떤 영향을 미쳤나요?

마이클 다소 진부할 수 있지만 아버지와 어머니입니다. 나는 형과 20년 동안 함께 일하고 있습니다. 우리가 일에 접근하는 방식은 가족적이었죠. 주로 블루칼라들이 거주하는 피츠버그에서 아버지는 세일즈맨이었고 어머니는 간호사였습니다. 두 분은 어릴 때부터 이 세상은 열심히 일하는 곳이라고 가르쳐주셨죠. 다른 사람의 눈을 바라보는 것이 중요하다고요. 굳은 악수를 하는 것이죠. 금융 서비스 및 월가 업계에는 개성도 많고 자아도 많습니다. 내가 많이 듣고 정말 자랑스럽게 생각하는 말 중 하나는 나와 동생, 그리고 팀원들이 비즈니스에 대한 겸허하고 개인적인 피츠버그식 접근법을 가지고 있다는 것입니다. 그 기반은 일단 내뱉은 말을 지키는 신뢰 관계입니다. 우리는 상대방이 오랫동안 함께 사업을 하고 싶은 사람들이라 할 수 있습니다.

크리스토퍼 소수 지분, 즉 GP 지분에 대해 생각해 볼 때 현재 투자자에게 가장 큰 기회는 어디인가요?

마이클 우리는 사모 자산과 시장 전반의 기회가 여전히 크다고 보고 있습니다. 대체 자산에 대한 투자 비중을 점진적으로 늘리고 있습니다. 사모대체투자(바이아웃, 성장주, 사모신용, 부동산)에 대한 장기 추세와 상승세를 보고 있습니다. 일직선은 아니지만 연금과 국부펀드, 개인이 이 분야에 투자하는 글로벌 자산 배분 추세를 보면 상승 여력이 크다는 것을 알 수 있습니다. 하지만 당신 질문의 핵심은 어디가 가장 뚜렷하고 어디가 진짜 흥미로운 측면이냐는 것이겠죠.

우리는 산업이 통합되는 추세를 믿습니다. 이는 우리가 연구한 거의 모든 산업에서 나타나는 현상입니다. 청량음료 시장에 두 개의 주요 생산 업체가 있다면, 시간이 지남에 따라 규모의 힘이 있기 때문에 업계는 통합됩니다. 장기적으로 규모가 더 클수록 이익이 되는 추세가 있다고 생각합니다. 이는 2015년부터 2021년까지 대기업에 유리하게 작용하는 부드러운 순풍이었습니다.

2022년과 2023년에는 이러한 순풍이 정말 강력해집니다. 따라서 우리는 지금 중동과 아시아의 투자자까지 끌어들일 수 있는 정말 대규모 기업에 집중하고 있습니다. 브랜드 인지도도, 안정성도 중요합니다. 투자자들은 안전한 업체를 선호합니다. 이런 상황을 모두 고려할 때, 일반적으로 강력한 기반과 브랜드 인지도를 바탕으로 장기간에 걸쳐 비즈니스를 구축해 온 기존 플레이어가 유리합니다. "큰 놈이 더 커지고 강한 놈이 더 강해진다"는 말을 지난 8년 동안 우리는 믿어왔고, 지난 18개월 동안 그 믿음이 더욱 굳건해졌습니다.

크리스토퍼 향후 3년 전망이 이전과 달라질 것이라 생각하나요, 아니면 비슷할 것이라 생각하나요?

마이클 사모 시장은 거의 빙하처럼 느린 속도로 움직입니다. 사모 시장의 장점은 시간 여유가 있고 상장 주식과 채권 시장의 급격한 움직임보다 오래 버틸 수 있다는 점이라 생각합니다. 사모 시장에서는 3년이라는 시간이 눈 깜짝할 사이 지나갑니다. 나는 지금과 마찬가지로 상위권에서 지속적인 통합과 성장이 계속될 것이라 봅니다. 향후 10년 동안 사모 시장은 매우 강세를 보일 것입니다. 하지만 3년에서

10년 동안 극적으로 변화할 만한 급격한 트렌드는 보이지 않습니다.

크리스토퍼 최근 GP 지분 환경에서 예상과는 다르게 일어난 일은 무엇이고, 어떤 점이 놀라웠나요?

마이클 지난 몇 년 동안 우리를 놀라게 한 일이 많았는지 모르겠습니다. 장기적이고 안정적인 비즈니스를 소유하고 있는 펀드 관점에서 매니저들의 성과에 극적인 변화는 없었습니다. 소프트웨어에 대한 투자 이야기가 자주 들리고, 순 유지율이 100%에 가까운 3~5년 단위 계약을 맺는다면 놀라운 실적이 분명합니다. 이는 모두 좋은 일이고 소프트웨어가 경제를 주도할 것입니다. 그렇지만 나는 사모펀드와 사모 시장이 더 좋다고 생각합니다. 사모 시장 회사의 GP 지분을 소유하는 것은 소프트웨어처럼 수익원이 겹겹이 쌓이고 쌓이는 환상적인 비즈니스입니다. 이것이 일반적인 모델입니다. 펀드와 펀드를 겹겹이 쌓아 올리면 아주 멋지게 성장합니다.

나는 소프트웨어를 좋아합니다. 많은 파트너들이 소프트웨어에 투자하지만, 나는 하루 종일 사모펀드 사업을 할 것입니다. 고품질의 중요한 사모 시장 회사는 지금과 같은 시기에 적합할 수 있어요. 코로나19든, 최근의 은행 위기든 지난 2년간의 전반적인 인플레이션과 금리 상승 환경이든 말이죠. 사모 시장 회사와 이들이 사용하는 전략은 이러한 폭풍우를 극복하고 매우 안정적으로 구축되어 있습니다.

크리스토퍼 지난 8년 동안 많은 투자자들과 GP 지분에 대해 이야기를 나누었습니다. 그동안 특히 다이얼이 급격히 성장했죠. 투자자들이 일반적으로 이 분야에 대해 잘못 알고 있거나 GP 지분과 투자 기회를 평가할 때 놓치는 것은 무엇인가요?

마이클 나를 가장 괴롭히고 절대 잊을 수 없는 문구는 '현금화'입니다. 사람들은 우리가 GP 지분에 투자한 돈이 오너 그룹의 주머니로 곧바로 들어간다고 생각하죠. 더 나아가 멋진 보트나 멋진 자동차에 투자한다고 여깁니다. GP 지분 산업을 촉발하고 강력한 성장을 만들어낸 것은 사모 시장 회사, 특히 성공한 회사를 보면 자본을 소비한다는 점입니다. 회사의 성장 추세에는 자본을 늘려야 하는 시기가 있습니다. 따라서 우리가 GP 지분에 투자하는 자본의 대부분은 '현금화'와는 아무런 관련이 없습니다. 이 자본은 모두 업계 최고 기업들의 성장을 지원하는 것과 관련이 있습니다.

우리가 세운 가설이자 실제로 드러난 독특한 점 중 하나는, 거래를 하고 싶어 하는 기업이 최고의 성과를 내는 기업이라는 것입니다. 일부 투자자들은 이렇게 말합니다. "당신은 역선택을 당할 것입니다. 조바심을 내고 실적이 안 좋은 사람들만 당신에게 무언가를 팔려고 할 것입니다." 우리가 경험적으로 확인한 것은 정반대입니다. 가장 잘하고 잠재력과 기회가 가장 큰 기업이 성장 자본이 필요한 기업입니다. 성장하지 않는다면 성장 자본이 필요하지 않습니다.

크리스토퍼 흥미로운 점은 많은 사람이 이러한 거래의 주된 동기가 사람들의 성장 동력인데도 불구하고 이를 출구 전략이라 생각하는 경우가 많다는 것입니다.

마이클 맞아요. 모든 투자자는 성장하고 비즈니스를 발전시키는 기술회사가 A 라운드, B 라운드, C 라운드, D 라운드를 거쳐야 한다는 사실을 알고 있습니다. 이것이 벤처 및 성장 시장의 본질입니다. 사모 시장 비즈니스와 성공적인 GP가 거치는 과정이 기술회사와 동일하다는 것을 투자자들에게 설득하는 데 오랜 시간에 걸친 많은 교육이 필요하다는 사실에 놀랐습니다. 그들은 성장에 필요한 자금을 조달하기 위해 자본이 필요합니다. 그리고 나는 정말 좋은 회사들의 C, D, E 라운드에 참여하게 되어 기쁩니다.

크리스토퍼 성장을 원하는 모든 기업은 언젠가 자본을 소비하게 되므로 대화를 구성하는 방식은 매우 다릅니다. 자본을 구할 수 있는 곳도 다양합니다. 하지만 자본을 구할 수 있을 뿐만 아니라 전략적이고 부가가치를 창출할 수 있는 자본이라면, 그것이야말로 최고의 성장 자본입니다. 전 세계가 주목해야 한다고 생각하는 주제에 대해 5분 동안 이야기할 수 있다면 어떻게 할 것입니까?

마이클 나는 이 은행 사태가 아직 끝나지 않았고, 어쩌면 아직 시작도 안 했다고 생각하는 소수에 속합니다. 시기적인 측면에서 보면 내가 옳았는지 틀렸는지 여부는 나중에 판단할 수 있겠지만, 리먼에 근무하던 시절이 생생하게 기억납니다. 베어 스턴스 Bear Stearn 사태는 6개월 전에 일어났고, 2007년과 2008년의 상황은 12~18개월에 걸처 발전했습니다. 나는 그런 일이 일어나지 않기를 간절히 바랍니다. 하지만 코로나19 사태로 금리가 급격히 상승하고 전례 없는 정부의 유동성이 시스템에 투입되면서 많은 중견 은행의 대차대조표에 부채와 자금 불일치가 발생한 상황에서는 몇 가지 더 넘어야 할 산이 있다고 생각합니다. 내가 틀렸기를 바라지만, 전 세계가 적어도 5분만이라도 정책 입안자들의 관심을 끌 수 있다면 신속하고 강력하며 설득력 있게 행동하라고 말하고 싶습니다. 왜냐하면 자신감으로 인한 금융위기보다 더 나쁜 것은 없기 때문입니다.

크리스토퍼 처음에 큰 지진이 발생해서 모든 사람의 관심을 끌었습니다. 여진도 제대로 관리하지 않으면 매우 큰 문제가 될 수 있습니다. 다이얼이 대형 투자회사로 성장하는 데 성공할 수 있었던 주요 요인은 무엇이었나요?

마이클 사모 시장 회사나 투자회사를 만날 때 가끔 언짢은 것 중 하나가 "나는 수익률에만 집중하면 다른 모든 일은 저절로 해결될 것입니다"는 말입니다. 놀랍게도 지난 20년 동안 이 말을 수백 번도 더 들었습니다. 그 빈도는 줄어들지 않고 있는데, 이보다 더 잘못된 생각은 없다고 생각합니다. 이런 사고방식은 훌륭한 회사를 만들고 위대한 기업을 만드는 데 필요한 다른 모든 측면을 무시합니다. 투자(그리고 그것을 잘하는 것)는 확실히 기본입니다. 하지만 성공적인 회사에는 그보다 훨씬 더 많은 것이 있습니다.

매 타석에서 안타를 치기는 어렵습니다. 항상 모든 것을 제대로 해낼 수는 없으니까요. 다이얼과 블루 아울에서 중요한 것은 비즈니스 전체에 집중하는 일입니다. 고객 서비스와 고객 관계를 가장 중요시하며, 몇 년에 한 번씩 돈을 달라고 요청하는 데 그치지 않고 투자자의 문제 해결에 도움이 되고 있는지 확인합니다. 이는 새로운 상품의 형태가 될 수도, 업계 전반에서 볼 수 있는 조언의 형태가 될 수도 있습니다. 투자 성과는 매우 중요합니다. 하지만 나머지 비즈니스를 운영하는 방식, 고객과 소통하는 방식도 자산관리 비즈니스를 구축하는 데 있어 매우 중요한 부분입니다.

우리는 1990년대 말 대부분의 헤지펀드가 투자 외에는 다른 사업을 하지 않던 시절에 무슨 일이 일어났는지 잘 알고 있습니다. 헤지펀드는 수익 창출에 급급했고, 보고는 부실했으며 고객과의 상호작용도, 운영도 좋지 않았습니다. 그러자 시간이 지나면서 문제가 발생했습니다. 지난 20년 동안 여러 우수한 기업이 회사를 진정한 비즈니스로 만들기로 결정했습니다. 그들은 게임의 모든 측면을 고려하고 모범 사례를 도입하기로 결정했습니다.

크리스토퍼 다이얼의 성장을 돌아볼 때, 결정적 계기나 중요한 사건은 무엇이 있었나요?

마이클 초기 두 개의 펀드는 의도적으로 중형 헤지펀드에 초점을 맞췄습니다. 그 펀드들은 계속해서 좋은 성과를 내고 있습니다. 하지만 세 번째 펀드로 넘어가면서 중형 헤지펀드가 아니라 훨씬 더 큰 규모의 펀드를 출시하기로 결정했습니다. 사모 시장 회사가 아니라 동급 최고의 대형 브랜드 이름에 집중하기로 했습니다.

스토리를 마케팅할 때 그 스토리를 믿으려는 투자자도 있지만, 더 많은 투자자는 근거를 알고 싶어 합니다. 비스타와 인캡, 스타우드, 실버 레이크$^{Silver\ Lake}$와 함께 투자해 사모 시장 펀드를 위한 자본을 조달했고, 이들 훌륭한 파트너와 함께 출발할 수 있었던 덕분에 우리는 좋은 위치에 오를 수 있었습니다. 그것은 확실히 우리에게 변곡점이었습니다. 당시 의심의 눈초리를 보냈던 시장과 투자자 그룹에 정말 수준 높은 최고 기업과 파트너 관계를 맺을 수 있고, 이런 투자가 평균보다 더 나은 성장 투자가 될 수 있다는 것을 보여주었으니까요.

크리스토퍼 회사를 시작하기 전에 누군가 당신에게 말해주었더라면 좋았을 몇 가지가 있다면 무엇인가요?

마이클 결코 쉽지 않다는 말은 다시 한번 강조해도 나쁘지 않을 것 같습니다. 쉬운 시점에 도달하면 무언가 잘못되었음을 알게 될 것이에요. 매달, 펀드마다, 무엇이든 간에 게임을 개선해야 합니다. 그리고 투자자들의 신뢰를 지속적으로 얻어야 합니다. 이는 모든 사람이 사무실 어딘가에 적어두어야 할 내용일 것입니다. 시간이 지난다고 더 쉬워지지는 않습니다. 하지만 점점 더 즐거워집니다. 오랫동안 함께 일하고 협업한 팀이 있다는 것은 정말 좋은 일이죠.

크리스토퍼 뒤늦게 깨달은 이점으로 비즈니스에서 무엇이든 다르게 할 수 있다면 무엇을 다르게 했을까요? 아니면 다른 사람에게 당신과 다르게 하라고 조언하고 싶은 것이 있다면 무엇인가요?

마이클 우리는 매우 빠르게 성장했고 이 분야에서 선도적인 입지를 구축하면서도, 그 과정에서 매우 체계적인 방식으로 성장했다고 생각합니다. 우리는 충분한 수익이 발생할 때까지 두 번째 직원을 고용하지 않았습니다. 우리가 목표로 한 펀드 규모는 전략을 실행하기에 충분했습니다. 우리는 처음부터 성장에 매우 신중한 접근법을 취했습니다. 그리고 성공해 경쟁사보다 약간 앞서나갈 수 있었습니다. 우리의 경쟁적 위치에 대해 계속해서 매우 만족하고 있습니다.

하지만 기술 및 벤처 업계에서 듣고 보는 바에 따르면, 혁신의 성장은 대부분 잃을 것이 없고 100%가 아닌 1,000%를 다하는 20대로부터 비롯된다는 것입니다. 그에 비해 우리는 초기 단계에서 아주 체계적이고 일관되게 성장했지만, 아마도 110%를 쏟아부었을 것입니다. 만약 우리가 훨씬 더 열심히, 훨씬 더 빠르게 나아가서 기회를 더 넓혔다면, 지금 어디에 있을지 누가 알겠습니까?

우리 업계에서 가장 어려운 일 중 하나는 내 연령대의 전문가 집단에서 혁신을 찾는 것이라 생각합니다. 그 그룹은 훨씬 더 부정적인 측면에 초점을 맞추고 있기 때문에 20~30대 초반의 '젊고 무지한'(내가 확실히 그랬던 것처럼), 잃을 것이 없는 사람들에게서 더 많은 혁신이 나올 수 있습니다. 그런 점을 더 높이 평가해야 할 것 같습니다.

크리스토퍼 대부분의 투자회사가 확장하지 못하는 주된 이유는 무엇이라 생각하나요?

마이클 핵심은 투자 업계 전반적으로 진입 장벽이 매우 낮다는 점입니다. 이는 대체 자산 운용에도 적용됩니다. 첫 거래나 첫 펀드에 대해 누군가의 지원을 받을 수 있기에 업계 피라미드에는 항상 매우 넓은 저변과 많은 신규 진입자가 존재합니다. 하지만 첫 5년 동안의 성공률이 매우 낮은 산업이기도 합니다. 그 장애물을 넘고, 수준 높은 핵심 투자자 그룹을 확보하고, 어느 정도 일관성과 경험을 갖춘 프로세스가 마련되면 해자垓子는 더 깊어지고 넓어지기 시작합니다.

우리는 기업이 처음 1억 달러의 펀드를 3억 달러로 확장할 때 어떤 일이 벌어지는지에 초점을 맞추지 않습니다. 내 전문 분야는 아니지만, 바로 그 부분에서 잡초가 제거됩니다. 규모가 큰 회사가 힘든 시장이나 호황기를 견디지 못하고 반대편에 도달하지 못하는 경우는 드물다고 생각합니다. 소규모 기업의 경우 반대편에 도달하는 데 10년, 15년이 걸리기도 합니다. 이 산업은 빠르게 잡초를 뽑아 씹어 먹고 뱉어내는 산업 중 하나입니다. 일단 그 장벽을 돌파하고 탄탄한 기반을 구축한다면 꽤 수용적이고 안정적인 산업입니다.

크리스토퍼 그런 점에서 독특하죠. 수년 동안 많은 인재를 채용했고 다이얼과 블루 아울은 상당히 극적으로 성장했는데요. 최고 성과를 내는 직원과 그렇지 않은 직원을 구분하는 핵심 기준은 무엇인가요?

마이클 어떤 유형의 회사인지, 그 회사나 그룹의 핵심 목표가 무엇인지에 따라 크게 달라진다고 생각합니다. 나는 이런 질문을 던집니다. "목표가 무엇이고, 그 조직에 가장 적합한 인재는 누구인가?" 와

튼과 하버드, 예일, 스탠퍼드 졸업생으로 가득 채우고 싶은 회사가 있습니다. 우리 회사에는 빅 10과 빅 이스트 졸업생이 골고루 섞여 있습니다. 다만 채용과 팀 접근법이 다를 뿐입니다. 우리는 팀원들의 성공이 투자자 및 GP 지분 파트너와의 파트너십 정신과 자신감을 불러일으키는 능력에서 비롯된다는 사실을 알게 되었습니다. 회의실에서 가장 똑똑한 사람이 되는 것이 중요한 일은 아닙니다. 테이블 반대편에 있는 사람에게 좋은 파트너가 되는 것이 중요합니다. 물론 똑똑하고 의욕이 넘쳐야 하지만, 학벌이 성공을 좌우하지는 않습니다.

크리스토퍼 정말 좋은 방법이네요. 이는 비즈니스와 그 비즈니스의 성격, 그리고 그런 특정 비즈니스에서 일하면서 번창하고 성취감을 느낄 수 있는 사람들에 따라 매우 독특합니다.

토니 마이클, 알다시피 우리는 '투자의 성배'를 주제로 책을 쓰고 있습니다. 레이 달리오가 내게 가장 많이 구사한 문구입니다. 가장 중요한 투자 원칙을 설명하는 문구이기도 하죠. 당신이 수년 동안 쌓아온 업적은 놀랍고, 우리는 당신과 함께 GP 지분을 투자하는 파트너가 된 것을 매우 자랑스럽고 기쁘게 생각합니다. 투자를 바라볼 때 가장 중요한 원칙, 즉 성배는 무엇이라 생각하나요?

마이클 사모 투자는 인적 자본 회사와 관계를 맺는 것이므로 간단히 말하면, 성배는 좋은 사람들과 파트너 관계를 맺는 일입니다. 사소하고 얄팍하게 들릴 수도 있지만, 빠져나올 수 없는 관계를 맺고자 하고 투자를 영구적인 것으로 여긴다면 다투고 싸우고 이혼하는 사치를 부릴 필요가 없습니다. 우리는 지금까지 58건의 투자처를 찾았고, 그중 55건은 좋은 사람들과 함께했습니다. 그리고 우리는 시간의 90%를 더 까다로운 사람들을 상대하는 데 할애하고 있습니다.

이(성배)는 단순히 그들과의 관계에 대한 것이 아닙니다. 그들이 자신의 공간에서 거래를 할 때 우리가 추구하는 것과 같은 동질감과 파트너십으로 다른 구성원을 대하고 있다는 의미이기도 합니다. 따라서 우리는 분명 그들과의 관계에서 이익을 얻지만, 그 관계는 그들의 모든 기본 투자에도 스며듭니다. 거래의 성공은 파트너 '선함'의 함수라는 이러한 현상이 GP 지분 사업에서 처음부터 거의 완벽한 상관관계로 나타나고 있다는 사실에 놀랐지만, 그것이 사실입니다.

토니 우리 모두는 올바른 사람들이 끔찍한 회사를 강하게 만들 수 있음을 알고 있습니다. 그런 선택을 어떻게 하나요? 어떤 회사가 올바른 관계가 될지 알 수 있는 기준은 무엇인가요?

마이클 한 조직을 알아가는 과정은 오랜 시간이 걸릴 수 있습니다. 한 회사를 알아가고 그 과정을 돕는 데 7~8년 이상 걸린 적도 있습니다. 또는 4~5개월 정도로 짧을 수도 있습니다. 하지만 협상의 핵심에 들어가면 상대방이 모든 것을 제로섬 게임으로 보고 가능한 한 많이 챙기려 하는지, 아니면 양쪽의 입장을 모두 고려해서 문제를 바라보려 하는지 알 수 있습니다. 이것이 가장 쉽게 살펴볼 수 있는 렌즈입니다. 파트너가 "나는 이 세 가지가 왜 당신에게 중요한지 이해하며, 당신은 다른 세 가지가 왜 나에게 중요한지 이해해 주었으면 합니다"고 말한다면, 이런 대화는 정말 효과적이고 향후 10~20년 동안의 행동을 예측할 수 있게 해줍니다. 우리가 주시하는 규모와 그 규모에 도달하는 데 성공한 회사는 대부분 이런 유형의 인적 자본을 내부에 보유하고 있을 것입니다. 하지만 가끔 세부적인 부분으로 들어가면, '이 사람이 한 푼이라도 더 받으려고 다투고 있다'고 깨닫게 됩니다. 계약서 협상은 미래를 예측하는 꽤 좋은 리트머스 시험지라 할 수 있습니다. 미래가 어떻게 될지 파악하는 지표가 될 수 있어요.

토니 간단하지만 매우 유용하죠. 만약 누군가가 단돈 1달러라도 더 벌려고 한다면, 다른 누구와도 장기적인 관계를 맺지 않을 것입니다. 완전히 이해가 되죠.

크리스토퍼 다이얼의 정말 흥미로운 특징 중 하나는 비즈니스의 다양성입니다. 사모펀드와 바이아웃, 사모신용, 부동산, 기술 등의 혼합을 어떻게 보나요?

마이클 우리는 운 좋게도 훌륭한 산업에 투자하고 있습니다. 더 높은 프리미엄 수준에 도달한 기업들은 정말 훌륭한 비즈니스를 구축했습니다. 우리의 목표는 진정으로 전문성을 갖춘 기업들과 파트너십을 맺는 것입니다. 이에 비해 일반화는 일종의 평범함을 위한 경쟁이라 할 수 있습니다. 업스트림 에너지 관리자가 기술 관리자보다 더 잘할 수 있다고 생각하지는 않지만, 우리는 각 분야에서 최고의 파트너와 협력하기를 원합니다. 이러한 유형의 다각화는 확실히 비즈니스에 도움이 되었습니다. GP 지분 투자에서는 일반적으로 회사가 더 잘할수록 더 빨리 성장하고 더 많은 성장 자본이 필요할 가능성이 커집니다. 평범한 회사로부터 전화를 많이 받지 않아 다행입니다. 우리는 좋은 회사들의 전화만 받는 것 같습니다. 우리는 그들이 운영하는 비즈니스 분야에서 누가 정말 특별한지 이해하고 판단하려고 노력할 수 있습니다. 정말 훌륭한 제너럴리스트도 몇몇 있지만, 우리가 장수할 수 있다고 생각하는 정말 우수한 회사들은 진정으로 차별화되고 전문화된 일을 하는 곳입니다. 이는 많은 산업에서 분명합니다.

토니 이 책을 위해 여러 업체를 인터뷰했는데, 그중 다수가 당신을 통해 파트너가 되었습니다. 비스타가 대표적인 사례이죠. 로버트가 SaaS 분야에서 얼마나 높은 전문성을 갖추고 있는지 알 수 있어요.

현재 우리가 처한 상황을 볼 때, 45년 동안 금리가 서서히 하락한 후 다시 상승하면 사모펀드가 어떤 영향을 받을까요? 그것이 비즈니스나 파트너에게 중요한 영향을 미칠까요?

마이클 토니, 45라는 숫자를 언급하다니 재밌네요. 내가 답변할 때 그 이야기를 하려 했는데요. 업력이 45년에서 50년 된 사모펀드 회사가 몇 개 있는데, 이들은 다양한 금리 환경에서 투자자에게 엄청난 수익을 가져다주고 소유주에게 막대한 부를 창출해 왔습니다. 이는 1970년대, 1980년대, 1990년대에 걸쳐 있습니다. 그 기간의 금리를 측정했을 때, 현재 우리는 여전히 전체 금리의 역사적 최저치를 기록하고 있습니다. 금리가 낮을 때 이루어진 투자가 많았고, 금리가 상당히 빠르게 상승했습니다. 따라서 최근 투자에 다소 부담이 될 수 있지만, 장기적인 관점에서 보면 여전히 적정 금리를 유지하고 여전히 많은 성장 여력이 있습니다.

일반적으로 지불하고자 하는 배수와 최종 가치에 대해 어떻게 생각하느냐에 따라 현재 이자율 수준에서 수익을 창출할 수 있습니다. 다만 다른 유형의 가치 창출 접근법이 필요하고 가치 평가 패러다임이 달라질 것입니다. 좋은 수익을 내기 위해 공짜 돈의 시대일 필요는 없습니다. 2009년부터 2020년 무렵까지는 벽에 다트를 던지는 것처럼 손쉽게 투자할 수 있었고, 많은 경우 성공했습니다. 다음 단계에서는 우량 기업과 그렇지 않은 기업이 확실히 구분될 것입니다.

반면 사모신용은 은행의 대출 시장 점유율을 서서히 잠식하고 있습니다. 비즈니스의 요구 사항을 이해하고 좋은 시기나 나쁜 시기나 함께 일할 의향이 있는 사모대출 업체와 협력하는 편이 더 나은 이유는 여러 가지 있습니다. 대출 기관이 항상 우리에게 휴식을 제공한다는 의미는 아니지만, 우리가 잘하는 것을 보고 싶어 할 것입니다. 그리고 사모직접대출 업체가 바이아웃 분야에 제공하는 유연성은 앞으로도 계속 시장 점유율을 높여나갈 것입니다.

지난 10~20년 동안 많은 유능한 인재들이 은행을 떠났고, 그중 상당수가 사모신용 관리 업체에서 직접대출 업무를 맡게 되었습니다. 나는 그런 업체들이 더 나은 인재 유인책을 만들었다고 생각합니다. 블루 아울이 이런 측면에서 상위에 꼽힌다는 점이 자랑스럽습니다. 업계 전체로 보면 우리의 시장 점유율은 9~10% 정도에 불과합니다.

따라서 사모신용을 위한 성장의 여지가 많으며, 이는 우리 투자 프로그램에서 의미 있는 부분을 차지합니다.

토니 마지막 질문으로, 지금 단계에서 개인적으로 가장 만족스러운 점은 무엇인가요? 궁금하네요.

마이클 무엇보다 팀이죠. 나는 보상 시즌이면 팀원 대다수의 반응을 보며 뿌듯함을 느껴요. 이는 우리 모두가 함께 창출한 재정적 부에 대한 감사이기도 하지만, 팀원들의 헌신에 대한 인정이기도 합니다. 팀원들이 동료를 사랑하고 스포츠를 사랑하기 때문에 기꺼이 열심히 일한다는 말을 들으면, 비즈니스 리더로서 최고의 기분을 맛볼 수 있습니다.

토니 그와 관련해 물어볼게요. 어떻게 그런 문화를 구축했나요? 투자의 첫 번째 원칙인 적합한 인재를 찾는 것으로 돌아가나요?

마이클 그 질문에 대한 정답은 없지만, 면접을 볼 때 말하자면 전통적인 방식의 피츠버그 공항 테스트를 합니다. 함께 많은 시간을 보내게 될 사람을 알아가는 것은 스프레드시트를 들여다보는 일이 아닙니다. 대신 공항과 차 안에서 많은 시간을 보내며 유대감과 신뢰감을 쌓아야 합니다. 이것이 바로 우리가 찾는 것입니다. 우리가 모인 이 그룹은 서로 소통하고 모두가 친구가 되는 방식이 정말 특별합니다.

BILL FORD
CEO OF GENERAL ATLANTIC

영예

미국 외교관계협의회 위원, 맥킨지 자문위원회 위원, 록펠러 대학 이사회 의장

총 운용 자산(2023년 8월 말 기준)

770억 달러

중점 분야

소비자, 금융 서비스, 생명과학, 의료

하이라이트

- 제너럴 애틀랜틱은 성장 단계에 있는 500개 이상 기업에 550억 달러 넘게 투자하고, 215개 이상의 포트폴리오 기업에서 770억 달러의 자산을 관리하고 있다. 매년 80~90억 달러의 자본을 투자하고 있으며 이 중 60%를 미국 외 지역에 배정한다.
- 현재 6개 글로벌 부문과 5개 주요 지역에서 활동하고 있으며, 전 세계 16개 지역에서 272명의 투자 전문가로 구성된 팀이 움직이고 있다.
- 빌의 리더십에 힘입어 국제사모펀드협회Private Equity International의 PEI 300 순위에서 9위에 올랐다.

18

성장주에 베팅하는 월가의 거인, 빌 포드

제너럴 애틀랜틱 CEO

토니 우리는 새 책을 집필 중이며 시리즈 세 번째 권입니다. 이런 이유로 우리는 세계 최고 투자자들을 인터뷰하고 있는데, 당신의 성과는 분명 최고 수준입니다. 제너럴 애틀랜틱에서 당신이 해 온 일은 정말 놀랍습니다. 우선 제너럴 애틀랜틱을 시작하게 된 계기와 이 자리에 오르게 된 과정, 창업 이후 몇 년간 제너럴 애틀랜틱의 발전과 확장에 대해 이야기해 줄 수 있을까요?

빌 감사합니다, 토니. 올해로 43년째입니다. 1980년에 패밀리 오피스로 시작했고, 처음 10년 동안은 뉴저지에서 자수성가한 사업가 척 피니 Chuck Feeney를 위해 주로 자본을 관리했습니다.

토니 전 재산을 기부한 그 척 피니요? 그를 인터뷰한 적이 있어요. 대단한 사람이죠.

빌 토니, 당신이 그를 인터뷰한 이유는 아마 그가 기부 서약의 아버지로 알려졌기 때문일 거예요. 워런 버핏과 빌 게이츠는 척이 살아생전 기부에 대한 아이디어를 창안한 덕분에 기부에 집중하게 되었고, 궁극적으로 이를 평생의 업으로 삼았다고 말할 수 있죠. 1980년 제너럴 애틀랜틱을 창업했을 때 척은 이미 상당한 부를 쌓았고, 면세점 사업을 통해 막대한 현금흐름을 창출하고 있었어요. 이때 척은 맥킨지에서 스티브 데닝 Steve Denning을 창업자로, 에드 코헨 Ed Cohen을 다른 전문가로 영입했습니다. 이 두 사람이 회사를 시작했는데, 10년 동안 투자자는 척 피니 한 명뿐이었습니다. 그는 자신과 애틀랜틱 자선재단 Atlantic Philanthropies을 위해 부를 쌓아가고 있었습니다.

그러다 1990년 무렵, 척은 인생의 전환점을 맞아 회사를 완전히 떠나기로 결심했습니다. 회사 경영과 대표직에서 손을 떼고 삶의 균형을 위해 자선 활동에 전념하기로 했습니다. 그는 자신의 모든 재산을 애틀랜틱 자선재단에 기부하고 그 돈을 평생 동안 사회에 환원하기로 결정했습니다. 이를 염두에 두고 척은 제너럴 애틀랜틱에 다른 투자자를 찾아보라고 권유했습니다. 그때가 1990년이었고, 나는 1991년에 합류했습니다.

그 후 우리는 부유층 가족에서 시작해 기부금과 재단, 보험회사와 국부펀드, 연기금과 같은 대규모 자본을 보유한 기관으로 이동하면서 고객을 추가했어요. 그러면서 회사가 점점 제도화되기 시작했죠. 하지만 앞서 언급했듯이, 우리의 출발점은 1997년 면세점 사업을 루이 뷔통에 37억 달러에 매각한 척이었습니다. 여기에 우리가 그를 위해 복리로 더한 금액까지 합치면, 그는 약 100억 달러를 기부했습니다.

척은 살아생전 기부에 대한 자신의 생각을 실천했고, 그 여정은 우리의 투자 스타일과 회사 문화로 이어졌습니다. 그는 두 가지를 중시했습니다. 하나는 자선 활동, 특히 자신의 자본을 복리화하여 더 많은 기부의 원천을 만드는 것이었습니다. 다른 하나는 기업가에 대한 신념이었습니다. 그는 기업가들이 세상을 더 나은 방향으로 바꾸리라 깊게 믿고 있었습니다. 따라서 회사 창업 정신은 기업가를 지원하고, 그들이 새로운 회사를 창업하여 더 많은 자선 활동을 위한 노력에 가치를 더하는 데 기여하는 것에 기반을 두었습니다.

우리는 여전히 이런 아이디어를 이어가고 있습니다. 오늘날에도 기업가 지원에 대한 열정을 유지하면서 기업으로서 사회에 환원하기 위한 노력을 계속하고 있습니다. 미국 내 기술 분야뿐만 아니라 전 세계 여러 분야에 걸쳐 투자하고 있지만, 투자 프로그램의 원동력은 기본적으로 벤처캐피털 단계를 지나 빠르게 성장하는 데 도움이 필요한 기업을 발굴하는 성장 지분 전략에 있습니다. 적합한 기업가와 기업을 발굴하고 그 성장에 참여함으로써 투자자에게 탁월한 수익을 창출할 수 있습니다.

30년이 넘는 기간 동안 제너럴 애틀랜틱은 진정한 글로벌 기업으로 성장했습니다. 미국과 유럽, 인도, 중국, 동남아시아, 라틴아메리카에 진출했고, 포트폴리오의 약 60%가 미국 외 지역에 있습니다. 개인적으로 가장 큰 여정 중 하나는 전 세계에서 일하고 관계를 구축하는 것이었습니다. 우리는 혁신이 어디로 향하고 있는지 항상 앞서서 파악하고, 이를 활용할 수 있는 인적 자본을 구축해 왔습니다. 그 결과 현재 5개 지역에 걸쳐 16개 글로벌 지사에서 약 560명의 직원이 근무하고, 연간 약 80~90억 달러를 성장 자본에 투자하고 있습니다.

토니 인생에서 성공을 이루는 데 가장 중요한 영향을 준 사람은 누구인가요? 그들로부터 무엇을 배우거나 이끌어내 지금의 자신을 만들었나요?

빌 좋은 질문입니다, 토니. 스티브 데닝과 척 피니가 내게 가장 큰 영향을 미쳤습니다. 앞서 언급했듯이, 스티브는 제너럴 애틀랜틱의 창업자로서 나를 고용했습니다. 스티브는 가치 중심적인 사람이며, 우리 회사의 핵심 가치 중 많은 부분이 그에게서 나왔습니다. 내가 CEO를 맡은 후 스티브는 스탠퍼드 대학 이사회 의장이 되어 10년 동안 일했습니다. 그는 훌륭한 멘토였고, 나는 그에게서 많은 것을 배웠습니다.

척은 아무도 하지 않는 일을 해낸 놀라운 사람이며, 지금의 내가 있기까지 그가 큰 영향을 미쳤습니다. 당시 척은 세계 최상위층 부자였습니다. 뛰어난 사업가로서 여행 소매업이라는 산업을 창안해 회사를 성공적으로 운영했습니다. 그런 그가 쉰다섯 살에 모든 것을 내려놓고 자선 활동에 전념하고 궁극적으로 전 재산을 기부한 것은 놀라운 일이었어요. 그런 사람은 많지 않죠. 그는 매우 영향력이 큰 사람이었습니다.

마지막으로 당신들과 같은, 함께 일하게 된 모든 기업가였습니다. 기업가들은 세상에서 가장 흥미로운 사람들입니다. 그들은 세상을 다르게 봅니다. 자신의 아이디어가 성공하지 못하리라는 말을 50번 넘게 들으면서도 어떻게든 견뎌냅니다. 그들은 본질적으로 배울 수 있는 사람들입니다. 지난 몇 년 동안 함께 일한 기업가들을 생각해 보면 인상적인 사람들이 많습니다. 예를 들어 래리 핑크Larry Fink, 제이미 다이먼, 제임스 고먼James Gorman은 내가 성장하고 성공할 수 있도록 도와준 멘토이자 리더로서 깊이 존경하는 사람들입니다.

크리스토퍼 여러모로 함께할 수 있는 훌륭한 그룹입니다. 투자 측면으로 넘어가 보겠습니다. 제너럴 애틀랜틱은 현재 다른 회사보다 더 많은 부문에 투자하고 있지만 모두 성장주라는 큰 범주에 속합니다. 성장주의 세계에서, 현재 우리가 겪고 있는 경제 주기에서 사람들이 충분히 주목하지 않고 있는 가장 큰 기회는 어디라고 생각하나요?

빌 세 가지 큰 주제가 향후 수십 년 동안 투자 환경을 형성하고 우리에게 기회를 가져다줄 것이라 생각합니다. 첫째는 글로벌 디지털 경제의 지속적인 확장입니다. 우리는 수년 전부터 이러한 현상을 목격해 왔으며, 점점 더 많은 산업과 경제, 지역이 기술의 근본적인 영향을 받고 있습니다. 우리는 내 경력에서 목격한 새로운 컴퓨팅 물결의 한가운데에 있습니다. 내가 입사했을 때는 1980년대 메인프레임 또는 중앙집중식 컴퓨팅 시대였습니다. 이후 개인용 컴퓨팅의 시대를 거쳐 이제 AI의 시대가 도래했습니다. 이는 컴퓨팅 환경과 기술 지형을 재편하고 투자에 대한 많은 가능성을 열어줄 것입니다.

둘째는 생명과학입니다. 우리는 게놈과 세포생물학에 대한 지식을 바탕으로 생물학·생명과학 혁신의 황금기를 맞이하고 있습니다. AI는 신약 개발을 위해 가능한 한 모든 혁신을 촉진합니다. 우리는 치료법 개발의 가속화를 실제로 보게 될 것입니다. 특히 신흥 시장에서는 의료 접근성이 큰 문제라고 알려져 있습니다. 더 많은 효율성과 접근성, 더 나은 결과를 창출하기 위해 의료 시스템을 재편해야 합니다. 따라서 생명과학 산업은 투자 기회가 있는 반면, 파괴와 변화, 혁신이 필요하기도 합니다. 이 부분에서 AI가 중요한 역할을 할 수 있습니다.

셋째는 에너지 전환입니다. 세계 석유 사용량은 현재 하루 1억 1천만 배럴에서 점차 증가해 결국 1억 8천만 배럴로 늘어날 것이라 봅니다. 무엇보다 탄소로는 향후 20~30년 동안 전 세계 에너지 수요를 충족할 수 없습니다. 다음으로 우리는 더 깨끗한 에너지원을 사용하기 위해 석유 사용량을 1억 1천만 배럴보다 더 줄여야 합니다. 이를 위해 필요한 혁신과 투자의 규모는 엄청날 것입니다. 그것은 기후 기술이 될 수 있습니다. 친환경 기술일 수도, 탄소 포집일 수도 있습니다. 그것이 무엇이든 우리는 에너지 기반을 탄소에서 비탄소로 전환하고 기후 문제를 해결한다는 구상을 해야 합니다.

토니 향후 수십 년 동안의 변화로 예측한다고요?

빌 네, 수십 년이죠. 탁월한 성장을 이룰 수 있는 테마는 탁월한 투자 수익을 창출할 수 있습니다.

크리스토퍼 우리는 이를 '등 뒤의 바람과 얼굴에 부는 바람'이라 표현합니다.

빌 우리는 순풍을 원합니다. 순풍은 새로운 진입자가 시장에 들어와 가치를 창출할 수 있는 기회를 만들어낼 것입니다. 여기에 인적 자본을 집중한다면 좋은 기회를 찾을 수 있을 것입니다.

크리스토퍼 지난 18개월에서 24개월 동안 일어날 것으로 예상했던 일과 일어나지 않을 것으로 예상했던 일에는 어떤 것이 있었나요?

빌 가장 큰 환경 변화는 미·중 관계일 것입니다. 우리는 중국이 세계 경제로 통합되는 과정이 글로벌 성장에 순풍이 되는 세상에서 사업을 운영해 왔습니다. 이제 우리는 미·중 관계가 훨씬 더 어려워지고 투자 환경의 근본적인 변화로 이어지는 세상에 살고 있습니다. 이는 글로벌 무역과 혁신, 글로벌 투자자들에게도 영향을 미칩니다.

크리스토퍼 이와 관련하여 오늘날 투자자들이 올바르게 위치를 선정하지 못하고 있는 것은 무엇이라 생각하나요?

빌 나는 많은 투자자들이 기술과 생명과학, 헬스케어 분야에서 일어날 혁신을 과소평가하고 있다고 봅니다. 앞으로 다가올 혁신의 규모와 이러한 트렌드가 얼마나 오래 지속될지 과소평가하기 쉬운데, 생명과학과 기술 분야가 대표적인 예라 생각합니다. 1년 전만 해도 AI가 얼마나 큰 영향력을 발휘할지, 얼마나 빨리 영향력을 발휘할지 아무도 예상하지 못했습니다. 나는 AI가 투자 환경과 투자 기회에 미치는 영향을 지금도 모두가 과소평가하고 있다고 생각합니다.

크리스토퍼 예전 이야기로 돌아가죠. 사람들은 2년 안에 할 수 있는 일을 과대평가하고 10년 안에 할 수 있는 일을 과소평가합니다.

빌 그 말이 맞습니다. 또 다른 한 가지는 이러한 기술 변화로 어떤 일자리가 사라질지 정량화하기는 쉽지만, 어떤 일자리가 창출될지 파악하기는 매우 어렵다는 점입니다. 많은 사람이 이러한 기술 발전이 가져올 긍정적인 측면을 충분히 이해하지 못하고 있습니다.

이제 투자자로서 부정적인 측면을 살펴보겠습니다. 우리는 수요에 비해 공급이 넘쳐 인플레이션이 낮았던 세상에서, 수요가 공급을 초과하는 시대로 접어들고 있습니다. 일정 기간 펀더멘털 인플레이션이 발생하거나, 적어도 디플레이션 여력이 바닥났을 수 있습니다. 이는 당분간 지속될 투자 환경의 변화이며, 투자자들은 이에 맞춰 재조정을 해야 합니다. 지난 20년 동안 이어져 온 여유로운 돈의 흐름은 어느 순간 끝날 것입니다. 이제 우리는 실제 이자율이 있는 세상으로 돌아와 상당히 높은 명목 이자율을 갖게 되었습니다. 이전에는 없던 미래 현금흐름에 대한 실질 할인율이 생겼습니다. 혁신은 곧 성장이고,

성장이 혁신을 능가할 수 있기에 이러한 큰 역풍과 큰 변화는 혁신을 더욱 가치 있게 만들 수 있습니다.

토니 레이 달리오는 분명 거시적 투자자입니다. 하지만 그가 이야기하는 성배는 자신이 투자에 적용하는 궁극적인 원칙을 의미하죠. 기업에 투자할 때, 훌륭한 기업가를 찾을 때, 당신에게 투자의 성배는 무엇인가요?

빌 당신이 방금 말한 내용으로 돌아가겠습니다. 우리는 거시적 맥락에서 활동하는 미시적 투자자입니다. 우리는 이 회사가 서비스를 제공하려는 시장이 얼마나 큰지, 그리고 얼마나 빠르게 성장할 수 있는지를 고려합니다. 하지만 그 시장이 어떻게 구조화되어 있는지, 결국에는 매력적인 수익 풀이 있는지도 고려합니다. 우리는 바로 그런 미시적인 부분에 집중하고 있습니다.

그렇다면 성배는 세 가지로 요약할 수 있습니다. 첫째, 방금 말한 것처럼 시장입니다. 둘째, 수익이 충분히 큰 규모인지 여부입니다. 시간이 지남에 따라 높은 수익성을 창출할 수 있는 비즈니스 모델인가? 때로 큰 시장에서 비즈니스를 구축할 수 있지만, 비즈니스 모델이 기본적으로 총 마진이 20%이고 이익률이 1~2%라면 비즈니스를 구축할 수는 있지만 큰 수익을 창출하지는 못합니다. 실제로 우리는 팀원들에게 어떤 비즈니스 모델이 근본적으로 매력적이고, 매력적이지 않은지에 대한 교육을 실시하고 있습니다. 셋째는 사람과 관리입니다. 우리는 이를 경영이라 부르지만 실제로는 기업가의 자질입니다. 실제로 무언가를 실현하고 역경을 극복하며 팔로워십을 끌어내 팀을 구축할 수 있는 개인 또는 리더인가? 우리는 미시적 기회를 검토할 때마다 이 세 가지 변수를 심도 있게 살펴봅니다.

토니 직원들에게 비즈니스 모델을 살펴보도록 교육한다고 했는데요. 매력적인 비즈니스 모델이 있습니다. 일부는 그다지 매력적이지 않죠. 그 영역에서 수익률 외에 어떤 기준을 살펴보고 있나요? 사람 측면도 비슷한 점이 궁금합니다. 올바른 리더십인지, 올바른 기업가인지 어떻게 알 수 있나요?

빌 가격 결정력과 자본 집약도, 높은 총 마진을 살펴봅니다. 자본 집약도는 근본적인 투자 위험을 초래합니다. 더 많은 자본이 필요한 경우 우리가 투자한 자기 자본이 희석됩니다. 일반적으로 고정 비용은 관리할 수 없기 때문에 우리는 자본 집약도가 낮은 비즈니스를 더 선호하는 편입니다. 가격 결정력이 있다면 일반적으로 총 마진과 영업 마진이 높아집니다. 최악의 경우는 가격 결정권이 없고 자본 집약적인 상품 비즈니스입니다. 가격 결정력과 낮은 자본 집약도가 결합하면 높은 매출총이익과 높은 진입 장벽, 궁극적으로 높은 이익률로 이어지기 때문에 우리는 이 두 가지를 좋아합니다.

우리는 사람들을 위해 많은 일을 하고 있습니다. 다른 회사들과 함께 공식적인 경영 평가를 실시합니다. 무엇이 그들을 현재의 위치에 오르게 했는지, 무엇이 그들이 성취하고자 하는 일에 동기를 부여하는지, 그리고 그들이 실제로 성취한 배경에는 무엇이 있어 앞으로의 과제를 성취할 수 있을지를 이해하는 곳에 투자합니다. 아울러 항상 본질적인 측면이 있습니다. 내가 수년 동안 들었던 말 중 가장 공감하는 것은 "최고의 인재는 회사에 대한 야망이 크지만 자기 자신에 대한 야망은 크지 않다"였습니다.

토니 정말 마음에 듭니다.

빌 그렇다고 자존심을 제외해서는 안 됩니다. 자존심도 고려해야 합니다. 하지만 어떤 사람들은 부와 권력, 명성 등 자신을 위해, 자신이 얻을 수 있는 것을 위해 이 일을 합니다. 다른 사람들은 정말 어려운 문제를 해결하려는 야망을 품고 있습니다. 이들은 결과를 얻기 위해 방해가 되는 것은 대부분 허용하지 않습니다. 내게 야망이란 회사에 대한 야망과 동기를 의미합니다.

토니 참으로 간명하네요. 환상적인 기준입니다.

크리스토퍼 다시 비즈니스로 돌아가 이야기를 계속해 보겠습니다. 대형 투자회사를 성장시키려면 단순히 투자를 많이 하는 것 이상이 필요합니다. 비즈니스 성공의 주요 요인은 무엇이었나요? 그리고 좋은 회사에서 위대한 회사로 도약할 수 있었던 비즈니스의 진정한 디딤돌은 무엇이었나요?

빌 비즈니스를 성공으로 이끈 세 가지 요소는 인재와 문화, 프로세스에 대한 집중입니다. 결국에는 훌륭한 인재가 있어야 합니다. 인재 중심의 조직이 되기 위해 전적으로 헌신하지 않는다면, 우리는 패배할 것입니다. 따라서 우리는 인재와 인적 자본에 끊임없이 집중하고 최선을 다해 직원 역량을 개발합니다. 두 번째는 문화입니다. 문화는 개발하고 구축하기 어려운 데 비해 잃기는 쉽습니다. 따라서 문화에 대해 말만 하는 것이 아니라 문화를 유지하려는 노력과 인력을 확보하는 일이 중요합니다. 마지막으로 앞서 언급했듯이, 프로세스 없이는 성장할 수 없습니다. 투자위원회 프로세스든, 포트폴리오 위원회 프로세스든 조직이 효율적으로 업무를 수행할 수 있도록 올바른 프로세스를 구축하는 데 주의를 기울여야 합니다.

한 가지 덧붙이면, 성과를 고르게 분배하지 않으면 인재와 문화를 확보할 수 없다는 것입니다. 시니어 전문가들이 경제적인 부분을 너무 많이 가져가면 차세대 훌륭한 인재를 유치하고 유지할 수 없습니다. 이를 따르지 않는 조직이 얼마나 많은지 놀라울 정도입니다. 그 결과는 인재와 문화 상실로 나타납니다. 내 전임자인 스티브 데닝은 항상 덜 받고 더 주는 편에 섰고, 그 덕분에 훌륭한 인재를 유치할 수 있었습니다. 사람들은 이곳에서 경력을 쌓고 싶어 합니다.

크리스토퍼 조직을 통해 성장한 후 조직의 수장을 맡았군요. 지금과 같은 역할을 맡기 전에 누군가 당신에게 해주었더라면 좋았을 말이 있다면 무엇인가요?

빌 나는 숫자와 재무를 잘 다룹니다. 전략을 꽤 잘 짠다고 생각해요. 영업과 커뮤니케이션에도 꽤 수완이 있어요. 그러면 성공은 결국 사람에 달려 있다는 것을 금방 깨닫게 되죠. 이 일의 모든 즐거움은 사람에 관한 것이고, 모든 어려움 역시 사람과 관련이 있습니다. 아무도 내게 그 사실을 명확하게 알려주지 않아 경험을 통해 배워야 했어요. 공감과 배려를 잘하는 사람이라면 어렵습니다. 결코 쉬운 일이 아니며, 실제로도 쉽지 않더군요.

크리스토퍼 어떤 회사는 제너럴 애틀랜틱처럼 규모를 키우고 성장하는 반면, 어떤 회사는 그렇지 못한 이유를 지켜보는 것은 매우 흥미로운 일입니다. 오랜 기간 회사를 꾸려온 사람으로서 어떤 회사는 확장할 수 있고, 어떤 회사는 그럴 수 없는 이유가 무엇이라 생각하나요?

빌 성과 공유와 관련이 있다고 생각하지만, 다른 중요한 고려 사항도 있습니다. 책임 및 의사결정 공유도 중요합니다. 최고의 투자자 중 일부는 훌륭한 개인 투자자이지만 의사결정을 통제하기를 원합니다. 훌륭한 투자자들로 구성된 소수의 간부들을 중심으로 회사를 설립한다면, 그들이 할 수 있는 일의 규모에는 한계가 있을 수밖에 없습니다. 몇몇 개인 또는 개인을 중심으로 10년 또는 20년 동안 엄청난 성공을 거둔 회사 중 다수가 결국 그 그룹을 넘어서는 확장을 하지 못해 쇠퇴하기 시작했습니다. 이는 경제적인 성과 공유가 부족한 이유도 있지만, 그보다 더 큰 이유가 있을 수도 있습니다.

토니 앞서도 이런 점을 파악하는 인재에 대한 끊임없는 집중에 대해 말했죠. 그 부분에 대해 좀 더 자세히 들어가보고 싶습니다. 투자 인재의 세계에서 최고의 성과를 내는 사람들을 다른 동료들과 구분하는 핵심 특성은 무엇이라 생각하나요?

빌 한 마디로 말하기는 어렵습니다, 토니. 이는 가장 어려운 일이고, 그렇기 때문에 사람들이 성장하고 발전할 수 있는 시간이 필요합니다. 결국 훌륭한 인재를 만드는 것은 IQ와 EQ의 멋진 조화입니다. 사람들은 성공하기 위해 똑똑하고 동기 부여가 충만해야 합니다. 약간의 불안감도 있어야 하지만 훌륭한 인재는 이러한 정보를 종합하고, 남의 말을 잘 듣고, 올바른 결정을 내리는 방식으로 자아를 관리할 수 있습니다.

예를 들어 이렇게 말하는 사람이 있다고 생각해 보죠. "이 투자가 세 배의 수익을 가져다줄 것이라 직감하기 때문에 이를 꼭 하고 싶습니다. 나는 이 투자에 대해 확신이 있고, 여기에는 합당한 이유가 있습니다." 다른 사람은 자신을 제쳐두고 지성을 발휘해 이렇게 말하고요. "나는 모든 정보와 불확실성을 종합적으로 검토했으며, 확신을 가지고 이 건을 투자위원회를 통과시켜 추진할 능력이 있습니다." 나로서는 누가 그런 자리에 오르는지 파악하기 어려웠지만, 시간이 지나면서 그 사실을 알게 됩니다.

토니 실제로 기업가들을 바라보는 관점도 반영된 것이죠? 가치 체계를 찾고 있군요. 다시 말해 상대방이 자아에 집중하는지, 아니면 자아보다 더 큰 무언가에 집중하는지를 살펴보는 것이죠. 이는 창업자로부터 시작되는 기업 전체 문화와도 일치할 테니 정말 멋진 착안점입니다. 마지막으로 하나만 더 물어볼게요. 주변을 둘러보면 비즈니스에 뛰어든 사람 중 절대적인 사명감을 가진 사람과 그렇지 않은 사람으로 나눌 수 있는데, 그 차이가 어디서 비롯된다고 생각하나요? 사람마다 다르겠지만, 그 밑바탕에는 어떤 양상이 있다고 여기나요?

빌 항상 불확실한 상황에서 결정을 내리기 때문에 어렵습니다. 모든 정보를 알 수는 없으니까요. "정말 부자가 되고 싶고 훌륭한 사모펀드 임원이 되고 싶어서 이 일을 하고 싶어요"라고 말한다면, 아마 끝까지 실패할 것입니다. 반면 경쟁을 좋아하고 "나는 정말 훌륭한 투자처를 찾고 싶고, 내 기술을 배워서 정말 잘하고 싶어요"라고 말한다면요? 지적 호기심이 풍부해 사람들을 만나고, 새로운 것을 배우고, 새로운 시장을 보는 것이 동기 부여가 된다면요? 당신들이 그런 사람이라면, 항상 변화하기 때문에 이것은 세상에서 가장 재미있는 비즈니스일 것입니다.

우리가 처음 시작했을 때 사모펀드는 불모지나 다름없었습니다. 아무도 사모펀드가 무엇인지 몰랐죠. 이름도 없었어요. 사람들은 투자를 좋아했고, 우리는 회사를 설립하고 기업가들과 함께 일하는 것을 좋아했기에 이 분야에 뛰어들었습니다. 우리가 몸담고 있는 이 산업은 11조 달러 규모인데, 사람들이 이 직업을 성공할 수 있는 밥벌이라 말하는 것이 걱정됩니다. 채용 담당자로서 두려운 일이죠. 나는 이 일이 좋아서 이 일을 하고 싶다고 말하는 사람들을 원합니다. 그래야 이 일에 열정을 갖고 올바른 기술을 습득할 수 있겠죠.

TONY FLORENCE
CO-PRESIDENT OF NEA

영예
40여 년 전 NEA를 설립한 후 슬랙, 에어비앤비, 스트라이프에 투자해 큰 성과를 거두었다.

총 운용 자산(2023년 8월 말 기준)
250억 달러

중점 분야
기술 및 헬스케어

하이라이트
- NEA는 지난 10년 동안 운용 자산이 두 배 이상 증가해 2023년 3월 31일 현재 250억 달러가 넘는다.
- 플로렌스는 기술 및 헬스케어 분야 전반에 투자해 270건 이상의 기업공개와 450건 이상의 인수합병을 이루었다.
- NEA는 10억 달러 이상의 가치를 지닌 100개 이상의 기업을 설립하는 데 도움을 주었으며, 포트폴리오 기업들은 누적 시장 가치 5,500억 달러 이상을 창출했다.

19

기술과 헬스케어 투자자, 토니 플로렌스

NEA 공동 대표

로빈스 당신은 NEA에서 17년 동안 경력을 쌓으면서 기술 분야를 한 차원 더 높은 수준으로 끌어올렸습니다. 몇몇 대기업을 상장하고 몇몇은 매각하기도 했죠. 모든 벤처 기업의 구루 자리에 어떻게 오르게 되었나요?

플로렌스 나는 펜실베이니아주 피츠버그에서 태어났습니다. 오늘날 내가 집중하고 있는 많은 것들이 그 시절에 만들어졌다고 할 수 있습니다. 나는 몇 가지에 대해 열정을 키워나갔는데, 그중 하나가 바로 사람에 대해 매우 장기적인 관점을 갖고 있으며, 사람은 다양한 방식으로 변화할 수 있음을 인식하는 것이었습니다. 이는 기업가정신과 우리가 하는 일의 핵심적인 기본과 맞닿아 있습니다. 우리는 대부분 다른 사람이 우리를 위해 만들어준 행운의 덕을 봤고, 그 행운을 바탕으로 스스로 운을 만들어냈습니다.

나는 모건 스탠리에서 기술 은행을 운영하면서 NEA와 오랫동안 함께 일할 수 있는 행운을 얻었습니다. 젊은 기업들과 일하면서 그들의 10년, 20년, 30년의 여정을 돕고, 사람들이 비전과 꿈을 이루는 데 작은 역할을 하고, 그것이 가져올 네트워크 효과를 보고 싶었습니다. 이런 이유로 오래전 그 여정을 시작했고, 당신과 크리스토퍼가 해 온 것처럼 하루하루 지나 오늘에 이르렀습니다.

로빈스 예를 들어 매스트리스 회사 캐스퍼^{Casper}나 온라인 쇼핑몰 제트닷컴$^{Jet.com}$과 같이 당신이 월마트에 매각한 회사에 대해 말해주세요. 처음에 그런 회사를 어떻게 발견했고, 어떤 과정을 거쳐 투자 결정에 이르렀나요? 어떤 기준을 가지고 살펴보았는지 듣고 싶습니다.

플로렌스 제트닷컴이 좋은 예라 할 수 있죠. 창업자 마크 로어$^{Marc\ Lore}$로부터 시작됩니다. 마크는 내가 2009년 NEA에서 처음 투자한 사람이었습니다. 이는 내게 숨은 보석이자 가장 재미나고 보람 있는 일입니다. 나는 더 이상 일하지 않을 때까지 마크와 함께 일할 것입니다. 지금은 그와 함께 세 번째 회사를 하고 있어요. 처음에는 다이아퍼스닷컴$^{Diapers.com}$에 투자했는데, 이 회사가 퀴드시^{Quidsi}가 되었죠.

우리는 이 회사를 아마존에 매각했어요. 나는 말 그대로 차고에서 기저귀 재판매 사업을 시작한 창업자를 가까이서 지켜볼 수 있었습니다. 그는 약국 체인 CVS에 가서 기저귀가 품절되는 것에 항의하던 아빠였습니다.

마크를 처음 만났을 때, 그가 사업을 시작한 이유를 말했을 때 그가 성공할 때까지 멈추지 않으리라는 것을 알았습니다. 눈앞에 무엇이 있는지는 중요하지 않았죠. 우리가 찾는 핵심 요소 중 하나는 돈이나 인정이 아니라 인내심과 집착입니다. 마크의 경우 고객으로서의 열정과 집착, 아내의 좌절에서 시작했지만 나중에는 '이 나라의 모든 엄마를 어떻게 도울 수 있을까'라는 질문으로 발전했습니다.

마크와의 첫 미팅을 마치고 파트너에게 전화를 걸어 이렇게 말한 기억이 납니다. "첫 투자 대상을 찾았어요. 당신은 싫어하겠지만, 이 사람이 이길 것이라 말하고 싶어요. 그는 인터넷에서 총 마진 10%인 제품을 판매하고 있는데 아마존을 이길 것입니다." 6년 후 제프 베이조스Jeff Bezos는 그에게 전화를 걸어 한순간 협박하고, 곧이어 회사에 들어오라고 달콤한 말로 설득했어요. 그러자 월마트 이사회에서 내게 전화해 "우리한테 팔지 그래요?"라고 묻더군요. 나는 뉴저지 출신 한 남자가 차고에서 기저귀를 온라인으로 판매하는 사업을 시작했는데, 그 아이디어가 미국 최대 소매업체 두 곳과 관련이 있다는 사실을 깨달았죠. 바로 아마존과 월마트입니다.

이 작은 아이디어는 5억 달러의 매출과 수백 명의 직원, 수십만 명의 고객으로 성장했어요. 엄마들은 더 이상 매장에 갈 필요가 없었고, 내일 물건을 배달받을 수 있다는 점을 좋아했어요. 나는 마크를 통해 단골 고객과의 관계의 힘에 대해 많은 것을 배웠습니다. 단골 고객만 확보하면 나머지는 쉬워집니다. 두 명의 엄마가 방문할 때, 한 명은 한 번도 다시 오지 않은 반면 다른 한 명은 스물여섯 번이나 다시 찾았습니다. 우리는 이 회사를 35억 달러에 매각했습니다. 여기에는 여러 가지 세부 사항이 있지만 마크가 핵심 인물이자 이유였습니다. 나는 지금 마크와 함께 원더Wonder라는 회사를 운영하고 있는데, 10년 후에는 이 회사가 가장 큰 회사가 될 것입니다.

내 경력에서 그런 일을 둘은 말할 것도 없고 하나만 할 수 있어도 정말 즐거운 일이죠. 투자자나 창업자, 기업가 활동의 정말 좋은 점 중 하나는 위험과 기회를 잘 관리하는 것이에요. 마크를 비롯해 내가 함께 일한 창업자 다수의 장점도 들려주고 싶어요. 이들은 위험을 감수하면서도 데이터와 시장, 사람, 피드백에 귀 기울이고, 그 과정에서 자신의 생각과 행동을 기꺼이 발전시켜 나갑니다.

로빈스 전자 상거래 분야에서 많은 것을 보았을 텐데요. 마크처럼 문제 해결을 위해 존재하는 사람과 간소화 또는 극대화하는 방법을 찾는 사람, 두 가지 유형의 사람을 설명한 기사를 읽은 적이 있습니다. 캐스퍼는 둘 중 어디에 해당하나요? 구체적인 사례와 함께 그 과정에서 가장 큰 영향을 준 사람이 누구인지 궁금해요.

플로렌스 캐스퍼는 조금 다른 사례라고 볼 수 있어요. 캐스퍼는 유통망을 무너뜨리고 궁극적으로 중개인을 없애는 효율성에 대한 이야기를 만들어냈습니다. 이것이 바로 궁극적으로 인터넷의 힘입니다.

유통이 간소화되고 약간의 마케팅 비틀기를 했는데, 운 좋게도 통했죠. 그들은 상자 안에 침대를 넣는 홍보 영상을 만들었는데, 이 영상이 폭발적인 관심을 불러일으키면서 두각을 나타내는 데 도움을 주었습니다.

약간의 운도, 약간의 독창성도 있었고 우리가 그들보다 더 잘할 수 있다는 점도 있었지만, 이 나라의 모든 사람이 매트리스를 사야 한다는 점에서 그 비즈니스 모델이 내게 정말 와 닿았습니다. 누구나 어느 정도 겪어본 문제이자 경험이고, 이를 긍정적인 경험으로 평가할 사람은 아무도 없습니다. 따라서 최소한 모두가 이해할 수 있는 시장과 모두가 중립적이거나 싫어하는 경험을 제공해야 했습니다.

텍사스 대학의 젊은 학생과 그가 데려온 몇 사람이 매트리스 공급망과 유통망 전체를 무너뜨리고 효율적으로 만들 수 있다는 아이디어를 냈습니다. 그들은 매트리스를 집까지 배달해 주면서 브랜드 인지도를 키워나갔습니다. 이 인터넷 기반 회사는 마케팅을 효과적으로 활용하여 마침내 큰 비즈니스를 구축했죠.

우리는 비전을 끌어내는 데 도움을 주려 노력합니다. 비전이 조금이나마 구체화되기를 바라며, 그들이 비전을 실현하는 데 필요한 것들을 증폭시키기 위해 작게나마 도움을 주었습니다. 이 사람들은 독특한 무언가를 만들고 싶어 했고, 실제로 그렇게 했습니다.

로빈스 그 과정에서 가장 큰 영향을 준 사람은 누구이고, 그에게서 무엇을 배웠나요? 아마 한 명 이상이 있었을 텐데, 그중 가장 두드러진 사람은 누구인가요?

플로렌스 할머니와 어머니가 안 계셨다면, 이 모든 것은 시작될 수 없었죠. 내게는 두 분이 가장 큰 존재입니다. 나는 어머니와 할머니, 그리고 아내의 양육을 받았습니다. 이들의 전폭적인 지지와 후원 덕분에 내가 생각했던 것보다 더 크게 성장했다고 말할 수 있어요. 나는 또한 운 좋게도 NEA와 NEA 외부에서 많은 멘토를 만날 수 있었고, 함께 일하는 창업자들에게서 매일 영감을 얻고 있습니다.

오늘 아침에 그중 한 명과 이야기를 나누었는데 정말 활기차고 신났어요. "좋아, 가서 해결해 보자"라고 생각했죠. 이 업계에서 활력을 얻는 것은 어느 정도 일상적인 일이 되었습니다. 이 시점에서 나는 극적인 무언가를 찾기보다는 그 과정에서 영감과 단편적인 정보를 찾습니다. 나는 가족이라는 훌륭한 기반을 가지고 있는데, 가족은 내 중심을 잡아줍니다. 다른 모든 것은 그저 부수적인 존재일 뿐입니다.

크리스토퍼 NEA는 벤처 기업이자 성장 기업으로 불립니다. 분명 이제 자본을 배정할 수 있게 되었죠. 가장 큰 기회는 무엇이라 생각하나요?

플로렌스 LP를 대신해 우리의 잠재력을 최대한 발휘한다는 측면에서 보면, 우리가 아주 잘 하는 것은 두 가지입니다. 하나는 회사에 일찍 자본 참여를 해서 10년 또는 20년 동안 도움을 줄 수 있다는 점입니다. 시가총액 500억 달러에 달하는 최고 기업 중 일부는 처음부터 그렇게 시작하지 않았습니다. 그들은 500만 달러의 (투자) 수표와 몇 명의 직원으로 시작했습니다. 바로 그 지점에서 가장 많은 가치 창출에 참여할 수 있습니다. 10년 전 처음 회사에 참여했을 때와 같은 열정으로 모든 단계에서 위험과 기회에 대응할 수 있도록 스스로를 설계했습니다. 이것이 바로 NEA의 헌신입니다.

일요일에 전화를 받으면, 설령 10년 동안 이 회사와 함께 일했더라도 다른 것은 중요하지 않고 처음과 같은 수준의 노력으로 모든 것을 쏟아붓는 것처럼 느껴집니다. 오늘날에는 운 좋게도 회사의 발전 과정에서 이런 것들을 활용할 수 있는 시점을 선택할 수 있습니다. 초기 단계에서는 AI와 소프트웨어 개발 분야에서 극적인 기회를 발견할 수 있습니다. 이런 이유로 우리는 초기 단계와 중간 단계에 집중적으로 투자하고 있습니다.

성장 단계에서는 그 기회가 실제로 가속화되기를 기다리는데, 우리는 그 단계에 있는 회사에서 진정한 가치를 발견하기 시작했습니다. 이런 기업은 이미 설립되어 비즈니스 모델에서 위험이 제거되었으므로 성장을 위한 자본만 있으면 됩니다. 그동안은 신생 기업이 자본을 확보하기 매우 어려운 환경이었으며, 이제 막 가격 역학 관계가 훨씬 더 유리해지기 시작했습니다.

크리스토퍼 2023년 1월에 열린 테마 이벤트에서 조찬을 함께하며 2022년 한 해 동안 전 세계에서 일어난 일에 대해 브리핑할 기회가 있었습니다. 코로나19 이후부터 오늘까지 돌아보며 벤처와 성장의 세계에서 최근 일어날 것이라고 전혀 예상하지 못했던 일과 실제로 예상했던 일은 무엇인가요?

플로렌스 가장 먼저 떠오르는 것은 아무도 예상하지 못했던 실리콘밸리 은행의 신용 위기가 기술 업계에 닥쳤다는 사실입니다. 다행히도 우리는 문제가 발생하기 전에 미리 움직여 실리콘밸리 은행에서 자본을 회수했습니다만, 그런 대형 상장 기업이 빠른 속도로 무너지는 것이 가장 놀라웠습니다. 정말 오래전 일인 것 같습니다. 또 한 가지 흥미로운 점은 시장이 꽤 빠른 속도로 회복했다는 사실입니다.

다음으로 공개 시장이 매우 빠르게 회복되었다는 점입니다. 특히 대형 기술 기업을 중심으로. 우리는 경기 침체가 더 길어지고 금리 환경이 더 어려워지리라 예상했습니다. 그러나 경제는 우리 예상보다 더 강하고 더 활기차게 움직였습니다.

크리스토퍼 다음 질문으로 넘어가죠. 투자자들이 지금 벤처와 성장의 세계에서 무엇을 잘못 보고 있을까요? 투자자들이 위험을 충분히 인식하지 못하거나 기회를 충분히 이해하지 못하고 있는 것은 무엇인가요?

플로렌스 나는 위기가 기회를 만든다고 생각합니다. 유동성과 자본 시장, 금리 위기가 발생했습니다. 이런 시기에는 2차 거래와 비전통적인 투자에 기대고 싶어 집니다. 우리는 2차 거래와 신용, 기타 분야 비즈니스에 대해 생각하면서 그런 접근법을 시도하고 있습니다. 두 번째로 말하고 싶은 것은 혁신은 멈추지 않는다는 점입니다. 오늘날 회사를 창업하는 사람들은 우리 세 사람이 생각하는 것만큼 연준과 경기 침체를 걱정하지 않습니다.

따라서 벤처캐피털과 초기 단계 투자에서는 특히 시간적 다각화를 해야 하며, 올바른 기간 전망이 필요합니다. 지난해와 올해, 내년, 10년 후 우리가 "와, 그때는 벤처캐피털에 투자하기에 정말 좋은 시기였네"라고 돌아볼 수 있는 회사들이 탄생하고 있습니다. 이런 이유로 나는 우리 비즈니스에서 일어난 일이 장기 자산이라는 점에서 좀 더 주기적이라 생각합니다. 회사를 설립하는 데는 오랜 시간이 걸리고, 또 다른 마크 로어가 8년이나 걸리는 훌륭한 아이디어를 가지고 들어올 때를 예측할 수 없습니다. 하지만 그가 그런 일을 일으킨다면 LP에게는 놀라운 결과가 될 것입니다.

따라서 환경을 염두에 두고 관리해야 합니다. 우리는 2023년 2월 대규모 펀드를 마감했습니다. 지금은 책임감을 갖고 투자하기에 좋은 시기이자 건강한 시기라 할 수 있습니다. 밖이 무섭고 비가 내릴 때는 장기적인 관점을 견지할 필요가 있기 때문에 LP가 이해하기 어려울 때도 있다고 생각합니다.

크리스토퍼 누군가 당신에게 돈 한 양동이를 주면서 "20년, 25년, 30년 동안 돌려받지 않겠다"고 한다면 흥분되나요? 아니면 두렵습니까? 비즈니스가 구축되는 데 걸리는 시간에 대해 이야기했는데, 자본을 반환해야 하는 일반적인 LP 구조는 우리가 운영하는 산업의 특성입니다. 벤처와 성장의 세계에서는 영구 자본이 그보다 더 나은 해결책이 될 것 같습니다.

플로렌스 그것은 의심의 여지가 없으며, 많은 투자회사에게는 영구 자본을 더 많이 확보하는 것이 성배와도 같다고 생각합니다. 그렇기 때문에 많은 회사가 상장했습니다. 우리는 항상 장기적인 파트너를 찾고 있는데, 몇 군데가 있습니다. 우리는 전통적인 구조를 가지고 있다는 이유만으로 이를 활용하지는 않습니다. 우리는 올바른 균형이 무엇인지 고민하고 있습니다. 다시 말하면, 우리는 모든 자금을 극도로 높은 수준의 책임과 의무를 가지고 받아들입니다. 따라서 이에 대한 올바른 기대치를 가져야 합니다. 시간이 지남에 따라 업계는 계속 발전할 것입니다. 벤처와 성장에 대해서도 같은 생각을 가지고 있습니다.

우리 펀드의 만기는 12년으로 일반적인 펀드보다 훨씬 긴 편에 속합니다. 일반적인 펀드는 8년에서 10년 정도죠. 그러나 좋은 소식은 이것이 LP의 가치를 극대화하려는 우리의 노력을 막지는 못한다는 것입니다.

로빈스 성배 이야기를 꺼냈군요. 내 친구 레이 달리오에게 "당신의 의사결정을 이끄는 가장 중요한 투자 원칙이 무엇인가요?"라고 물었죠. 그랬더니 그는 "성배"라고 지칭하며 8~12가지의 서로 상관관계가 없는 투자를 해야 한다고 대답했습니다. 당신의 렌즈를 통해 바라본 투자의 성배는 무엇인지 궁금합니다.

플로렌스 우리 업계에서 레이 달리오가 쓴 글이나 당신이 쓴 글을 모두 읽지 않은 사람은 자신에게 기회를 제대로 주지 않고 있다고 할 수 있습니다. 그런 책을 읽을 수 있다는 것은 정말 행운입니다.

우리 회사는 45년 전에 100년 비전을 가지고 설립되었으며, 항상 두 가지 핵심 요소를 견지하고 있었습니다. 하나는 항상 기술과 의료 서비스를 제공한다는 점입니다. 따라서 본질적으로 서로 무관한 투자 활동을 하고 있습니다. 레이가 말한 것과 비슷한 투자 다각화를 하고 있죠. 펀드 구조 내에서 환경에 따라 자본을 동적으로 배분하는 것도 레이의 원칙 중 하나입니다. 특정 영역에 과도하게 자금을 할당하거나 다른 영역에 과소 할당할 수 있으며, 이러한 유연성은 우리가 하는 일에 각인되어 있습니다. 그리고 시간적 다각화가 있습니다.

우리가 하는 일의 좋은 점은 오늘 투자를 하지만 그 회사에 대해 7~8년 동안 투자 결정을 내릴 수 있다는 것입니다. 그래서 나는 기술 주기가 어떻게 흘러왔는지 살펴보기 위해 시간을 많이 분산하고 있습니다. "우리가 투자한 최초의 아이디어와 최초의 제품 또는 기술이 오늘날에도 여전히 유효한가"에 주목합니다.

마지막으로 우리는 규모가 크기 때문에 현재 소셜미디어나 이커머스, AI 영역 밖에서 로봇공학이나 자동화 회사처럼 미래지향적인 분야에 소규모 베팅을 하기도 합니다. 이런 분야는 현재 포트폴리오의 95%와 관련이 없지만 성공한다면 매우 특별할 수 있습니다. 아니면 크리스퍼 같은 생명과학 분야에 작게 걸 수도 있습니다. 우리가 크리스퍼 기술에 투자했을 때만 해도 이는 말도 안 되는 일이었지만, 이 기술은 당시 생명과학 분야에서 이뤄진 모든 연구 결과를 거스르는 것이었습니다. 이처럼 우리는 이러한 작은 실험, 즉 많은 자본을 투자하지 않고도 지금 당신이 말한 수준의 다각화를 제공할 수 있는 소규모 투자를 할 수 있습니다.

로빈스 당신은 수년 동안 많은 기업가들과 함께 일해 왔어요. 전반적으로 기업가들이 성공할 수 있는 원칙을 한 가지, 혹은 두세 가지 꼽으라면 어떤 것이 가장 눈에 띄나요?

플로렌스 반복하긴 싫지만, 먼저 투자자들은 자신이 하는 일에 집착한다는 점을 꼽고 싶습니다. 그들은 기회에 집착하고 위험에 집착합니다. 이 두 가지 모두 중요합니다. 둘째는 자신에 대한 명확한 비전을 가지고 있다는 점입니다. 비전을 만들고, 그 비전을 중심으로 사람들을 끌어모읍니다. 이를 위해 비전을 중심으로 소통하는 역량은 매우 중요하죠. 셋째는 하루 24시간 내내 자신을 위해 일하고 있는 무언가를 내면에 가지고 있다는 것입니다. 단순히 집착하는 것이 아니라 이런 일이 일어나야 한다는 믿음, 즉 그들이 존재하는 이유가 있다는 것입니다.

어제 새 회사에 대해 이야기할 때, 마크는 말 그대로 "토니, 이 일을 필요로 하는 사람들이 수백만 명 있어요"라고 말했어요. 그는 자신이 하는 일이 매우 중요하며, 점수판과는 아무런 상관이 없다고 마음속으로 믿고 있었습니다.

로빈스 대형 투자회사를 키우려면 단순히 투자를 많이 하거나 성과를 내는 것 이상이 필요합니다. 45년 동안 회사가 성공할 수 있었던 주요 요인은 무엇이라 생각하나요? 회사가 실제로 도약할 수 있었던 비즈니스의 구심점이 있었나요?

플로렌스 모든 것이 그러하듯이, 우리는 모든 요인이 인적 자본을 조직하는 일로 귀결된다고 생각합니다. 따라서 모든 것은 사람과 팀에 관한 것입니다. NEA를 보면 입사한 사람 중 대부분이 이곳에서 은퇴합니다. 파트너의 대다수는 15년, 20년 동안 이곳에서 근무했습니다. 우리 문화는 팀워크와 신뢰, 우수성을 바탕으로 하며 매우 끈끈합니다. 우리는 매일 이를 실천하려 노력합니다. 우리는 이 부분에 집착합니다. 우리가 하는 모든 일은 우리 문화의 기저에 존재하는 팀워크와 신뢰, 우수성을 강화합니다. 이런 문화에 부합하지 않는 요소를 발견하면 우리는 그것이 사람이든 행동이든 아주 빠르게 제거합니다. 업무 방식과 공로 평가 방식, 인센티브 제공 방식 등 문화의 핵심적인 부분을 강화하기 위해 모든 것을 구조화하려 노력합니다.

다음으로 말하고 싶은 것은 결과 공유라는 개념입니다. 우리는 결국 회사의 여정과 창업자의 여정에서 작은 부분일 뿐이며, 팀 전체가 함께 일하고 있습니다. 따라서 NEA에서는 평균적으로 8~10명이 한 회사를 담당하게 되는데, 이는 정말 중요합니다. 창업자와 이야기를 나누다 보면 특정한 파트너에 대해 좋은 이야기를 할 수도 있지만, 우리가 진정으로 원하는 것은 NEA에 대해 이야기하는 것입니다. 우리가 진정으로 원하는 것은 NEA의 사람들 모두 자신이 하는 일을 얼마나 사랑하고 그에 대한 열정을 가지고 있는지에 대해 이야기하는 것입니다. 이런 공유된 결과 개념은 매우 중요합니다.

마지막으로 우리는 장기적으로 관계에 초점을 맞추고 있습니다. 그래서 30년 동안 우리와 함께한 파트너가 몇 명 있습니다.

로빈스 와우.

플로렌스 누군가와 1년, 2년, 30년 이상 함께 일할 수 있다는 것은 정말 소중하고 자랑스러운 일입니다. 우리는 창업자에게도 그런 접근법을 취합니다. 관계에 대한 장기적인 접근법이 중요합니다.

크리스토퍼 이 자리에 오르기 전에 누군가 당신에게 말해주었더라면 좋았을 몇 가지가 있다면 무엇인가요?

플로렌스 아무도 이런 말을 해주지 않았는데요. 나는 지금 이 일을 하는 것이 내가 생각했던 것보다 훨씬 더 영광스럽고 특권이라 느낍니다. 훌륭한 사람들과 함께 일할 수 있습니다. 장기적인 관점에서 매일 수많은 결정을 내려야 하는 어려운 비즈니스입니다. 이런 이유로 우리는 어떤 결정으로 나타날 장기적인 결과에 대해 가장 많이 토론합니다. 우리가 하는 일에서 빠르게 결정을 내리기는 참 쉽습니다. 다만 우리가 내린 결정이 우리가 여기에 없을 때 어떤 영향을 미칠 수 있는지를 고려하면 결정을 내리기가 쉽지 않습니다.

한편 사람들이 생각해 주면 좋겠다 싶은 우리의 기본 원칙은 회사 경영 방식입니다. 우리는 모두 공격적입니다. 모두 A형 인간이죠. 우리는 모두 경쟁심이 강하지만, 때로는 당장은 사소해 보이지만 장기적인 영향을 미칠 수 있는 결정을 내릴 때는 신중하고 사려 깊은 태도로 접근합니다. 그런 점에서 많은 시간을 함께 보냈고, 처음에는 그다지 감사하지 않았던 것 같습니다.

크리스토퍼 앞서 언급한 "회사는 100년을 내다보고 45년 전에 시작되었다"는 말로 돌아가겠습니다. 정말 아름다운 표현이네요. 뒤늦게 후회하며 사업을 다시 시작한다면 무엇을 다르게 하겠습니까?

플로렌스 피츠버그에서 무일푼으로 자수성가했고, 모건 스탠리에서 일하며 보수적인 배경을 가지고 있었기 때문에 돈을 잃지 않는 데 집착했습니다. 투자자로서 돈을 잃고 싶지 않다는 것이죠. 하지만 위험을 감수해야 합니다. 우리 비즈니스에서는 특정 시점에 더 많은 위험을 감수할 수 있었다고 말하고 싶습니다. 2008년과 2009년을 돌이켜보면, 당시 회사 위치가 지금처럼 탄탄했다는 점에서 좀 더 위험을 감수했더라면 좋았을 것 같습니다. 코로나19 팬데믹 직후에는 상황이 너무 급박하게 돌아갔지만, 6~12개월 동안 엄청난 기회가 창출되는 순간이 있었습니다.

돌이켜보면 우리는 많은 실수를 저지르지는 않았습니다. 하지만 이전에는 훌륭한 투자 기회였으나 막상 직면하게 되자, 지금은 아직 어떻게 될지 알 수 없는 상황이므로 섣불리 뛰어들 때가 아니라고 말한 적이 있습니다. 과거를 돌이켜보며 이렇게 말하기는 쉽지요. 네, 몇 가지를 했더라면 좋았을 텐데요.

크리스토퍼 우리는 그 시점에 우리가 이용할 수 있는 정보를 활용해 최선의 결정을 내립니다. 당신은 벤처이자 성장 사업이라는 매우 특이한 비즈니스를 오랫동안 지속하며 엄청난 규모로 성장시켰습니다. 투자회사 중 대부분이 장기적인 비즈니스로 확장하지 못하거나 그 단계로 나아가지 못하는 이유는 무엇이라고 생각하나요?

플로렌스 마침 2주 전에 뉴욕에서 사모펀드 및 헤지펀드의 경영자 또는 CEO 11~12명과 저녁 식사를 한 적이 있습니다. 우리 모두 이에 대해 약간의 이야기를 나누었어요. 내 생각에 여기에는 많은 심리가 작용하고 있다고 생각합니다. 결국 투자회사는 일반적으로 금융 기업가들이 운영하기 때문에 서로 의견을 조율하기가 어렵습니다. 각자의 개성이 있고, 사람들의 삶도 다르니까요. 과거 업계 최고의 위치에 있었지만 살아남지 못한 회사들이 어떻게 되었는지 살펴봄으로써 겸허하게 스스로를 돌아보고자 합니다.

그들은 왜 그랬을까요?

일반적으로 파트너 간에 사이가 좋지 않았고, 의견이 맞지 않았으며, 장기적인 목표도 제대로 세우지 못했고, 솔직히 규모를 위해 희생하고 싶지 않았기 때문이라 생각합니다. 10년, 15년, 20년 후의 모습에 대한 비전이 있어야 하는데, 그들은 당장의 목표에 더 집중하고 있었습니다. 회사를 설립할 때와 마찬가지로 규모에 대한 비전이 있어야 하고, 그 비전이 명확하지 않더라도 이를 실현하기 위해 계속 노력할 수 있어야 합니다. 많은 벤처 기업이 규모를 피했습니다. 4명이 함께 일하는 것이 매우 편한 사업이기 때문에 파트너를 데려와 의사결정과 책임의 복잡성을 감수하고 싶지 않다는 것이죠. 자신이 얻는 것보다 더 많은 것을 회사와 팀에 기꺼이 돌려줄 수 있어야 합니다.

로빈스 투자 인재의 세계에 대해 생각할 때, 최고 성과를 내는 인재와 그렇지 않은 인재를 구분하는 핵심 특성은 무엇이라 생각하나요? 비즈니스를 구축하는 것은 결국 사람에 달려 있죠?

플로렌스 훌륭한 투자 팀이 있어야 하고, 항상 새로운 인재를 영입해야 합니다. 우리 비즈니스에서는 성과에 집착하기 때문에 매년 이를 매우 중요하게 생각하고, 항상 현재보다 더 나은 인재를 채용하고 스스로를 몰아세우려 노력합니다. 그리고 직원들에게 많은 자율성을 부여하는 것에 대해 균형을 잡아야 한다고 생각합니다. 왜냐하면 직원들이 성장할 수 있는 여지를 충분히 제공해야 하기 때문입니다. 우리는 성장하는 회사이기 때문에 최고 인재를 유치하기 위해 항상 직원들에게 충분한 기회를 제공해 왔습니다.

로빈스 그래서 자신만의 비전을 가진 사람, 신뢰 관계를 구축할 수 있는 사람, 위험과 기회 사이의 균형을 맞출 수 있는 사람, 아까 말한 기본기를 갖춘 사람을 찾고 있군요. 그렇죠?

플로렌스 네, 맞습니다. 사람을 채용할 때는 자신을 발전시키고 회사를 발전시키며 점진적으로 무언가를 가져올 수 있는 사람을 원합니다. 그것은 다른 유형의 배경일 수 있습니다. 사고방식이 다를 수도, 야망의 수준이 다를 수도 있습니다. 이런 것들은 모두 좋은 것이며, 계속해서 참신함을 유지하려면 사람들과 함께 약간의 개인적인 차이를 기꺼이 감수해야 합니다.

BOB ZORICH
COFOUNDER OF ENCAP INVESTMENTS

영예
미국 10대 에너지 투자자 중 하나인 인캡 인베스트먼트 공동 창업자. 셰일 혁명의 핵심 선구자 중 한 명

총 운용 자산(2023년 8월 말 기준)
400억 달러

중점 분야
독립 에너지 기업을 위한 성장 자본

하이라이트
- 밥은 미국 독립석유협회 회원으로 워크페이스 커넥션 WorkFaith Connection(장기 취업을 원하는 사람에게 신앙을 바탕에 두고 훈련·코칭을 제공하는 단체 – 옮긴이)과 희망과 치유센터 Hope and Healing Center 등 휴스턴의 여러 자선 단체에서 이사로 활동하고 있다.
- 인캡 인베스트먼트는 전 세계 350여 개 기관 투자자의 신뢰와 지지를 받으며 24개 펀드에서 400억 달러를 성공적으로 조달하고 관리해 왔다. 인재를 발굴하고 육성하는 데 끊임없는 노력을 기울여 왔으며, 지금까지 275개가 넘는 에너지 분야 스타트업을 지원했다.

20

독립 에너지 기업에 투자하는, 밥 조리치

인캡 인베스트먼트
공동 창업자

크리스토퍼 본격적인 이야기에 앞서, 어떻게 이 자리에 오르게 되었고 어떤 비즈니스를 하는지 간략히 소개해 주세요.

밥 나는 샌프란시스코 베이 에어리어 $^{Bay\ area}$에서 태어나고 자랐습니다. 스티브 잡스$^{Steve\ Jobs}$는 나보다 5년 늦게, 스티브 워즈니악$^{Steve\ Wozniak}$은 1년 늦게 고등학교를 졸업했습니다(세 사람은 모두 홈스테드 고교 출신이다-옮긴이). 내 아버지는 엔지니어가 아니었지만, 많은 친구들의 아버지는 엔지니어였어요. 그래서 경쟁이 치열한 환경에서 자랐는데, 그 덕을 본 것 같아요.

어쨌든 나는 UC산타바바라에서 경제학 학사 학위를 받았고, 그곳에서 아내를 만나 지금까지 51년간 부부로 해로하고 있어요. 피닉스로 이사해 썬더버드 글로벌 경영대학원에서 석사 학위를 받았어요. 이후 댈러스로 이사했고, 1974년 댈러스 리퍼블릭 내셔널 뱅크Rupublic National Bank의 에너지 부서에 입사했어요. 그러니까 이 업계에서 50년 정도 일했죠. 에너지 부서는 내가 전혀 몰랐던 분야였는데, 은행 내 최고 부서였습니다. 우리는 뉴욕을 본거지로 하는 대출에 참여하는 대신 에너지 금융 분야의 선두주자 중 하나였습니다.

내가 석유와 가스에 대해 재빠르게 배운 사실 중 하나는, 외부 사람들은 이 분야를 이해하기 어렵다는 것입니다. 매우 미묘한 분야거든요. 일례로 엔지니어는 자산에 가치를 부여할 수 있지만, 가치 수치를 추정하는 데 어떤 가정이 쓰였는지 모른다면 부여된 가치의 질적 중요성을 이해할 수 없어요.

중간 단계를 모두 건너뛰고, 나는 런던으로 가서 은행에서 북해 유전에 대한 대형 파이낸싱과 같은 일을 했어요. 그러면서 스스로에 대한 자신감과 함께 매우 똑똑한 사람들과 경쟁할 수 있는 능력을 얻었어요. 또한 나를 위해 일하고, 매일 내 인생의 결과를 바꿀 수 있는 일을 하는 것이 재미있다는 점을 깨달았어요. 때로 괴롭기도 했지만 나는 그 일이 무척 재미있었어요. 이 경험 덕분에 1980년대 초반에 기회가 왔을 때, 은행을 떠난다는 개념을 받아들일 수 있었습니다. 리퍼블릭에서 가장 친한 친구 중 한 명과 함께 1981년 은행을 떠나 석유 회사를 설립했습니다.

우리는 1980년대 초반 5~6년 동안 물가가 하락하던 시기에 회사를 시작했습니다. 그러나 우리는 석유와 가스, 위험과 가치를 평가할 수 있는 모든 기술적·운영적 세부 사항에 대해 더 많이 배워야 했어요. 알다시피, 우리는 1986년 석유 시장이 폭락하면서 회사를 매각했습니다. 우리는 5단계의 우선주를 가지고 있었기에 자본화와 자본 구조, 위험, 은행 부채 등에 대해 많이 배울 수 있었습니다.

그때까지 약 15년 동안 석유·가스 리스크에 투자하고 관리하며 경험을 쌓았어요. 휴스턴으로 이사해 연금 자금을 관리하는 펀드 매니저로 일했습니다. 그 회사에는 석유 및 가스 관련 메자닌 채권Mezzanine Debt(채권과 주식의 중간 특성을 지닌 금융 상품 - 옮긴이) 상품이 있었습니다. 위기 상황에서 나는 그 회사에서 일을 시작했습니다. 1988년 무렵에는 그들이 지나치게 편협하게 돈이 되는 부채에만 집중하는 것 같았습니다. 그 점에 대해 의견을 제시했지만, 상사는 메자닌 채권 상품에 계속 집중하고 싶다며 뜻을 굽히지 않았습니다. 나는 기회에 감사하면서도 본능을 따르고 싶다는 생각과 다른 일을 해보고 싶다는 생각이 들었습니다.

석유·가스 금융 상품을 기관 커뮤니티에 제공하는 사업 기회를 놓고 이전에 석유회사를 함께한 파트너와 논의하기 시작했죠. 이어 리퍼블릭 내셔널 뱅크의 다른 두 석유·가스 분야 최고 전문가와 함께 생각을 모았습니다. 이 과정을 거쳐 인캡의 개념이 탄생했습니다. 그렇게 형성된 파트너십은 지금까지 35년 동안 지속되고 있습니다. 크리스토퍼, 그 개념은 정말 단순했어요. 우리의 경험과 인맥을 활용해 기관에 고품질의 석유·가스 투자 상품을 제공한다는 개념을 정립했고, 실제로 그렇게 했어요.

크리스토퍼 인캡에 대해 생각해 보면 매우 흥미롭습니다. 왜냐하면 당신은 금융을 굉장히 잘하는 석유·가스 전문가였지, 석유·가스 분야에 능통한 금융인은 아니었으니까요. 돌이켜보면, 이것이 바로 인캡이 오랫동안 쌓아온 진정한 경쟁력이 아닐까 싶습니다. 좀 더 거슬러 올라가, 성공에 가장 중요한 역할을 한 사람은 누구이며 어떤 도움을 주었나요?

밥 시간이 지나면서 그 점에 대해 생각해 봤습니다. 나는 인캡이 성공한 이유가 파트너들과 우리의 집단적 성격 덕분이라 생각합니다. 열심히 일하고, 성실하게 일하고, 남에게 대접받고 싶은 대로 남을 대하고, 옳은 일을 하는 것이 우리 모두를 성공으로 이끌었습니다. 궁극적으로는 우리를 키워준 부모님에게 공을 돌릴 수 있어요. 인캡을 성공으로 이끄는 데 필요한 모든 시간과 노력을 지원해 준 내 아내에게도 분명 책임이 있습니다. 파트너들이 없었다면 나는 이만큼 성공하지 못했을 것입니다. 나는 성격상 어떤 길로 가기로 결심하면, 나와 같은 생각을 하며 그 길로 가고 싶어 하는 사람들과 함께 일하기를 원해요. 35년이 지난 지금 돌이켜보면 우리 모두를 하나로 묶어준 운명에 감사할 따름입니다.

크리스토퍼 앞을 내다볼 때 투자자들이 에너지 분야에서 찾을 수 있는 가장 큰 기회는 무엇인가요?

밥　세계 정책 입안자들은 대기 중 이산화탄소가 너무 많으면 결국 지구가 과열될 것이라는 기상 모델을 받아들였습니다. 어쨌거나 이것이 요약된 주장입니다. 6억 년 전에는 대기 중에 이산화탄소가 많았고 지구가 매우 따뜻했다는 증거가 있습니다. 물론 6억 년 동안 많은 일이 일어났지만요. 나는 모델링에 대해 많은 책을 읽었는데, 모델은 현실 세계에 비해 변수가 제한되어 있기 때문에 특정 변수를 간과하는 경향이 있어요. 그래서 실제 결과가 모델과 상당히 달라질 수 있습니다. 계량경제학과 날씨 모델링은 흥미롭지만 신뢰할 수 없는 두 가지 좋은 예입니다.

어쨌거나 불완전한 모델에 기반한 의사결정과 정책은 오늘날 기회를 창출합니다. 간단히 말해, 우리는 에너지 생산량에 비해 투자하는 비용이 효율적이지 않다는 주장입니다. 에너지를 음식에 비유해, 전세계를 먹여 살리려면 고칼로리 음식에 투자해야 가장 효율적일 수 있습니다. 같은 칼로리를 섭취하려면 단백질 1파운드당 케일 몇 파운드를 먹어야 합니다. 마찬가지로 석유와 가스, 석탄, 핵은 단백질처럼 고밀도 연료입니다. 나무와 태양열, 바람은 케일에 해당하는 저밀도 연료이고요. 우리의 투자 정책은 고밀도 솔루션에서 벗어나 저밀도 솔루션으로 자본을 설정하는 것입니다. 그 결과 전 세계 에너지 수요를 충당하는 데 필요한 에너지가 부족해지면서 연쇄 사태가 발생할 수 있습니다. 그래서 현 시기가 독특합니다. 만약 정책 입안자들이 고밀도 에너지 솔루션의 필요성을 깨닫게 된다면 이례적인 저위험 고수익 투자 기회가 생길 것입니다.

크리스토퍼 오늘날 에너지 투자자가 탐사 분야에 관여하지 않고 엔지니어링 분야에 집중한다면, 아마 99%에 가까운 사람이 도외시할 것입니다. 오늘날에는 당신이 말한 것처럼 어떻게 하면 그 목표를 달성할 수 있을지 고민해야 합니다. 따라서 대다수 사람이 인식하고 있는 양상과 크게 다른 위험 대비 보상이 실제 자본 배치에서 나타나고 있습니다.

당신이 말한 연쇄 사태, 즉 화석 연료에 대한 과소 투자와 재생에너지에 대한 과잉 투자, 화석 연료에서 발생한 불가피한 수익 감소를 재생에너지에서 충분히 벌충하지 못하는 상황은 3년의 문제일까요? 아니면 10년의 문제일까요?

밥 그런 일이 일어나고 있는 것은 분명합니다. 미스터리라고 할 수도 없고요. 하지만 소셜미디어와 실제 미디어, 희망적 사고, 정보에 무지한 정책 입안자 등이 모두 어우러지면서 우리가 겪고 있는 이 잘못된 모험을 만들어내고 있습니다. 그것은 분명 일어날 일입니다. 서방 세계는 언제쯤 이 점을 깨달을까요? 3년이면 좋겠지만 10년이 걸릴 수도 있겠죠?

이 연쇄 사태의 영향은 모든 국가에 각기 다르게 미칠 것입니다. 미국과 캐나다, 호주, 러시아 등 에너지 자원이 풍부한 국가는 상황이 나아질 것이고, 중국과 유럽, 아프리카 등 에너지 자원이 부족한 국가는 상황이 불리할 것입니다. 에너지가 완전히 변화된 지형의 촉매가 되면서 다른 비에너지 문제도 복잡한 문제를 야기할 것입니다.

토니　지난 5년, 6년, 7년을 생각해 보면 에너지 세계는 이전에는 상상도 할 수 없을 만큼 크게 변했습니다. 당신이 일어나리라고 예상하지 못했던 일은 무엇이었나요?

밥　유럽의 실험이 너무 빨리 실패한 것을 보고 나는 크게 놀랐어요. 모든 원전 가동을 중단하고, 러시아 가스에 의존하고, 풍력 발전소를 짓고, 북유럽에 태양광 발전소를 짓는 등 유럽의 다양한 결정이 실패했어요.

나는 북유럽에서 3년 반 동안 살았는데, 일 년에 3주 정도만 태양을 본 것 같아요. 그런 북유럽에서 시도된 일들에 의아해했죠. 또 전 세계 어디서나 정책 입안자들은 오류로부터 배우려 하지 않는다는 점에서 동일하다는 것도 놀랍습니다. 업계에 종사하는 사람들 대다수는 고개를 절레절레 흔드는 것이 당연하다고 생각합니다. 미국의 미주리주에서 에너지 협동조합을 운영하는 사람이 있는데, 그는 재생에너지를 기저부하 용량의 일부로 기대할 수 없다는 사실을 정확히 지적했습니다. 바람이 불지 않을 수도, 태양이 비추지 않을 수도 있기 때문입니다.

따라서 사람들이 24시간 연중무휴 에너지를 필요로 하거나 그 일부 구성 요소를 필요로 한다면 재생에너지에 의존할 수 없습니다. 만약 당신들이 그 프로세스를 담당하고 있는데 재생에너지를 우선 사용하라는 명령을 받는다면 그것은 궤변입니다. 안타깝게도 모든 것이 거꾸로 뒤집혔습니다.

크리스토퍼 그럼 당신이 예상한 대로 일어난 일은 무엇인가요?

밥 셰일의 성공은 매우 예측 가능한 일이었습니다. 항상 모든 것에 대해 부정적으로 말하는 사람이 있기 때문에 우리가 사는 세상은 흥미롭습니다. 하지만 자신의 분야를 잘 알면 자신이 하는 일이 합리적이라는 확신을 가질 수 있습니다.

석유 산업은 나쁜 투자를 많이 했다는 이유로 비난을 받았지만, 사실 대체로 매우 좋은 투자를 많이 했습니다. 좋지 않았던 것은 가격과 비용 구조의 안정성이었습니다. 물가가 오르면 결국 비용 구조가 올라가게 되고, 그렇게 되면 기업이 원래 예상했던 마진이 대폭 사라지게 됩니다.

우리의 경우 토지 가격 지불에 매우 신중을 기했고, 검증된 생산 관련 현금흐름에 대해서만 레버리지를 적당히 사용했습니다. 하지만 완벽하지는 않았습니다. 결론은 업계가 대체로 무책임하다기보다는 변화하는 변수에 비추어 판단하면 그렇게 보인다는 것입니다. 또 많은 산업, 특히 의미 있는 방식으로 부채를 사용한 산업은 때로 취약해 보일 수 있습니다.

크리스토퍼 지금 실제로 업계를 바라보고 투자를 고려하는 투자자들과 이야기한다면, 에너지 투자를 고려할 때 그들이 잘못 알고 있는 것은 무엇일까요?

밥 투자자들이 잘못하는 일이 있다고는 생각하지 않아요. 솔직히 투자자 수가 적어서 문제죠. 이사회나 위원회 때문에 화석 연료를 멀리하는 투자자가 많습니다. 일부는 다시 돌아와 합당한 일에 계속 투자하고 있습니다만.

인캡은 많은 투자자의 포트폴리오에서 가장 수익률이 좋은 펀드입니다. 왜냐하면 우리가 많은 현금을 수익으로 돌려주고 있고, 투자자들이 이를 확인할 수 있기 때문입니다. 그러나 그들의 상사는 여러 가지 정치적인 사항을 고려해야 하고, 화석 연료 투자 건으로 위원회에 불려 다니는 것을 원하지 않습니다. 결국에는 이런 상황이 바뀔 것이라 믿습니다.

크리스토퍼 그럼 생각을 조금 바꿔 보세요. 전 세계가 5분 동안 주목할 수 있다면 뭐라고 말하겠습니까? 재생에너지나 친환경 에너지와 함께 전통적인 에너지에 제대로 투자하지 않았을 때 나타날 결과에 대해서요.

밥 근본적인 진실에 초점을 맞추고 자신의 뇌가 말하는 것을 믿으라는 메시지를 전하고 싶습니다. 에너지 솔루션 대비 밀도의 중요성은 근본적인 진실 중 하나입니다. 인간의 번영과 관련된 에너지의 중요성도 있습니다. 인류의 번영을 위한 에너지를 촉진하는 동시에 우리가 살고 있는 환경을 존중하는 정책이 필요합니다. 이는 서구만의 문제가 아니라 전 세계의 문제입니다. 서구에 속하지 않은 70억 명의 사람들은 에너지와 솔루션이 필요하지만 자본의 제약을 받고 있습니다.

크리스토퍼 뛰어난 성과를 거둔 것 외에 인캡이 성공한 주요 요인은 무엇인가요?

밥 우리는 팀워크가 뛰어나다고 말하고 싶습니다. 우리 네 명 중 누구도 혼자서는 이 성과를 달성할 수 없었을 것입니다. 네 가닥 밧줄로 연결된 끈끈함이 성공의 원동력이죠. 그 기간 동안 서로의 가닥을 끊지 않고 함께할 수 있었던 것이 우리 모두와 인캡의 성공에 큰 도움이 되었어요.

토니 좋은 비즈니스에서 위대한 비즈니스로 도약하고 성장을 가속화할 수 있었던 성공의 지렛대는 무엇인가요?

밥 실적이 없으면 이 비즈니스에서 자리 잡을 수 없습니다. 우리는 초창기에 안전하고 일관되며 견고한 수익률이라는 실적을 쌓았습니다. 그것이 중요했죠. 하지만 주력 분야에 집중한 것도 중요했습니다. 셰일 혁명과 같은 외생적 사건과 새로운 경제 및 기회에 대한 우리의 빠른 적응력이 중요한 지렛대 중 하나였습니다. 기술에 덜 집중한 의사결정 과정으로 비즈니스에 접근한 다른 기업들은 적응이 더뎠습니다. 덕분에 우리는 그 기간에 매우 성공적으로 크게 성장할 수 있었죠.

크리스토퍼 회사를 시작하기 전에 누군가 당신에게 말해주었더라면 좋았을 몇 가지가 있다면 무엇인가요?

밥 솔직히 말하면 없어요. 왜냐하면 그런 이야기를 미리 들었다면 시행착오를 거쳐 스스로 발견하는 기쁨도 없었을 테니까요. 실수를 하면서 시험해 보고 실수로부터 배우고 받아들여야 한다고 생각해요. 그래서 나는 우리 파트너십이 기회가 생겨 모범 사례를 찾아낼 수 있게 되어 기뻐요. 아마도 신용에 대한 공통된 배경 덕분에 의사결정 과정에서 합의에 훨씬 쉽게 도달할 수 있었을 겁니다.

크리스토퍼 성장 과정에서 겪은 일을 다시 떠올리고 싶은 사람은 아무도 없지만, 돌이켜보면 대개 그 일을 겪으면서 더 강해지고, 더 현명해지고, 다른 것을 깨닫게 되었기 때문에 그 일을 경험하기를 잘했다고 생각하게 되죠. 뒤늦게 깨달았다면 어떻게 다르게 행동했을까요?

밥 나는 강하게 마무리하는 것이 목표였기 때문에 지금과 같은 방식에 만족해요. 더 많은 돈을 벌 수 있는 방법이 있었을까요? 이렇게 저렇게 하는 방법도 있었겠지만, 가족의 희생이나 파트너십 내 희생이 수반되는 방법이었을 수 있죠. 과거를 돌아보며 대안과 비교하는 일은 쉽지 않습니다. 특히나 전체가 맛있게 구워진 케이크로 완성되면 말이에요.

크리스토퍼 대다수 기업이 확장하지 못하는 이유는 무엇이라 생각하나요?

밥 적응력 문제라 생각합니다. 셰일 기술은 여느 석유 분야에 비해 더 복잡합니다. 그로 인해 어려움을 겪는 사람들을 많이 보았습니다. 우리 파트너십은 실제로 기술 리스크가 더 낮았는데, 그것은 서로 참여를 받아들인 덕분이었습니다. 앞서 말한 것처럼 파트너십을 맺음으로써 인캡은 무엇이 최선이고 안전한지에 대한 네 가지 서로 다른 관점을 갖게 되었어요. 이는 건강한 현상이죠. 그리고 어느 누구의 관점도 완벽할 수 없다는 것을 배웠습니다. 따라서 결함이 있더라도 두 가지 이상의 관점을 고려할 때 가장 큰 실수를 피할 수 있다고 생각합니다.

크리스토퍼 사람에 대해 이야기할 때, 분명 사람은 복잡한 동물이기 때문에 파트너십도 복잡합니다. 최고 성과를 내는 사람들과 그렇지 않은 사람들을 구분하는 특성은 무엇인가요?

밥 첫째는 인성입니다. 인성이 훌륭한 사람이라면 성과에서 차이가 나더라도 누구나 팀에 적응할 수 있습니다. 우리는 모두 안전하고 확실한 투자 수익을 제공한다는 범위 내에서 호기심을 갖고 열심히 일하며 자신의 관점을 지킬 수 있었습니다. 각자의 생각은 달랐지만, 기관 고객에게 안전하고 건전한 투자를 제공한다는 공통의 목표가 있었습니다.

토니 밥, 내가 약 250명이 모인 JP모건 서밋에서 연설한 적이 있어요. 모두 억만장자였어요. 내 직전에 연설한 레이 달리오 말하기를,

투자의 성배는 위험을 80%까지 줄일 수 있다고 믿는 8~12가지의 상관관계가 없는 투자를 찾는 것이라 했습니다. 그에게 이보다 더 중요한 원칙은 없습니다. 이것이 이 책의 주제 중 일부입니다. 수십 년 동안 에너지 부문에 투자해 온 당신이 생각하는 투자의 성배는 무엇인지 알고 싶습니다.

밥 토니, 우리는 삶을 바라보는 것과 마찬가지로 투자를 바라봅니다. 장기적으로 행복하려면 가치관을 고수해야 합니다. 우리에게 그것이 의미하는 바는 우리가 달성하고자 하는 목표에 비해 위험을 줄이는 것입니다. 부동산에 대해 생각해 보면 사람들이 가득 찬 아파트를 떠올릴 수 있습니다. 그들은 매달 돈을 지불하고 있습니다. 꽤 안전하죠. 석유와 가스를 생각해 보면, 이에 상응하는 것은 이미 시추가 완료되어 생산되고 있고 현금흐름이 있는 유정입니다. 그리고 임대료를 받지 못하는 경우에 대비하는 방법이 있는 것처럼, 위험을 줄일 수 있는 헤징과 같은 방법도 있습니다.

반대편 선택은 탐사입니다. 이전에 유정이 시추된 적이 없는 곳으로 가는 경우입니다. 다행히 운이 따라준다면, 그리고 최고의 과학 기술을 사용했다면 성공 확률이 10%라고 가정할 수 있습니다. 우리는 항상 그런 종류의 일에서 멀리 떨어져 있습니다. 그런 종류의 위험에 대해 걱정하고 싶지 않거든요. 이것이 바로 우리의 성배라고 할 수 있어요. 위험과 우리가 하고자 하는 일에 대한 가치관을 확립하는 것이죠. 이는 운영과 가격 또는 생산과 관련되어 있어요. 현실이 전개되는 과정을 지켜보면서 비즈니스의 현재 위치와 앞으로 나아갈 방향을 설정하는 것이죠.

토니 성숙한 기업과 파트너십을 맺고 성장 계획에 동의하는 것도 그 방법 중 하나군요. 물론 비대칭적인 리스크 대비 보상은 모든 사람의 꿈입니다. 하지만 이를 실현하는 방법은 위험을 최대한 줄이는 것이에요. 나는 탐사를 이해합니다. 그렇게 할 수 있는 사람들에게 경의를 표합니다. 그래도 어떤 일에 성공할 확률이 10%라면 상당히 불편할 것 같아요.

밥 우리는 실제로 성숙한 회사에서 훈련을 받은 성숙하고 노련한 경영진과 파트너 관계를 맺었습니다. 항상 우리처럼 리스크를 바라보는 노련한 팀과만 파트너 관계를 맺으려 노력했습니다. 성장에 성공할 확률이 높은 상황에만 대량으로 자본을 투입했습니다. 그래서 주로 이미 검증된 콘셉트를 개발하는 분야에 집중했습니다.

크리스토퍼 토니, 밥의 설명에서 흥미로운 점은 우리가 이제까지 이야기했던 다른 많은 개념과 일치한다는 것이에요. 인캡은 부동산이나 신용 같은 업무를 수행하지 않지만, 자세히 들여다보면 8~12가지의 서로 상관관계가 없는 자산 스트림이라는 동일한 규칙을 적용하고 있어요. 다시 말해 각기 다른 지역의 다른 분지일 수도 있고, 깊이가 다른 지역에서 시추할 수도 있는 거죠. 인프라가 될 수도 있고, 업스트림이 될 수도 있고요. 이들이 반드시 서로 상관관계가 있는 것은 아니죠.

밥   인캡 설립을 뒷받침한 기본 전제는, 석유와 가스는 투자하기 복잡하다는 것입니다. 셰일 생산에 대한 이해를 예로 들 수 있습니다. 큰 개념은 대량의 석유가 매장된 넓은 지역이 있고, 단순히 암석을 깨기만 하면 더 많은 석유나 가스를 얻을 수 있다는 것이죠. 저류층의 역학 관계와 암석의 역사를 이해하면 어떤 지역에서 경제성이 있는 양이 나오고, 어떤 지역에서 그렇지 않은지 파악할 수 있습니다. 리스크를 최소화하는 동시에 합리적으로 입증된 기술을 적용해 경제적 수익을 얻을 수 있는 방법이 있었습니다.

이 이야기를 월가에 적용하는 사람은 그들의 돈을 보호하기보다는 그들의 돈이 필요해서라고 할 수 있습니다. 양자의 이해관계가 어긋나죠. 언변이 우려한 사람이 돈을 조달할 수 있지만, 투자자는 돈을 잃을 수도 있습니다. 이런 일이 여러 번 반복되면, 사람들은 위험도가 높다며 이 업계를 멀리하기 시작합니다. 그러나 실제로 이 업계에 깊숙이 들어가면, 다양한 자산의 위험 대비 보상의 차이를 이해하고 투자의 위험을 낮게 유지함으로써 자신이 대표하는 기관을 도울 수 있습니다.

토니   밥, 당신은 지난 수십 년 동안 업계가 겪어온 부침의 과정을 모두 겪었군요. 400억 달러에 달하는 투자를 성공적으로 수행하기 위해서는 위험을 매우 잘 관리했을 텐데요. 가장 유망한 친환경 에너지에 대해서는 어떻게 생각하나요? 친환경 에너지에 대한 홍보가 많이 이루어졌지만, 아직은 황금기를 맞이할 준비가 덜 된 것 같습니다. 당신은 이미 그 분야에 투자한 것으로 알고 있습니다. 어떤 생각을 가지고 있나요?

밥 이 분야의 투자 대상은 안전하고 검증되었지만 경제적으로 파괴적일 수 있습니다. 우리는 계약된 인프라에서 3~4% 남짓의 수익률을 올리기 위해 사업을 하는 것이 아닙니다. 이런 이유로 우리는 오랫동안 전력 사업에 종사해 온 해당 분야 전문가를 투자 담당 직원으로 채용해 왔습니다. 이들 전력 분야 전문가 직원의 견해는 배터리가 가장 파괴적인 분야라는 것이었습니다. 간단히 말해, 기존 인프라가 이미 존재하는 지역에 배터리를 배치할 수 있다면, 배터리의 에너지를 매우 비용 효율적인 방식으로 그리드에 분산할 수 있는 모든 것을 갖추게 됩니다. 말하자면 전력이 저렴한 시간대에 배터리에 저장했다가 가격이 오를 때는 가스 저장소와 매우 유사하게 전력을 보내는 것이죠.

이는 친환경 분야에서 수익률이 높으면서도 안전한 투자에 대한 생각을 보여주는 한 가지 예입니다. 우리의 첫 번째 에너지 전환 펀드는 4년 동안 매우 높은 수익률을 기록할 것으로 예상합니다. 양질의 거래와 관리 팀이 있습니다. 두 번째 펀드는 초점을 비슷하게 맞추면서 다른 기회를 포착할 것입니다.

알다시피, 바이든 행정부에서 도입한 인플레이션감축법인 IRA는 인플레이션 감소를 위한 제도가 아니지만, 경제 지형을 바꿀 것입니다. 보조금이 투자 활동에 미칠 영향을 부정할 수 없습니다. 보조금이 시장에 투입되면 많은 돈이 여러 방향으로 쓰이게 될 것이고, 그중 일부는 좋지 못한 결과를 얻을 수 있습니다. 우리는 신뢰할 수 있는 경제적 이득과 함께 애플리케이션을 구현할 수 있는 검증된 관리 및 기술이 확립된 분야에 초점을 맞추려 합니다.

DAVID GOLUB
FOUNDER OF GOLUB CAPITAL

영예
《사모채권 투자자 Private Debt Investor》 매거진 선정 '10년의 대출자'이자 사모신용 자산 클래스의 발전과 성장을 주도하는 '30명의 변화 주도자'

총 운용 자산(2023년 8월 말 기준)
600억 달러

중점 분야
사모신용대출

하이라이트

- 골럽 캐피털은 《사모채권 투자자》에서 2023년 '미주 지역 10년 대출기관' 상을 비롯해 여러 가지 상을 수상하고 2015년과 2016년, 2018년, 2021년, 2022년 '미주 지역 올해의 대출 기관'으로 선정되었다.

- 골럽은 1천 개 이상 기업에 투자했으며 《월스트리트저널》과 《뉴욕타임스》, 《블룸버그》, 《비즈니스위크》에 칼럼을 기고했다. 미들 마켓 민간 기업의 성과를 측정하는 주요 지표로 널리 사용되는 '골럽 캐피털 올트먼 지수 Golub Capital Altman Index'를 만들었다.

21

틈새를 파고든 사모신용대출, 데이비드 골럽

골럽 캐피털 창업자

크리스토퍼 어떻게 세계 굴지의 사모신용회사를 이끄는 지금의 자리에 오르게 되었나요?

데이비드 나는 골럽 캐피털의 탄생 스토리를 들려주고 싶습니다. 수십 년 전으로 거슬러 올라가 골럽 가족의 저녁 식탁을 상상해 보세요. 내 형 로렌스는 열한 살이고 나는 아홉 살입니다. 엄마와 아빠는 심리치료에 대해 이야기하고 있습니다. 참고로 부모님은 두 분 모두 심리 치료사였습니다. 형과 내가 얼마나 주제를 바꾸고 싶어 했을지 상상해 보세요. 그래서 우리는 보통 아이들이 하는 것처럼 미들 마켓 대출회사를 만들겠다는 사업 계획을 세웠어요.

믿기 어려운 이야기죠. 내가 방금 말한 이야기 중에서 사실은 부모님이 두 분 모두 심리 치료사였다는 것뿐입니다. 골럽 캐피털이 어떻게 탄생하게 되었는지에 대한 진실은 우연과 경로 의존성에 대한 이야기입니다.

나는 사모펀드 투자자로 경력을 시작했습니다. 형은 투자은행가로 시작해 나중에는 사모펀드 투자자로 일했습니다. 1990년대 후반, 우리 둘 다 사모펀드 산업이 계속 성장하고 번영하리라 전망했습니다. 이와 함께 사모펀드 스폰서에게 서비스를 제공하는 대출 사업을 도모할 큰 기회가 있으리라 생각했습니다. 그 후 많은 운이 따랐습니다. 금융위기로 우리보다 증권 인수와 자금 조달에 덜 신중했던 많은 대출 기관이 혼란에 빠졌습니다. 사모펀드 산업은 그 누구의 예상보다 훨씬 더 크게 성장했습니다. 앞서 1990년대에 우리가 예상한 대로 움직인 것입니다.

따라서 골럽 캐피털의 탄생 스토리는 수많은 기업 탄생 스토리와 비슷합니다. 사모펀드 지원 기업을 위한 파트너십 중심의 전문 대출 기관을 만들겠다는 멋진 아이디어에서 출발했습니다. 하지만 오늘날과 같은 규모로 성장하기까지는 훌륭한 설계만큼이나 놀라움과 우연, 행운이 함께했습니다.

토니 그 과정에서 성공에 영향을 준, 인생에서 가장 중요한 사람은 누구이며 구체적으로 어떤 영향을 주었나요?

데이비드 정말 중요한 멘토들이 많았습니다. 그분들은 내가 리더로서 성장하고 회사가 성공하는 데 결정적인 역할을 했습니다. 그중 한 사람은 제이 피시먼Jay Fishman이었습니다. 제이는 내가 경영대학원을 졸업하고 당시 시어슨 리먼 아메리칸 익스프레스Shearson Lehmen American Express에서 경력을 시작할 때 첫 상사였습니다. 제이는 나중에 트래블러스Travelers의 회장이 되었습니다.

그는 내게 정말 많은 것을 가르쳐 주었는데, 가장 중요한 것은 좋은 리더가 되는 동시에 친절한 사람이 되는 방법이었습니다. 예를 들면 그는 이렇게 하라고 가르쳐 주었습니다. "건물 직원까지 포함해 모든 사람의 이름을 외우세요. 어려움에 처한 직원을 최선을 다해 도와주세요. 그리고 직원들에게 부탁할 때 신중을 기하세요." 제이는 이런 격언도 남겼습니다. "직원들에게 부탁할 때는 신중을 기하세요. 왜냐하면 그들은 그렇게 할 것이 때문입니다."

인생의 비결 중 하나는 자신의 실수는 물론 다른 사람의 실수로부터 배우는 것입니다. 멘토가 매우 가치 있는 이유 중 하나는 그들이 다르게 결정했더라면 좋았을 결정에서 얻은 지혜를 당신과 공유할 수 있기 때문입니다.

크리스토퍼 다른 사람들이 실수하는 것을 지켜본 적도 많겠죠? 시간이 지나면서 발전한 생태계와 네트워크에는 많은 집단적 지혜가 공유되고 있습니다. 잠시 투자 세계로 방향을 돌려 사모신용에 대해, 당신이 매일 활동하는 세계에 대해 이야기해 보겠습니다. 요즘 같은 시기에 사모신용에 투자하는 투자자에게 가장 큰 기회는 어디에 있을까요?

데이비드 그 질문에 답하려면 먼저 내가 투자에 접근하는 방식과 회사에서 투자에 접근하는 방식에 대한 철학부터 이야기해야 할 것 같습니다. 투자는 다른 비즈니스와 다르다고 생각하는 사람들이 있습니다. 그들은 훌륭한 투자자는 천재라 믿습니다. 워런 버핏이나 빌 애크먼 Bill Ackman을 생각해 보세요.

나는 그런 사람은 극히 드물다고 생각합니다. 좋은 투자 기업은 장막 뒤의 천재에 의존하지 않는다고 봅니다. 대신 좋은 투자 기업은 식별 가능하고 정말 매력적인 경쟁 우위의 원천을 가지고 있다는 점에서 다른 좋은 기업과 비슷합니다. 따라서 우리 비즈니스에서 성공의 열쇠는 시간이 지나도 일관된 프리미엄 수익을 창출할 수 있는 일련의 경쟁 우위를 확보하는 것입니다.

어떤 종류의 경쟁 우위가 있을까요? 몇 가지를 말해볼게요.

첫째, 우리는 관계를 중시합니다. 우리는 약 200개의 사모펀드 회사로 구성된 핵심 그룹과 계속 협력하고 있습니다. 이들은 사모펀드 세계에서는 매우 작은 부분을 차지하지만, 우리 비즈니스에서는 매년 90%를 차지합니다. 그들은 우리의 역량과 접근법에 만족하고 우리와 반복적으로 협력하기를 좋아합니다. 우리는 그들의 다양한 자금 조달 요구를 지원할 수 있습니다. 소규모 거래부터 대규모 거래까지 모두 처리할 수 있습니다. 우리는 다양한 산업 분야에 걸쳐 깊이 있는 전문성을 보유하고 있습니다. 증권 인수 또는 자본 지출 프로그램에 더 많은 파이낸싱을 제공하여 기업 성장을 지원할 수 있습니다. 실사 프로세스에 가치를 더할 수도 있습니다. 우리는 윈윈을 지향하기 때문에 문제가 발생하거나 장애물에 맞닥뜨릴 때 발목을 잡기보다는 해결책을 제시할 것입니다.

또 다른 경쟁 우위가 있습니다. 우리는 다른 곳에서는 쉽게 찾을 수 없는 솔루션을 제공할 수 있습니다. 예컨대 우리는 원스톱 대출의 선구자입니다. 이는 관리가 매우 어려운 기존의 다층 자본 구조보다 훨씬 쉽게 기업 인수를 할 수 있는 자금 조달 방식입니다.

이는 우리가 업무에 접근하는 독특한 방식 중 몇 가지 예입니다. 이런 차별화된 접근법 덕분에 우리는 고객에게 매력적인 파트너가 될 수 있었습니다.

크리스토퍼 알다시피, 지난해 이자율 체계 변화로 업계가 상당히 극적으로 변했습니다. 사람들은 신용에 대해 생각할 때 부정적인 이미지를 떠올리죠. 독자의 이해를 돕기 위해, 금리 상승이 왜 골럽과 같은 사모신용회사에는 문제가 되지 않고 오히려 긍정적인지 설명해 주겠어요?

데이비드 물론입니다. 우리는 금리 상승의 큰 수혜자였습니다. 변동금리로 대출해 주고, 무위험 지표금리^{SOFR}(Secured Overnight Financing Rate. 미국 재무부 채권을 담보로 빌려 주는 하루짜리 대출 금리─옮긴이)에 가산금리를 얹어 받기 때문입니다. 일반적인 대출 금리는 SOFR에 6%를 더한 수준이 될 것입니다.

현재 SOFR은 약 5%입니다. 크리스토퍼, 1년 6개월 전만 해도

SOFR은 약 1%였습니다. 따라서 1년 6개월 전에 우리가 보유하고 있던 일반적인 대출에서 7%가 들어왔다면, 지금 같은 대출에서는 11%를 받을 수 있습니다. 이는 투자자에게 좋은 일입니다. 반대로 차입자는 이자 비용으로 더 많은 금액을 지불해야 하므로 더 큰 압박을 받게 됩니다. 이는 안전 마진을 잠식합니다. 어느 정도의 이자율 수준에서는 투자자에게 유리한 상황에서 대출자가 더 높은 이자율을 감당할 수 없기 때문에 투자자에게 불리한 상황으로 균형이 바뀌지만, 현재 상황은 그렇지 않습니다.

크리스토퍼 나는 금리 상승과 이에 따른 다양한 자산군에 대한 관점의 변화를 예상한 투자자는 전문성의 수준을 막론하고 없었다고 생각합니다. 이런 변화는 우리가 자산군으로서 사모신용에 대해, 특히 사모신용 분야의 지분 인수에 대해 매우 낙관적으로 생각하게 된 이유 중 하나입니다. 당신이 말한 것처럼 신용 품질은 여전히 매우 중요하고, 채무 불이행 등을 방지할 수 있는 능력도 중요합니다. 향후 3년에서 10년을 내다볼 때 사모신용 산업을 어떻게 전망하나요? 특히 이 기간에 금리가 어떤 영향을 미칠 수 있을까요?

데이비드 단기 전망과 중장기 전망 사이 중요한 대비가 있다고 생각합니다. 단기 전망부터 이야기해 보겠습니다.

지금은 다소 이상한 시기입니다. 우리는 금리가 매우 빠르게 상승하는 시기를 겪었습니다. 인플레이션도 매우 빠르게 하락하고 있습니다. 경제는 약간 혼란스럽습니다. 주식 가치는 크게 하락했습니다. 이런 여러 가지 요인과 이와 관련된 불확실성으로 인해 거래 활동이 둔화되고 있습니다. 사모펀드는 매각자와 가격을 둘러싼 합의에 도달하는 데 어려움을 겪고 있습니다. 일부 사모펀드 회사는 향후 상황이 나아질 것으로 예상해 매각을 미루고 있습니다. 따라서 지금은 우리가 다루는 종류의 대출에 유리한 환경이 조성되고 있지만, 우리가 원하는 만큼 신규 거래는 많지 않습니다. 다시 말해, 먹거리는 좋지만 그 양이 적습니다.

이제 장기적인 관점에서 살펴보겠습니다. 거래 활동의 속도가 언제 빨라질지 정확히 말할 수는 없지만, 이는 '만약'이 아니라 '언제'의 문제라고 생각합니다. 향후 3~7년을 내다볼 때, 우리 비즈니스에는 기본적으로 세 가지 순풍이 불고 있습니다. 첫 번째 순풍은 사모펀드 생태계가 크게 성장하리라는 점입니다. 현재 사모펀드 생태계에는 약정되었지만 투자되지 않은 자본이 약 2조 달러나 됩니다. 그 '드라이 파우더'에는 시간 제한이 있습니다. 사모펀드는 향후 몇 년 동안 이를 사용하지 않으면 투자 기회를 잃게 됩니다. 이 업계에 30년 동안 종사해 온 내 경험에 비추어볼 때, 이들 요소가 어우러지면 자본이 활용될 것입니다.

두 번째 순풍은 역사적으로 사모펀드 생태계가 골럽 캐피털과 같은 사모신용회사에서 부채 자본을 찾고 있다는 점입니다. 지난 몇 년 동안 사모신용은 시장 점유율이 상승해 왔고, 이 추세는 앞으로도 계속될 것으로 보입니다. 여기에는 여러 가지 이유가 있습니다만, 가장 중요한 것은 사모신용 산업이 커졌다는 점입니다. 따라서 과거에 비해 훨씬 더 큰 규모의 기업에 솔루션을 제공할 수 있게 되었습니다.

2019년에는 5억 달러 규모의 사모신용 거래가 성사되는 것이 이례적이었다면, 2023년에는 50억 달러 규모의 사모신용 거래가 성사되었습니다.

세 번째 순풍은 사모신용 업계 내에서 불고 있습니다. 사모신용 업계에서 누가 이기고 누가 지는지 살펴보면, 규모와 다양한 솔루션을 제공할 수 있는 역량, 다양한 산업에 걸친 심도 있는 전문성, 오랜 신뢰성 실적을 갖춘 대형 업체들이 승자가 되고 있습니다. 다시 한번 말하지만, 이는 예측 가능한 결과입니다. 당신이 선도적인 사모투자회사의 CEO라고 한다면, 당신도 가장 규모가 크고 경험이 풍부한 사모신용 업체와의 협력할 것입니다. 이 순풍이 불면 우리를 비롯해 몇몇 대형 업체들이 업계 내에서 점유율이 상승할 것입니다.

크리스토퍼 금리 주기와 관련해 업계 전체에 어떤 일이 일어났는지 생각해 볼 때, 최근에 예상하지 못한 일과 실제로 일어날 것으로 예상한 일은 무엇이었나요?

데이비드 예상을 했어야 했는데 예상하지 못했던 일부터 말해 보겠습니다. 금융 역사에서 가장 일관되게 나타나는 패턴 중 하나는 은행이 큰 실수를 저지른다는 것입니다. 모든 은행이 그렇지는 않고 매년 그런 것도 아닙니다. 돌이켜보면 일부 은행이 2022년 초부터 가파르게 상승한 금리에 대비하지 못했다는 사실에 놀라지 않았어야 했습니다.

사모펀드의 지속적인 초과 수익률은 나를 놀라게 하지 않습니다.

나는 이 현상에 대해 많은 사람과 다른 견해를 가지고 있습니다. 나는 사모펀드가 두 가지 주요 기업 소유 형태와 매우 잘 경쟁한다고 생각합니다. 하나는 공공 소유입니다. 상장 기업 임원이나 이사회 회원, 고문으로 일해 본 사람이라면 누구나 상장 모델이 얼마나 어려운지 잘 알고 있습니다. 비용과 규제 부담이 크고, 초대형 기업이 아니라면 리서치 애널리스트의 관심을 받지 못하고, 주식 유동성도 높지 않고, 기업 가치도 제대로 평가받지 못하기 때문입니다. 초대형 기업이 아니라면 기업 상장을 통한 공공 소유라는 모델에는 매우 결함이 많습니다.

다른 하나는 가족 소유입니다. 이는 기업가인 창업자에게는 좋을 수 있지만 어려운 상황에 직면할 수 있습니다. 한 기업가가 회사를 창업한다고 상상해 보세요. 기업가가 모든 의사결정을 내립니다. 지배 구조가 간단합니다. 한 세대 후에는 기업가에게 자녀가 몇 명밖에 없고, 그들이 모두 회사 운영 방식에 동의하기 때문에 이 방식이 효과적일 수도 있습니다.

하지만 그룹이 더 커지면, 예를 들어 3대에 이르면 소유주들 간의 합의를 유지하기가 무척 어려워집니다. 어떤 가족 구성원은 회사에서 일하고 싶지만 다른 가족 구성원은 일하고 싶지 않을 때, 가족 구성원에 대한 보상 문제를 해결해야 합니다. 다른 사례로 어떤 가족은 유동성을 원하고, 다른 가족은 유동성을 원하지 않을 수도 있습니다. 이는 정말 어려운 일입니다.

따라서 나는 사모펀드의 성공은 많은 기업에게 사모펀드가 공개 소유나 가족 소유보다 더 나은 소유권 모델임을 보여준다고 생각합니다. 앞으로도 사모펀드는 계속 확대될 것입니다.

크리스토퍼 시간이 지나면서 성공하거나 실패한 몇몇 유명한 사모펀드 업계의 거래에 대해 많은 언론이 보도하고 있습니다. 그러나 기업을 극적으로 개선할 수 있었던 수천수백 건의 성공 사례는 거의 보도되지 않았고, 보도되었더라도 충분히 전해지지 않았습니다. 그래서 당신이 방금 한 이야기가 정말 흥미롭습니다.
투자자들이 자산을 어디에 배분할지 결정할 때, 사모펀드와 관련해서 잘못 알고 있는 것은 무엇인가요?

데이비드 일부 투자자들은 대형 브랜드 자산운용회사의 역량을 과대평가합니다. 대형 회사라고 해서 다양한 투자 전략에 두루 능하기는 어렵습니다. 유명 브랜드를 가진 대형 자산운용회사에 집중하는 대신 명확하고 식별 가능한 우위를 지닌 자산운용회사에 집중하는 편이 좋습니다. 해당 틈새 시장에서 입증된 실적을 보유한 자산운용회사는 어디일까요? 시간이 지나도 그 실적을 유지할 수 있는 경쟁 우위를 가진 곳은 어디일까요? 대부분의 경우 이를 파악하는 것은 그리 복잡하지 않지만, 내 경험에 따르면 투자자들은 종종 그보다는 이름이 잘 알려진 곳에 몰려들곤 합니다.

크리스토퍼 방향을 살짝 돌려 세상과 이야기할 수 있는 기회를 주겠어요. 단 몇 분만이라도 세상의 주목을 받을 수 있다면 어떤 이야기를 하고 싶나요?

데이비드 나는 비영리단체의 영향력을 믿습니다. 미국은 정치적으로 양극화된 국가이지만, 번창하며 효과적인 비영리단체가 미국인의 삶에 매우 긍정적인 영향을 미친다고 모두가 생각할 것입니다.

내가 전하고 싶은 메시지는 정말 간단합니다. 자신이 사는 지역 비영리단체에 참여하세요. 자신이 열정을 가지고 있는 분야를 선택하세요. 음악과 예술을 홍보하는 일, 무주택자를 위한 봉사, 마약 중독 퇴치 등 다양한 분야에서 활동할 수 있습니다. 모든 사람에게 자신이 참여하고 싶은 비영리단체를 찾아보라고 권하고 싶습니다. 삶을 변화시킬 수 있을 거예요.

토니 당신은 명확하게 정의된 틈새 시장을 갖는 것에 대해 많이 말했고, '우위'라는 단어를 자주 사용했습니다. 골럽 캐피털의 성공에 중요하게 작용한 또 다른 요소는 무엇인가요?

데이비드 비즈니스에서 성공하는 것은 복잡한 일이지만, 내가 그동안 가까이서 지켜본 성공적인 비즈니스에는 그들이 하는 모든 일에 반영된 몇 가지 핵심 원칙이 있었습니다. 우리에게는 두 가지 핵심 원칙이 있습니다. 하나는 이미 밝힌 대로, 투자는 어렵지만 다른 비즈니스와 별반 다르지 않다는 것입니다. 구석에 앉아 있는 천재에게만 의존할 수는 없습니다. 독점적인 모델에 의존해서도 안 됩니다. 경쟁 우위를 파악하고 시간이 지남에 따라 이러한 우위를 육성함으로써 경쟁사를 능가할 수 있어야 합니다.

우리 비즈니스의 근간이 되는 다른 원칙은 관계가 중요하다는 것입니다. 우리는 구식입니다. 때문에 '모든 사람이 거래 상대방'이라는 현대 월가의 통념을 믿지 않습니다. 좋은 비즈니스는 같은 거래처와 계속 협력하는 것이라 생각합니다. 우리는 같은 공급 업체, 같은 고객, 같은 투자자와 함께 일합니다. 각 그룹을 위해 매력적인 가치 제안을 고안함으로써 그들이 우리와 계속 협력하고 싶어 하도록 만들 수 있기 때문입니다.

이 두 가지 원칙은 매우 중요한 지침이 됩니다. 이 두 가지 원칙을 통해 우리는 스폰서 금융 분야에서 최고가 되겠다는 매우 좁은 사명을 유지해 왔습니다. 우리는 부동산 분야에서 최고가 되려는 것이 아닙니다. 석유 추출 분야에서 최고가 되려는 것도 아닙니다. 우리는 사모펀드가 지배하는 기업에 대출을 제공하는 데 있어 최고가 되려 노력합니다.

우리는 또한 두 가지 핵심 원칙에 부합하는 매우 명확한 문화가 있습니다. 우리의 문화는 황금률이라는 단어로 정의할 수 있습니다. 바로 우리가 상대방이 되었을 때 대접받고 싶은 방식으로 모든 파트너를 대하라는 것입니다.

크리스토퍼 당신은 골럽 캐피털에서 환상적인 경력을 오랫동안 쌓았죠. 하지만 그 과정에서 때로 유쾌하지 않은 것들을 배우기도 합니다. 사업을 시작하기 전에 이런 덜 유쾌한 학습 경험을 피하기 위해 어떤 말을 들었더라면 좋았을까요?

데이비드 그 목록은 정말 길어요. 우리는 수년 동안 많은 실수를 저질렀습니다. 그 과정에서 내가 배운 것 중 하나는 프로세스와 투자 인프라의 가치입니다. 비즈니스의 화려하지 않은 부분은 종종 충분한 관심을 받지 못합니다. 대출 분야에서도 마찬가지입니다. 우리는 이 부분에 집중해야 한다는 점을 일찍이 깨닫고 노력한 끝에, 이것이 우리의 핵심 강점 중 하나가 되었습니다. 하지만 누군가 초기에 이 사실을 알려주었더라면 좋았을 것 같습니다.

크리스토퍼 비즈니스가 번창하고 성공할 수 있는 것은 필연적으로 보이지 않는 곳에서 벌어지는 차단과 태클이 있기 때문입니다. 뒤늦게 후회하며 비즈니스에서 무엇이든 다시 할 수 있다면 무엇을 다르게 하겠습니까?

데이비드 그 질문을 회피할 생각은 없지만, 나는 정말 운이 좋다고 생각합니다. 후회하는 것은 별로 없습니다. 더 잘할 수 있었던 일들이 열 손가락으로 꼽을 수 있을 정도로 많지만, 그다지 중요하지 않아요. 중요한 것들을 제대로 해냈다는 것은 정말 행운이라 생각하는데, 그중 많은 부분이 사람에 관한 것입니다. 우리에게는 경이로운 팀이 있습니다.

크리스토퍼 당신 형제와 골럽 캐피털의 나머지 팀원들은 틈새 시장과 기술에 집중하며 매우 충실하게 임해 왔습니다. 투자 업계에서 비즈니스를 확장하는 방법은 다양한 상품과 다양한 업종, 다양한 분야를 확보하는 것이라 생각하는 부류가 있다는 점에서 매우 흥미로운 전략이라 할 수 있습니다. 실제로 그런 전략으로 크게 성공한 회사들이 있습니다. 그에 비해 당신은 매우 좁은 분야에 집중하는 전략을 선택했습니다. 그렇게 초점을 좁게 맞춘 기업 중 확장에 성공한 기업은 거의 없습니다. 대다수가 그 규모에 도달하지 못하는 주된 이유는 무엇이라 생각하나요?

데이비드 정말 중요한 지적입니다. 대다수 투자 비즈니스를 생각해 보면, 확장의 어려움은 차선책으로 가야 한다는 데 있습니다. 예를 들어 장기 주식에만 투자하는 주식 매니저인데 누군가 1억 달러를 준다고 상상해 볼 수 있어요. 1억 달러를 잘 운용하다가 다음 해에는 더 많은 투자자가 몰려들어 10억 달러를 투자할 수 있게 되었다고 가정해 보죠. 그는 상위 20개 아이디어로 포트폴리오를 구축하는 것에서 상위 100개 아이디어로 포트폴리오를 구축하는 단계로 나아가야 합니다. 게다가 100번째 아이디어는 20번째 아이디어만큼 좋지 않을 수도 있습니다. 이 예화는 대부분의 투자 비즈니스는 근본적으로 투자 전략의 확장성이 없기 때문에 확장 가능하지 않다는 점을 명확히 보여줍니다.

우리 비즈니스와 대조해 보세요. 우리는 성장을 통해 사모펀드 고객들에게 더 가치 있는 파트너가 될 수 있는 위치에 올라섰습니다. 앞의 예화 속 주식 매니저와는 정반대입니다. 우리 비즈니스에서 성장은 수익을 감소시키지 않습니다. 성장은 사모펀드 고객을 위해 더 많은 일을 할 수 있게 함으로써 우리의 경쟁 우위를 강화합니다. 우리의 성장은 시간이 지남에 따라 프리미엄 수익률을 유지할 수 있는 역량을 강화했다고 주장하고 싶습니다.

크리스토퍼 대부분의 기업에서 성장이라는 명목으로 품질을 희생하거나 업무와 근면성을 희생해야 하는 경우가 많다는 점에 비추어 볼 때, 방금 설명한 내용은 정말 흥미롭습니다. 투자 업계 인재의 세계를 생각할 때, 최고의 성과를 내는 인재와 그렇지 않은 인재를 구분하는 핵심 특성은 무엇이라 생각하나요?

데이비드 투자 분야 인재에 대해 생각해 볼 수 있는 몇 가지 모델이 있습니다. 스타가 매우 중요한 투자회사, 즉 마이클 조던이 필요한 투자회사가 분명 있습니다. 하지만 우리는 그렇게 운영하지 않습니다. 우리에게 성공은 팀 스포츠입니다. 모든 것을 잘하는 사람은 없습니다. 모두가 협력하는 환경에서 더 잘할 수 있습니다. 따라서 미시적이든, 거시적이든 회사를 경영하는 데 있어 항상 적절한 조합의 인재를 확보하고, 모든 직원에게 개발 기회를 제공하여 시간이 지나도 계속 성장할 수 있도록 돕는 데 집중합니다.

우리는 몇 가지 다른 방법으로 그 성공을 측정할 수 있습니다. 투자자와의 성공은 수익률을 통해 측정할 수 있습니다. 사모펀드 스폰서와의 성공은 반복적인 비즈니스를 통해 측정할 수 있습니다. 금융 파트너와의 성공은 우리와 계속 함께 일하고 싶다는 의사를 통해 측정할 수 있습니다. 참여도 설문조사 데이터와 고객 유지 통계를 통해서도 성공을 측정할 수 있습니다.

우리 모두가 코로나19 기간 사직이 급증했다는 소식을 접했고, 최근에는 조용한 퇴사에 관한 기사가 쏟아지고 있는데, 이러한 현상이 회사에 미치는 영향을 살펴보면 회사에 대해 많은 것을 알 수 있습니다. 나는 참여도가 높고 이직률이 낮은 회사를 찾았다면 아마도 승자를 찾았다고 주장하고 싶습니다. 결국 우리가 토론하는 동안 이야기한 모든 전략 문제가 정말 중요하지만, 올바른 팀이 없다면 다른 것은 중요하지 않다고 생각합니다.

크리스토퍼 우리는 다양한 비즈니스와 리더십의 역학 관계에 대해 많이 이야기합니다. 당신한테는 사업 전반에 걸쳐 함께 일해 온 형이 있습니다. 당신 형제만큼 성공적으로 비즈니스를 구축한 형제가 많지 않은 것 같아요.

토니 그처럼 수십 년 동안 함께 지낸 것도 그렇고요. 그 자체로 예술이죠.

데이비드 하지만 우리도 의견이 다를 때가 있어요. 항상 평화와 행복의 교향곡만 있는 것은 아니죠. 형과 함께 일하면서 좋은 점 중 하나는 서로 다른 의견으로 격렬하게 충돌할 수 있지만, 다음 날 아침에 일어나도 여전히 형제이고 여전히 절친한 친구이며 여전히 비즈니스 파트너임을 서로 잘 알고 있다는 것입니다.

토니 레이 달리오가 자신의 투자 성배는 서로 상관관계가 없는 8~12가지의 투자를 찾는 것이라 말하더군요. 우리는 이 책에서 독자가 자신의 투자 성배를 채우는 데 도움이 되는 모든 대체투자 기회를 다루고자 하는데요. 당신이 생각하는 투자의 성배는 무엇인지 궁금합니다.

데이비드 투자도 다른 비즈니스와 크게 다르지 않다고 생각합니다. 질문을 뒤집어 무엇이 훌륭한 비즈니스를 만드는지 묻는다면, 그에 대한 대답은 절대다수로부터 동의를 얻을 수 있을 것입니다. 우리는 경쟁 우위와 경쟁자의 도전을 어렵게 만드는 해자를 가지고 있는 비즈니스에 대해 이야기할 것입니다. 우리의 틈새인 사모펀드 지원 기업에 대한 대출에서도 경쟁 우위가 가장 중요하다고 생각합니다. 경쟁 우위를 키워나감으로써 우리는 지속적으로 프리미엄 수익을 창출할 수 있습니다.

레이 달리오는 천재이기 때문에 지금 이 순간에 특히 매력적인 아이디어가 무엇인지 찾아낼 수 있습니다. 나는 천재가 아닙니다. 내 비즈니스는 매년 꾸준히 좋은 수익을 창출하기 위해 천재성에 의존하지 않습니다. 우리가 해야 할 일은 핵심 경쟁 우위를 지속적으로 활용하고 키워내는 것입니다. 이것이 바로 내가 성배라고 표현할 수 있는 것입니다. 단지 펀드가 아니라 비즈니스를 가진 매니저와 함께 투자해야 합니다. 경쟁 우위의 지속 가능한 원천으로부터 이익을 얻는 매니저와 함께요.

토니 로버트 스미스와 함께한 비스타 에쿼티 파트너스와 매우 비슷하군요. 업계에서 그 누구보다 더 많은 것을 알고자 하는 마음가짐이 같습니다. 전문성을 두루 갖추었고, 계속 거래하는 지속적인 고객들이 있다는 것도요. 두 분 모두 서로 다른 업계에서 믿을 수 없을 정도로 훌륭한 성과를 거두었습니다.

인터뷰를 끝마치기 전에 하나만 더 물어볼게요. 최근 아부다비 왕세자의 친동생 셰이크 타눈$^{Sheikh\ Tahnoon}$과 함께 있었는데, 그는 여러 사람에게 재정적인 조언을 받고 있었어요. 그중 한 명은 소프트뱅크^{Softbank}의 신사였는데, 그는 타눈에게 지금은 사모신용이 필요한 때라고 말했어요. 심지어 사모펀드보다 사모신용을 권했죠. 그 신사는 여러 이유를 댔습니다. 지금 사모신용이 왜 중요한지, 그 어느 때보다 더 중요한 이유가 무엇인지 궁금합니다. 투자자들이 이를 고려해야 하는 이유가 무엇인가요?

데이비드 2022년 7월, 어떤 변화가 있었는지 생각해 보죠. 금리가 상승했고, 성장률은 둔화되었습니다. 이 두 가지 모두 다양한 자산군에 매우 중요한 역풍이 될 수 있습니다. 예를 들어 주식의 경우, 비용 증가로 순이익이 감소하는 동시에 배수에 압력을 받고 있습니다. 전통적인 채권은 금리가 상승하는 상황에서 실적이 매우 저조합니다. 반면 우리 비즈니스에는 순풍이 불고 있습니다. 우리에게는 성장하는 사모펀드 생태계가 있습니다. 금리 상승은 (신용 손실을 통제한다면) 더 높은 수익으로 이어집니다. 은행은 우리 시장을 떠났고, 다시 돌아오지 않을 것입니다. 규모는 경쟁 우위의 주요 원천입니다. 낙관할 수 있는 이유는 많습니다.

나는 이것이 그 신사가 설명한 핵심 내용이라 생각합니다. 그의 말에 전적으로 동의합니다. 올바른 관리자와 함께한다면, 지금 사모신용 분야에는 이례적인 기회가 있습니다. 하지만 여전히 주의는 기울여야 한다고 조언하고 싶습니다. 어떤 자산군에서든 실수가 발생할 수 있습니다. 내가 사모신용에 치우쳐 있다는 인상을 줄 수 있는데, 그에 대해 이렇게 말하겠습니다. "누군가가 '이 자산군은 실패할 수 없다'고 말한다면, 지갑을 닫으세요."

BARRY STERNLICHT
COFOUNDER, CHAIRMAN, AND CEO OF STARWOOD CAPITAL

영예

세계적 상장 호텔 기업 중 하나인 스타우드 창업자(이후 호텔 지분을 메리어트Marriot와 합병했다). 굴지의 다가구 주택 소유주이자 대형 공공 리츠이며, 대규모 단독 주택 소유자이자 임대 사업자

총 운용 자산(2023년 8월 말 기준)
1,150억 달러

중점 분야
글로벌 부동산. 30개국의 모든 부동산 자산군

하이라이트

- 스타우드 캐피털은 주거와 호텔, 오피스, 산업 및 소매 분야 시장 선도 기업에 투자해 왔다. 1991년 설립되어 현재 전 세계 16개 지사에서 5천 명의 직원이 근무하고 있다.

- 배리는 지난 30년 동안 주요 부동산 자산군에 걸쳐 2,400억 달러 이상을 투자했다. 에스티 로더 컴퍼니즈Estée Lauder Companies, 바카라 크리스털Baccarat Crystal, 로빈후드 재단, 드림랜드 커뮤니티 극장Dreamland Community Theater, 청소년 당뇨병 연구재단의 국가 리더십 옹호 프로그램, 예술을 위한 비즈니스 위원회의 이사로 활동 중이다.

22

부동산의 거물, 배리 스턴리히트

스타우드 캐피털
공동 창업자·회장·CEO

토니 배리, 2천만 달러를 빌려 어떻게 현재 1,150억 달러의 자산을 보유하게 되었는지 그 여정에 대해 말해주세요. 대단하네요. 오리엔테이션 차원에서 창업 스토리를 조금 들려주겠어요?

배리 고마워요, 토니. 어머니는 학교 교사였고 아버지는 엔지니어였는데 2차 세계대전 이후 미국으로 건너오셨어요. 아버지는 전쟁 중에 체코 빨치산 전투에 참여하셨어요. 그래서 내 경력과 인생에서 가장 결정적인 것은 내 최악의 날이 아버지의 최고의 날보다 더 좋았다는 점이라 생각합니다. 항상 이런 관점을 유지하려 합니다. 우리는 정말 축복을 받았습니다. 아버지는 이 나라를 정말 사랑하셨고, 열심히 노력하고 헌신하면 무엇이든 할 수 있는 이 나라의 기회를 정말 좋아하셨죠.

우리는 중산층이었어요. 롱아일랜드의 작은 집에서 살다가 내가 다섯 살 때 코네티컷주로 이사했어요. 어머니는 세 아들이 학교에 다니는 동안 교사로 일하셨어요. 나는 재학생이 2천 명인 공립 고등학교에 다녔어요. 대학에 갈 수 있다는 말을 들었지만 집에서 차로 다닐 수 있는 학교를 선택해야 했어요. 나는 수학을 잘하지 못해서 브라운대학에 진학했습니다. 수학 수업을 들을 필요가 없는 최고의 대학이었거든요. 사람들은 나를 금융 마법사로 알고 있지만 실은 그렇지 않아요. 나는 계산기를 잘 다룰 줄 알고 기억력이 좋으며 고등학교 때 예술가로서 좌뇌와 우뇌를 모두 사용했습니다. 나는 '법과 사회'를 전공했습니다. 아는 것은 많지만 어느 하나 제대로 알지 못하는 사람이라서 스스로 '사회에서 길을 잃다Lost in Society'라고 말했어요.

학교를 졸업하고 2년 동안 세 개의 직업을 전전했어요. 그중 마지막이 월가의 차익거래 트레이더였어요. 아버지는 "남은 인생 동안 그린 스크린을 보고 싶니?"라고 말씀하셨죠. 그런 분이셨죠. 나는 많은 돈을 벌고 있었지만, 합격할 수 있다면 공부를 더 해서 경영대학원에 진학해야겠다고 결심했습니다. 두 군데를 지원했는데, 하버드에 붙었어요. 내가 어떻게 합격했는지 아직도 모르겠어요.

덧셈과 뺄셈을 못 한다는 사실을 알아차리고 나는 대학원에서 5분도 못 버틸 줄 알았어요. 그러나 나는 살아남았고 꽤 잘 해냈어요. 말하기는 늘 잘했고, 성적의 절반은 수업 참여도로 매겼으니까요! 시카고에 있는 JMB라는 부동산회사 출신 친구의 연락을 받고 그곳에서 일하게 되었어요. JBM과 월가의 골드만삭스를 놓고 고민했는데, 결국 그곳을 선택하게 되었어요. 하지만 나는 디자인을 정말 좋아했어요. 예술도 건축도 좋아했죠. 여행과 사람들도요. 부동산은 시작하기에 좋은 분야인 것 같았어요. JMB에서 일하면서 빠르게 승진했어요. 나는 꽤 창의적인 사람이었거든요.

하버드 경영대학원에서 기업가 금융을 가르치는 재무 교수가 있었어요. 나는 그 과목을 수강하지 않았지만, 마지막 강의는 들어보라고들 해서 수강 신청을 했어요. 교수님은 몇 가지를 말씀하셨어요. 우선 "원하는 것을 조심하세요. 실현될 수 있으니까요"라고 하셨어요. 내 경력 내내 마음속에 품어온 흥미로운 좌우명입니다. 그러고는 "인생의 화물 열차를 찾아서 그 앞에 서지 말고 그 위에 올라타세요"라고 말씀하셨죠. 사실 나는 이 두 가르침을 항상 생각해요. 운이란 준비와 기회가 만나는 것입니다. 행운은 스스로 만드는 것입니다. 행운이 찾아올 수 있는 환경을 조성하는 것이죠. 성공하고 게임을 플레이하려면 테이블 위에 칩이 있어야 합니다.

모든 것을 거절하는 것은 기술이 아닙니다. 위험을 감수해야 하고 실패할 수도 있죠. 나는 경력 초기에 있었던 최악의 거래가 가장 중요한 이정표가 되었다고 생각해요. 그 거래에서 많은 것을 배웠기 때문이죠. 아들이 지난주에 하버드 경영대학원을 졸업했어요. 나는 그에게 투자와 학습에서 가장 흥미로운 부분은 모든 것에 바보처럼 접근하는 것이라 말했죠. 나는 무엇이 잘못될 수 있는지, 즉 부정적인 면만 걱정하면 긍정적인 면은 저절로 해결될 것이라 생각하거든요. 이런 이유로 투자할 때는 적절한 위험을 감수하고 윤리의 선을 넘지 않으려고 노력합니다. 무엇보다도 이것이 스타우드 캐피털 그룹이 성공할 수 있었던 주된 이유라고 생각합니다. 우리는 항상 투자자를 최우선으로 생각했고, 투자자들이 우리가 옳은 일을 하고 있는지 알지 못할 때에도 항상 옳은 일을 해왔습니다. 현재 펀드 수수료 구조는 1991년과 동일합니다. 투자자가 돈을 돌려받고 수익을 얻으면 우리도 참여하는 방식입니다. "옳은 일을 하면 매일 아침 거울을 볼 때 항상 기분이 좋아진다"는 아버지의 말씀에 따른 것이죠.

내 경력에서 가장 결정적인 순간은 서른한 살에 해고당했을 때가 아닌가 싶습니다. 나는 JMB에서 일하고 있었어요. 나는 신동이었고, 시카고에 있었어요. 그러던 중 저축대부조합 위기가 닥쳤고, 나는 내쫓겼어요. 충격이었죠. 실업 수당을 신청하러 버스를 탔어요.

그러나 나는 《포브스》 선정 400대 기업에 이름을 올린 JMB 경영자와 매우 친했어요. 우리는 좋은 친구였어요. 나는 그의 아내 및 아이들과 함께 그의 집에 있었어요. 그와 함께 스키를 탔어요. 그는 내게 회사를 시작하라며 1백만 달러를 줬어요. 당시 내 몸값은 8천 달러 정도였죠. 다른 두 가족과 함께 초기 자금 2,100만 달러를 모아 그렇게 시작했어요. 우리는 아무것도 가진 게 없었어요. 신용도 없었고 팩스도 구할 수 없었죠. 우리는 시카고에 있는 미국마케팅협회AMA로부터 사무실을 빌렸습니다. 실제보다 우리가 탄탄하게 보이도록 하기 위해 그 단체 직원을 빌려 우리 사무실에 앉히기도 했어요. 꽤나 힘든 과정이었죠.

처음에는 아파트를 여러 채 샀어요. 그다음에 샘 젤 Sam Zell에게 팔았고 18개월 만에 투자금을 세 배로 늘렸습니다. 파트너는 경영대학원 친구였는데 얼마 후 헤어졌고, 나는 동부로 갔어요. 우연히 발견한 정말 이상하게 보이는 상장 기업을 인수해 우리가 소유하고 있던 여러 자산을 그 회사와 합병하고 회사 이름을 스타우드 로징 Starwood Lodging으로 바꿨습니다. 당시 시가총액이 800만 달러였는데 부채가 2억 달러였습니다. 우리는 부채를 대거 인수한 다음 회사를 합병하고 경영권을 장악했습니다. 이후 스타우드는 많은 거래를 시작했습니다. 웨스틴 호텔 Westin Hotel을 50억 달러에 인수했고, ITT 셰러턴 ITT Sheraton을 140억 달러에 인수했습니다. 70억 달러 규모의 회사가 140억 달러짜리 회사를 인수하면서 힐튼 월드와이드 Hilton Worldwide와 입찰 경쟁을 벌인 것이죠. 3년 만에 우리는 현금흐름 기준으로 세계 최대 기업이 되었습니다.

토니 와, 그처럼 적은 자본으로 어떻게 그들을 앞질렀나요?

배리 우리는 항상 일반 주주들을 파트너처럼 대했습니다. 인수 경쟁 전에 피델리티 Fidelity가 ITT 셰러턴 지분 10%를 소유하고 있었습니다. 나는 피델리티 사람들을 잘 알고 있었죠. 그들의 지원이 필요했습니다. ITT 셰러턴에 주식 공개매수를 제안했습니다. 당시 우리 주식은 비교적 높은 배수로 거래되고 있었고, 힐튼은 현금 거래를 제안했어요. 우리가 훨씬 더 빠르게 성장하고 있었기 때문에 그들의 주식은 우리만큼 높은 배수로 거래되지 않았습니다. 일반적으로 인수 제안 후 인수자의 주가는 하락하는데 피델리티의 부동산 그룹 포트폴리오 매니저는 "스타우드 주식은 현금보다 더 가치가 있다"고 말했습니다. 당시 우리 주가는 1주당 53달러였는데, 거래 사실을 발표한 후 1주당 60달러까지 올랐습니다. 힐튼은 기본적으로 1주당 81달러를 현금 거래로 제안했습니다. 우리는 1주당 84달러를 주식과 현금 30달러를 더해 지급하겠다고 했죠. 우리 제안이 훨씬 더 가치가 있었고, 주주들은 우리에게 투표했습니다.

토니 당시 나이가 서른여덟 살이었나요?

배리 네, 서른여덟 살이었어요. 때로 젊음과 순수함은 어리석음을 의미할 수 있고, 대중이 보는 앞에서 그것을 알아내야 합니다.

크리스토퍼 교수님께서 말씀하신 가르침으로 돌아가면, 원하는 것을 조심하라는 뜻이죠. 실현될 수 있으니까요. 갑자기 12만 명의 직원이 생겼잖아요.

배리 그러고 나니 모든 것이 셋이더군요. 최고재무책임자[CFO]도, 최고 자문위원도, IT 책임자도 세 명이었는데, 그야말로 '이니, 미니, 미미, 모'(아이들이 술래 등을 정할 때 부르는 노래의 일부. 누가 누구인지 헷갈렸다는 의미 — 옮긴이)였죠. 밖에 나가서 도움을 요청했어요. 사람들에게 팀에 대한 평가를 받았는데, 정말 좋게 나왔어요. 그래서 내가 할 일은 스타우드 호텔 운영이 되었고, 10년 동안 운영했습니다. 최고의 시기이기도 했고 최악의 시기이기도 했어요. 언론의 눈에 나는 천재이자 바보였어요. 나는 대중의 주목을 별로 좋아하지 않았어요. 예민한 편이거든요. 그런데도 언론은 나를 사랑했고, 나는 그들을 싫어했죠.

토니 마이애미에서 열린 JP모건 콘퍼런스에서 당신은 접객업이 미쳐가고 있다는 정말 흥미로운 발언을 했어요. 우리 모두 목격하고 있죠. 가격이 미쳐가고 있어요. 다들 코로나19 팬데믹 때문에 갇혀 있었죠. 현재 부동산 시장에 대한 당신의 견해와 스타우드 캐피털의 관점을 듣고 싶습니다.

배리 역사적으로 폭락을 일으키는 것은 부동산 산업입니다. 2007년과 2008년의 주택 산업, 닌자 대출$^{\text{ninja loans}}$(닌자는 No Income, No Job or Asset의 줄임말로 고위험 채무자에게 이루어진 대출을 의미 – 옮긴이), 파생상품을 이용한 대출 판매, 이 모든 것이 독성 폐기물이었습니다. 나는 주택 건설업자는 아니었는데, 이 산업은 전 세계 은행 시스템을 무너뜨리다시피 하는 데 중요한 역할을 했습니다. 자산 구매 가격의 110%를 빌릴 수 있었으니 말도 안 되게 공격적이었죠. 부동산에 투자할 때 또 다른 중요한 요소 중 하나는, 부채 비용이 부동산 수익률보다 높을 때는 부동산 구입을 피하는 것이 좋다는 점입니다. 우리는 이를 '마이너스 레버리지'라고 부릅니다. 만약 9%에 돈을 빌려 6%의 수익을 내는 부동산에 투자한다면 처음부터 낭패를 보는 것입니다. 이것이 2007~2008년의 시장이었습니다. 물론 2020년과

2021년에는 그러지 않았죠. 글로벌 금융위기 이후 어떤 은행도 그렇게 공격적으로 대출하지 않았습니다. 은행들은 어느 정도 교훈을 얻었고, 한동안 모든 자산군에서 긍정적인 레버리지가 발생했습니다.

연준은 2021년 말에 인플레이션을 통제할 수 있고 금리는 "더 낮아질 것"이라 말했습니다. 알다시피, 코로나19 기간 미 재무부는 6조 달러를 찍어냈고, 마트 매대에는 상품이 없었습니다. 공급망이 붕괴된 것이죠. 모두가 식료품은 물론 골프 카트, 별장, 소파, 책상까지 사러 달려갔습니다. 공급이 없자 중고차까지 가격이 폭등했고 인플레이션이 시작되었습니다. 인플레이션이 부동산 시장을 강타하면서 2021~2022년 우리 분야에서는 임대료와 아파트 가격이 20%나 올랐습니다. 지난 40년 동안 그런 일은 한 번도 본 적이 없었어요. 미친 짓이었죠. 정부는 결국 이를 파악하고 역사상 가장 빠른 속도로 금리를 가파르게 인상했습니다. 그 바람에 부동산은 눈앞이 캄캄해졌지만 펀더멘털은 여전히 괜찮습니다.

부동산 자산군을 살펴보면 주거용 부동산이 강세입니다. 미 전역의 아파트 입주율은 95%에 달합니다. 임대료는 20%는 아니지만 전국적으로 4% 정도 상승했으며, 이는 매우 건전한 시장입니다. 일반적으로 팬데믹 이전에는 임대료가 4%만 인상되어도 만족했을 것입니다. 단독 주택을 많이 짓지 않고 있습니다. 모기지가 너무 비싸서 사람들이 지금 당장 새집을 살 수 없기 때문이죠. 새 아파트 공급이 마무리되고 있지만 그 뒤에는 아무것도 없을 것입니다. 종합적으로 볼 때, 제롬 파월 Jerome Powell의 정책은 단독 주택과 다세대 주택을 합쳐 더 큰 주택 부족을 초래할 것입니다. 따라서 지금과 같은 상황에서 벗어날 때마다 집값과 아파트 임대료 모두에 압력이 가해질 것입니다.

알다시피, 호텔 시장, 특히 리조트 시장은 팬데믹이 진정되기 시작하자마자 급성장했습니다. 사람들은 휴가를 떠났고, 사무실이 아닌 다른 곳에서 일했습니다. 그 시장은 정말 강세를 보였습니다. 객실 점유율과 요금 모두요. 처음에는 "항공권이 정말 저렴하구나"라고 생각했죠. 지금은 항공권이 엄청나게 비싸지만 사람들은 여전히 여행하고 있습니다. 사실 수수께끼 중 하나죠. 머리를 긁적이게 됩니다. 어떻게 전 세계적으로 객실 요금이 이렇게 높게 유지되는지 정말 이해가 안 되네요.

토니 사람들의 주머니에 쏟아부은 돈이 아직 경제에 남아 있는 건가요? 내가 정확하게 이해했다면 2023년 10월에 고갈될 예정이었다고 들었습니다. 아직도 그런 일이 일어나고 있나요?

배리 저축 계좌에 400달러도 남지 않았는데 정부로부터 수천 달러를 받았다고 했던 미국인들은 지금 저축이 바닥났거나 거의 바닥났을 것입니다. 그들은 이제 신용카드를 사용하고 있습니다. 신용카드 부채는 달을 넘어서고 있습니다. 나는 뱅크 오브 아메리카Bank of America의 연체율을 살펴보고 있습니다. 그들은 정상이라 말하지만, 계속 정상으로 유지될 것 같지는 않아요. 현재 이 모든 것이 괜찮은 이유는 사람들이 여전히 고용되어 있기 때문입니다. 사람들은 돈이 없는데도 돈을 쓰고 있지만 직장이 있고, 자신의 직업에 안정감을 느끼고 있습니다. 따라서 연준이 원하는 목표, 즉 실업률 상승과 임금 상승률 둔화를 실제로 달성한다면 많은 것들이 완화될 수 있습니다.

내가 고객들과 이야기하는 것 중 한 가지는 미국의 '가상' 사무실입니다.

토니 내가 궁금한 것이 바로 그거예요. 우리는 이제 일주일에 사흘을 사무실에서 일하는 것에 대해 불평하고 있습니다. 사람들은 이곳을 제외한 전 세계 어디에나 기꺼이 일하러 가고 있습니다. 말도 안 되죠.

배리 정말 말도 안 되죠. 중동에서는 모두 사무실에 있잖아요. 나는 어제 두바이의 한 빌딩에 있었는데, 다들 정말 바삐 움직이더군요. 팬데믹 이전의 맨해튼에 온 것 같았어요. 유럽과 아시아, 특히 도쿄는 사무실에 사람도 많고 공실률도 매우 낮습니다. 독일의 주요 도시 대부분은 사무실 공실률이 5% 미만입니다. 이는 샌프란시스코의 25%, 뉴욕의 20% 이상과 비교하면 매우 낮은 수치입니다.

미국에는 몇 가지 문제가 있습니다. 잭슨홀(와이오밍주에 위치한 한적한 산골 마을로, 매년 8월 각국 중앙은행 총재들과 석학들, 투자자들이 이곳에 모여 콘퍼런스를 연다 – 옮긴이)에서도 일할 수 있고, 해변에서도 일할 수 있으며, 어디에서든 일할 수 있다는 것입니다. 이러한 트렌드를 S&P 500 지수의 가장 큰 구성 요소인 기술 기업들이 주도했습니다. 그들이 하는 일은 모두가 주목합니다. 하지만 이제 아마존은 버지니아에 있는 새 본사에서 모든 직원에게 주 4일 출근을 요청했습니다. 지난주 구글은 임직원에게 다시 사무실에서 보자고 연락했습니다. 모든 CEO는 집에 머무르는 직원부터 해고할 것입니다. 그들은 그것에 대해 미묘하지 않습니다. 모든 CEO가 사무실로 출근하지만 아무도 사무실에 함께 있지 않아요. 내가 일을 시작한 시대에는, 상사가 토요일에 사무실에 출근하면 누가 사무실에 갔을까요? 설사 컴퓨터로 게임을 할지언정 상사에게 내가 사무실에 있다는 것을 보여주고 싶었습니다. 지금 세대는 다르고, 투지에 대한 정의도 달라진 것 같아요.

토니 앞으로 어떻게 변화될까요? 사람들이 라이프 스타일을 바꾸는 데 10년이 걸릴까요, 아니면 2년이 걸릴까요?

배리 팬데믹 이후 오피스에서 일어난 일을 살펴보면 2015년 이후 지어진 건물에서는 1억 제곱피트(930만 제곱미터)가 임대되었고, 오래된 건물에서는 1억 제곱피트가 비어 있습니다. 이처럼 수요에 변화가 생겼습니다. 사람들은 직원들이 다시 돌아올 수 있는 멋진 빌딩을 원합니다. 나는 마이애미에 건물을 지었는데 팬데믹 기간에 전체를 임대했습니다. 100% 임대했죠. 임대 브로커도 없었어요. 우리 팀이 직접 했습니다. 임대료 52달러로 시작했는데, 마지막에는 95달러까지 올라갔습니다. 테네시주 내슈빌, 텍사스주 오스틴, 심지어 조지아주 애틀랜타, 노스캐롤라이나주 롤리 등까지 사무실이 잘 운영되는 지역도 있습니다.

오피스에서 파생된 산업도 있습니다. 생명과학과 데이터센터가 호황을 누리고 있습니다. 실제 사무실은 아니지만, 사람들이 사무실 건물을 데이터센터로 전환하고 있습니다. 오피스 빌딩의 또 다른 용도입니다. 좋은 쇼핑몰은 계속 점유하고 번성하며 나쁜 쇼핑몰은 도도새(인도양의 모리셔스에 서식하다가 멸종된 새-옮긴이)의 길을 가는 소매업과 비슷합니다. 따라서 오피스 시장도 두 갈래로 나뉘게 될 것입니다. 정말 좋은 건물은 좋은 임차인으로 가득 차게 되겠죠.

그러나 오피스 시장에 새로운 공습이 다가오고 있습니다. 바로 AI입니다. AI는 변호사, 회계사 같은 전문직과 광고 대행사를 노리고 있습니다. 이들은 오피스 공간의 주요 사용자이기 때문에 매우 흥미로울 것입니다. 누가 그 공간을 다시 채울까요? 수요는 어디에서 발생할까요? 앞으로 몇 년 동안은 오피스 자산군에 매우 힘든 시기가 될 것입니다.

하지만 연준이 이 모든 문제를 해결할 수 있습니다. 금리를 낮추면 사람들이 재융자를 받아 상환할 시간을 벌 수 있습니다. 현재는 오피스 빌딩의 적정 가격이 얼마인지 아무도 모르기 때문에 융자를 받기 어렵습니다. 만약 융자를 받는다면 금리는 10% 정도를 부담해야 합니다. 정말 좋은 건물이라면 6%의 수익률로 샀을 수도 있습니다. 그러니까 엄밀히 말하면, 당신은 상환 여력이 없는 거죠.

크리스토퍼 배리, 많은 투자자들이 앞으로 다가올 것으로 보는 몇 가지 테마에 대해 말했습니다. 그들은 그 규모를 모릅니다. 무엇이 문제를 해결할 것인지도 모릅니다. 얼마나 오래 지속될지도 모릅니다. 현재 대부분의 투자자들이 부동산을 바라볼 때 무엇을 잘못하고 있다고 생각하나요?

배리 첫 번째로 내가 생각하는 것은 장기적인 관점입니다. 어떤 산업이 AI의 영향을 받지 않을지 말이죠. 영향을 받지 않을 것이라는 말은 수요가 그대로 유지될 것이라는 뜻입니다. 호텔을 선택하는 방법이나 집을 선택하는 방법은 달라질 수 있지만, 주거에 대한 수요는 견고할 것입니다. 투자자들은 아기를 목욕물과 함께 버리는 경향이 있어요. 우리는 그런 투자 대상을 찾습니다. 목욕물과 함께 버려지는 아기를 찾는 거죠. 우리는 정말 좋은 임차인 명단을 가진 정말 좋은 오피스 빌딩을 찾아 신축 비용보다 훨씬 낮은 가격에 매입할 수 있습니다. 전액 자기 자본 또는 대부분 자기 자본으로 매입하고, 약간의 대출을 받은 다음 금리가 내려가면 재융자를 받으면 됩니다. 투자자들은 미국 역사상 이자율 곡선이 영원히 역전된 적이 없다는 사실을 알고 있습니다. 그런 일은 이제까지 없었고, 앞으로도 절대 일어나지 않을 것입니다. 단기 금리는 내려올 것입니다.

토니 투자자들은 부동산과 결혼하고 금리와 데이트해야 합니다.

배리 맞아요. 그리고 당신이 찾는 것은 잘못된 대차대조표를 가진 훌륭한 자산입니다. 찾은 다음에는 대차대조표를 고치면 되죠. 아니면 정말 곤경에 처한 판매자를 찾아보세요. 지금 그런 사람들이 많습니다. 대출이 만기가 되면 상환이 어려운 자산이 드러납니다. 대출은 매달 만기가 돌아오고 있고, 몇 년 동안 지뢰밭이 될 것입니다. 그런데 금리가 하락하면 도움이 될 수 있습니다. 현재 시장에는 많은 공포와 불안이 도사리고 있어요. 그러나 드라이 파우더도 많기 때문에 풀릴 것입니다.

우리 중 일부는 대담하게 물건을 살 테고, 사람들은 그런 우리를 보고 미쳤다고 생각하겠죠. 미래에는 그것이 우리 생애 최고의 구매가 될 수 있음을 알게 될 것입니다. 적당한 시장을 선택하고 주의를 기울인다면, 부동산은 상식을 가장 실용적으로 적용할 수 있는 분야입니다. 천재는 아니더라도 완전히 객관적이어야 합니다. 어떤 것과도 사랑에 빠지지 마세요. 사람들은 그것을 잘못 이해합니다. 그들은 감정적이고, 세부 사항에 주의를 기울이지 않습니다. 가장 중요한 것은 물리적 부동산입니다.

부동산은 주식 시장과 비슷하다고 말합니다. 누가 이런 말을 했는지 모르지만, 시장은 당신과 내가 생각하는 것보다 더 오랫동안 비합리적으로 움직일 수 있습니다. 부동산도 마찬가지입니다. 따라서 때로는 자금의 흐름이 펀더멘털을 압도하기도 합니다. 예를 들어 유럽인들은 사우스캐롤라이나주 그린즈버러나 찰스턴, 머프리스버러, 올랜도에 있는 빌딩의 수익률에 관심이 없다고 봐야 합니다. 그들은 뉴욕이나 워싱턴D.C.를 원합니다. 뉴욕 맨해튼의 파크 애비뉴에 있는 멋진 오피스 빌딩을 샀다고 해서 해고당할 일은 없으니까요. 따라서 펀더멘털이 어떻든 구매자를 찾을 수 없습니다. 나는 펀더멘털뿐만 아니라 자금의 흐름을 제대로 보는 법을 배워야 했습니다. 모든 투자 분야가 마찬가지이겠죠?

토니 이 책을 쓰게 된 이유 중 하나는 지난 몇 년 동안 레이 달리오와 친구가 되었기 때문이에요. 그를 처음 만났을 때 나는 투자에서 가장 중요한 원칙이 무엇인지 물었습니다. "매크로 트레이더이지만, 모든 의사결정의 기준이 되는 가장 중요한 원칙은 무엇인가요?"라고 묻자 그는 "투자의 성배를 말하는 건가요?"라고 되묻더군요. 그는 "성배 투자는 서로 상관관계가 없는 8~12가지 수익률 흐름, 또는 리스크를 80%까지 줄여주는 믿을 만한 투자처를 찾는 것"이라 말했습니다. 우리가 이 책을 쓴 이유 중 하나는, 사람들이 그 8~12가지를 얻을 수 있도록 대안과 그 영향력을 보여주는 것입니다. 당신의 비즈니스에서 투자의 성배는 무엇인지 궁금합니다.

배리 좋은 질문이네요. 몇 가지가 떠오르는군요. 헤지펀드 업계에서 큰 성공을 거둔 친구에게 최악의 투자가 무엇이었냐고 물어본 적이 있습니다. 그러자 그는 "내 우승 종목을 일찍 판 것"이라 대답하더군요. 자신에게 정말 잘 맞는 종목이 있다면 그 종목을 계속 타고 가세요. 매일 그 종목을 보유할 때마다 다시 매수했다고 생각하세요. 사람은 본능적으로 팔지 않으면 돈을 벌지 못했다고 생각합니다. 조금 오르면 팔고, 빠졌는데 더 나아지기를 바라며 버티기. 이것은 주식 시장에서 가장 끔찍한 전략이고, 부동산 시장에서도 마찬가지입니다.

우리는 인타운 스위트Intown Suite라는 기업을 소유하고 있었습니다. 이 회사는 저가 호텔 기업으로 하루가 아닌 일주일에 350달러를 청구했습니다. 1년에 수억 달러의 현금흐름을 창출하고 있었죠. 부채 상환을 하고 나자 1억 달러의 잉여 현금흐름이 생겼어요. '이걸 왜 팔아야 하나?'라는 생각이 들었습니다. 새로운 공급도 경쟁도 없었으니까요. 아무도 수익성 있는 건물을 짓고 주당 350달러를 청구할 수 없었으니까요. 그래서 몇 년 더 보유해서 5억 달러를 더 벌었습니다. 2022년에 매각했습니다.

부동산에서 말하고 싶은 또 한 가지는 현재가 아니라 미래에 무엇이 있을지 생각하는 관점이 정말 중요하다는 것입니다. 정말 객관적으로 생각해야 합니다. 경쟁 상대는 누구이고, 이 부동산을 어떻게 개선할 수 있을까요? 포스트 프로퍼티스 Post Properties를 예로 들죠. 애틀랜타에 본사를 둔 정말 멋진 아파트 회사였습니다. 우리는 포스트 프로퍼티스 바로 옆에 위치한, 같은 해에 지어진 아파트 건물을 소유하고 있었습니다. 물리적 복제품이었죠. 그런데 경쟁 건물을 보면 정말 아름다웠어요. 조경도 환상적이었어요. 그들은 우리보다 점유율이 4%p 더 높았고, 임대료도 150달러 더 비쌌어요. 단지 외관이 더 좋았기 때문입니다. 그것이 내가 말하는 상식입니다. 내가 스타우드 호텔에서 10년 동안 총지배인에게 딱 한 번 소리를 질렀어요. 시카고에 있는 W 호텔에 들어갔는데 정문에 식물이 죽어 있을 때였어요. 첫인상이 중요합니다. 죽은 꽃을 스프레드시트에 넣을 수는 없죠.

경영대학원 여름방학 때 아바이다 데이비스 Arvida Davis라는 회사에서 일한 적이 있습니다. 이 회사는 플로리다에 보카와 웨스트 보카, 롱보트 키, 톱그래스 등 최고급 리조트 커뮤니티를 지었습니다. 정말 성공적인 마스터플랜 커뮤니티를 건설했죠. 사람들이 조경에 5천 달러를 쓸 때 그들은 집 한 채당 1만 5천 달러를 썼던 것 같아요. 그리 복잡하지 않죠. 그들은 집을 더 빨리, 더 높은 가격에 팔았고 놀라운 투자 수익을 거두었습니다. 하지만 이는 상식을 적용한 결과일 뿐입니다.

부동산에서 가장 남용되는 용어는 '교체 비용 이하'입니다. 20년이 되었든, 30년이 되었든 지금과는 상관없는 상품이라면 얼마를 지불하든 괜찮다는 뜻입니다! 사람들은 이 포괄적인 문구에 갇혀 있습니다. 나는 '적절한 교체 비용'이라 말합니다. 며칠 전 사우디아라비아에 갔을 때 나는 오피스 시장에서 계속 경쟁한다면, 우리의 목표는 "사우디 사람들처럼 행동하기"가 될 것이라 말했습니다. 누군가 1제곱피트당 1,200달러를 주고 산 아름다운 파크 애비뉴의 오피스 빌딩을 우리는 1제곱피트당 200달러에 사서 20달러에 임대할 것입니다. 이제 공급 원가가 가장 낮기 때문에 건물을 다 채울 수 있습니다. 정말 싸게 살 수 있다면 시장을 불안정하게 만들 수 있습니다. 그 경쟁 우위로 임대해 건물을 채우면 다른 사람들은 1제곱피트당 200달러에 건물을 사지 않았기 때문에 당신을 따라갈 수 없습니다.

토니 나는 25년 전에 폴 튜더 존스와 함께 일하기 시작했는데, 그가 내게 준 가르침이 이것이었어요. 그는 한 주식의 가격이 점점 더 오르는 모습을 보여주며 묻더군요. "어떻게 하겠습니까?" 나는 "전문 투자자는 아니지만 계속 투자할 겁니다"고 대답했죠. 그는 이렇게 말했어요. "그게 바로 내가 가르치려 하는 것이죠. 거의 모든 사람이 팔아요." 그러고는 워런 버핏이 부자가 된 이유 중 하나는 그가 세금 납부를 싫어하기 때문이라 말했습니다. 그는 물건에 영원히 매달려 있습니다. 하지만 언제 승산이 있는지 어떻게 알 수 있을까요? 언제 매도하나요? 그 원칙이 궁금합니다. 승산이 있는 물건이 있다면 언제 파나요?

배리 시장이나 자산 카테고리에 새로운 공급이 많이 들어오는 것을 발견하면 팔려고 합니다. 사람들이 한 종목에 관심을 잃고 다른 종목으로 이동하는 등 자본 흐름에 변화가 있을 것처럼 보이면요. 펀드를 운용할 때는 전체 펀드를 살펴본 다음 이렇게 자문합니다. '내가 탈 수 있는 가장 좋은 종목은 무엇이고, 어떤 종목은 단순히 트레이딩을 할 대상인가?' 두 번째는, 좋은 자산에는 항상 구매자가 있습니다.

나는 두바이에 투자해 바카라 레지던스를 열었습니다. 먼저 펜트하우스를 모두 팔았어요. 전부 다요. 일곱 채가 순식간에 팔렸죠. 다른 사례로, 내 친구는 뉴욕 59번가에 새로 지어진 아름답고 놀라운 주거용 타워에 아파트가 있었어요. 그는 그 아파트를 9,500만 달러에 샀어요. 우리는 그가 5천만 달러를 잃을 것이라 확신했죠. 그는 포기하지 않았어요. 아파트를 시장에 내놓자 중국에서 온 한 바이어가 2억 달러를 지불했습니다. 그는 그저 본전을 찾고 싶었을 뿐이었죠. 훌륭한 자산에는 항상 구매자가 있습니다.

마치며

진정한 성배

> 네 보물이 있는 그곳에 네 마음도 있느니라.
> —『마태복음』6장 21절

    마침내 결승선을 통과하는 마라토너처럼 이 책을 다 읽은 당신도 만족감과 성취감을 맛보았기를 바란다. 우리는 이 책에서 여러 영역을 다루었다. 개인적으로 나(토니)는 이 책에 담긴 지혜와 전략, 통찰이 당신의 경제적 자유를 추구하는 데 기초가 되기를 간절히 바란다(나와 내 가족에게 그런 것처럼). 더 중요하게는 당신에게 이 핵심적인 진실을 상기해 주고 싶다. 지식은 힘이 아니라 잠재적인 힘이고, 매일매일 실행이 지식을 능가한다는 것이다. 내 멘토 짐 론Jim Rohn은 이렇게 말하곤 했다. "배움이 지식이 되도록 하지 말라. 그러면 바보가 된다. 배움이 행동이 되도록 하라."

그럼 당신은 성배 포트폴리오를 어떻게 구성할 것인가? 레이가 일찍이 가르쳐 준 서로 상관관계가 없는 8~12가지 투자로 이루어진 포트폴리오로 리스크를 80%까지 줄이면서도 상승 잠재력을 극대화할 수 있을까? 그럼 경제적 자유의 여정에서 당장 취할 조치는 무엇일까? 그에 앞서 기본적인 질문이 있다. 당신에게 경제적 자유는 무엇인가?

억만장자가 된 최초의 글로벌 투자자 중 한 명인 고 존 템플턴 경을 인터뷰할 때, 나는 "부의 문을 여는 비밀 열쇠는 무엇인가요?"라고 물었다. "토니, 그건 당신이 가르치는 주제잖아요." 나는 웃으며 이렇게 답했다. "나는 많은 것을 가르칩니다. 무엇을 말하는 건가요?"

만면에 웃음을 띠며 그가 답했다. "감사입니다. 토니, 우리는 모두 수십억 달러를 가졌는데 좌절과 분노 속에서 지내는 사람들을 만났어요. 그들은 실패했어요. 따라서 그들은 정말 가난해요. 반면 우리는 아무것도 소유하지 않은 것처럼 보이지만 숨쉬는 삶에, 모든 것에 감사하는 사람들을 알아요. 그들은 누구에게도 비할 바 없는 부자이죠."

우리는 모두 마음속으로 돈이 부자를 만드는 것이 아님을 안다. 당신도 깨달았겠지만, 가장 큰 보물은 금전적이지 않다. 모든 것의 완벽함과 아름다움에 감사하는 순간이 바로 가장 큰 보물이다. 바로 그때 우리는 우리 안에서 영원하고 꺾이지 않는 무언가, 즉 우리 영혼의 정수를 느낀다. 다른 보물은 가족과 친구들과의 관계에서 느끼는 사랑스러운 온기다. 웃음도 있다. 의미 있는 일을 찾는 것도 있다. 배우고 성장하고 나누고 봉사할 줄 아는 능력도 있다. 이것이 진정한 성배다.

나(토니)에게는 사람들을 돕는 활동이다. 그들이 자신이 진정 누구이고 무엇을 성취할 수 있는지 기억해 빛을 발하도록 함으로써 자신의 한계를 넘어서게 하는 일이다. 그들의 삶이 전투가 아니라 축제가 되는 과정을 지켜보는 기쁨이다. 놀랍고 독특한 한 사람 한 사람이 깨어나는 과정에서 내가 일정한 역할을 수행하며 맛보는 마법과도 같은 느낌이다. 내가 거쳐 온 모든 것이 나는 물론 다른 사람에게 도움을 주었고, 심지어 내가 경험한 가장 깊은 고통조차 아름다운 무언가로 이어졌음에서 느끼는 감사함이다. 사실 인생의 가장 큰 선물은 당신 밖에서 의미를 찾는 것이다. 봉사할 무언가를 찾으라. 당신이 열정을 불태울, 당신보다 더 큰 대의를 찾으라. 그것이 당신을 부유하게 만들 것이다. 다른 사람을 돕는 일만큼 우리를 부유하게 하는 것은 없다.

템플턴 경에게서 얻은 두 번째 팁은 십일조, 즉 아무리 적을지라도 가진 것의 일부를 떼어내 필요한 사람에게 나누어주는 것이다. 그는 수입의 10%를 10년간 어김없이 기부한 사람 중에서 넘칠 정도로 부유해지지 않은 경우를 보지 못했다고 말했다. 꼭 교회에 기부할 필요는 없다. 자선단체도 좋고, 지역사회도 좋다. 세계에 긍정적인 변화를 준다면 어디라도 좋다.

결핍에서 풍요로 심리 상태가 바뀌면, 당신은 진정으로 부유해질 수 있고 영광스러운 자유의 감각을 얻을 수 있다. 이런 전환 과정에서 당신은 자신에게 내주고 감사하며 사랑할 것이 아주 많음을 깨닫도록 스스로를 훈련해야 한다. 당신이 기부할 수 있는 것은 돈에 국한되지 않는다. 시간과 재능, 사랑, 공감, 마음을 나눌 수 있다.

풍족해지면 기부하겠다고 말하는 사람들을 종종 본다. 웃기는 말

쏨이다. 이와 관련해 어릴 적부터 친하게 지낸 내 친구가 최근 겪은 일을 들려주고 싶다. 그 친구 옆에 앉은 신사가 내 책 『라이프 포스』를 읽고 있었다. 재생 의학과 정밀 치료의 미래를 다룬 책이다. 그들은 이야기를 나누었는데, 신사가 책에 대해 긍정적인 이야기만 하다가 책에서 나오는 수익이 전액 기부된다는 대목에 이르렀다. 신사는 책이 훌륭하다면서, 기부에 대해 "저자가 돈이 많아서 그럴 만한 여력이 있겠죠"라며 의미를 깎아내렸다. 내 친구는 웃으면서 지난 45년 동안 나와 친구 사이임을 밝혔다. 그리고 나서 신사에게 내가 가난한 십 대 시절부터 기부해 왔다고 들려주었다. 내 이름으로 100달러도 가지고 있지 않을 때도 나는 주머니를 뒤져 5달러나 10달러를 노숙자에게 기부하곤 했다고 말이다.

내가 아는 바는 이렇다. 기부할 만큼 부유해지기까지 기다리는 것은 큰 실수다. 당신은 마땅히 누려야 할 성취감을 누리지 못할 테고, 결코 너그러워지지 못할 것이기 때문이다. 만약 1달러에서 10센트를 나누지 못한다면 100만 달러에서 10만 달러를, 1억 달러에서 1천만 달러도 기부하지 못할 것이다.

더불어 이 책을 구매해 준 점에 대해 감사드린다. 이 책에서 발생하는 수익은 전액 피딩 아메리카Feeding America에 기부된다. 우리 가족은 종종 끼니를 걱정할 형편이었고, 나는 열한 살 때 피딩 아메리카 덕분에 배를 채웠다. 덕분에 내 삶의 경로가 바뀌었다. 나도 필요한 사람에게 식사를 제공하기 시작한 것이다. 우리는 10억 끼니 식사 제공이라는 목표를 달성했고, 이제 글로벌 1천억 끼니 식사라는 도전을 향해 가고 있다.

여기까지 말했으니, 이제 내 일일 기도에 대해 들려주고자 한다. 그것은 내가 만나는 모든 이의 삶에 축복이 되고자 한다는 것이다. 만약 당신이 이 책에 담긴 도구와 원리를 삶의 근간에 체화할 경우, 상상하는 것보다 더 많이 받고 줄 수 있을 것이다. 특별한 풍요가 당신에게 흘러들어가고 나오면서 당신은 진정한 축복을 느낄 것이고, 다른 사람의 삶에 더 큰 축복이 될 것이다. 그것이 진정한 부를 소유할 때 얻는 느낌이다.

당신과 함께 이 시간을 보낼 수 있는 특권을 허락해 주어서 감사드린다. 우리가 인터뷰한 거인들도 당신의 이야기 중 일부가 될 수 있음에 고마워할 것이다. 이 책의 내용이 당신의 여정에 도움이 되었기를 진심으로 희망한다. 아마도 언젠가 우리의 길이 교차하게 된다면, 당신이 원하고 가치 있는 삶을 이루어나가는 데 이 책이 어떤 도움을 주었는지 듣고 싶다.

자신이 누구이고, 창조할 수 있는 것이 무엇인지 떠올리고 싶을 때마다 이 페이지를 참고하기 바란다. 당신은 매 순간 그 이상임을 기억하라. 당신은 자신이 소유한 재산보다 더 큰 존재다. 당신은 자신이 직면한 어떤 도전보다 더 큰 존재다.

신의 축복이 함께하길. 열정적인 삶을 응원하며.

우리와 함께 여정을 계속하라. 이 책은 스냅 사진이라 할 수 있으며, 우리는 팟캐스트와 뉴스레터 등을 통해 지속적인 학습 자료를 제공한다.
www.TheHolyGrailofInvesting.com

감사의 말

토니 로빈스

지난 45년 동안 내가 지나온 길을 돌아보며 수많은 놀라운 분들이 나와 함께했다는 사실을 깨달았습니다. 이 특별한 프로젝트와 인연을 맺은 분들에게 잠시나마 깊은 감사의 말씀을 드리고 싶습니다.

먼저 가족입니다. 내 아내이자 나의 현자인 보니 펄은 이 이야기의 시작부터 끝까지 함께합니다. 사랑해요. 우리의 사랑과 삶에 숨을 불어넣어준 은혜에 감사드립니다. 하나님께서 예상치 못한 아름다운 방식으로 우리 삶에 가져다준 놀라운 선물, 사랑하는 딸 바이올렛 펄에게. 나의 오른팔이자 가장 친한 친구이자 우리 바이올렛의 공동 어머니인 메리 B.에게. 그가 없었다면 이 책이 불가능했을 아들 조시에게. 조시는 이 책이 결실을 맺기까지 많은 노력을 기울여 주었습니다. 이렇게 영향력 있는 프로젝트에서 아들과 함께 일하는 것이 얼마나 즐거웠는지 모릅니다. 영원히 감사할 것입니다.

내 친구이자 파트너인 크리스토퍼 주크와 CAZ 인베스트먼트의 모든 팀원에게. 나는 우리의 파트너십과 여러분이 매일매일 제공하는 지혜와 통찰력에 대해 영원히 감사하고 있습니다. 이 책은 여러분이 남긴 영향력 있는 유산의 일부가 될 것입니다. 또 다른 절친이자 공동 패밀리 오피스인 로빈스 굽타 홀딩스의 파트너 아제이 굽타에게. 끝없는 우정과 충성심, 심야 전략 세션에 감사합니다.

인터뷰 세션에서 귀중한 시간과 인생의 업적을 공유해 준 분들에게 깊은 감사와 존경과 경의를 표합니다. 특히 수십 년의 경험에서 얻은 지혜를 아낌없이 나누어준 다음 열세 분에게 감사드립니다.

로버트 스미스, 비노드 코슬라, 마이클 리스, 배리 스턴리히트, 마이클 김, 빌 포드, 밥 조리치, 이언 찰스, 데이비드 골럽, 윌 반로, 데이비드 색스, 토니 플로렌스, 램지 무살람.

소중한 친구 레이 달리오에게 특별히 감사를 표합니다. 투자의 성배라는 그의 핵심 원칙은 이 책에 영감을 주었습니다.

사이먼 앤 슈스터의 모든 파트너, 특히 CEO 조너선 카프에게 다시 한번 감사드립니다. 내 훌륭한 에이전트이자 40년지기 소중한 친구 진 밀러에게도 감사드립니다.

로빈스 리서치 인터내셔널의 핵심 팀, 충성심이 강하고 사명감이 투철한 임원진 여러분에게 매일 축복을 기원합니다.

뛰어난 시각적 디자인과 실행력을 보여준 티니 윈스 직원 여러분에게도 감사드립니다.

나의 롤모델인 피터 구버와 마크 베니오프, 폴 튜더 존스, 스티브 윈과의 깊은 우정이 인생에 큰 힘이 되었습니다.

이 책의 사명은 이 책을 읽는 사람들만을 대상으로 하지 않습니다. 앤서니 로빈스 재단과 전략적 파트너인 클레어 바비너 퐁테노 Claire

Babineaux-Fontenot를 비롯한 모든 분에게 깊은 감사를 드립니다. 다음 10억 식사 챌린지를 준비할 수 있도록 도와준 피딩 아메리카의 댄 네즈빗에게도 감사드립니다.

이 모든 과정을 인도해 준 은혜와 내 인생의 길에 함께한 모든 친구와 선생님들, 일일이 언급하기 어려울 정도로 많은 유명인과 무명의 선생님들, 통찰력과 전략, 모범, 사랑, 배려로 내가 어깨를 나란히 할 수 있는 영광을 준 분들에게도 감사드립니다. 이 날, 나는 여러분 모두에게 감사를 표하며, 내가 만나고 사랑하고 봉사할 수 있는 특권을 가진 모든 사람의 삶에 축복이 되기 위한 끝없는 도전을 계속할 것입니다.

크리스토퍼 주크

이 책을 출간하는 전체 프로젝트는 처음부터 끝까지 초현실적이었습니다. 30년 전, 나는 카세트테이프가 유일한 소통 수단이었던 시절에 토니 로빈스의 코칭을 듣기 시작했습니다. 그때 누군가 내게 30년 후 토니와 함께 책을 공동 집필할 것이라 말했다면, 내가 뭐라고 대꾸했을지 모르겠습니다. 하지만 나는 또한 하나님은 놀라운 권능으로 적절한 때 사람들을 하나로 묶는다는 것도 알고 있습니다. 토니, 당신의 가르침을 듣던 청년에서 이제 전 세계를 무대로 회사를 운영하는 노련한 투자자가 되기까지, 당신이 내 인생에 미친 영향은 이루 말로 다할 수 없습니다. 지난 몇 년 동안 쌓아온 파트너십과 우정에 영원히 감사할 것이며, 미래가 더욱 기대됩니다.

조시 로빈스. 이 책은 처음부터 끝까지 당신의 노력이 없었다면 출간되지 못했을 것입니다. 다재다능한 당신과 함께 일하게 되어 매우 기쁩니다. 당신을 친구라고 부르게 되어 영광입니다.

아제이 굽타, 우리의 우정과 우리 팀, 특히 나를 지지해 준 것에 대해 감사드립니다. 당신의 즐거운 정신이 나의 하루에 미소를 가져다 줍니다.

CAZ 인베스트먼트 팀원 여러분, 여러분 한 사람 한 사람이 없었다면 우리 회사는 지금의 자리에 있지 못했을 것입니다. 우리 팀원 모두가 큰 영향을 주었습니다. 특히 우리를 이 자리에 올려놓기 위해 매트, 클라크, 마크, 스티브, 루시아, 아이사이어, 히더가 해준 모든 일에 대해 특별히 감사를 표하고 싶습니다. 여러분의 엄청난 노력이 없었다면 오늘날의 우리는 존재하지 않았을 것입니다. 내가 이 프로젝트에 필요한 시간을 할애할 수 있도록 돌풍을 막아준 베일리와 커크에게도 감사합니다.

CAZ의 주주 여러분에게도 끝없는 감사의 말씀을 드립니다. 여러분은 꿈을 가진 한 젊은이에게 기회를 주었습니다. 영원히 감사할 것입니다. 어머니 디, 장모님 위노나, 누나 킴벌리, 그리고 대가족 여러분 모두 내게 각기 다른 방식으로 생명을 불어넣어주었습니다. 여러분이 내 인생에 불어넣어준 의미 덕분에 지금의 내가 있습니다.

항상 함께 기쁨을 나누고 격려해 주는 아들과 며느리, 크리스토퍼와 세실리아에게 사랑을 전합니다. 첫 손자인 크리스토퍼 3세(트립)에게도 매일매일 빛을 선사합니다. 매일의 고단함과 스트레스를 견뎌내는 이유를 찾을 때마다 나는 너희를 떠올린단다. 너희는 내 삶의 원동력이다.

   그 누구보다도 내 아내 리사에게 깊은 사랑을 담아 감사의 인사를 표하고 싶습니다. 아내는 내 가장 친한 친구이자 고등학교 시절 연인이자 내 치어리더입니다. 내가 필요할 때면 나를 바로잡아주고, 내가 힘들어할 때면 나를 웃게 해줍니다. 내가 날아오를 수 있는 유일한 이유는 당신이 항상 나를 믿어주었기 때문이에요. 당신이 없었다면 내 삶이 어땠을지 상상할 수 없어요. 당신은 내게 가장 큰 선물입니다.

주

1장 투자의 성배를 찾아서

1 https:/moneymade.io/learn/article/private-credit-vs-bonds
2 https://whalewisdom.com/filer/bridgewater-associates-inc
3 https://www.reuters.com/business/finance/bridgewaters-flagship-fund-posts-gains-32-through-june-2022-07-05/#:~:text-In%20the%20first%20half%20of%202022%2C%20the%20S%26P%20500%20was,an%20average%20of%2011.4%25%20annually.
4 https://www.bloomberg.com/news/articles/2023-08-02/bonds-are-useless-hedge-for-stock-losses-as-correlation-jumps
5 https://www.institutionalinvestor.com/article/b8xcj9wtd1gjb5/Crypto-Is-Becoming-More-Correlated-to-Stocks-And-It-s-Your-Fault#:~:text=They%20found%20that%20the%20correlation, January%202016%20and%20January%202021
6 https://www.wsj.com/articles/it-isnt-just-boomers-lots-of-older-americans-are-stock-obsessed-ca069ela
7 https://www.kkr.com/global-perspectives/publications/ultra-high-net-worth-investor-coming-age
8 Global PE vs MPME MSCI All Country World Index – Cambridge and associates

9　케임브리지 사모펀드지수 집계 기준 https://www.cambridgeassociates.com/insight/us-pe-vc-benchmark-commentary-first-half-2021/

10　케임브리지 어소시에이츠 LLC의 미국 사모펀드 바이아웃 인덱스 기준

11　https://www.mckinsey.com/industries/private-equity-and-principal-investors/our-insights/mckinseys-private-markets-annual-review

12　「2021 맥킨지 프라이빗 마켓 연례 보고서 McKinsey Private Markets Annual Review 2021」

13　https://www.bain.com/insights/private-equity-market-in-2021-global-private-equity-report-2022/

14　https://www.ft.com/content/73aa5bce-e433-11e9-9743-db5a370481bc

15　https://www.statista.com/statistics/914724/profitable-companies-after-ipo-usa/

16　프레킨, 세계거래소연맹(World Federation of Exchanges)

17　https://www.nb.com/en/global/insights/investment-quarterly-asset-matters-privateequity-and-your-portfolio

18　https://news.bloomberglaw.com/daily-labor-report/private-equity-firms-are-winning-the-fight-for-your-401k

19　https://www.wsj.com/articles/buying-stakes-in-private-equity-firms-not-just-their-funds-pays-big-1542542401#

20　Pitch Book Data as of April 2022

2장 사모펀드 운용사(GP)의 지분: 행동의 한 조각

1　https://www.forbes.com/sites/rachelsandler/2021/10/26/nearly-half-of-americas-richest-billionaires-have-fortunes-in-these-two-industries/?sh=79ec65d7445b

2　일반적인 사모펀드 투자에서 J커브는 투자자가 펀드 내 자산을 매입하기 위해 자본을 투입하는 동안 초기에 손실이 발생하다가 이후 이익이 실현되기 시작하면 그래프가 반등하면서 J자와 같은 곡선이 그려지는 양상을 가리킨다.

3　http://arc.hhs.se/download.aspx?MediumId=4842

4　https://www.forbes.com/sites/forbesfinancecouncil/2022/11/18/gp-stakeswhat-you-should-know-about-designer-financial-structures/?sh=3957bbbd57a2

3장 프로 스포츠 팀: 담장을 향해 휘두르기

1. https://www.cbssports.com/mlb/news/report-dodgers-time-warner-agree-to-more-than-7-billion-tv-deal/
2. https://eh.net/encyclopedia/the-economic-history-of-major-league-baseball/7P_
3. https://bleacherreport.com/articles/10063920-lafc-tops-forbes-list-of-mls-team-values-1st-billionbillionbillion-dollar-franchise
4. https://www.sportsbusinessjournal.com/Journal/Issues/2021/01/11/Media/Top-100.aspx
5. https://www.americangaming.org/new/2021-commercial-gaming-revenue-shatters-industry-record-reaches-53b/
6. https://www.bloomberg.com/news/articles/2022-03-24/private-equity-funds-encroach-on-sports-owners-box
7. https://pitchbook.com/news/articles/european-soccer-us-private-market-capital

4장 사모신용: 대출의 리더

1. https://www.cnbc.com/2023/06/21/op-ed-demystifying-private-credit-amid-a-frozen-ipo-market.html
2. https://www.bloomberg.com/news/articles/2019-09-22/how-private-credit-soared-to-fuel-private-equity-boom-quicktake
3. 2022년 10월 31일 기준 데이터다. 채권은 S&P 500지수와 블룸버그 바클레이즈 미국 총채권지수Bloomberg Barclays U.S. Aggregate Bond Index를 사용했다. 2022년 연간 리밸런싱 수익률은 연환산^{YTD} 수익률에 해당한다고 가정했다.
4. https://www.wsj.com/livecoverage/stock-market-news-today-2022-10-14/card/the-60-40-portfolio-is-delivering-worst-returns-in-a-century-yrOrYOfkthrBQhSbf5By

†https://www.bloomberg.com/news/articles/2023-08-02/bonds-are-useless-hedge-for-stock-losses-as-correlation-jumps

5   https://www.forbes.com/sites/forbesfinancecouncil/2023/03/30/private-credit-in vesting-current-opportunities-and-risks/?sh=368627993821

6   https://www.bloomberg.com/news/articles/2021-11-09/u-s-junk-bonds-set-432-billion-record-in-rush-to-beat-rates#xj4y7vzkg

7   https://www.bloomberg.com/news/articles/2022-10-24/global-junk-bond-sales-drop-most-ever-with-no-signs-of-recovery

8   https:/pitchbook.com/news/articles/blackstone-first-quarter-earnings-private-credit-pe

5장 에너지 1: 우리 삶의 힘

1   https:/www.eia.gov/todayinenergy/detail.php?id=53959

2   https://www.wsj.com/articles/john-kerry-china-climate-economy-xi-jinping-beijing-e50b9ef4?mod=hp_trending_now_opn_pos1

3   https:/energyandcleanair.org/publication/china-permits-two-new-coal-power-plants-per-week-in-2022/

4   https://www.reuters.com/business/energy/opec-upbeat-over-2024-oil-demand-outlook-despite-headwinds-2023-07-13/

5   https://www.iea.org/reports/gas-2020/2021-2025-rebound-and-beyond

6   https://www.imf.org/en/Publications/fandd/issues/2020/03/infographic-global-population-trends-picture

7   https:/fortune.com/2023/08/01/saudi-aramco-profitable-oil-company-trillions/

8   https://www.lohud.com/story/news/2022/07/22/new-york-fossil-fuels-increase-after-indian-point-nuclear-plant-shutdown/65379172007/

9   https://www.theguardian.com/world/2022/oct/26/german-windfarm-coalmine-keyenberg-turbines-climate

10 https:/www.bloomberg.com/news/features/2021-11-02/china-climate-goals-hinge-on-440-billion-nuclear-power-plan-to-rival-u-s

11 https:/www.trade.gov/country-commercial-guides/democratic-republic-congo-energy#:~:text=Despite%20millions%20of%20dollars%20of,one%20percent%20in%20rural%20areas

12 https:/ww2.arb.ca.gov/news/california-moves-accelerate-100-new-zero-emission-vehicle-sales-2035

13 https:/www.energy.ca.gov/data-reports/energy-almanac/california-electricity-data/2021-total-system-electric-generation

14 국제에너지기구IEA, 〈글로벌 핵심 광물 전망〉

6장 에너지 2: 획기적인 친환경 기술

1 https:/www.washingtonpost.com/climate-environment/2022/10/08/us-is-worlds-largest-oil-producer-why-youre-going-pay-more-gas -anyway/#:~:text="We%27re%20the%20world%27s%20largest,100%20mil lion%20barrels%20per%20day.

2 https:/clearpath.org/our-take/where-american-gas-goes-other-clean-energy-can-follow/

3 https:/thedocs.worldbank.org/en/doc/1692f2ba2bd6408db82db9eb3894a789-0400072022/original/2022-Global-Gas-Flaring-Tracker-Report.pdf

4 https:/seekingalpha.com/news/3845705-no-new-refineries-likely-ever-built-again-in-the-us-chevron-ceo-warns

5 https:/www.reuters.com/business/energy/us-poised-regain-crown-worlds-top-lng-exporter-2023-01-04/

6 https:/hbr.org/2021/06/the-dark-side-of-solar-power

7 https:/patents.justia.com/inventor/simon-k-hodson

8 https:/www.consolenergy.com/about/

9 https:/www.ft.com/content/46e5c98e-f9cd-4e88-8cd5-23427522c093

10 https:/news.mit.edu/2022/superconducting-graphene-family-0708

7장 벤처캐피털: 파괴적 기술

1 https:/time.com/6246864/reverse-aging-scientists-discover-milestone/

8장 부동산: 세계에서 가장 큰 자산

1. https://www.savills.com/impacts/market-trends/the-total-value-of-global-real-estate.html
2. 이는 미국 납세자에게만 적용되며 세무사와 상담해야 한다.
3. https://www.cushmanwakefield.com/en/united-states/insights/obsolescence-equals-opportunity
4. https://fortune.com/2023/07/13/boston-housing-market-shortage-commerical-real-office-glut-pilot-program/
5. https://www.forbes.com/companies/midjourney/?sh=6d4292edf049
6. https://www.foxbusiness.com/lifestyle/new-york-city-lost-nearly-half-million-residents-since-start-covid-pandemic
7. https://www.wsj.com/articles/the-hotel-california-wealth-tax-high-taxes-resident-flight-new-jersey-massachusetts-new-york-texas-florida-utah-tennessee-cost-of-living-education-crime-silicon-valley-south-c39602ac?cx_testId=3&cx_testVariant=cx_171&cx_artPos=3&mod=WTRN#cxrecs_s
8. https://www.concordia.edu/blog/19-corporations-and-businesses-fleeing-california-for-texas.html
9. https://www.wsj.com/articles/sunbelt-cities-nashville-and-austin-are-nations-hottest-job-markets-5a454a53
10. https://www.bloomberg.com/news/articles/2023-06-23/commercial-real-estate-reset-is-causing-distress-from-san-francisco-to-hong-kong?srnd=premium
11. https://www.bloomberg.com/news/articles/2023-04-08/a-1-5-trillion-wall-of-

debt-is-looming-for-us-commercial-properties

12 https:/fred.stlouisfed.org/series/ACTLISCOUUS

13 https:/tradingeconomics.com/united-states/total-housing-inventory#:~:text =Total%20Housing%20Inventory%20in%20the%20United%20States%20 averaged%202287.13%20Thousands,United%20States%20Total%20 Housing%20Inventory.

14 https://www.realtor.com/research/us-housing-supply-gap-nov-2022 /#:~:text =Between%20January%20and%20September%202022,single% 2Dfam ily%20 homes%20were%20completed.

15 https://www.wsj.com/articles/a-housing-bust-comes-for-thousands-of-small-time-investors-3934beb3

16 https://www.wsj.com/articles/a-real-estate-haven-turns-perilous-with-roughly-1-trillion-coming-due-74d20528?mod=hp_lead_pos2

옮긴이 백우진

번역자·저술가. 무크 《버핏클럽》의 편집장으로 활동했고, 《주식시장은 어떻게 반복되는가》를 공역했다. 다른 번역서로 《인구 대역전》과 《arm, 모든 것의 마이크로칩》, 《맥스 테그마크의 라이프 3.0》 등이 있다. 저서로는 《슈퍼개미가 되기 위한 38가지 제언》과 《1% 일잘러의 글쓰기 비밀노트》, 《단어의 사연들》 등이 있다. 서울대 경제학과와 동 대학원을 졸업했다.

부의 완성

1판 1쇄 인쇄 2025년 3월 25일
1판 1쇄 발행 2025년 4월 10일

지은이 토니 로빈스 외
옮긴이 백우진

발행인 양원석 **편집** 출판기획실
디자인 남미현, 김미선 **해외저작권** 임이안, 안효주
영업마케팅 윤송, 김지현, 백승원, 유민경

펴낸 곳 ㈜알에이치코리아
주소 서울시 금천구 가산디지털2로 53, 20층 (가산동, 한라시그마밸리)
편집문의 02-6443-8844   **도서문의** 02-6443-8800
홈페이지 http://rhk.co.kr
등록 2004년 1월 15일 제2-3726호

ISBN 978-89-255-7377-9 (03320)

※ 이 책은 ㈜알에이치코리아가 저작권자와의 계약에 따라 발행한 것이므로
본사의 서면 허락 없이는 어떠한 형태나 수단으로도 이 책의 내용을 이용하지 못합니다.
※ 잘못된 책은 구입하신 서점에서 바꾸어 드립니다.
※ 책값은 뒤표지에 있습니다.